Werner Filmer/Heribert Schwan
Mensch, der Krieg ist aus

Werner Filmer/Heribert Schwan
(Herausgeber)

Mensch, der Krieg ist aus

Zeitzeugen erinnern sich

Econ Verlag
Düsseldorf · Wien

2. Auflage 1985
Copyright © 1985 by Econ Verlag GmbH, Düsseldorf und Wien
Alle Rechte der Verbreitung, auch durch Film, Funk und Fernsehen, fotome-
chanische Wiedergabe, Tonträger jeder Art, auszugsweisen Nachdruck oder
Einspeicherung und Rückgewinnung in Datenverarbeitungsanlagen aller Art,
sind vorbehalten.
Gesetzt aus der Garamond der Fa. Linotype GmbH
Satz: Formsatz GmbH, Diepholz
Papier: Papierfabrik Schleipen GmbH, Bad Dürkheim
Druck und Bindearbeiten: Franz Spiegel Buch GmbH, Ulm
Printed in Germany
ISBN 3 430 12734 3

Inhaltsverzeichnis

VORWORT 9

ALBERTZ, HEINRICH, Befreiung 13

ABENDROTH, WOLFGANG, Der Tag der Kapitulation 14

ALLARDT, HELMUT, Nun ist's passiert! 16

BACON, JEHNDA, Ich wollte es überleben 22

BARING, ARNULF, Mein dreizehnter Geburtstag 23

BEN-ARI, JITZHAK, Beginnt jetzt die Welt von neuem? 30

BENDA, ERNST, Im Hafen Egersund 33

BENN, TONY, Die Nacht, als der Krieg zu Ende ging 35

BIEDENKOPF, KURT, Der Krieg war zu Ende, und wir
lebten 37

BLUMENFELD, ERIK, Befreiungstag 39

BORM, WILLIAM, Karlshorster Begegnung 41

FREIHERR VON BRAUN, SIGISMUND, Schlußakt einer
Tragödie 44

BRAWAND, LEO, Chittler kaputt 49

BROSZAT, MARTIN, Erlösung von Angst 53

DE BRUYN, GÜNTER, Viktoria 56

BUBER-NEUMANN, MARGARETE, So schnell wie möglich
nach Bad Kleinen 58

BUCERIUS, GERD, Die Befreiung kam in Etappen 61

BUDDENBERG, HELLMUTH, Ich will von vorn anfangen 64

CALLAGHAN, JAMES, Die Einsichten kamen später 67

DIRKS, MARIANNE UND WALTER, Nicht der einzige
Termin 70
DÖDING, GÜNTER, Drei Hühnereier gleich ein
Parteiabzeichen 74
DREGGER, ALFRED, Stenogramm 75
DREWITZ, INGEBORG, Nicht einmal Zeit, aufzuatmen 76
DUVE, FREIMUT, Heil Dönitz oder Apriltage an der
Chaussee 79
EITINGER, LEO, Jenseits meiner
Beschreibungsmöglichkeit 83
ENGELMANN, BERNT, Mein achter Mai 85
EPPLER, ERHARD, Ich hatte überlebt 88
ERTEL, DIETER, Berückend schöne Ferientage 91
FILMER, WERNER, Please, I want chocolate! 93
FISCH, MASCHA M., Grüß dich, Deutschland,
aus Herzensgrund 97
FLECHTHEIM, OSSIP K., Keine besonderen
Erinnerungen 100
FLÜGGE, RUFUS, Und wer hat gewonnen? 102
FUCHS, JOCKEL, Unvorstellbar: kein Haß! 104
FUNCKE, LISELOTTE, Hagener Impressionen 107
GALINSKI, HEINZ, Voraussetzungen zum Weiterleben ... 110
GAUS, GÜNTER, Der achte Mai im April 112
GERSTENMAIER, EUGEN, Der Krieg ist aus 115
GIERSCH, JUTTA, Rückblick 119
GOLL, SOPHIE, Die Ankunft der neuen Götter 122
GRADL, JOHANN BAPTIST, Die Hitler kommen und
gehen 129
GREGOR-DELLIN, MARTIN, Überfahrt 133
GRÉGOIRE, PIERRE, Worte ohne Folgen 140
GROSSER, ALFRED, Eigenlob im Rückblick? 144
VON DER GRÜN, MAX, The war is over 147
HAMM-BRÜCHER, HILDEGARD, Erinnerungen und
ein Tagebuch 150
FREIHERR VON HAMMERSTEIN, LUDWIG, Notizen 156
HAUTVAL, A. M., Das Ende des Schreckens 160

HEISENBERG, ELISABETH,
Der Hitler ist tot, der Hitler ist tot 164
HEISSENBÜTTEL, HELMUT, Ende und Erwartung 171
HENNIS, WILHELM, Man lebte noch 174
HIRSCH, BURKHARD, Ich fühlte mich betroffen,
beschmutzt, verachtet 179
HOLTHUSEN, HANS EGON, Victory Day – ohne weitere
Bemerkung 181
HOPPE, HANS-GÜNTER, Das zweite Leben 186
HÜBNER, HEINZ WERNER, Die Bäume der Armut 189
IBACH, KARL, Tag der Befreiung 192
KIESSLING, WERNER, Wechselbad 194
KLASEN, KARL, Ohnmächtig vor Schwäche 196
KLOTEN, NORBERT, Der Anblick der Amerikaner ließ
aufatmen 198
KRAKOWSKI, SHMUEL, Theresienstadt 201
KRUSCHE, WERNER, Waffen abgeben! 206
KUNST, HERMANN, Finsternis – nicht finster ist bei Dir .. 210
LANGBEIN, HERMANN, Wie ich das Ende erlebte 213
LATTMANN, DIETER, Mein Kriegsende 217
LODERER, EUGEN, Kriegsende in Kopenhagen 219
LUCAS, FRANZ D., Wo und wie ich den Tag erlebte 224
LUDWIG, PETER, Wehe den Besiegten 231
DE MAIZIÈRE, ULRICH, Aufgewühlt und erleichtert
zugleich 234
MARSALEK, HANS, Die Tage davor 237
MATTHÖFER, HANS, Zwischen Wittenberge und Eldena . 243
MEROZ, YOHANAN, Kriegsende in der Heiligen Stadt 247
METZ, JOHANN BAPTIST, Streuungen 251
NEUDECK, EDMUND, Tromsö – es gab keine Witze 253
NEUDECK, GERTRUD, Ob ich Erleichterung empfand? ... 255
NEUDECK, RUPERT, Ein schrecklich-schöner Tag 256
OLSCHWANG, LEONID, Zur Kapitulation eine Flasche
Hennessy 260
VON OSSIETZKY-PALM, ROSALINDE,»Nun aber gilt es,
den neuen Geist zu schaffen . . .« 263

OSSOWSKI, LEONIE, Die letzten Tage des Zweiten
    Weltkrieges 268
PETERSEN, CHARLOTTE, Es begann mit »Anneliese« 271
PETIT, PIERRE, Schutzhäftling Nr. 2201 274
POSTEL-VINAY, ANISE, Dunkelheit des Schmerzes 279
PYŚ, EDWARD, Nr. 379 280
RENDTORFF, TRUTZ, Nun ist es zu Ende 284
RENGER, ANNEMARIE, Wenn man besiegt ist 286
RIDDER, HELMUT, Ach ja, wir Deutschen! 289
RINSER, LUISE, Das also war das Ende 292
ROSSA, KURT, Mein wichtigster Tag? 294
SCHARF, KURT, Ungewöhnliche Hörbereitschaft 297
SCHÖPKE, MARGARETE, Lüneburger Erwachen 301
SEIBOLD, EUGEN, Geschämt 303
ŠIK, OTA, Nummer 3127 304
SPEKTOR, SHMUEL, Eine lang ersehnte Antwort 307
STEINBUCH, KARL, Eine Lehre, die ich zog 309
STERN, CAROLA, Erschöpft, verlaust, verdreckt 312
STINGL, JOSEF, Flucht 316
THOMAS, MICHAEL, Unwürdig und unklug 318
THORN, GASTON E., Schlußstrich 321
TROLLER, GEORG STEFAN, Heimkehr 324
ULRICHS, HERMANN, Mäuse haben wir gehabt 326
UNSELD, SIEGFRIED, Waren wir Gefangene, oder waren
    wir frei? 332
VOGEL, HANS-JOCHEN, Neunzehn Jahre alt 337
WALTEMATHE, ERNST, Das Ende eines Alptraums 338
WEISS, CARL, Mein Kapitulationstag 342
VON WITZENDORFF, CURT, Weichselniederung 344
WOJNA, RYSZARD, Vivat! 347
WÜRTZ, BRIGITTE, Der Anfang 350
VON ZAHN, PETER, Alle Sinne waren gespannt 354
ZINK, JÖRG, Das Ende der Schizophrenie 356

DIE AUTOREN 359

Vorwort

Achter Mai 1945

Vierzig Jahre danach: Mensch, der Krieg ist aus! Viele haben es gesagt, gedacht. Haben laut gejubelt oder apathisch gelächelt. Niemand kennt alle Variationen des Aufatmens. Es bedarf einiger Anstrengung, sich vorzustellen, wie es damals war. Wie die Landschaft aussah, in der wir heute leben: zerstört und zerrissen. Wie die Menschen? Was wurde aus Schauplätzen, aus tief eingeschnittenen Erlebnissen, Über-Lebnissen? Was aus der alten Frage: Kann man aus der Geschichte lernen? Was lehrten blutige Schlachten, schreckliche Bombennächte, was die geöffneten Konzentrationslager? Was lernten die Geschlagenen aus dem Ende, aus der Kapitulation?

Das Grauen scheint weggeräumt worden zu sein. Die meisten Überlebenden erinnern sich kaum noch an das barbarische Gemetzel. Gehabte Kriege entrücken. Die Väter strecken bei »Dallas« ihre Beine aus und vergessen das Chaos. Das Entsetzen des Krieges ist nicht wiederherstellbar. Und glücklich spielen die Kinder erneut mit Tanks, Hubschraubern und U-Booten. Zerwühlt – von erlebten Granattrichtern – bleibt nur die Erinnerung weniger. Wie war das noch?

Am zweiten Mai 1945 fiel Berlin. Der Weg war frei für das

9

Ende des Krieges. Die Alliierten hatten ihr militärisches Ziel erreicht. Deutschland mußte bedingungslos kapitulieren. Am siebten Mai 1945 um 2.41 Uhr unterzeichnete Generaloberst Jodl im Hauptquartier General Eisenhowers in Reims die bedingungslose Kapitulation.

Während die westlichen Radiostationen am achten Mai den Sieg über Deutschland verkündeten, sendete Radio Moskau zur gleichen Zeit sein Kinderprogramm weiter. Die Sowjetunion forderte eine Wiederholung der Kapitulationszeremonie 24 Stunden später in Berlin-Karlshorst. Für Stalin war in Reims nur ein vorläufiges Kapitulationsprotokoll unterschrieben worden. Am neunten Mai 1945 um o.16 Uhr wurde die Unterzeichnung der Gesamtkapitulation der deutschen Wehrmacht im sowjetischen Hauptquartier in Berlin-Karlshorst durch die Generäle Keitel, Stumpff und Generaladmiral von Friedeburg wiederholt.

Die Siegermächte übernahmen die oberste Regierungsgewalt in Deutschland. Sie zerstückelten das Land. Für jeden Sieger gab es eine Zone.

Genaue Angaben über die Zahl der Toten des Zweiten Weltkrieges gibt es nicht. Die Verluste aller am Krieg beteiligten Völker werden auf etwa 55 Millionen Menschen geschätzt. Allein die Sowjetunion beklagte rund 20 Millionen Tote. Etwa sieben bis acht Millionen Deutsche, rund zehn Prozent der Bevölkerung, kamen um. Jeder zweite Tote war ein Zivilist. In den nationalsozialistischen Konzentrationslagern wurden etwa sechs Millionen Menschen auf bestialische Weise umgebracht.

Für die meisten Deutschen waren die ersten Augenblicke der Freiheit die jeweiligen Ankunftszeiten der Besatzer. Nicht wenige verfielen in den ersten Maitagen und vor allem am achten Mai 1945 in tiefe Depression. Sie hatten bis zuletzt an den Endsieg geglaubt, auf die Wunderwaffe gehofft. Für sie brach mit dem achten Mai 1945 alles zusammen, was ihnen die nationalsozialistische Propaganda vorgegaukelt, an Weltbildern vermittelt hatte.

Die Herausgeber haben im vorliegenden Buch auch einige

Persönlichkeiten um Mitarbeit gebeten, die unter der nationalsozialistischen Herrschaft besonders leiden mußten: Menschen
aus Israel, Polen, Frankreich, Italien und England. In der Bundesrepublik und in der DDR wurden Zeitzeugen gebeten, ihre
Erlebnisse, Erfahrungen und Gedanken jener Augenblicke auf-
zuschreiben, als die ersten Stunden innerer und äußerer Freiheit begannen. Aus der Fülle der Einzelschicksale entstand ein
Lesebuch für Menschen, die sich erinnern wollen oder nicht
vergessen können.

Aufrichtig danken wir allen, die mitgemacht haben. Vor allem jenen, denen es schwerfiel, die schlimmste Phase ihres Lebens nach über 40 Jahren zu Papier zu bringen.

Köln, 1985

Werner Filmer und Heribert Schwan

HEINRICH ALBERTZ
Befreiung

Nein, von der Kapitulation des Deutschen Reiches bin ich
kaum berührt worden. Den achten Mai 1945 habe ich in einem
Forsthaus in den oberpfälzischen Wäldern erlebt. Da hatte ich
meine Befreiung schon drei Wochen hinter mir. Die Nachricht
vom Ende des Krieges erreichte mich – ohne Radio, Telefon
und Strom – erst zwei Tage später.

Aber Mitte April, als die US-Army auf dem Truppen-
übungsplatz Grafenwöhr einrückte, da war alles in einem: Frieden, Gefangennahme, Freiheit, Angst, Jubel. Ein unvergeßlicher
Tag. Das kam so: Ich hatte – als Obergefreiter zum persönlichen
Stab des Generals von Grolman gehörend – den General nach
Grafenwöhr begleitet. Er war, weil er sich weigerte, Budapest zu
verteidigen, zur »Führerreserve« versetzt worden und zu seiner
Familie gefahren, die von Schlesien nach Grafenwöhr geflohen
war. Er hatte dann noch das Kommando über eine Division übernehmen müssen, mich aber in Grafenwöhr zurückgelassen – mit
einem Zivilanzug im Schrank. So war ich an jenem Morgen, als
die ersten amerikanischen Panzer am Haus vorbeirollten, mit
seiner Frau und ihren Kindern allein. Ich sehe mich noch am Fenster stehen: schon in Zivil und beim Rasieren. Da sind sie – Gott
sei Dank, endlich. Es gab keinen deutschen Soldaten mehr auf
dem Platz. Aber die Männer, also auch ich, wurden auf Lastwagen geladen und zu einer Sammelstelle gefahren.

Was nun geschah, würde das Neue Testament ein Wunder nennen. Ich legte dem Interrogationsoffizier meine zivile Kennkarte vor. »Albertz – Albertz« – fragte er und in fließendem Deutsch: »Sind Sie verwandt mit dem Superintendenten von Spandau? Ist er noch in Haft?« Als ich dies bejahte, schickte er die hinter mir stehenden Männer und einen GI hinaus und ließ mich setzen.

Wir kamen in ein langes Gespräch über die Bekennende Kirche. Er fragte mich aus, wohl auch, um meine Glaubwürdigkeit zu überprüfen. Dann: »Wo wollen Sie jetzt hin?« Er fragte nicht einmal, ob ich Soldat sei. Ich brauchte nicht zu lügen. Ich erhielt einen Zettel: »To whom it may concern. H. Albertz is allowed to go to Altneuhaus.« Unleserliche Unterschrift. Nicht einmal ein Stempel. Am nächsten Morgen war ich wieder bei den Grolmans. Wäre ich an den Offizier nebenan geraten, hätte ich mindestens ein Jahr in Frankreich arbeiten müssen als POW.

Wir haben geheult wie die Kinder. Befreiung. Unbeschreibliche Befreiung. Jedenfalls keine Kapitulation.

WOLFGANG ABENDROTH
Der Tag der Kapitulation

Daß Adolf Hitlers Nachfolger endlich die Waffen niedergelegt und die Konsequenz aus der politischen und militärischen Lage gezogen hätten, erfuhr ich »offiziell« dadurch, daß ein befreundeter juristischer Kollege und ich »amnestiert« und aus dem Militärgefängnis eines britischen Kriegsgefangenenlagers in Ägypten entlassen wurden, um zur Siegesfeier der Lagerkommandantur gebracht zu werden. Übrigens hatten wir uns – weit weg von der Heimat – schon seit Monaten gewundert, daß Hitler, dann Dönitz den Kampf noch weiterführen konnten, obwohl jeder Deutsche längst begriffen haben mußte, daß dieser Krieg – spätestens seit Stalingrad und erst recht nach der westalliierten Landung – entschieden war.

Wir beide – der spätere Präsident des Landessozialgerichts von West-Berlin und ich – waren nach unserer Flucht aus der Armee des Dritten Reiches zu den griechischen Partisanen britische Gefangene geworden. Ich, weil die Briten von der Elas, zu der ich nun gehörte, meine Auslieferung erzwungen hatten.

Wir hatten uns in einem »antifaschistischen« Cage (Kriegsgefangenenlager) in der Wüste kennengelernt und damit begonnen, andere frühere Angehörige des Bewährungsbataillons 999 durch Kurse systematisch darauf vorzubereiten, nach dem Zusammenbruch der Hitler-Diktatur richterliche und Verwaltungspositionen einnehmen zu können. Unser Ziel war, den Staatsapparat des Dritten Reiches und diejenigen, die ihm gedient hatten, zu ersetzen und dessen stillschweigende Restauration nach dem Ende des Zweiten Weltkriegs unnötig zu machen. Das hieß offiziell »Lageruniversität«. Der – übrigens südafrikanische – Lagerkommandant hatte davon erfahren. Er wollte uns zwingen, deutsche akademische Lehrer aus dem »Offiziers-Cage« des Kriegsgefangenenlagers – ausnahmslos frühere Mitglieder der NSDAP – an unserer »Lageruniversität« mitwirken zu lassen. Das hatten wir beide in voller Übereinstimmung mit unseren Hörern – und früheren Zuchthaus- und »999«-Kameraden – abgelehnt. Der politische Sinn dessen, was wir leisten wollten, die personelle Vorbereitung einer deutschen politischen Demokratie nach dem Ende des verbrecherischen Regimes im Deutschen Reich, wäre verlorengegangen. Die Antwort des Lagerkommandanten auf unsere Entscheidung war unsere Verurteilung zu Gefängnis wegen »Befehlsverweigerung«. Der gleiche Lagerkommandant hatte übrigens noch an Hitlers Geburtstag 1945 den »normalen« Kriegsgefangenen-Cages im Lager eine gemeinsame Feier gestattet.

Jetzt also – mit der Kapitulation – war seine bisherige Art und Weise der »demokratischen reeducation« nicht mehr haltbar. Wir wurden deshalb aus der Haft wieder in die normale Kriegsgefangenschaft entlassen. Wir waren nun wieder »frei« hinter den Stacheldrahtzäunen innerhalb der ägyptischen Wüste.

Nach Hause kamen wir alten politischen Zuchthäusler des Dritten Reiches, die auf dem Umweg über »999« in die Nähe der Ufer des Bittersees und des Suezkanals gekommen waren, deshalb noch lange nicht. Viele der kriegsgefangenen Offiziere, die akademisch vorgebildet waren, wurden nach und nach in die britische Besatzungszone entlassen – in vielen Fällen auch dann, wenn sie einst Parteigenossen gewesen waren –, weil man dort doch »Fachleute« brauchte, um Schulbetrieb, Justiz und Verwaltung in Gang zu bringen. Wir blieben in Ägypten und kamen erst im November und Dezember 1946 zurück nach Europa und in die deutschen Besatzungszonen. Für den Aufbau eines zuverlässig antikommunistischen Bildungsapparats und einer antikommunistischen Justiz und Verwaltung waren halt »akademisch gebildete Fachkräfte«, die Widerstandskämpfer im Dritten Reich gewesen waren, offensichtlich nach der Meinung des Headquarter Middle East nicht geeignet.

Aber immerhin – die Kapitulation, die wir schon lange Jahre zu erkämpfen gesucht und spätestens seit Monaten erwartet hatten, war nun »amtlich«, und wir waren wieder zu normalen Kriegsgefangenen aufgestiegen.

HELMUT ALLARDT
Nun ist's passiert!

»Also – nun ist's passiert«, rief mir ein Kamerad zu, während ich, über der Reling lehnend, schweigend in die Ferne starrte. »Nun haben auch die letzten deutschen Einheiten bedingungslos kapituliert. Jetzt ist der Krieg wirklich vorbei.« Wir standen an Deck der »Drottningholm«, des schwedischen Kreuzfahrtdampfers, den die Reichsregierung gechartert und Mitte April 1945 nach Istanbul entsandt hatte, um die in der Türkei ansässigen Deutschen und die bis zum August 1944 tätigen und sodann internierten deutschen Diplomaten heimzuholen.

Die Meldung setzte den Schlußpunkt unter eine Reihe von

Nachrichten, mit denen – auf Raten – die totale Kapitulation »Großdeutschlands« angekündigt worden war. Die erste und wichtigste Meldung – wir hörten sie am 30. April auf der Reede von Algier – war die vom Tode Hitlers im Bunker der Reichskanzlei. Die Nachricht vom Ende des Blutvergießens war also für uns, die Passagiere der »Drottningholm«, zwar neu, aber keineswegs überraschend. Wir empfingen in der Türkei seit Jahren Radionachrichten aus aller Welt. Außerdem hatte die türkische Führung dem deutschen Botschafter Franz von Papen bereits seit Jahren – erstmalig 1942! – prophezeit, daß sich Deutschland keine Chancen mehr ausrechnen könne, den Krieg zu gewinnen. Und hier hatte bei mir und wohl den meisten anderen unserer Weggefährten auf der »Drottningholm« das – mit jedem Tage quälender werdende – Grübeln begonnen: Was bedeutet für Deutschland dieser von Hitler, also von Deutschland, vom Zaun gebrochene Krieg? Weshalb hat das deutsche Volk Hitler akzeptiert, als längst klar war, in welches Unheil unser Land und jeder einzelne von uns geraten wird?

»Gewonnen«, sagte meine Mutter eines Abends zu dem gerade von Berlin nach Ankara zurückgekehrten Gestapo-Beamten, der unserer Botschaft als politischer Aufpasser beigeordnet war, »gewonnen ist dieser Krieg erst dann, wenn Hitler und seine Ratgeber und Willensvollstrecker aufgehängt sind.« Der Beamte war so anständig und vermutlich inzwischen auch politisch so geläutert, daß er diese Bemerkung für sich behielt.

Adolf Hitler als Sieger dieses Krieges – das war die eine Seite der Medaille! Hitler – der Zerstörer Europas, der Mörder ungezählter Millionen – als Sieger? Dieses Trauma hatte sich mit seinem Tod bereits in Nichts aufgelöst. Aber nun? Mit erhobenen Händen stand Großdeutschland, wehrlos und umzingelt, vor den Siegern des Zweiten Weltkrieges. Sie alle hatten zu verschiedene nationale Interessen, um untereinander einig zu sein. Aber am achten Mai 1945 fanden sich alle zusammen in der Entschlossenheit, dem blutigen Eroberungsdurst Deutschlands einmal für immer ein Ende zu bereiten.

Was also kommt auf Deutschland zu – was also erwartet uns

bei der Rückkehr in die Heimat? Einige Kostproben waren ja bereits bekanntgeworden, die am achten Mai rasch wieder präsent wurden: Da war der von dem Amerikaner Henry Morgenthau bei der zweiten Konferenz von Quebec im September 1944 vorgelegte Plan, Bergbau und Industrie in Deutschland dem Erdboden gleichzumachen und damit die Mitte Europas in ein Agrarland zu verwandeln. Roosevelt und Churchill fanden den Plan gut und unterzeichneten ihn. Das war uns bereits bekanntgeworden.

Was und wieviel davon in die Wirklichkeit umgesetzt und weshalb er schließlich »relativiert« wurde, konnten wir damals ja nicht ahnen. Dann hatte es Anfang 1945 die erste Jalta-Konferenz zwischen Roosevelt, Churchill und Stalin gegeben, in der neben einer grundsätzlichen Einigung über eine Teilung Deutschlands die Einteilung in vier Besatzungszonen beschlossen wurde – eine Maßnahme, die vor allem diejenigen an Bord in Schrecken versetzen mußte, die aus dem von den Sowjets oder von Polen bereits besetzten Teil Deutschlands stammten und dorthin zurückwollten. Nicht alles, was damals in Jalta oder sonstwo beschlossen war, wurde natürlich bekannt, aber auch die Nachricht vom alsbaldigen Kriegseintritt der Sowjetunion gegen Japan hatte, als sie im Januar/Februar 1945 publik wurde, ihre Wirkung getan.

Blitzartig erhellte sie die erdumspannende Dimension dieses Krieges und machte bereits Monate vor der deutschen Kapitulation deutlich, daß selbst danach das Blutvergießen weitergehen und zwangsläufig auch Auswirkungen auf Europa und Deutschland haben würde.

Das Radio an Bord der »Drottningholm« sorgte Stunde um Stunde in allen gewünschten Sprachen für Unterrichtung über alle Geschehnisse und ihre jeweilige Interpretation rund um die Welt, und die Fahrgäste wurden immer schweigsamer. Man ging spazieren, beobachtete aufmerksam die großen und kleinen Wellen und Schaumkronen, die auf das Schiff zurollten, und versuchte zu ergründen, was das Schicksal und die nunmehr von den Befehlen der Sieger abhängige Schiffsleitung mit uns vorhatten. Liverpool und Göteborg sollten noch angelaufen werden, aber die Dauer des dortigen Aufenthalts und die Ankunft im Heimathafen Kiel stand in den Sternen.

Und doch – selbst auf diesem fast absoluten Tiefpunkt der Gefühle und Gedanken gab es Lichtpunkte! Der eine war die Hoffnung, daß die Ungewißheiten sich nun doch bald klären, die Vernunft der Sieger die Oberhand über die Rache gewinnen, daß die Angst um die Lieben daheim nun doch bald einem glücklichen Wiedersehen weichen – kurzum, daß alles nicht so schlimm kommen werde, wie es die Nachrichten der letzten Jahre, der letzten Monate und Wochen und die »Abschluß«-Meldungen am achten Mai voraussehen ließen. Das war – »selbst am Grabe pflanzt er die Hoffnung auf . . .« – der eine Lichtpunkt. Der andere war weniger emotional und diffus, aber realitätsbezogener: Die Herrschaft Hitlers, die Herrschaft des Nationalsozialismus gehörte endgültig der Vergangenheit an! Hitler war tot, und die Schar seiner – sorgfältig ausgewählten – Kumpane war vermutlich ebenfalls tot oder untergetaucht. Einer der erbärmlichsten Schandflecke deutscher Geschichte war ausgelöscht, wenn auch mit unermeßlichen Opfern und keineswegs nur dank deutschen, sondern dank des Widerstandes der von Hitler selbst auf den Plan gerufenen Feinde.

Zwölf Jahre zuvor – angesichts von mehr als sechs Millionen Arbeitslosen und einer Republik, die sich nicht zuletzt durch eigene Schuld an den Rand des Abgrundes regiert hatte – hatte man ihm mit viel Vorschußlorbeeren die Macht eingeräumt. Aber anstatt der erhofften Rettung der Weimarer Demokratie kam ihr totaler Sturz in den Abgrund und die totale Diktatur – kam eben das, was erst mit der totalen Kapitulation sein vorläufiges Ende fand. Diese zwölf Jahre andauernde Entwicklung – waren die Deutschen davon überrascht worden?

Diese ebenso törichte wie zutiefst beschämende Frage beschäftigte mich nicht nur seit 1933, sondern ganz besonders und spontan am achten Mai, am Tag des Zusammenbruchs. Wie konnte es geschehen, daß man einen Mann wie Adolf Hit-

19

ler, der sich längst als Verbrecher entlarvt hatte, nicht längst beseitigt hatte? Wie konnte es geschehen, daß die Mordnacht des 30./31. Juni und ersten Juli 1934, in deren Verlauf die Werkzeuge Hitlers und Himmlers ungezählte Menschen ermordeten, am zweiten Juli von Staats wegen als »Staatsnotwehr« und als »rechtens« legalisiert und damit zu den Akten gelegt wurde!

Wie konnte es geschehen, daß das deutsche Volk die »Macher« an seiner Spitze nicht sofort zur Verantwortung zog, sondern parierte und jedermann hoffte, noch einmal davonzukommen? Wie war es möglich, daß alle Institutionen, die zur Kontrolle der Machthabenden in einem Staatswesen und vor allem in der Demokratie vorhanden sind, Gewehr bei Fuß oder strammstanden, als sie erfuhren, was im eigenen Vaterlande vor sich geht? Wie konnte es geschehen, daß das für äußere wie innere Sicherheit oberste Organ des Staates, das Militär, alles schweigend zur Kenntnis nahm und sich – erfreut über die Ausschaltung der SA-Konkurrenz – auf den Anstifter und Vollstrecker des Massenmordes vereidigen ließ? Wie war es möglich, daß dieser Eid später ausreichte, um dem gleichen Manne in einen sinnlosen Krieg zu folgen, der ihn begonnen hatte und ihn immer mehr ausweitete. Seine von keinerlei Skrupel oder Fachkenntnis getrübten Befehle wurden auch dann widerstandslos ausgeführt, wenn sie voraussehbar nichts weiter als Hekatomben von Toten erforderten.

Sein Befehl, Millionen friedlicher Europäer jüdischer Rasse auszurotten, um die »deutsche Rasse« – was immer das sein mochte – nicht von ihnen zu »verunreinigen« – dieser Befehl war uns an Bord der »Drottningholm« erst bruchstückhaft zur Kenntnis gelangt und in seinem Ausmaß weder begriffen noch für glaubwürdig gehalten worden. Aber auch hier mußte es ja an den Schaltstellen der Macht Tausende geben, die diese Maßnahme zwar ablehnten, sie aber trotzdem durchführten, weil sie einem längst entlarvten notorischen Verbrecher Gehorsam geschworen hatten.

War das also die so berühmte preußische Disziplin? Gehörte

es also auch zu dieser Disziplin, ohne lautstarken, über ganz Deutschland hallenden Widerspruch zuzusehen, wie nach dem 20. Juli 1944 diejenigen Kameraden, die unter Einsatz ihres eigenen Lebens entschlossen waren, dem Treiben ein Ende zu machen, auf abscheulichste Weise von einer Gruppe, die sich als »Volksgericht« bezeichnete, verhört, verurteilt und dann hingerichtet wurden?

Und schließlich, wo blieben die Hüter des Glaubens, der katholischen wie der evangelischen Kirche, deren Pflicht und christlicher Auftrag es ihnen geboten hätte, gegen das nationalsozialistische Regime, seine Vertreter und seine Schandtaten aufzutreten?

Aber nicht nur die Kirche, nicht nur die Institutionen – so meinte ich damals und meine ich heute –, wir alle, die wir das Dritte Reich mit offenen Augen und Ohren durchlebt haben, wir alle sind von der Geschichte schuldig gesprochen, diese systematische Kriminalisierung der Führung des Deutschen Reichs und seiner Außen- wie Innenpolitik geduldet zu haben. Erst als britische, amerikanische, französische, sowjetische Panzer durch deutsche Lande rollten, war es mit dem Nazi-Spuk vorbei. Stalin als Sieger über Deutschland? Noch wenige Jahre zuvor Komplize Hitlers bei der Aufteilung Polens, der Okkupation der Baltischen Staaten und ihrer Integration in sowjetisches Hoheitsgebiet . . . Kam nun nach dem Hitler-Regime das Terrorregime Stalins über Ost-Deutschland? Die Deutschen hatten jedenfalls – die Panzer der Feinde machten es überdeutlich – ihre eigene Hoheitsgewalt über die deutschen Lande verspielt – im Osten so wie im Westen. Für wie lange? Für immer?

Deutschland ist »wieder einmal ein schweres Schicksal auferlegt« worden, so hieß es gelegentlich im Radio. Das traf wohl zu, dachte ich mir, während die »Drottningholm« sich Liverpool näherte und Polizei mit einigen Haftbefehlen an Bord kam. Nur: »Auferlegt« ist, dachte ich, wohl nicht das richtige Wort: Wer zwölf lange Jahre den erbarmungslosen Naziterror toleriert hat, sollte sich nicht beklagen, wenn eines Tages die Rechnung präsentiert wird.

JEHNDA BACON
Ich wollte es überleben

Von den verschiedenen Orten, die ich seit meinem zwölften Lebensjahr kennengelernt hatte, war das Lager in Gunskirchen bei Steyr nach Theresienstadt, Auschwitz und Mauthausen der letzte. Im April 1945 waren wir für einen Fußmarsch ausgesucht worden und kamen aus dem überfüllten Mauthausen im Mai in Gunskirchen an. Aus verschiedenen Anzeichen und Gerüchten wuchs unser Glaube an die Befreiung von Tag zu Tag, von Stunde zu Stunde. Zu den Hinweisen, die auf ein nahes Ende des Krieges hindeuteten, gehörte der Wechsel des Lagerpersonals: Die kriegstauglichen SS-Leute wurden an die Front geschickt. Statt ihrer kamen ältere Jahrgänge und Pensionäre, die uns zum erstenmal wie Menschenwesen behandelten.

Ich war damals, nach dreijährigem KZ-Aufenthalt, krank. Mein Körper versagte. Ich fühlte meine letzten Kräfte schwinden und fürchtete zu sterben. Aber ich wollte »es« überleben. Ich träumte davon, allein, unbewacht und ohne Angst zu leben. Mich satt zu essen, an drei bis vier rohen Kartoffeln! An gekochte Kartoffeln dachte ich nicht, das ging über meine Phantasie.

Eines Morgens im Mai war die Wachmannschaft verschwunden. Sie war vor den heranmarschierenden Amerikanern geflohen. Wir stürzten uns, ausgehungert, wie wir waren, auf die »Speisekammern«. Aber ich war zu sehr vom Fieber geschwächt, um etwas zu erbeuten oder das Erbeutete zu verteidigen.

Nicht weit von Gunskirchen war ein Bahngeleise. Dort stand ein von den Deutschen zurückgelassener Zug. In einem der Waggons entdeckte ich Arzneimittel. Wir versorgten uns mit abletten. Ich selbst schluckte Antidurchfallmedikamente.

Ich beschloß damals, mit einem Freund in die Schweiz zu flüchten. Wir wußten von der Schweiz nur, daß dieses Land vom Krieg verschont geblieben war. Aber wie eine Flucht in die Tat umzusetzen wäre, darüber machten wir Fünfzehnjährigen mit unseren kahlgeschorenen Köpfen uns keine Gedanken. Wir marschierten Richtung Schweiz. Stießen zu unserem Glück nach einiger Zeit auf einen Vortrupp amerikanischer Soldaten. Auf unsere Bitte nach »bread« sagten sie bedauernd, daß das Auto mit dem Proviant erst am nächsten Tag eintreffen werde. Sie könnten uns nur »cookies« aus ihren eisernen Rationen anbieten. Wir hatten wieder Glück! Unseren geschwächten Mägen wurde deshalb nicht zuviel an hochgradig konzentrierten Nahrungskonserven zugetraut. Denn vielen anderen der plötzlich befreiten Häftlinge wurde häufig ihr erster nahrhafter Imbiß auch ihre Henkersmahlzeit.

Einer der amerikanischen Soldaten, dem es aufgefallen war, daß wir fieberten und uns nicht mehr auf den Beinen halten konnten, brachte uns in das Staatliche Spital nach Steyr. Dort erholten wir uns nach vierzehn Tagen halbwegs.

Ich begrüße den Plan, einigen Zeugen jener dunklen Zeit das Wort zu geben; denn jede Erinnerung an den achten Mai 1945 ist gleichzeitig ein Nachruf auf jene Millionen meiner Mitinsassen, die den Tag der Befreiung nicht mehr erlebten. Vielleicht helfen solche Aussagen auch, den Haß in der Welt einzudämmen.

ARNULF BARING
Mein dreizehnter Geburtstag

Der achte Mai 1945 – ein strahlender, warmer, wunderschöner Tag – war mein Geburtstag, der dreizehnte. Ich war damals nicht weit jenseits der Berliner Stadtgrenze, im Süden der Stadt. An sich hatten wir in den Westen gewollt, meine Mutter und die Geschwister, weil es zu Hause nicht mehr auszuhalten war, seit die Russen da waren. Irgendwie, zu Fuß, wollten wir los, über die Elbe, zu den Amerikanern, wo es viel besser sein sollte. Mit einem kleinen Handwagen, vollgepackt, unser Kleinkind obendrauf – so waren wir verzweifelt auf und davon. Nach knappen zwei Kilometern hatte ein russisches Fahrzeug dieses Wägelchen gestreift und dabei zwei seiner Räder zerbrochen. Rasch entmutigt gaben wir die Flucht auf. Bei Bekannten in der Nähe, in einem Siedlungshaus in Klein-Machnow, das ihnen auch nicht gehörte, fanden wir Unterschlupf.

Im Kellergeschoß wohnten sowjetische Soldaten; diese bodenständigen russischen Bauern gingen nur ungern in obere Stockwerke, denn sie waren das nicht gewohnt. Deshalb waren Freunde in Charlottenburg im vierten Stock fast unbehelligt geblieben, während es uns zu Hause, neben der Einfallstraße, in einer Erdgeschoßwohnung, übel erwischt hatte. Also im Keller wohnten die Russen, zu ebener Erde ein Altkommunist, Rolf Helm, der später in der DDR zu hohen Würden kommen sollte, mit seiner Frau, die in großer Sorge um ihre Söhne war; später stellte sich heraus, daß beide zuletzt noch gefallen waren. Im Dachgeschoß wohnten wir, meine Mutter und drei Kinder, seit vierzehn Tagen. Mein Vater war vermißt.

Die Russen feierten. Wir wußten nicht, warum an jenem achten Mai gerade besonders laut, besonders fröhlich, wußten nichts von Keitels Unterschrift jenes Tages in Karlshorst. Unsere Russen sangen, einer spielte Harmonika. Sie saßen auf und neben ihrer »Stalinorgel«, die furchterweckend im Garten stand, aber seit mehr als einer Woche eine malerische Attrappe geworden war. Der Krieg in Berlin war zu Ende, das schien sicher. »Gitler« und »Gebbels« waren, wie unsere russischen Mitbewohner immer wieder freudestrahlend versicherten, offenbar tot.

Schon Anfang Mai, als es stille geworden war in der Luft über uns, auch kein Donner aus der Ferne mehr zu hören war, hatte das große Feiern begonnen. Es wurde uns immer dann unheimlich, wenn einer von unseren Russen doch noch irgendwo Alkohol aufgetrieben hatte. Würden sie im Keller bleiben? Oder würden sie, gefährlich angeheitert, doch diesmal hinaufsteigen: »Frau, komm«?

Sie buken friedlich, wie jeden Tag, in ihrem Keller Plinsen,

Blindishi, wie sie sie nannten, gaben auch meinem Bruder, der anderthalb Jahre alt war und überhaupt von ihnen verwöhnt wurde, welche ab. Aus großen olivgrünen Büchsen mit amerikanischer Beschriftung – ich bekam eine erste Vorstellung davon, daß die USA also nicht nur Waffen und Lastkraftwagen an die Sowjetunion geliefert hatten – füllte der russische Koch große Brocken weißen Fetts in seine brutzelnde Pfanne, die er hinterher mit einem großen Taschentuch auswischte, das er wegwarf. Meine Mutter wusch es, faltete es zusammen und schenkte es mir zum Geburtstag, zusammen mit Peter Roseggers »Schriften des Waldschulmeisters«, die sie vor Monaten schon gekauft und für mich aufgehoben hatte. Bücher waren so ziemlich das einzige, was in unserer alten Wohnung niemand angerührt hatte.

Jener achte Mai ist für mich in der Erinnerung der erste Tag, an dem sich das Gefühl verbreitete, daß alles vorüber sei – wirklich, endgültig. Der Einmarsch der Russen war zunächst keine Befreiung gewesen, ganz im Gegenteil Inferno, Hölle, völliges Ausgeliefertsein; er schien der Beginn allgemeinen Untergangs. Die ersten Tage nach der Eroberung werden ein Alptraum sein, solange ich lebe.

Aber inzwischen waren die Russen schon vierzehn Tage da. Es gab ab und an wieder Brot zu kaufen, von Lebensmittelkarten war die Rede, also einer Neueröffnung der Geschäfte, und in der Praxis unseres guten, alten, bescheidenen Hausarztes war nach turbulenten zwei Wochen wieder Ruhe eingekehrt. Statt der Hunderte von verzweifelten Frauen, denen er unermüdlich Tag und Nacht mit Trost und Tat beigestanden hatte, saß da jetzt wieder eine Normalkundschaft mit ihren üblichen Krankheiten, die Dr. Erdmann gut noch nebenher betreuen konnte. Denn weil er schon vor 1933 Kommunist gewesen war, wie sich zu allgemeinem Erstaunen herausstellte, war er mittlerweile Bürgermeister geworden. Bald sollten sogar die Schulen wieder anfangen, was wir Kinder allerdings ziemlich voreilig fanden. Als man dann im Juni tatsächlich wieder mit dem Unterricht begann, muß es für Vorübergehende ein eigentümlicher, beängstigender Eindruck gewesen sein, uns Schulkinder auf dem Hof zu beobachten: Wir waren so schwach vor Hunger, daß wir in den Pausen nur herumhockten, auf dem langen Mäuerchen saßen, uns unterhielten – einfach keine Kraft zum Rennen, zum Spielen, zum Toben hatten.

Überhaupt der Hunger. Ich habe damals nicht geglaubt, daß ich irgendwann im Leben wieder satt werden würde. Als wir fluchtartig die Wohnung verließen, hatten andere, wahrscheinlich Nachbarn, unsere bescheidenen, kostbaren Vorräte an sich genommen – zwei Säcke Kartoffeln, zehn Pfund Zucker –, »organisiert«, wie man damals beschönigend sagte, denn »stehlen«, das taten nur Russen, die übrigens das Eingemachte, das ihnen ohne Zucker zu sauer war, ärgerlich an die Wand geworfen hatten; noch heute trauere ich den Kirschen nach, die so schwer zu bekommen gewesen waren.

Wir lebten wochenlang von angesengtem Korn, das ich zusammen mit Rolf Helm aus den brennenden Teltower Speichern geholt und viele Stunden lang in der Kaffeemühle gemahlen hatte. Dazu gab es halbverbrannten Sirup, eine dickliche Soße mit schwarzer Rußschicht, von dem wir eine Waschwanne voll, ebenfalls aus Teltow, herangeschleppt hatten.

Das größte Geschenk im Rückblick: die Stille. Wenn ich an den frühen Mai 1945 denke, dann zunächst an diese Lautlosigkeit, diese Ruhe, Tag für Tag unter einem blauen Himmel. In der warmen Sonne sitzen und kaum noch Angst haben. Kein Verkehr, natürlich keine Autos (der russische Verkehr vom Süden her in die Stadt spielte sich, nachdem die Kampftruppen mit ihren Panzern erst einmal vorbeigerauscht waren, im wesentlichen mit Panjewagen ab), keine S- oder U-Bahn, keine Behörden, keine Polizei, Dienststellen, Ämter, Schulen, nichts. Nur zu Fuß, trotz des Hungers, alle Wege. Zu den Tanten nach Charlottenburg, das war mit Ach und Krach an einem Tag zu schaffen, immer in der Hoffnung, dort etwas zu essen zu bekommen. Zu Freunden nach Pankow, da mußte man übernachten. Solche Fernexpeditionen wagte man natürlich erst, nachdem sich die Lage beruhigt, die Kämpfe aufgehört, die schüchterne Hoffnung ausgebreitet hatte, wir würden nicht getötet, nicht verstümmelt, nicht verschleppt, nicht von Mutter und Geschwistern getrennt zur Zwangsarbeit nach Rußland, nach Sibirien, verfrachtet werden. Eine unendlich friedevolle Stille, trotz allen Elends – das ist der hervorstechendste Eindruck in der Erinnerung.

Natürlich, denn dieser Frieden über dem Land war der vollkommenste Gegensatz zu dem sich ständig steigernden, bösartigen Lärm der Zeit vorher. Jede Nacht Luftangriffe. Das Pfeifen und Jaulen der Bomben, das jeder von uns, der damals schon lebte, auf immer im Ohr hat; unwillkürlich zieht man noch in der Erinnerung den Kopf ein. Dumpf dann die Detonationen, anhaltend laut das hilflose Bellen der Flak. Einige lange, schwere Tagesangriffe: Hunderte von Kondensstreifen der anfliegenden, meist amerikanischen Geschwader am blaßblauen Himmel über uns (denn auch im Frühjahr 1945 war das Wetter meist strahlend schön); ihr tiefes, lähmendes Brummen, das den Boden leise beben ließ. Der Himmel rot in den Nächten; Flächenbrände in der Innenstadt, die sich ungehindert ausbreiteten, derer niemand mehr Herr werden konnte. Man glaubte, die Hitze bis zu uns draußen zu spüren. Qualvoller, sich lang hinziehender Untergang einer Stadt, die unter unseren Augen zu Staub zerfiel, zu Geröllbergen.

Angst vor den Russen, Angst bei vielen Luftangriffen, Angst vor dem Ende. Ich konnte mir damals in Berlin die Niederlage nur als Vernichtung, als Vertreibung, Verschleppung oder Erschießung vorstellen, als Nacht ohne Morgen, als das Ende schlechthin, für uns alle. Ich klammerte mich daher – ja an was eigentlich? Wie wohl Hitler auch an irgendwelche Wahnsinnshoffnungen, an irgendeine wunderbare Errettung. Und eigentlich klammerte ich mich an Worte. Noch heute habe ich ganze Passagen von Führerreden aus dem Januar 1945 im Ohr . . .

Mein Glaube, mein Vertrauen – oder Hitlers Macht über mich, wenn man will – erlosch ganz plötzlich, kurz darauf, von einem Tag auf den anderen: mit dem 13. Februar in Dresden. Ich war dort bei meiner Großmutter gewesen – in einem Mietshaus in der Johannstadt, Elisenstraße, im Keller, der wie ein Schiff im Sturm auf dem Meere schwankte. Durch den brennenden Hausflur hinaus, kurz ehe das Gebäude zusammenstürzte und alle Mitbewohner begrub, 73 Menschen, über brennende Balken und Geröllberge im Feuersturm, mit angesengten Haaren und vom Rauch erblindet, vor die Stadt getappt, im Morgengrauen, an ungezählten Toten vorbei, Verkohlten, Erstickten, Halbverbrannten, nachdem wir den Rest der Nacht im leeren Becken des Neptunbrunnens auf dem Striesener Platz verbracht hatten, immer von neuem in den Schlamm tauchend, um nicht vom Funkenflug in Brand zu geraten, uns auch gegen die Hitze zu schützen. Ich mochte lange begriffsstutzig gewesen sein. Von da an wußte ich: Es war aus. Wenn dies möglich war, ungehindert, in einer Nacht, dann war das Ende nahe.

Es quälte sich hin indessen, bis endlich Schluß war. Die Russen zögerten mit ihrer letzten Offensive, mit einer Entscheidungsschlacht um Berlin, die längst entschieden war, ehe sie anbrach. Unser Leben damals schien uns eine Gnadenfrist. Ich weiß noch genau, daß wir uns in der Schule weigerten, im März und April, Aufgaben zu erledigen, zu lernen, weil es uns sinnlos, zwecklos schien: war der Krieg erst beendet, war alles Gelernte, davon war jeder überzeugt, für die Katz.

Dann ging es plötzlich ganz schnell. Am 16. April setzte der »Iwan«, wie man damals sagte, über die Oder. Ununterbrochen war seither das dumpfe Grollen des Schlachtenlärms zu hören, immer lauter, immer näher. Tieffliegerangriffe, während man vor den Geschäften in langen Schlangen wartete. Bis zuletzt kein Plündern, aus Angst; vor der Droste-Schule sah ich eine Frau angebunden, mit einem Schild um den Hals, daß sie Volksgenossen bestohlen habe. Später sah man erhängte Soldaten, gleichfalls beschildert: Sie seien zu feige gewesen, ihre Familien zu verteidigen. Es half alles nichts mehr. Am 24. April abends, der letzte Soldat im Keller: »Wir ziehen ab. In einer halben Stunde werden die Russen dasein.«

Keiner spricht. Größere Angst als in jener unendlichen Wartezeit zwischen den Fronten, den Welten, kann niemand haben vor dem Ungewissen, dem allzu Gewissen. Die ersten Soldaten, Kampftruppen, das ging noch. Aber dann. Wo sich bloß verstecken? Wohin mit den Müttern, den Schwestern? Nirgendwo ist es sicher; am ehesten noch, wenn wir dicht beisammenbleiben. Mehrfach hinter das Haus geführt, an die Wand gestellt, mit erhobenen Armen, es wurde gezielt, auch geschossen, am Ohr vorbei. Warum? Weil man mich, so lang, wie ich war, für einen Soldaten hielt? Oder auch nur, weil ich keine Uhr herauszurücken hatte? Oder eben nur so? Wer weiß.

Plünderung. Lastwagen, übervoll beladen, auch Möbel, Radios, Stehlampen; es quillt aus Koffern und Kisten heraus. Auf der Straße verstreut Pelzmäntel, Fotoapparate, ganze Bündel großes Geld. Niemand hebt etwas auf. Warum auch? Es wird ja doch gleich wieder weggenommen werden, und der Gipfel der Sinnlosigkeit wäre es, die Geldscheine einzusammeln, die jetzt, nach dem Ende unserer Zeitrechnung, nur noch bedrucktes Papier waren – dachte ich, dachten alle. Niemand ahnte, daß dieses Buntpapier, das noch nach Wochen draußen herumlag, bis 1948 weitergelten würde.

Tote deutsche Soldaten auf den Straßen. Erst nach Tagen wage ich mich während der Dämmerung in die Nähe, um ihre Papiere an mich zu nehmen, damit man später die Familien benachrichtigen kann. Viele, viele Selbstmorde in der Nachbarschaft; die Leichen werden – es ist ja Sommer – in den Gärten vergraben. Keineswegs nur Nazis. Viele Verzweifelte. Unser Zahnarzt mit der ganzen Familie; das Gift reichte nicht, die jüngsten Kinder wurden in der Badewanne ertränkt. »Vom unübersehbaren Heer unserer Toten« sprach Pfarrer Heyden – oder war es Dilschneider? – beim ersten Gottesdienst in der fensterlosen, dachlosen, bis auf die Straße vollen Paulus-Kirche. Und doch spürte man an diesem Tage leise Hoffnung in der groß gewordenen Gemeinde, Dankbarkeit für wunderbare Errettung, Vertrauen auf einen neuen Anfang.

Es war ein neuer Anfang, war wie am Anbeginn der Welt, als die Erde wüst und leer gewesen war, Gott aber das Licht von der Finsternis geschieden, Pflanzen und Tiere und zuletzt den Menschen geschaffen hatte. Wir alle waren neue Menschen, wie neu geboren. Wer es nicht miterlebt hat, kann es kaum nachfühlen, wer es miterlebt hat, kann es nicht vergessen. Er wird sein Leben lang immer wieder eine stille Dankbarkeit für all die Dinge empfinden, die nachfolgenden Generationen selbstverständlich scheinen, aber es eben doch keineswegs sind: nie Hunger haben, immer ein richtiges Dach über dem Kopf, warm anzuziehen und Heizung im Winter, ein ruhiger Nachtschlaf, Frieden, Sicherheit, kein amtlich geförderter Fanatismus – gar nicht zu reden von dem, verglichen mit damals, einfach märchenhaften Wohlstand, der inzwischen über alle bei uns im Westen gekommen ist. Kein einziger von uns hätte das, was wir erreicht haben, vor vierzig Jahren auch nur entfernt für denkbar gehalten.

Wir sollten uns vielleicht ab und an unseres Ausgangspunktes erinnern, jener Stunde Null einer neuen Schöpfung. Denn wer das Gestern vergißt, verdrängt, wird vom Ansturm der Gegenwart übermäßig verwundbar. Ihm fehlen Vergleichsmaßstäbe. Sorgen und Ängste des Tages werden dann übermächtig.

JITZHAK BEN-ARI
Beginnt jetzt die Welt von neuem?

Die strahlende, blendende Sonne über Jerusalem weckt mich zeitig in der Frühe. Überflüssig, einen Wecker zu stellen, auch wenn man – wie ich – erst in den kleinen Stunden der Nacht in das kleine Zimmer, mein Zuhause im Zentrum der Stadt, zurückgekehrt ist.

Ich bin sofort hellwach. Die letzten Tage waren aufregend. Eine Mischung von Hoffnung, Erwartung und Freude erfüllte das Denken der jüdischen Bevölkerung und der britischen Soldaten im Lande Israel, in Palästina. Das sich nähernde Ende des Krieges in Europa veranlaßte die Engländer, in Jerusalem Vorbereitungen zu treffen, dieses Ereignis gebührend zu feiern.

In die Freude der Juden, besonders der aus Europa stammenden und derer, die dort Familie hatten, mischten sich Sorge und bange Vorahnung: Würde man nun endlich die volle Wahrheit darüber erfahren, was dem jüdischen Volke von der nationalsozialistischen Gewaltherrschaft und ihren Handlangern in den besetzten Gebieten angetan worden war?

Ich stelle mein Radio an, höre aber nur noch die letzten Worte des Sprechers. Meine Morgentoilette ist rasch beendet, und ich laufe zum nächsten Kiosk, um mir Zeitungen zu kaufen. Die »Palestine Post« berichtet: »Der Krieg in Europa ist beendet!«

Eine Welle ungeheuren Glückes durchflutet meinen Körper. Beginnt jetzt die Welt von neuem? Viele Fragen stürmen auf mich ein: Werde ich jetzt meine Eltern wiedersehen? Als Fünfzehnjähriger sah ich sie zuletzt in Wien. Mein Vater, der in den Konzentrationslagern Dachau und Buchenwald inhaftiert war? Und mein fünfundsiebzigjähriger Großvater, von dem ich gehört hatte, daß er nach Polen verschleppt wurde? Meinen Onkel, Tanten, Vettern und andere Verwandte und Freunde?

Jetzt ist nicht die Zeit für schmerzende, wehmütige Gedanken! – Für acht Uhr bin ich mit »Erwin«, meinem Kommandanten in der Untergrundbewegung, verabredet. Er erwartet mich im ATARA, dem populärsten Caféhaus von Jerusalem. Während wir unseren Morgenkaffee trinken, höre ich von ihm, daß die britische Mandatsmacht in Palästina jetzt nach Ende des Krieges in Europa ihre Bemühungen verstärken wird, die jüdische Freiheitsbewegung zu unterdrücken, um zu verhindern, daß die Flüchtlingswelle aus Europa sich nunmehr zu einer Masseneinwanderung entwickelt. Es sei Aufgabe aller Hagana-Mitglieder, jeden dieser Schritte zu erkennen und zu verhüten. »Heute wird gefeiert«, meinte er, »da werden sicher die Ämter der britischen politischen Polizei weniger bewacht sein . . .«

In den nächsten Stunden versammele ich einige Kameraden, die wie ich Mitglied in der Hagana sind, vor allem aber auch jüdische Polizisten, die freien Zutritt zum Polizeihauptquartier haben, und verständige auch Verbindungsleute über Unterhaltungslokale, in denen sich die Briten abends vergnügen werden. Die Besitzer der Lokale werden heute gerne bereit sein, besonders großzügig mit dem Alkohol umzugehen. Auch Damen werden nicht fehlen, um die Atmosphäre aufzulockern . . .

Dann habe ich eine Stunde Zeit und lese wieder in der »Palestine Post«: »Britische und amerikanische Militärkreise berichten aus Deutschland, daß der Widerstand gegen Hitler sehr begrenzt war und fast ohne jedes militärische Gewicht.«

Meine Gedanken schweifen: Kein Nero, kein Inquisator war so grausam, wie es Deutsche waren. Wie war so etwas möglich? Ein zivilisiertes Volk, das Volk der Dichter und Denker folgte fast ohne jegliche Gegenwehr dem Weg des amtlichen Mordens? Jedes andere Volk wird sagen können, daß es sich selber befreit hat. Die Franzosen, die Tschechoslowaken und Polen wehrten sich im bewaffneten Widerstand und im Aufstand gegen die Nazis – nur Deutschland mußte von anderen besiegt, besetzt, befreit werden . . .

Zog hier nicht die Gefahr herauf, daß dieses große und tatkräftige Volk zur Bewältigung seiner Vergangenheit in Zukunft an Komplexen leiden würde, und würden diese nicht zu einer Ablehnung des eigenen historischen Scheiterns führen? Könnten deshalb zukünftige Generationen nicht auf revolutionäre Ideologien stoßen, um sich vom Versagen ihrer Väter zu distanzieren oder zu versuchen, dieses Kapitel deutscher Geschichte zu vergessen?

Die »Palestine Post« schrieb mit Recht: »Der Sieg der Alliierten ist auch der Sieg des deutschen Volkes, das von der Tiefe der Schmach zurück zur Menschlichkeit finden muß.«

Und wir Juden, denen mehr Böses als allen anderen Opfern dieses Krieges angetan wurde, müssen den Glauben an das Gute im Menschen zurückfinden, auch in Beziehungen zu Deutschen. Dies wird nicht leicht sein, dachte ich. Damals beschloß ich – einundzwanzigjährig –, meinen bescheidenen Beitrag in diesem Sinne zu leisten.

An diesem Abend sang, tanzte und feierte ich mit vielen jungen Leuten auf dem Zion-Platz in Jerusalem. Gegen Mitternacht brachte man der Hagana die Schlüssel zum Geheimschrank der britischen Polizei. Die Liste der von der Kolonialmacht gesuchten Untergrundkämpfer wurde abgeschrieben. Um deren Verhaftung zu verhindern, warnen wir noch während dieser Nacht mehr als zweihundert Kameraden. Der Kampf um eine jüdische Heimat geht weiter . . .

ERNST BENDA
Im Hafen Egersund

Den achten Mai 1945 habe ich in einem kleinen Ort in Südnorwegen, dem Hafen Egersund bei Stavanger, erlebt. Ich war dort seit Ende 1944 als Funker auf einem Schnellboot der Kriegsmarine eingesetzt. Das bevorstehende Kriegsende hatte sich seit Wochen deutlich abgezeichnet, nicht nur aus den Nachrichten über die Lage in Deutschland, die ich über die mit dem Marineoberkommando in Kiel bestehende Funkverbindung ständig aus erster Hand und ohne propagandistische Verfärbung erhielt.

Treibstoffmangel und die völlige Luftüberlegenheit des Gegners machten der Marine auch in Norwegen die Erfüllung ihres Auftrages kaum noch möglich. Die Kämpfe auf See fanden – meist in der Nacht – bis zum letzten Tage statt, und die Wochen vor dem Kriegsende waren für die wenigen noch einsatzfähigen Fahrzeuge der Marine mühsam und verlustreich.

Der Frühling 1945 war in Norwegen nach einem eisigen Winter plötzlich gekommen; im Mai blühte das Land und zeigte sich von seiner schönsten Seite. Das Ende des Krieges kam nicht als ein Zusammenbruch, in dem sich die militärische Ordnung auflöste. Die deutsche militärische Befehlsstruktur bestand noch lange nach dem achten Mai fort; erst im Juni kamen die ersten englischen Einheiten in den kleinen, von unseren Booten und den Resten einer aus dem Kanal gekommenen U-Boot-Flottille belegten Hafen.

So bedeutete die Kapitulation nicht Auflösung der Ordnung oder Übergang in die Gefangenschaft, sondern war Beginn einer mehrwöchigen Zeit des Wartens und der Ungewißheit über die weitere Entwicklung. Auch nach Bekanntgabe der Kapitulation konnte ich mich wie alle anderen deutschen Soldaten in dem Ort frei bewegen. Bei den Norwegern herrschte eine festliche, fröhliche Stimmung, die aber zu keinerlei Feindseligkeit gegenüber den deutschen Soldaten führte. Sie konnten ungefährdet durch die Straßen gehen und wurden ignoriert, so als seien sie schon nicht mehr da, aber nirgends in dem Ort kam es zu Äußerungen der Ablehnung oder gar zu tätlichen Auseinandersetzungen. Dies kann damit zusammenhängen, daß die insgesamt noch zahlreichen, gutausgerüsteten und in intakter Ordnung befindlichen deutschen Kräfte sich gegen einen Angriff gut hätten wehren können, aber auch während der letzten Phase des Krieges war das Verhältnis zwischen deutschem Militär und norwegischer Zivilbevölkerung gewiß nicht herzlich, aber nach meinem Eindruck ziemlich unproblematisch und jedenfalls frei von Zwischenfällen.

So war für uns etwa zwanzig meist junge Leute im Alter um zwanzig Jahre auf unserem kleinen Boot das Ende des Krieges eher das Ende eines Abschnitts als ein dramatischer Zusammenbruch; es war die Fortsetzung einer Entwicklung, die nicht überraschend kam. Erleichterung, daß die nächtlichen Einsätze zu Ende waren, verband sich mit dem Gefühl der Ungewißheit über die Zukunft. Ich kann mich an niemanden in meinem Umkreis erinnern, der dem zu Ende gegangenen nationalsozialistischen Regime nachtrauerte, aber auch nur an ganz wenige, die sich der historischen Bedeutung des Tages bewußt waren. Einige von uns empfanden die angeordnete Ersetzung der Reichskriegsflagge durch eine obskure Signalflagge als Nationalitätskennzeichen als kränkend, aber damit war kaum ein Bekenntnis zu dem Hakenkreuz verbunden, das nun nicht mehr geführt wurde.

Meine persönlichen Empfindungen unterschieden sich kaum

von denen meiner Kameraden. Wohl hatte ich stärkere persönliche Gründe, das Ende des Nationalsozialismus als Befreiung und Anlaß zu Hoffnung zu verstehen. Mein Vater war aus rassischen Gründen seit einiger Zeit in einem Zwangsarbeitslager bei Magdeburg inhaftiert. Ich hatte keine Nachricht über sein Schicksal. Erst viel später erfuhr ich, daß er mit Hilfe eines SS-Bewachers hatte fliehen und zu Fuß nach Berlin gelangen können, wo er eben vor den anrückenden sowjetischen Truppen eintraf. Von meinen übrigen Familienangehörigen wußte ich nur, daß sie im März 1945 in ihrem Berliner Haus ausgebombt, aber wahrscheinlich am Leben waren; seither war jeder Kontakt abgerissen.

So waren es eher persönliche Gefühle, die mich in jenen Tagen beschäftigten, vor allem die Ungewißheit über das Schicksal meiner Eltern und Geschwister, die sich nun irgendwo in der sowjetisch besetzten Zone befinden mußten, ohne daß auf absehbare Zeit die Hoffnung bestand, sie erreichen zu können, auch die Frage, wie es nun mit mir weitergehen sollte. Fürs erste waren wir wohlversorgt, hatten weder Hunger noch andere Not zu leiden und hatten – wie sich herausstellte, noch für ein ganzes Jahr bis zur schließlichen Entlassung im Jahre 1946 – unsere Unterkunft und eine gewisse Ordnung. Der Übergang in eine neue Zeit vollzog sich so ganz undramatisch und in kleinen Schritten. Dies mag dazu beigetragen haben, daß die Erkenntnis der großen und grundsätzlichen Veränderung nicht im Mai 1945, sondern erst viel später kam.

TONY BENN
Die Nacht, als der Krieg zu Ende ging

Am Tag, als der Krieg zu Ende ging, machte ich gerade Urlaub in Israel, damals noch Palästina. Als Pilot der Royal Air Force und gerade erst zwanzig geworden, hatte ich aus Alexandria einen jüdischen Reiseveranstalter in Jerusalem angeschrieben, ob ich ein Kibbuz besichtigen könnte. Dieser schickte mich und zwei weitere Piloten nach Shaar Hagolan am Galiläischen Meer, wo wir einige Tage verbrachten. Die Briten waren zu jener Zeit Mandatsmacht in Palästina und bewachten die Grenzen, um den Fluß jüdischer Immigranten, der jede Nacht aus Syrien hereinströmte, einzudämmen.

Am Tage der Kapitulation des Dritten Reiches waren wir drei mit einem Boot auf das Meer hinausgerudert und hatten bis zu unserer Rückkehr keine Nachrichten gehört. Am achten Mai nachmittags hörten wir von der endgültigen Zerschlagung des Faschismus. In dieser Nacht wurde ein größeres, ausgelassenes Fest gefeiert. Wir tanzten und sangen Lieder. Die deutschen, österreichischen, italienischen und spanischen Juden feierten mit den Juden aus den benachbarten arabischen Ländern, tanzten ihre Nationaltänze. Erleichterung war zu spüren und Freude. Auf der Bühne sagte einer in hebräisch: »Und nun werden uns die drei englischen Offiziere einen Nationaltanz vorführen.« Natürlich versuchten auch wir, das Beste zu geben. Auch wenn unser Auftritt mehr ein Torkeln war, wurde unser Tanz dennoch von den Anwesenden mit freundlichem, herzlichem Lachen und Klatschen aufgenommen.

Was dieser Nacht mehr Bedeutung gab und was für mich erstaunlich, ja verblüffend war, kam eigentlich in der Atmosphäre oder Stimmung der Versammelten zum Ausdruck. Völlig entspannt, ohne jeglichen Haß und mit dem Blick nach vorn, in die Zukunft gerichtet, fest entschlossen, die Welt in Frieden wiederaufzubauen. Es schien, als ob jeder – aber auch jeder – dem Militarismus und dem Krieg den Rücken kehren und eine neue Welt in Zusammenarbeit mit unseren russischen und amerikanischen Verbündeten aufbauen wollte.

Einige Tage später fuhr ich nach Ägypten und dann nach Großbritannien zurück. Seitdem beschäftigte ich mich mit Politik. Fünf Jahre nach der Kapitulation wurde ich ins Parlament gewählt und gehöre diesem seit mehr als vierunddreißig Jahren an.

Die Verbindung zum damals besuchten Kibbuz habe ich aufrechterhalten. Ich bin sogar zweimal dort gewesen, um Freunde wiederzusehen und Erinnerungen aufzufrischen, vor allem aber die Erinnerung an die eine Nacht, als der Krieg zu Ende ging.

Heute kommt es mir vor, als ob der Faschismus eine Wiederkehr erfahren könnte und all das, wofür wir gekämpft und was wir erreicht haben, durch Atomwaffen zerstört werden könnte.

KURT BIEDENKOPF
Der Krieg war zu Ende, und wir lebten

Für uns war der Krieg am achten Mai 1945 schon zu Ende. Wir lebten damals in Mitteldeutschland, drei Kilometer nördlich von Merseburg, in Sichtweite eines alten, an der Saale gelegenen Schlosses, am südlichen Rande des Ortes Kopau. Er ist Standort des Buna-Werkes, das mein Vater in den dreißiger Jahren mit aufgebaut hatte und dessen Leiter er war. Die Wichtigkeit seiner Aufgabe – das Werk produzierte künstlichen Gummi – hatte ihn uns zu Hause erhalten. So war die Mutter mit ihren drei Söhnen nicht wie viele andere auf sich alleine gestellt.

Unser Haus hatte mit allen anderen in der Siedlung den Krieg unversehrt überstanden. Man munkelte, die Alliierten hätten das Werk schonen wollen. Nur so konnte man sich erklären, daß es uns nicht so gegangen war wie der schrecklich zerstörten Stadt Merseburg.

Am achten Mai war ein schöner, versöhnlicher Frühlingstag. Daran erinnere ich mich noch besonders lebhaft. Ich war mit meinen fünfzehn Jahren zu jung gewesen, um noch zur letzten Reserve eingezogen worden zu sein, aber alt genug, die Schrekken des Krieges, auch der letzten Tage, begreifen zu können.

Als die alliierten Truppen Ende April unseren Ort erreichten, wurde Merseburg von Wahnsinnigen zur Festung erklärt und von Alten und Kindern zusammen mit einer Handvoll Soldaten verteidigt. Amerikanische Panzer standen im Feld vor unserem Haus und schossen in die rauchenden Trümmer der Stadt. Trotzdem kann ich mich weniger an Angst als an die Neugier erinnern, mit der wir uns den fremden Soldaten und ihrem Kriegsgerät näherten. Die Angst war von uns gewichen, als feststand, daß uns amerikanische Truppen vor den russischen erreichen würden.

Als die Amerikaner vor der Tür standen, fühlten wir uns sicher. Niemand konnte uns zwar sagen, was nun geschehen werde. Aber die Erleichterung ist mir noch heute gegenwärtig, mit der ich feststellte, daß der Leutnant und seine Soldaten, die in unser Haus kamen, um eher oberflächlich nach Waffen zu suchen, Menschen waren, wie wir sie kannten, und ich mich verständlich machen konnte mit dem Englisch, das wir in der Schule gelernt hatten.

Als sie das Haus wieder verlassen hatten, fehlte ein Feuerzeug, mehr nicht. Später mußten wir alles zurücklassen. Die amerikanischen Truppen transportierten uns vor ihrem Rückzug auf die Demarkationslinie zwischen Ost und West auf einem Lastwagen nach Westen. Aber am achten Mai gab es noch keine Zukunft, sondern nur den Tag. Der Krieg war zu Ende, und wir lebten. An den achten Mai als Tag der Kapitulation erinnere ich mich nur dunkel. Daß der Krieg nun zu Ende sein sollte, war nicht an einem Tag zu begreifen. Wir waren dabei, uns daran zu gewöhnen.

Für die Eltern war sein amtliches Ende weit mehr eine Zäsur als für uns. Wir hatten schon begonnen, an den Posten auf der Straße unsere englischen Kenntnisse zu erproben. Ich weiß nicht mehr, ob die amerikanischen Soldaten gefeiert haben. Wir waren nur erleichtert; am meisten wohl befreit von der Angst vor Bombenangriffen. Die Zeit der nächtlichen Bunkerfahrten mit dem Fahrrad, der Tieffliegerangriffe war zu Ende. Vor uns lag eine unbekannte Zeit. Wir füllten sie mit einer aufregenden, täglich neuen Gegenwart. Vor allem daran erinnere ich mich. Was der achte Mai 1945 wirklich bedeutete, das habe ich erst viel später verstanden.

Befreiungstag

Ich erlebte den Tag der bedingungslosen deutschen Kapitulation in Hamburg, meiner Vaterstadt. Schon am Tage vorher hatte der Stadtkommandant im Einvernehmen mit Reichsstatthalter und Gauleiter Kaufmann die Stadt der britischen Armeegruppe, die Hamburg belagerte, kampflos übergeben, um weiteres sinnloses Blutvergießen zu vermeiden. Die britischen Voraustruppen, Panzer, motorisierte Einheiten rückten ein. Es war ein strahlender, warmer Maisonntag. Die Bevölkerung war durch Rundfunk und Lautsprecherwagen der Polizei aufgefordert, in ihren Wohnungen zu verbleiben bei Androhung sofortigen Erschießens, sofern sie ohne Erlaubnis auf der Straße angetroffen wurde. Auch auf Balkons oder gar auf den Dächern durfte man sich nicht blicken lassen. Die Neugier jedoch trieb mich, eine Dachluke unseres in unmittelbarer Nähe der Alster gelegenen Hauses zu öffnen, um das historische Ereignis wahrzunehmen. Denn für mich war es der Tag der Befreiung. Ich war wenige Wochen vorher in einer abenteuerlichen Flucht aus dem Konzentrationslager entkommen und hatte mich bei Freunden in Hamburg versteckt gehalten.

Die Millionenstadt bot ein gespenstisches Bild. Friedhofsruhe anstatt Großstadtlärm und Artillerie- oder Bombenexplosionen. Nur Vogelgezwitscher und sporadisches Hundegebell waren zu hören. Mich dünkte es eine Ewigkeit, bis die ersten Motorengeräusche aufklangen. Zunächst zogen Aufklärungsflugzeuge der Engländer, dann Transportmaschinen im Tiefflug über die Stadt, unwillkürlich zog ich den Kopf ein, verschwand aus der Dachluke. Dann herrschte wieder Stille, bis ein stetiges, sonores Motorengrollen und Kettenrasseln die Panzer, Mannschaftswagen und einrückenden britischen Truppen ankündigten. Unsere Straße wurde, obwohl Nebenstraße, im Nu mit Hunderten von Militärfahrzeugen verstopft. Soldaten, hohe Offiziere besetzten ein uns gegenüberliegendes Amtsgebäude der Wehrmacht und installierten dort eine wichtige Kommandostabsstelle der Besatzungsmacht. Auch unser Haus wurde umstellt. Offiziere und bewaffnete Militärpolizei schwärmten aus, untersuchten jedes Haus und jede Wohnung nach Waffen, unterzogen die Bewohner einer in manchen Fällen peinlichen, persönlichen Prüfung, kühl, aber korrekt. Auch wir wurden untersucht. Dabei wurden Lebensmittelvorräte, die wegen ihrer Herkunft und relativ großen Bestände Verdacht erweckten, beschlagnahmt. Erst nach langen Diskussionen wurde die Erklärung akzeptiert, daß diese Bestände dem dänischen Generalkonsulat gehörten, dessen Konsul seit langer Zeit als Untermieter bei meiner Mutter, einer gebürtigen Landsmännin, wohnte.

Am Abend des achten Mai erschien ein hoher britischer Offizier, um mich zu befragen, da ich als geflohener KZ-Häftling natürlich keine Ausweise besaß. Man vermutete in mir einen untergetauchten Nazi oder Wehrmachtsangehörigen. Erst als der dänische Konsul meine Identität sozusagen amtlich bescheinigte, verwandelte sich die peinliche Szene schlagartig. Der Offizier erklärte, er habe den Auftrag, sich nach mir zu erkundigen und im Rahmen des Möglichen zu helfen. Meine Familie war seit Jahrzehnten nämlich mit sehr einflußreichen Persönlichkeiten in England befreundet.

So wurde der achte Mai zu einem echten Befreiungstag für mich, meine Mutter und unsere engsten Verwandten und Freunde. Britische Offiziere brachten Whisky und Zigaretten, und wir feierten bis in die frühen Morgenstunden. Tausende von Mitbürgern machten andere Erfahrungen an diesem Tag, aber meine Gefühle waren die der Freude, Erleichterung von jahrelangem, unerträglichem Druck. Meine Mutter, schon damals gezeichnet von einer unheilbaren Krankheit, weinte vor Freude, sie umarmte meine zukünftige Frau, die meine Flucht aus der Gestapo-Haft mit organisiert hatte, und mich immer wieder.

Zum erstenmal seit mehr als einem Jahrzehnt glaubte ich wieder an eine Zukunft, ohne Krieg, Terror, brutale Geheimpolizei, Diktatur, eine Zukunft, in der es sich zu leben, zu arbeiten lohnte – eine Zukunft, die ich für meine Freunde, für mich, aber ebenso für das am Boden liegende Deutschland mitgestalten wollte. Zwar wußte ich noch nicht wie, aber der Wunsch wurde geboren an diesem achten Mai 1945.

WILLIAM BORM
Karlshorster Begegnung

Das Leben nach einem mörderischen Krieg, in einem vom Gegner besetzten Lande, ist für seine Bürger naturgemäß wenig angenehm. Dies gilt besonders für die Hauptstadt als dem Symbol des vollkommenen Sieges. Während die deutschen Länder westlich der Elbe von den Westmächten erobert wurden, war die Siegermacht östlich der Elbe die Sowjetunion, im Sprachgebrauch die »Russen« genannt. Die Ansichten über diese waren, je nach politischer Überzeugung und sozialer Stellung, unterschiedlich. Mir war klar, daß ich als früherer Wehrwirtschaftsführer nichts Gutes zu erwarten haben würde, auch wenn ich kein Parteigenosse gewesen war.

Am 25. April 1945 war Berlin völlig von den Russen umzingelt, und drei Tage später besetzten sie in der Nacht zum 28. April meinen Wohnbezirk Zehlendorf-Dahlem. In dem Garten meines Hauses wurde eine Feldküche aufgestellt, und die dazugehörende Mannschaft ging im Gebäude beliebig ein und aus. Meine Frau, unser zehnjähriger Sohn, unsere Hausangestellte und ich wurden in den ersten Stock verwiesen. Übergriffe seitens der Soldaten von der Feldküche erfolgten nicht, wohl aber begann mit der Dunkelheit in der ganzen Gegend ein wildes Leben, indem randalierende und marodierende Trupps auf der Suche nach Frauen und Wertgegenständen die Häuser und Wohnungen heimsuchten.

Es mußte sich herumgesprochen haben, daß sich in meinem Weinkeller ein beachtlicher Vorrat befand. Nach reichlichem Zuspruch steigerte sich die Aggressivität. Meine Frau, deren

Schwester, die inzwischen bei uns Zuflucht gesucht hatte, und die Hausangestellte konnte ich auf dem Boden verstecken. Sie blieben während der ganzen Russenzeit verschont. Ich selbst »unterhielt« mich während der Nächte mit den »Besuchern«.

Ein Politoffizier, der mit von der Partie war, entgegnete mir, als ich mich wegen der Übergriffe in der Nachbarschaft beschwerte – es hatte über zwanzig Tote gegeben –, sehr ernst, daß ich mich nicht wundern dürfe. Die Sowjetunion sei überfallen und verwüstet worden, sie habe zwanzig Millionen Menschen verloren, die Kriegsgefangenen habe man zu Hunderttausenden verhungern lassen und die Lebensmittel aus dem Lande geschafft zu Lasten der unversorgten Bevölkerung. Nun seien seit drei Jahren seine Soldaten mit dem Messer im Munde hinter den Nazis hergejagt, da seien einige Übergriffe doch wohl zu verstehen. Die Vorgesetzten könnten nicht überall sein, begreifen könnten sie die Soldaten, gebilligt würde deren disziplinwidriges Verhalten nicht. Ich schwieg beschämt, was hätte ich auch stichhaltig erwidern können?

Am dritten Tage der Besatzung kam erstmals ein Oberleutnant vom Stab aus Karlshorst, einem Berliner Vorort und Sitz des Armeeoberkommandos, zu mir. Man hätte meine Fabrik besetzt und ersehen, daß ich Wehrwirtschaftsführer gewesen sei. Was ich dazu zu sagen hätte? Nichts, denn es träfe zu. Er kam von nun an täglich, fuhr mit mir auch durch Berlin, wodurch ein gewisses besseres Verstehen nicht ausblieb. Eines Tages bemängelte er den schlechten Zustand der U-Bahn, in Moskau sei sie vorbildlich. Ich antwortete pikiert, daß seine U-Bahn neu wäre, unsere dagegen sei bereits zu einer Zeit gebaut worden, als man in Moskau noch mit der Troika durch den Schlamm fuhr. Er nahm das hin.

Am Tag des Waffenstillstandes, dem achten Mai, holte er mich zu einer Vernehmung nach Karlshorst ab; daß es eine Verhaftung war, sagte er nicht. Ich wurde in einen geräumigen Keller gebracht, wo ich mit ca. vierzig anderen Verhafteten zusammengesperrt wurde, einer bunt zusammengewürfelten Gesellschaft. Außer je einer dünnen Decke erhielten wir nichts. Als

»Kopfkissen« dienten einige Briketts. Jeder erzählte sein Schicksal, über unsere Zukunft herrschte Einigkeit, bestenfalls würden wir in Sibirien landen.

Nach 48 Stunden endlich wurde ich zum Verhör geholt. Fünf Stunden lang wurde ich über alles mögliche befragt, meine Antworten entsprachen der Wahrheit. Zum Schluß wurde mir eröffnet, daß ich in einer Kantine ein Mittagessen bekommen würde, daran anschließend wurde mir eine Wohnung als Arrest zugewiesen, in den Keller brauchte ich nicht zurück. Den Grund dieser Sonderbehandlung erfuhr ich erst später. Vier Tage lang wurde ich täglich verhört, stets im Beisein meines Oberleutnants. Mit ihm und dem kommandierenden Oberst wurde täglich gegessen, dann ging ich zurück in die Dreizimmerwohnung, ohne jede Bewachung. Ein Instinkt sagte mir, daß ich nicht fliehen dürfe.

Nach etwa einer Woche – die genaue Zeit kann ich nicht mehr angeben – wurde mir eröffnet, daß ich nach Hause gehen könne. Zwar sei ich Wehrwirtschaftsführer gewesen, aber übereinstimmend hätten alle Befragten, auch sowjetische Kriegsgefangene, die in der Fabrik nach Bombenangriffen zu Aufräumungsarbeiten eingesetzt gewesen waren, angegeben, daß ich mich stets human verhalten hätte, man könne mir nichts vorwerfen.

In der Tat hatte ich, was für mich selbstverständlich war, das Kommando von zwölf sowjetischen Kriegsgefangenen bei den häufigen Bombenangriffen mit in den Luftschutzkeller genommen, ihnen die gleiche Verpflegung zukommen lassen wie der deutschen Belegschaft und ihnen Zigaretten zugeteilt, alles wider die Bestimmungen. Die Auseinandersetzungen darüber hatte ich mit dem Nazivertrauensmann an Ort und Stelle öffentlich ausgetragen.

Freundlich wurde ich verabschiedet und machte mich erleichtert auf den dreistündigen Fußmarsch von Karlshorst nach Hause in Zehlendorf-Dahlem. Unterwegs wurde ich recht nachdenklich: Gängige Klischeevorstellungen über fremde Nationen und ihre Menschen sind nicht immer hilfreich.

Schlußakt einer Tragödie

Am achten Mai 1945 war ich Legationssekretär an der Deutschen Botschaft beim Heiligen Stuhl. Mit Frau und halbjähriger, in britischer Internierung geborener Tochter war ich – nach fünf Jahren Tropen – im Januar 1943 dorthin versetzt worden. Eine zweite Tochter kam 1944 unter alliierter Besetzung in Rom zur Welt, ein Sohn 1945 in der Vatikanstadt, wohl bisher der einzige dort geborene Protestant. Meine Eltern lebten seit der Entlassung meines Vaters am 30. Januar 1933 auf ihrem Bauernhof in Schlesien. Wir hatten keine Nachricht. Meine Schwiegermutter war nach dem 20. Juli 1944 in Berlin von der Gestapo verhaftet worden und im Gefängnis umgekommen. Mein Chef war Ernst von Weizsäcker, Vater unseres heutigen Bundespräsidenten; Botschaftsrat war Albrecht von Kessel. Beide gehörten der Widerstandsbewegung an und verdankten ihr Überleben nur dem Umstand, daß sie nach dem 20. Juli 1944 hinter den Kampflinien für die Gestapo unerreichbar gewesen waren.

Der Tag des achten Mai war für unsere kleine Gemeinschaft der schicksalhafte Schlußakt einer großen Tragödie, die abzuwenden nicht gelungen war. Als wir die Nachricht im Rundfunk hörten, löste sie tiefe Trauer über den so schweren und endgültigen Fall Deutschlands, aber auch Aufatmen darüber aus, daß Terror und KZ vorüber waren und daß weitere Zerstörungen deutscher Städte nunmehr aufhören würden. Im Rückblick auf die letzten Monate aber waren wir besonders darüber deprimiert, daß es nicht gelungen war, unserem Volk Leid und Zerstörungen der letzten Kriegsmonate zu ersparen, und wir sahen der Zukunft mit beklemmenden Befürchtungen entgegen, besonders nachdem – dies geschah aber erst einige Zeit nach dem achten Mai – das Ausmaß der Judenvernichtungen bekanntgeworden war.

Weizsäcker hatte seine Aufgabe als Staatssekretär des Auswärtigen Amtes in den späteren dreißiger Jahren stets darin gesehen, den Kriegsausbruch zu verhindern – in München war ihm dies, sehr zum Ärger Hitlers, auch gelungen. Als der Krieg dann nicht verhindert werden konnte und seinen Lauf nahm, hatte er vergeblich nach Möglichkeiten gesucht, ihn auf die eine oder andere Weise abzukürzen, seine Folgen zu begrenzen und möglichst viel in den Frieden hinüberzuretten.

Anfang 1943 ließ er sich als Botschafter an den Vatikan versetzen. Er hatte – und wir mit ihm – eine wache, wenn auch vage Hoffnung, Papst Pius XII., der als Freund des deutschen Volkes galt und sich auch selbst als solcher empfand und bezeichnete, für eine Friedensvermittlung zu gewinnen oder auch bei einem der im Vatikan akkreditierten alliierten Missionschefs friedensfördernd wirken zu können.

In diesem Sinne betonte er in Gesprächen mit den beiden vatikanischen Staatssekretären, einigen Kardinälen, anderen Geistlichen und dem Papst selbst, daß es auch ein anderes Deutschland gibt, daß das deutsche Volk nicht für die Verbrechen seiner Anführer bestraft werden dürfe, daß weitergehende Zerstörungen Deutschlands Europa in seiner Gesamtheit und damit die Kirche selbst schwächen und auch den Westalliierten keinen dauerhaften Nutzen bringen würden.

Er hat darüber nach Berlin nichts berichtet und auch in seinen »Erinnerungen« wenig zu Papier gebracht. Wir aber konnten alles mitverfolgen. Ein Drahterlaß Ribbentrops von Anfang 1945 – etwa in der Zeit des Festfahrens der Rundstedt-Offensive –, in dem verklausuliert der Gedanke der Rückführung der deutschen Truppen aus dem Westen unter gleichzeitiger Verteidigung des Ostens erwogen und Weizsäcker beauftragt wurde, einen solchen Gedanken im Vatikan vorzutragen – der Erlaß wurde wenige Tage danach widerrufen und Auftrag erteilt, den ganzen Vorgang einzustampfen –, hatte zwar zu eingehender Unterhaltung Weizsäckers mit einem der vatikanischen Staatssekretäre geführt; die Reaktion auf die Frage, ob man dort einen solchen Gedanken bei den Westalliierten unterstützen würde, hatte aber zu abschlägigem Bescheid geführt.

Wie wir damals annahmen, weil Pius XII., der 1917 – damals Nuntius in Bayern – im Auftrage des Papstes Benedikt XV. einen erfolglosen Friedensvermittlungsversuch zwischen Entente und Mittelmächten überbracht hatte, in diesem Mißerfolg eine Bestätigung der alten kirchlichen These gesehen hatte, daß sie sich nicht in Angelegenheiten kriegführender Mächte einmischen darf. Wie wir heute aus den Aktenpublikationen des Heiligen Stuhls wissen, hatte aber insbesondere die Furcht der Kirche, den Alliierten gegenüber als Pro-Nazi zu erscheinen und dadurch ihre Nachkriegsposition zu gefährden, maßgeblich zur Ablehnung beigetragen.

Weizsäckers Versuche, mit den westalliierten Missionschefs ins Gespräch zu kommen, blieben erfolglos. Persönlicher Vertreter Roosevelts war Myron Taylor, britischer Gesandter Sir Darcy Osborne – beide sahen in Weizsäcker nur den Vertreter der Feindmacht; der Franzose, Léon Bérard, war noch von Vichy entsandt und schied für solche Themata als Gesprächspartner aus; einen Sowjetrussen gab es nicht. Aber auf der zweiten Etage konnten Kessel und ich gelegentlich Unterhaltungen führen. Darin wurde uns unmißverständlich erklärt, daß politische Gespräche von Belang nicht in Frage kämen, solange Hitler und seine Leute an der Macht waren.

In Casablanca war die Formel von der bedingungslosen Kapitulation erfunden, später in Moskau zum deklarierten Kriegsziel der Alliierten erhoben worden. Wir hatten Grund zur Annahme, auf sowjetischen Druck; Stalin hatte auf die bloße Andeutung Churchills, die Westalliierten könnten auch auf dem Balkan eingreifen, mit einem Separatfrieden mit Hitler gedroht. Roosevelt hatte auf den fehlgeschlagenen Versuch des 20. Juli 1944, Deutschland eine demokratische Regierung zu geben, in höchst negativer, ironisierender Weise reagiert und dadurch seine Nichtbereitschaft zur Verhandlung auch mit einem anderen Deutschland offenbart (was uns angesichts der erfolgreichen Landung in der Normandie zwar verständlich, aber doch als Fehler erschienen war). Jedenfalls waren seither auch unsere Unterhaltungen auf der unteren Etage ausgeblieben.

Erst am achten Mai selbst kam Hugh Montgomery, britischer Botschaftsrat, mit dem stets offen und ohne persönliche Animosität gesprochen werden konnte, zu uns mit dem Satz: »Now we can finally again talk together.« Aber naturgemäß beschränkte sich die Unterhaltung auf das Tagesereignis. Unser japanischer, mit uns in der Vatikanstadt »internierter« Kollege drückte uns aber alsbald die Mißbilligung Tokios darüber aus, daß das Reich Japan in seinem Kampf allein gelassen habe.

Immerhin war auch im Vatikan genug über die Spannungen zwischen Ost- und Westalliierten bekannt gewesen, um nicht alle Hoffnung aufzugeben, doch noch vor der Kapitulation die allerschlimmsten Zerstörungen in Deutschland verhindern zu können. Man konnte nicht sicher wissen, ob diese Spannungen nicht noch während der Kriegshandlungen zu einem Bruch der Allianz führen könnten. Italien hatte uns für die Grenzen, von welchen ab Verträge nicht mehr innegehalten werden, ein lebendiges Beispiel gegeben: Nach einem – übrigens recht geringfügigen – Bombardement einer römischen Vorstadt am 20. Juli 1943 hatte am 25. Juli der Große Faschistische Rat dem Duce das Vertrauen entzogen, der König hatte ihn abgesetzt und auf den Gran Sasso verbannt; Badoglio hatte zwar erklärt: »Der Krieg geht weiter«, aber trotz Stahlpaktes gleichzeitig Geheimverhandlungen mit den Alliierten aufgenommen, die am achten September 1943 zum Waffenstillstand geführt hatten.

Seither war Rom in deutscher Hand gewesen und auch bis zum Einmarsch der Alliierten am vierten Juni 1944 geblieben. In der Zwischenzeit hatte unsere Botschaft wesentlich dazu beitragen können, Verfolgten aller Art, insbesondere Hunderten italienischer, von der SS, dem SD und ultrafaschistischen Verbänden verfolgter Juden Rettung zu ermöglichen, was in einem Leitartikel im Osservatore Romano auch anerkannt worden ist.

Wir hatten alles getan, um die im Kampfgebiet liegende Benediktinerabtei Monte Cassino unversehrt durch den Krieg zu retten – ihre Zerstörung durch alliierte Bomben und Artillerie ist sicher nicht deutsche Schuld, da sich kein einziger deutscher Soldat in ihr befand. Und wir hatten Feldmarschall Kesselrings Einverständnis zur Erklärung Roms zur »Offenen Stadt« erwirkt und über den Vatikan an die Alliierten weitergeleitet, so daß der Übergang Roms am vierten Juni 1944 fast ohne Verluste an Menschenleben hatte erfolgen können.

All dies lebte in unserem Rückblick am achten Mai wieder auf. Aber unsere Hoffnung, durch Gespräche vor Ort den Deutschen die letzten, schlimmsten Monate zu ersparen, war in nichts zerronnen.

Besonders deprimiert aber waren wir über Deutschlands Zukunftsaussichten. Im Jahre vor seinem Tod hatte Kardinalstaatssekretär Maglione zu Weizsäcker einmal gesagt: »Ce que je crains plus que la guerre, c'est l'après-guerre!« (mehr als den Krieg fürchte er die Nachkriegszeit). Wir teilten diese Befürchtung. Mit der Kapitulation verbunden war der Morgenthau-Plan, nach welchem Deutschland seiner Industrien beraubt und zu einem Agrarland reduziert werden sollte. Die ersten Schritte zur Durchführung dieses Planes sollten alsbald eingeleitet werden. Aber wir wußten auch, daß bei den Alliierten auch andere Meinungen vertreten wurden – unter anderem waren gegenteilige Ansichten Cordell Hulls durchgesickert.

Eine amerikanische Zeitschrift namens »Human Events« setzte sich für die Erhaltung eines gewissen deutschen Industriepotentials ein. Ich erinnere mich an Artikel eines mir damals unbekannten, sehr viel später persönlich recht nahegekommenen Amerikaners namens Karl Brandt; welches Gewicht diese Stimmen aber hatten oder haben würden, ahnten wir nicht.

Wir wissen heute, wie es weiterging. Aber am achten Mai 1945 waren wir, bei allem Verständnis für alliierte Vergeltung für KZ und Terror der Nazizeit, erfüllt von tiefster Besorgnis um die Zukunft unseres Landes, dessen menschliche und materielle Substanz durch Zerstörung unserer Städte, durch den voraussehbaren Verlust von Teilen der deutschen Ostgebiete, durch Flüchtlingsströme ungeahnten Ausmaßes fast unheilbar zerstört schien.

Chittler kaputt

Am Bahnhof des hannoverschen Vororts Hainholz stand ein deutscher Panzer. Seine Besatzung war getürmt; vier scharfe Granaten konnte man durch die offene Luke sehen. Gegenüber, oben auf den Brückengeleisen, hatte sich eine Lokomotive quergestellt. Weithin leuchtete noch die jetzt absurd wirkende weiße Inschrift:»Räder müssen rollen für den Sieg!« Die umliegenden von den Bomben verschonten oder nur teilweise zerstörten Häuser waren von den Überlebenden mit Holzbalken, Draht und Sandsäcken verrammelt, weil das Gerücht umging, die siegreich einmarschierten Amerikaner hätten den»Fremdarbeitern« und Kriegsgefangenen die Stadt Hannover drei Tage zum Plündern freigegeben. Russen jökelten laut singend auf gestohlenen Fahrrädern herum; eine Schnapsdestille verteilte heimlich an Deutsche ihre Vorräte, um sie nicht in»falsche Hände« geraten zu lassen. Ein Trupp geschaßter Nazis räumte unter Aufsicht an der Schulenburger Landstraße die zerbrochenen Laternenpfähle beiseite, die von den einrükkenden Amis – aus Wut über einen von Hitlerjungen noch vor den Toren der Stadt hinterrücks erschossenen GI – von ihren Panzern Stück für Stück plattgewalzt worden waren.

Ich tat, was alle, die sich aus den Kellern trauten, machten: Ich plünderte. Noch während der letzten Kampfhandlungen hatte ich meinen größten Fang gemacht, nämlich einen ganzen Ballen Nesselstoff erobert, den auf dem Bahngleis ein anderer weggeworfen hatte, als Beschuß einsetzte. Heute, am achten Mai, war ich noch einmal in den Güterwaggons, um nach Brauchbarem zu suchen. Ein Waggon war noch verplombt.

Wir brachen ihn auf, und dann war ein Haufen Menschen in dem Raum, der das Unterste zuoberst beförderte. Jeder griff sich, was er erwischte. Ein Pole hielt aus einem Karton gefischte Kleidchen in die Luft und rief:»Wer kann brauchen? Für kleine Kind.« Ich warf einen Karton frankierter, aber jetzt natürlich wohl wertloser Postkarten beiseite. Dafür aber ergatterte ich einen ganzen Kasten Rollfilme vom Kaliber sechs mal neun, die sich später als bestes Tauschmaterial beim Handel mit den Siegern erweisen sollten.

Als ich mich mit meinem Schatz verdrückte, sah ich als letztes, wie ein Mann in der Ecke des Waggons mit einem Messer immer wieder auf einen Packen Hitler-Bilder einstach; eins nach dem anderen der durchstochenen Porträts schmiß er aus dem Waggon und schrie fortwährend:»Chittler kaputt.«

Ja, Hitler war kaputt, das hatten wir schon gehört. Gerade als ich mit meiner Rollfilmbeute in die Hainhölzer Gartenlaube eintrat, in der meine Familie mit sechs Personen hauste, nachdem unsere Wohnung am Engelbosteler Damm 119 noch zum Schluß in Flammen aufgegangen war, kam es aus dem Volksempfänger, im Hauptquartier Eisenhowers habe der deutsche General Jodl die bedingungslose Kapitulation Deutschlands unterzeichnet.

Während daraufhin in dem befreiten Russenlager auf dem Gelände der benachbarten Uniformfabrik Jubelgeschrei ausbrach – bis in die Nacht dauerte die Siegesfeier –, nahmen wir die Nachricht schweigend zur Kenntnis, so wie es einen nicht mehr so sehr mitnimmt, wenn der Totenschein ausgestellt wird. Daß Deutschland tot war, wußten wir, und niemand hatte es ernst genommen, was noch vor wenigen Tagen aus dem Radio gedrungen war:»Deutschland lebt – Werwölfe, nutzt die Nächte!« Auch als der Luftschutzwart die Leute daran hindern wollte, die Bänke aus dem Hainhölzer Bunker zu holen, weil »wir sie vielleicht noch mal brauchen«, hatten sie nur an die Stirn getippt.

Was ich dachte? Was wir fühlten? Zunächst vor allem: Erleichterung, daß keine Bomben mehr fielen, daß man schlafen konnte, daß die unmittelbare ständige Lebensgefahr und die Angst vorüber waren.

Aber fast gleichzeitig und gleichgewichtig: Ungläubigkeit und Entsetzen über das, was da im Namen Deutschlands in KZs und anderswo Verbrecherisches geschehen sein sollte. Anfangs glaubten wir nichts davon. Doch dann wurde ein befreiter KZ-Häftling in Hainholz Friseur, und ein Nachbar mußte am Maschsee die in letzter Minute erschossenen unschuldigen russischen Kriegsgefangenen ausgraben und umbetten – und sie erzählten.

Nachts machten wir zu dritt in unserer Laubenkolonie Patrouillengänge, um unser bißchen gerettetes Gut zu bewachen, und nachts warf auch mein Vater seinen Polizistensäbel in den nächsten Bombenkrater und seine Pistole hinterher. Am achten Mai, dem Tag der Kapitulation, aber hißte er an unserem Fahnenmast im Garten ein rotes Bettuch.

Wir fragten uns, wofür und warum diese fünfeinhalb Jahre Krieg mit seinen entsetzlichen Folgen geführt worden waren, und wir ahnten, daß uns Deutsche dies unser Leben lang begleiten würde. Ich dachte an meinen gefallenen Schwager, daran, daß ich selbst davongekommen war – trotz der drei Kugeln aus der russischen Maschinenpistole, die mich 1943 am Arm erwischt hatten. Mein Soldbuch hatte man mir bei der Entlassung als Souvenir ausgehändigt, denn die Kugeln waren durch sämtliche Seiten hindurchgegangen. Und das Soldbuch trug der deutsche Soldat nach Vorschrift in der linken Brusttasche!

Am Abend des achten Mai, als es schon dunkel war, drängte sich ein hochgewachsener Mann als siebter in das eine Zimmer unseres Notquartiers, ein Bekannter. Er fürchtete,»seine« früheren Fremdarbeiter würden ihn umbringen:»Besoffen und siegestrunken, wie sie sind.«

Mutter meinte:»So ein kräftiger Mann, aber soviel Angst.«

Noch einmal, während von der Fabrik der melancholische Gesang der Russen herüberdrang, klopfte jemand an die Tür. Ein Nachbar, der einen Leiterwagen ohne Pferde besorgt hatte und vorschlug, am nächsten Tag nach Vinnhorst in die Lagerhäuser am Kanal zu fahren. Der Nachbar:»Dort liegt jede Menge griechischer Tabak! Und Konserven!«

Unmittelbares, also das Lebensnotwendige für die nächsten Tage, aber auch unruhig diskutiertes Zukünftiges waren am Tag der Kapitulation in unseren Köpfen. Allererste Stichworte, die wir nie gehört hatten, waren zu verarbeiten: Jalta-Konferenz, bedingungslose Kapitulation, Vierzoneneinteilung Restdeutschlands.

Das klang anders, als was wir bis dahin von der Obrigkeit gehört hatten: Der »uns aufgezwungene Krieg«, »Verteidigung des Vaterlands« und zum Schluß »Die Heimat steht im Schützengraben«. Noch hatte ich die Radiomeldung im Ohr: »Die Gauleitung bleibt bei der ihr anvertrauten Bevölkerung«; danach war Gauleiter Lauterbacher – mit Proviant und achtzigtausend Zigaretten – in den Harz geflüchtet.

Der Kapitulationstag und auch die nächsten Tage brachten kein plötzliches Augenöffnen, kein einmaliges Binde-von-den-Augen-Nehmen für mich. Dazu war die Fülle neuer Erkenntnisse oder Vermutungen, dazu war die anhaltende Wirkung der Goebbels-Propaganda noch zu groß. Aber mir dämmerte, daß von dem angeblich kriegsauslösenden »Überfall polnischer Söldner auf den Sender Gleiwitz« – der Überfall war von Angehörigen der SS in polnischen Uniformen verübt worden – bis zum angeblichen »Heldentod des Führers in Berlin« eine ununterbrochene Kette verbrecherischer Lügen und Gewalttaten gereicht hatte.

Kein Wunder, daß wir keine ausländischen Sender hören durften und niemals eine objektiv berichtende Zeitung in die Hand bekamen. Außer Trauer und Beschämung war es deshalb vor allem Zorn, der in mir immer wieder hochkam.

Noch vage und unausgesprochen, mit Sicherheit aber schon in Ansätzen nahm ich mir damals vor, »so etwas« nie wieder geschehen, das heißt mich und andere nie wieder so belügen zu lassen. Ich war einer der zornigen jungen Männer von 1945 und hatte das Glück, anderthalb Jahre später im Anzeiger-Hochhaus von Hannover zur Gründungsmannschaft des »Spiegel« zu stoßen, dem ich noch immer angehöre.

MARTIN BROSZAT
Erlösung von Angst

Die Nacht vom achten zum neunten Mai 1945 erlebte ich als
achtzehnjähriger Soldat in dem sächsischen Grenzort Johann-
georgenstadt auf dem Kamm des westlichen Erzgebirges. Nach
einem langen Tag der Flucht vor den auf der Straße Brüx – Ko-
motau (Sudetenland) schnell nach Westen vordringenden russischen Panzerverbänden war ich mit einigen anderen verspreng-
ten deutschen Soldaten in einem Wehrmachtslastwagen hier in
später Dunkelheit eingetroffen, sehr erleichtert, sächsischen
Boden erreicht zu haben. Den ganzen Tag über hatten wir befürchtet, daß unser Wagen von tschechischen Milizen oder befreiten französischen Kriegsgefangenen, die zum Teil mit ge-
schulterten Fahnen und Gewehren auf derselben Straße nach
Westen zogen, aufgehalten werden könnte und unser Vorhaben, das letzte noch unbesetzte Gebiet in Südwestsachsen zu
erreichen, scheitern würde. In dem provisorisch als Nachtquar-
tier eingerichteten Nebenraum einer Gastwirtschaft erhielten
wir, an einem kleinen Radio sitzend, zu Mitternacht über BBC
aus dem Munde des englischen Königs bestätigt, was den ganzen Nachmittag über schon als Gerücht herumgeschwirrt war:
Die deutsche Wehrmacht hat kapituliert, der Krieg ist zu Ende.

Was ich damals empfunden habe, kann ich noch zum Teil
erinnern und auch ein wenig kontrollieren aufgrund eines Tagebuches, das ich bald danach zu schreiben begann und noch
besitze. Ganz persönliche, situationsbedingte Dinge nahmen
den größten Raum ein. In den Tagen zuvor hatte ich während
meines nur kurzen militärischen Einsatzes, auf den ich lange
Zeit vorher in langer Reserveoffiziersausbildung so gespannt
gewesen war, neben der Erfahrung pimpfenhaft naiv genosse-
nen Kriegsabenteuers und körperlicher Leistungsfähigkeit zum
erstenmal auch heillose Angst erlebt. Am stärksten war dies in
der vorvergangenen Nacht gewesen, als »die Russen« uns dicht
auf den Fersen waren, wir ihre Stimmen schon hören konnten

und das Kettengeräusch ihrer Panzerungetüme – wir hatten damals nur noch Fahrräder – uns zu panischer Flucht trieb. In dieser Nacht war der ganze Zusammenhang unserer Einheit verlorengegangen, jeder hatte sich auf seine Weise zu retten versucht.

Erlösung von dieser Angst war ein Grundgefühl, als ich die Nachricht vom Kriegsende vernahm. Der zweite Hauptgedanke war: Wie schaffe ich es, ohne in Gefangenschaft zu müssen, mich durchzuschlagen zu meinen Eltern und Geschwistern in dem kaum mehr als hundert Kilometer entfernten Heimatort bei Leipzig (es gelang dann sehr gut).

Von solchen inneren Erlebnissen und persönlichen Überlegungen umstellt, war die historische Dimension des Ereignisses mir gleichwohl voll bewußt. Daß es nun zu Ende geht mit dem Krieg und der Nazi-Herrlichkeit, war seit Wochen Gegenstand vieler Gespräche im engeren Kreis von Kameraden – meist Gymnasiasten gleichen Alters – gewesen. Bei einem von ihnen, aus offenbar ganz nationalsozialistischem Elternhaus stammend, hatte die Nachricht von Hitlers Selbstmord zu einem regelrechten seelischen Zusammenbruch geführt.

Bei mir selbst war die durch konträre Erziehungseinflüsse (christliches Elternhaus kontra Hitlerjugend) seit langem vorgeformte Zwiespältigkeit des Erlebnisses der Hitler-Zeit auch am achten Mai das Bestimmende. Und sie wurde noch erheblich verstärkt durch die Kontrasteindrücke dieses Tages. Bei strahlendem Maiwetter auf dem Lastwagen hockend, konnte ich viele Stunden lang die Zeichen der Auflösung der deutschen Wehrmacht und des Machtwechsels auf der Landstraße und in allen Orten, die wir passierten, intensiv in mich aufnehmen.

Das Gefühl, eine historische Stunde zu erleben, war voll da, aber widersprüchlich gemischt mit gleich starken gegensätzlichen Empfindungen von der Bedeutung dieser historischen Stunde. Als Beispiel nenne ich zwei Gedanken, von denen ich sicher weiß, daß ich sie damals hatte, weil ich sie wenig später dem Tagebuch anvertraute: Ich war damals noch sicher, daß es »eine große Zeit« gewesen sei, die an diesem Tag zu Ende ging, aber ich nahm gleichzeitig als sicher an, daß mir selbst und allen anderen erwachsenen Deutschen jetzt – berechtigterweise – eine zehn- bis zwanzigjährige Zeit der Sklavenarbeit im Dienst der Siegermächte bevorstehe als Buße für die von Deutschland inszenierte Kriegskatastrophe.

Ich erinnere auch, daß mir damals noch anderes sehr Widersprüchliches im Kopf herumspukte: das Bild des »drahtigen« einarmigen, blonden Leutnants mit dem Ritterkreuz und seinem jugendlichen Charme, den wir noch vor kurzem in dem ROB-Lehrgang (Reserveoffiziersbewerber) als besten, faszinierenden Typus Hitler-Deutschlands verehrt hatten, auf der anderen Seite die ungeduldige Sehnsucht, aus diesem Kommißleben herauszukommen, viele geliebte Bücher lesen und endlich wieder privat leben zu können.

Ich war damals erst achtzehn Jahre alt, und das mag zum Teil erklären, warum das Erlebnis des achten Mai 1945 in so starkem Maße befangen blieb in mehr sentimentalen als rationalen Gedanken. Dennoch, ich gestehe es, hat mich dies beim Nachlesen des Tagebuches am meisten betroffen gemacht. Jugenderziehung damals, auch außerhalb der Hitlerjugend, selbst in dem frommen Elternhaus, das mehr emotional als durch Einsichtvermittlung uns Kinder gegen den Hitler-Rummel einnahm, hatte in dem Milieu, in dem ich aufwuchs, kaum Raum für politische Verstandesbildung. Die im Zeitgeist verankerte Vorrangigkeit des »inneren Erlebnisses«, einer idealistischen Grundbefindlichkeit von ebenso suggestiver wie oft qualliger Natur, die, wie wir heute wissen, geeignet war, wirklichkeitsfremde »idealistische« Nazis ebenso wie kompensatorische Rückzüge aus der lauten Naziwelt in eine unpolitische Verinnerlichungskultur zu produzieren, scheint mir im nachhinein als das eigentlich Befremdliche auch meiner eigenen Zeitverarbeitung von damals. Es hat bei mir wie sicher auch bei vielen anderen erst der rationaleren Einflüsse der Nachkriegszeit bedurft, um davon freier zu werden.

GÜNTER DE BRUYN
Viktoria

Der Tag, an dem der Krieg endete, war klar und warm. Die
Sonne schien durch geöffnete Fenster, und da die Lautsprecher,
die sonst von morgens bis abends gelärmt hatten, seit vier Tagen schwiegen, kam einem die Welt freundlich und friedlich
vor.

Daß der Friede tatsächlich schon da war, wußten wir nicht.
Das tschechische Aufstandskomitee, das seit dem vierten Mai
die Stadt Rakovnik beherrschte, hatte nämlich neben Pistolen,
Seitengewehren und Dolchen auch das einzige Radiogerät beschlagnahmt, so daß das Behelfslazarett informationslos geworden war. Statt der Nachrichten gab es nun stündlich neue
Gerüchte, in denen viel vom baldigen Einmarsch der Amerikaner, nie aber von Kapitulation die Rede war.

Kurz nach der Morgenvisite wurde die Ruhe durch die Mitteilung gestört, daß eine Durchsuchung nach Waffen erfolgen
sollte. Während in den Klassenzimmern des Parterres schon die
Suchkommandos lärmten, Bartureit Ölsardinenbüchsen hinter
Heizkörpern versenkte, Zeitler Uhr und Ringe unter Verbände
schob und ich Zigarettenpäckchen, Marke Viktoria, unter der
Matratze versteckte, fuhr mein Bettnachbar, der seit zwei Wochen einbeinige Unteroffizier Bauer, aus seiner Lethargie
plötzlich auf. Er zog seinen Rucksack unter dem Bett hervor,
warf mit zitternden Händen Kragenbinden, Socken und Briefe
heraus, fand schließlich, was er suchte, und legte es vorsichtig
auf das Bett: drei Eierhandgranaten, die er bis zu diesem Moment vergessen hatte und die ihn, wie er sagte, nun das Leben
kosten könnten, wenn nicht einer der Gehfähigen sie in die Tasche steckte, auf die Knabentoilette trüge und wenn möglich
hinunterspülte. Mit heiserer Flüsterstimme bot er dreihundert
dafür – womit Kronen gemeint waren, bunte Scheine, die neben
dem Bild des Hradschin in Deutsch und Tschechisch die Aufschrift Protektorat Böhmen und Mähren trugen und die selbst

Endsieggläubigen nicht als stabile Währung galten, weshalb sie bei jeder Soldauszahlung sofort umgesetzt wurden in Zigaretten, Konserven und Bier.

Zeitler, der seit Tagen jedem erzählte, daß er nur unter Zwang Offiziersanwärter geworden sei, war für fünfhundert Kronen zur Rettung Bauers bereit. Da sein blau und weiß gestreifter Krankenanzug zwar zwei Jackentaschen, aber keine Hosentasche besaß, trug er die dritte Granate in der Hand. Aber weit kam er nicht, weil auf dem Flur Schritte ertönten. Als die Tür aufging, lag er schon wieder im Bett. Auf dem Tisch, der in der Mitte des Zimmers stand, lagen, in der Sonne schwarzglänzend, die Granaten: ungarisches oder sowjetisches Beutegut, wie Bauer in einem Ton erklärt hatte, als sei dadurch seine Vergeßlichkeit zu verzeihen.

Die von allen erwartete Frage, wem die Mordinstrumente gehörten, wurde gar nicht gestellt. Ein Karabinerlauf wies auf Springs, der am Fenster saß. Der stand gehorsam auf, lud sich die Stahleier auf die offenen Handflächen und trug sie unter bewaffneter Begleitung hinunter auf den Schulhof, wo die Kastanien blühten.

Nachträglich behaupteten alle, sie hätten sich amüsiert. Zeitler sagte, er habe frech gegrinst über die Lahmärsche mit ihren gestohlenen Waffen. Bartureit, auf dessen Namensschild kürzlich der SS-Dienstgrad durch Feldwebel ersetzt worden war, wollte wetten, daß die Halbzivilisten einen 98 k nicht von einer Klosettbürste unterscheiden könnten, und Bauer fand es weise vom Führer, daß er diese Leute nie für würdig gehalten hätte, deutsche Uniformen zu tragen, obwohl er andererseits gut von ihnen fand, daß sie das Hitler-Bild nicht zerstört, sondern nur von der Wand genommen und in die Ecke gestellt hatten. Auf diese Bemerkung hin hob Springs das Bild hoch und ließ es ohne sichtbare Erregung zu Boden fallen, was ich sehr mutig fand.

Ich hatte große Angst gehabt vor der entsicherten deutschen Maschinenpistole, deren Lauf dicht vor meinem Gesicht geschwankt hatte, als der Tscheche mein Bett durchsuchte. Er

war nicht älter als ich, siebzehn oder achtzehn, steckte in einem
zu kleinen Anzug, um den er ein Koppel mit vielen Patronen-
taschen geschnallt hatte, und sah nicht so aus, als ob er die Tük-
ken seiner Waffe kannte, die dem Gerücht nach manchmal los-
ging, ohne daß der Abzug berührt worden war. Er aber hatte
den Finger der rechten Hand ständig dort, während er mit der
Linken unter die Matratze griff und die Zigaretten hervorzog.
Nix Viktoria, sagte er dabei.

Seit einer Kopfverwundung vor sechs Wochen leistete ich
mir den Luxus, stumm zu sein, und ich blieb auch jetzt noch
dabei. Sicher hätte er mich auch nicht verstanden, wenn ich ihm
gesagt hätte, daß ich mich nicht als Besiegter fühlte, weil ich
damals nämlich zu der Überzeugung gekommen war, daß die
Sieger in Kriegen immer die Überlebenden sind, was kein Anlaß zum Frohsinn war, wenn man an die toten Brüder und
Freunde dachte und die lebenden Bartureit.

Erinnerungen über vierzig Jahre hinweg sind unzuverlässig,
weshalb ich nicht für jede der hier mitgeteilten Einzelheiten
(wie zum Beispiel die Namen) bürgen kann. Sicher aber weiß
ich, daß ich damals nicht über Freiheit und Tyrannei, über
Recht und Unrecht nachdachte, sondern daß einzig wichtig für
mich war, die Maschinenpistole sich ohne Zwischenfall von
meiner Nase entfernen und die Zigaretten in der Anzugtasche
verschwinden zu sehen. Bauer, der bis in die laute Nacht der
Siegesfeier hinein mit Zeitler über die fünfhundert Kronen
stritt und wie alle anderen keine Verluste zu beklagen hatte,
kommentierte das nachher so: Die wissen genau, mit wem sie
es machen können.

MARGARETE BUBER-NEUMANN
So schnell wie möglich nach Bad Kleinen

Am 21. April 1945 wurde ich aus dem KZ Ravensbrück entlassen. Hinter mir lagen mehr als sieben Jahre Gefangenschaft. An

diesem Tag wurden die Tore des Konzentrationslagers geöffnet, weil sich, wie wir hörten, die Rote Armee Ravensbrück näherte. Für mich gab es nur ein Ziel: westwärts, so schnell wie möglich. Hatte ich doch bereits sowjetisches Gefängnis und Lager hinter mir und wußte, was mir blühen würde bei einer neuerlichen Verhaftung durch den NKWD.

Es ging darum, so schnell wie möglich in jene Gebiete Deutschlands zu gelangen, die von den westlichen Alliierten besetzt wurden. Ich strebte der Stadt Potsdam zu, weil in ihr meine Mutter lebte. Eine direkte Eisenbahnverbindung dorthin gab es nicht mehr. Gemeinsam mit anderen Ravensbrücker Häftlingen landeten wir zunächst in Güstrow. Dort erfuhren wir von desertierten deutschen Soldaten, daß die amerikanische Front in der Nähe von Bad Kleinen verliefe. Es galt also, dorthin zu gelangen.

Zusammen mit Emmi Görlich, einer Bekannten aus dem Lager Ravensbrück, machte ich mich auf den Weg nach Bad Kleinen. Alle Landstraßen waren voll mit Fliehenden.

Nach der ersten Nacht in einer Scheune zogen wir gemeinsam mit mehreren Exsoldaten und einigen Jugendlichen südwestwärts. Mehrere Male hatten wir bereits die gefürchteten Wegsperren umgangen, als wir von neuem ausweichen mußten. Wir stapften durch einen Frühlingswald, als plötzlich einer der Jungen in Geschrei ausbrach: »Kommt mal alle her! Hier sind ganz tolle Sachen! Zeitungen! Die haben se bestimmt vom Flugzeug abgeworfen!« Alle drängten sich um den Jungen. Einer der Exsoldaten las laut folgende Schlagzeilen: »Hitler begeht Selbstmord. Leiche vor dem Bunker der Reichskanzlei mit Benzin übergossen und angezündet . . . Goebbels und seine Familie nahmen Gift . . .«

Ich versuchte mitzulesen. Doch die Zeilen schwammen vor meinen Augen. Es herrschte absolute Stille. Das war nun also der Augenblick, auf den wir im KZ Ravensbrück voller Verzweiflung gewartet hatten. Für unzählige kam er zu spät . . . Die Soldaten, die jungen Wehrmachtshelfer und wir hartgesottenen ehemaligen KZler verharrten eine ganze Weile fassungs-

los und stumm. Dann brach es aus den Jungen heraus. Sie über-
boten sich gegenseitig in Schimpfkanonaden . . .

Emmi und ich wurden von diesen kaum faßbaren Nachrichten gepackt und vorwärts getrieben. Es galt – koste es, was es
wolle –, Bad Kleinen zu erreichen, und zwar so schnell wie
möglich. Wir kamen an Bahngeleise und liefen – wie Hunderte
anderer Flüchtender – auf einem Pfad neben den Schienen. Irgendwoher erfuhren wir, daß die russischen Panzer nur noch
drei Kilometer von hier entfernt sein sollten. Von Müdigkeit
oder Erschöpfung war keine Rede mehr. Wir steigerten unser
Tempo. Plötzlich vernahm ich ein Singen in den Schienen. Ein
Zug näherte sich. Wenn er doch nur halten würde und uns mit-
nähme! Bange Sekunden! Er verlangsamte seine Fahrt. Die
Bremsen kreischten. Das schier Unglaubliche geschah: Menschen auf den Plattenwagen zogen uns hinauf. Vor Glück kamen mir die Tränen. Langsam fuhr der Zug weiter, blieb nach
einer Weile endgültig stehen. Die Nacht war sternklar und eisig
kalt. Menschen tauchten in die Dunkelheit. Am Morgen kamen
einige Männer von Bad Kleinen mit der Nachricht, daß jeder,
der es wage, die amerikanische Front zu passieren, erschossen
würde. Trotzdem überredete ich Emmi zum Aufbruch. Wir
humpelten im Morgengrauen auf dem schmalen Pfad des Ei-
senbahndammes und erreichten schließlich den Bahnhof Bad
Kleinen. Es wimmelte von Flüchtlingen.

Jenseits des Bahnhofs führte ein Hohlweg gen Westen. Mit
klopfenden Herzen erkletterten wir den Abhang. Vor uns ein
weites Feld. Da standen in regelmäßigen Abständen Soldaten.
Daß es Amerikaner sein mußten, erkannten wir an den Stahlhelmen. Ohne zu überlegen, liefen Emmi und ich auf die Schüt-
zenkette zu. Nicht nur die Angst vor den Russen machte uns
kühn und entschlossen, auch das reine Gewissen der Konzentrationslagerhäftlinge verlieh uns diese Kraft.

Auf einen Soldaten mit rotem, freundlichem Gesicht steuerte
ich zu und bat in schlechtem Englisch, uns passieren zu lassen.
Ich erzählte ihm, daß wir fünf Jahre im Konzentrationslager
Ravensbrück gesessen hätten, daß ich vorher als Emigrantin in

Sibirien im Konzentrationslager gewesen sei und daß mir, wenn die Russen kämen, das gleiche Schicksal noch einmal widerfahren würde. Er blickte auf unsere Ölfarbenkreuze, nickte, machte eine Handbewegung und sagte: »O.K. You can pass!«

Wir waren noch keine zwanzig Meter weit gegangen, als der Amerikaner schrie: »Stop! Wait a moment!« Wir sahen ihn davongehen und in einem Bauernhaus am Rande des Feldes verschwinden. Emmi meinte mit trauriger Stimme: »Jetzt fragt er bestimmt einen Vorgesetzten, und dann wird man uns zurückschicken . . .« Aber nach einigen Minuten kam aus dem Tor des Hofes ein mit zwei Pferden bespannter Wagen gefahren, und vorn auf dem Brett saß unser Amerikaner. Er fuhr an uns heran, sprang herunter und sagte: »That's yours!!«

Ich hielt noch kaum die Leine in der Hand, als die Pferde auch schon anzogen und mit uns über das holprige Feld davonfuhren . . .

GERD BUCERIUS
Die Befreiung kam in Etappen

Natürlich hat jeder seine eigene Kapitulation erlebt. Meine war absonderlich; ich war eben unter dem Hitler-Regime in absonderlicher Lage.

Oktober 1932, ein paar Monate vor der »Machtergreifung« also, hatte ich eine Jüdin geheiratet; also war ich als Gegner des Regimes abgestempelt. Nach der Kristallnacht (1938) hatte ich Gretel nach London in Sicherheit gebracht in der Annahme, nachreisen zu können, sobald ich meine Anwaltspraxis ein wenig international hatte ausbauen können. In England hatte ich schon Klientel geworben – meist Emigranten, jüdische und nichtjüdische. So konnte ich zwei-, dreimal im Monat »geschäftlich« zu meiner Frau nach London reisen.

Der Kriegsausbruch überraschte uns. Daß Hitler den Krieg gegen den – wie ich meinte – übermächtigen Westen und gar die Sowjets wagen würde, hatte ich nicht für möglich gehalten. Als Gretel erfahren mußte (noch im Krieg – wir schrieben uns bis zum Kriegsende über Holland, die Schweiz und Schweden), daß die Nazis die meisten ihrer Verwandten ermordet hatten, wollte sie nicht nach Deutschland zurück; in den Jahren der Einsamkeit hatte auch ein tschechischer Offizier der englischen Armee ihren Lebensweg gekreuzt.

In Hitlers Armee hatte ich nur zwei Monate gedient. Bei der Entlassung bekam ich außer wollenem Unterzeug meinen Wehrpaß zurück. In der Rubrik »Qualifikation bei Entlassung« stand: »Geeignet zum Unterführeranwärter.« Weil mit einer Jüdin verheiratet, wurde ich aber nicht mehr eingezogen – seltsame Folge des Rassenwahns. Also konnte ich während eines grausamen Krieges bis zu Hitlers Ende mein Brot wachsam, aber doch meist ungestört als Anwalt verdienen.

So hatte mir die Witwe eines jüdischen Reeders die juristische Sorge um ihren Sohn übertragen. Er war nach damaliger Sprache »jüdischer Mischling ersten Grades«. Einige couragierte Aktionen hatten ihm Haft im Konzentrationslager eingetragen. Seine betuchte Mutter konnte ihn freikaufen. Sie bestach den baltischen Masseur Felix Kersten, der auch Himmler massierte und dessen schwache Momente kannte. Frühjahr 1945 war mein Klient aber erneut auf der Flucht und verkroch sich zu mir in meine winzige Etage in Hamburg-Othmarschen. Er brachte gleich einen aus der Wehrmacht desertierten Verwandten seiner zukünftigen Frau mit. So hockten wir die letzten vierzehn Tage vor der Kapitulation in zwei Zimmern. Die Mitbewohner unter und über uns waren zuverlässig; Verrat brauchten wir nicht zu befürchten. Schräg gegenüber wohnte der NSDAP-Ortsgruppenleiter. Er muß gewußt haben, was sich bei uns abspielte. Aber einmal waren die Nazis in Hamburg nicht ganz so rabiat wie sonst in Deutschland; man war wohl in der »Partei«, aber genierte sich. Und: Das nahe Ende war Mitte April 1945 zu sehen. Da dachten selbst begeisterte Nazis an die Zukunft ohne ihren Hitler.

Die Befreiung kam in Etappen. Der Elektromeister, der im

Kellergeschoß unter mir wohnte, war zu irgendeinem Hilfs-
dienst eingezogen. Der sollte bei Heranziehen des Feindes die
Sprengladungen an den Elbbrücken schärfen. Seine Gruppe
mogelte, wo sie konnte. »Nach dem Krieg« wollten sie die
Brücken haben. In Bremen gingen die Weserbrücken in die
Luft – vor den Augen der verblüfften amerikanischen Soldaten,
die schon beide Seiten der Weser besetzt hatten.

Aber siehe da: Der Hamburger Gauleiter Kaufmann – war
es ein Rest von Verstand oder hamburgische Bedachtsamkeit?
– befahl die Entfernung der Ladungen. Es kamen Gegenbefehle
von irrsinnigen Militärs, also wurde wieder geschärft; auf Befehl Kaufmanns wieder entschärft; ein paarmal hin und her.
Jede Nachricht peitschte die Eingeschlossenen – da merkten
wir, daß wir uns bei aller gegenwärtigen Gefahr um die »Zeit
danach« Gedanken machten.

Heute staunt man, wie selbst im Dritten Reich die Informa-
tionsquellen offenstanden; denen, die sie benutzen wollten.
Über die »Feindlage« konnte man sich gut über das Telefon
unterrichten. Hatte man Freunde in Wittenberge, Oldenburg,
Kassel, Köln, so rief man sie an (das Hamburger Fernamt ver-
mittelte): Ob die Engländer oder Amerikaner schon da seien.
Das Telefon funktionierte lange quer durch die Linien. Es war
auch in Hamburg »herum«, daß Ende April der Präses der
Handelskammer Hamburg durch die Kampflinien die Engländer aufgesucht und vorsichtig Kapitulationsversuche gemacht
hatte – offen mit den Briten gegen die Wehrmacht konspirie-
rend. Was eine Woche vorher noch Selbstmord war, war jetzt
gerade noch ein bißchen gefährlich. Die Unterhändler berichte-
ten von den zivilen Umgangsformen der Engländer. Die Eingeschlossenen sahen Licht; mit Recht, wie sich später zeigte: Die
Engländer waren als Besatzungsmacht vorbildlich. Ohne sie
wären wir verhungert.

Von uns Eingeschlossenen konnte nur ich das Versteck verlassen. Mit einem alten Damenfahrrad kreuzte ich durch die
Stadt. Jede zweite Wohnung war zerstört. Damals schien mir
das der natürliche Preis dafür, daß die Nation sich einem Ver-

brecher anvertraut hatte. Und die 40 000 Toten der Bombenangriffe 1943? Die Stadt, ängstlich oder freudig gespannt ob der kommenden Veränderungen, schien sie vergessen zu haben.

Die Fabrik in Moorfleet, in der ich »dienstverpflichtet« arbeitete, lag still. Zu essen gab es: Die Stadt wurde später den Engländern mit Lebensmittelvorräten für fünf Monate übergeben. Das erzählten uns Ende April schon die plötzlich redselig gewordenen Ortsamtsleiter – welche Hoffnung also.

Am ersten Mai kam die Nachricht, Gauleiter Kaufmann werde die Stadt »übergeben«; ein verhaßtes Regime also war liquidiert. Auf Rathausmarkt und Gänsemarkt trafen sich ohne Abrede nicht jubelnde, aber höchst vergnügte, um die Zukunft noch unbesorgte Hamburger, eben alles Regimegegner. Aber man war noch vorsichtig. Selbst da sagte niemand öffentlich: »Jetzt sind wir das Schwein Hitler los.« Damit warteten wir, bis wir am dritten Mai die ersten britischen Soldaten sahen.

Die meisten Mitbürger aber hatten bis kurz vor Schluß an einen »Sieg« geglaubt. Bis zur Stunde der Kapitulation hatte ich gegen sie Rachegedanken: Vergeltung für das, was sie den Deutschen und der Welt angetan hatten. Aber dann kamen sie, nach dem Ende des Ausgangsverbotes. Sie saßen in meiner Stube und erzählten, wie sie eigentlich alle »dagegen« gewesen seien. Da vergaß ich (fast) alles und schrieb »Persilscheine«. Wenn sich jemand von mir bestätigen ließ, er sei nie »Nazi« gewesen, dann würde er es jedenfalls nie wieder werden. Meinte ich. Und leben mußten wir ja schließlich mit ihnen.

HELLMUTH BUDDENBERG
Ich will von vorn anfangen

Ich kann mich noch gut an diesen Tag erinnern; es war ein kalter unfreundlicher Morgen, der da über dem Kriegsgefangenenlager vor Remagen heraufdämmerte. Um mich herum die letzten meines Regiments nach der Kapitulation im Ruhrkessel

– Sechzehnjährige, Siebzehnjährige neben den Volkssturmveteranen, hier und da ein alter Obergefreiter, ein Feldwebel und ich selbst. Als kleine Gruppe inmitten von vielen, vielen Tausenden lagen wir hier in der Nähe der legendären Remagener Brücke, über die amerikanische Infanterie und Panzer vor acht Wochen in schnellem Stoß in den Rücken der Front vorgedrungen waren. Da irgendwo im Dunst des Morgens waren die Stadt und die Brücke, war die Freiheit – für uns unerreichbar. Es war ein bitteres Gefühl, im eigenen Land Gefangener zu sein.

Plötzlich, mitten hinein in die Morgengeräusche des Lagers, fielen Schüsse – vereinzelt zuerst, dann lange Feuerstöße aus den automatischen Waffen. Warum schossen die da draußen? Hatten einige von uns ausbrechen wollen? Am Lagertor entstand Unruhe. GIs auf einem Jeep kurvten mit flatterndem Sternenbanner durch das Lager – und ein Megaphon sagte, was zu sagen war: »The German Army has surrendered.« Der Krieg war vorbei. Die Waffen schwiegen endgültig. Waren wir glücklich? Dafür ging es uns zu schlecht. Aber wir waren erleichtert, denn die Sinnlosigkeit des Kampfes hatte in den letzten Monaten schwer auf uns gelastet. Doch nach außen wurde wenig spürbar. Es gab keinen Aufschrei, keine sichtbare Reaktion. Der Jeep drehte seine Runde, fuhr zurück, wir krochen in unsere Erdlöcher, und so dämmerte der erste Friedensmorgen über uns herauf. Das war's; dann hatte uns der triste Lageralltag wieder.

Seit vierzehn Tagen hatte es kaum etwas zu essen gegeben, ein paar Kekse täglich und was man selbst auftrieb. Wir lagen in flachen Erdlöchern, die wir uns mit Löffeln und Händen gekratzt hatten. Zeltbahnen, Decken gab es nicht. Mäntel hatten die wenigsten, wir kauerten in den kalten Nächten dicht gedrängt beieinander. Am schlimmsten traf es die Jungen. Sie konnten weder ihren Körper noch ihre Emotionen »auf kleine Flamme« drehen, wie die alten Landser es in Rußland gelernt hatten; und die konnten sogar noch gemütlich feiern – meinen 21. Geburtstag vor drei Tagen. Sie hatten mir eine starke Brennesselsuppe gekocht, gewürzt mit einem amerikanischen

Brausepulver. Wir haben das Kochgeschirr langsam und bedächtig ausgelöffelt.

Um uns hatte das Sterben seit einigen Tagen aufs neue begonnen – ein doppelt sinnloser Tod, nachdem wir bis jetzt unser Leben gerettet hatten. Die da draußen – Soldaten wie wir – mußten uns doch ein Zeichen geben, daß es jetzt vorbei sei.

Ich dachte an die Gerüchte der letzten Kriegstage: Engländer und Amerikaner würden sich mit uns gemeinsam gegen Rußland wenden. Illusionen der endgültigen Niederlage. Jetzt sahen wir es selbst. Dort standen die Sieger, blank geputzt – hier lagen die Verlierer, grau und abgerissen. Es gab keine Geste des Verstehens. Nur die große Gleichgültigkeit auf der anderen Seite – Angst und Sorge bei uns: Was machen die mit uns, bleiben wir hier, müssen wir über den Atlantik, wo wir doch fast zu Hause sind? Wie lange werden wir warten müssen?

Ich war in den letzten Jahren immer in Bewegung gewesen. Das lag an den Zeitläuften und an mir selbst. Bis zum äußersten angespannt sein, tätig sein – das bestimmte mein Leben. Und jetzt war Pause, nichts bewegte sich. Die alles beherrschende Realität des Krieges war verschwunden. Die neue Wirklichkeit war da, die Stunde Null, und mit ihr kam – gleichsam mit dem erwachenden Tag – ein ganz neuer, fester Wille, sich von der Lethargie der letzten Tage nicht unterkriegen zu lassen.

Es war immer noch da, das Gefühl, im Grunde einen falschen Kampf gekämpft zu haben, das Gefühl des sinnlosen Opfers. Auch die eigene Haltung geriet in die Krise. War es richtig, bis zuletzt auszuhalten? Ich sehe noch meine Mutter, wie sie mich beim letzten kurzen Besuch zu Hause festhielt. Ich kämpfte im Ruhrkessel fast vor der Haustür. Für sie war dieser wahnsinnige Krieg vorbei, der Junge in Sicherheit, wenn er nur wollte. Er brauchte nur hierzubleiben und seine alten Zivilsachen anzuziehen. Ich aber ging zurück; es gab kein Zögern. Hätte man öfter einmal zögern, prüfen, warten sollen in den letzten Jahren? Ich wischte an diesem Morgen auch diese Bilder weg. Ich weiß noch genau, was ich dachte: Wenn ich gesund bleibe, komme ich irgendwie raus. Ich will von vorn anfangen. Jetzt endlich wollte ich über mich selbst bestimmen; immer hatten andere den Weg gewiesen, einen Weg, das fühlte ich, der mit einer unheimlichen Konsequenz genau in dieses Lager geführt hatte.

Wenn es noch irgendeinen Sinn geben sollte, dann den: nach Hause, die Trümmer abräumen, auch die geistigen, etwas lernen und mithelfen, unser Land wieder in Ordnung zu bringen.

Das ging indessen nicht so schnell. Wir wurden doch noch über die Grenze gebracht, nach Frankreich. Bald übernahmen uns die Engländer. Wir kamen zurück nach Deutschland. Ich wurde entlassen, und dann stand ich vor unserem Haus. Es war mit Stacheldraht eingezäunt: militärisches Sperrgebiet der britischen Armee. Aber die Familie war wohlauf. Mich hielt es nicht lange in Bünde. Im November 1945 brach ich auf nach Kiel und begann mein Studium.

James Callaghan
Die Einsichten kamen später

Ich wurde am achten Mai 1945 weder der Ereignisse noch der deutschen Kapitulation gewahr. Zu dieser Zeit diente ich auf HMS »Queen Elizabeth«, einem alten Kreuzer, der bereits an der Schlacht um Jütland im Ersten Weltkrieg teilgenommen hatte. Zwei Tage davor, am sechsten Mai, hatten wir Berichte des Nachrichtendienstes erhalten, daß zwei japanische Kreuzer im Indischen Ozean gesichtet worden seien. Die »Queen Elizabeth« war das Flaggschiff der ostindischen Flotte, die in Trincomalee, Ceylon, heute Sri Lanka, stationiert war.

Als die Nachricht von den beiden japanischen Kreuzern eintraf, brachen wir zu einer Verfolgungsjagd auf, begleitet vom französischen Kampfschiff »Richelieu«, von zwei holländischen Zerstörern und anderen Schiffen. Während dieser Jagd auf die japanischen Kreuzer wurde für die gesamte Flotte Funkstille angeordnet, so daß weder Nachrichten gesendet noch empfangen werden konnten. Am achten Mai befanden wir uns einige hundert Meilen von Ceylon entfernt in der Nähe der Nikobaren, nicht allzuweit von der Küste Burmas. Von der deutschen Kapitulation hörten wir nichts.

Den japanischen Kreuzern war es gelungen, durch die Meerenge von Singapur zu entkommen. Wir machten uns auf den Weg zurück nach Ceylon, wo wir einige Tage später ankamen. Spät genug, um die letzten Feierlichkeiten des HV-E Day (Victory in Europe Day) mitzubekommen. Sie hatten im wesentlichen darin bestanden, daß eine Flasche Bier extra ausgegeben worden war. Die Bierration der Flotte war seinerzeit auf die Hälfte einer Pinte (0,570 Liter) beschränkt worden, was von den Matrosen als besondere Härte empfunden wurde, wenn man das tropische Klima bedenkt. Als wir Trincomalee wieder erreicht hatten, war es uns gar nicht nach Jubeln zumute. Wir empfanden eher Verbitterung darüber, den großen Tag verpaßt zu haben.

Meine Gefühle an diesem Tag? Im Grunde waren wir alle zu sehr mit dem Krieg im Fernen Osten beschäftigt. Tausende von Meilen von Europa und unseren Familien entfernt, machten wir uns kaum Gedanken über die Lage Deutschlands. Zwar wußten wir, daß ein Sieg über Deutschland uns dem Tag unserer Rückkehr näher bringen würde. Und der Gedanke ließ uns nicht mehr los, zumal die meisten von uns den Krieg sowohl in europäischen als auch in atlantischen Gewässern erlebt hatten. Aber im Januar 1945 war die britische Admiralität der Meinung, daß der Krieg in Europa ohnehin in Kürze beendet würde, und sie begann – konsequenterweise –, ihre Schiffe in den Fernen Osten zu schicken, um unsere Anstrengungen im Indischen und Pazifischen Ozean zu verstärken. Trincomalee war nur ein Auffanghafen auf dem Wege nach Australien. Hier sollten wir auf die britische Flotte des Pazifiks stoßen.

Wir meinten damals, daß wir zusammen mit den Amerikanern die Japaner notwendigerweise von jeder Insel im Pazifik zwischen Australien und Japan verdrängen müßten. Alle waren fest davon überzeugt, daß die Japaner nie kapitulieren würden, solange wir das japanische Hauptterritorium nicht erreicht hätten. Wir waren nicht gerade begeistert von dieser Aufgabe. Die Männer waren der endlosen Kämpfe seit 1939 müde. Wir alle wollten zurück zu unseren Familien.

Ich habe die ostindische Flotte einige Wochen nach dem achten Mai verlassen, da eine allgemeine Wahl angesagt war und ich als Kandidat der Labour Party nominiert wurde. Ich wurde in meinem Wahlkreis in Südcardiff gewählt und gewann 1945 den Sitz im Parlament, den ich bis heute ununterbrochen behalten habe. Meine Schiffskameraden haben mich damals um meine Rückkehr nach Großbritannien beneidet. Sie glaubten, daß ich nach kurzer Zeit wieder bei ihnen sein würde.

Über die Position Deutschlands und die Demütigung des Kontinents begann ich nachzudenken, als ich mich vom japanischen Krieg losgelöst und meinen Sitz im Parlament im Juli 1945 eingenommen hatte. Diese Gedanken verstärkten sich im Dezember 1945, als die britische Admiralität mich einlud, die Royal Navy bei einem Freundschaftsbesuch durch die Sowjetunion zu repräsentieren. Unsere Reiseroute führte über Berlin. Ich verbrachte dort einige Tage und sah, welche massive Zerstörung unsere Royal Air Force dieser Stadt zugefügt hatte und welches Leid den Stadtbewohnern zugefügt worden war. Sicherlich hatte sich ähnliches auch auf britischem Boden abgespielt: Zum Beispiel in Coventry und dem East End von London. Ich sah auf dieser Reise auch die grauenhafte, schreckliche Zerstörung der russischen Städte wie Kiew und Stalingrad.

All dies ließ mich zu dem Schluß kommen, daß es nie wieder einen neuen Krieg in Europa geben darf. Meine Meinung wurde einige Jahre später bestärkt, als ich zu den britischen Delegierten gehörte, die am ersten Treffen des europäischen Rates in Straßburg teilnahmen. Ich begegnete dort zum erstenmal auch deutschen Delegierten und begriff, daß Europa auf der Basis französisch-deutscher Verständigung und Freundschaft aufgebaut werden müßte, eine Einsicht, von der ich mich seitdem nie mehr entfernt habe.

Nicht der einzige Termin

Wir zwei gehören offenbar zu einer Minderheit: zu denen, die sich nicht mehr genau daran erinnern können, wo und wie sie die Nachricht der Kapitulation der deutschen Streitkräfte, also die Nachricht vom endgültigen Kriegsende, erreicht hat. Waren wir gedankenlos und herzlos? Wir hoffen, nicht so sehr! Gewiß werden wir auch den achten Mai nicht teilnahmslos verbracht haben. Aber das Ende des schrecklichen Krieges war für uns damals schon so gründlich erlebt und durchdacht, daß dieser besondere Termin der förmlichen Kapitulation uns nicht mehr so erregen konnte, daß wir uns erinnern können: es war soundsoviel Uhr, es war auf der X-Straße, als wir die Nachricht hörten.

Wir lebten in Frankfurt auf dem Sachsenhauser Berg in einer Art Siedlung, also keineswegs inmitten der Trümmerberge der großen Stadt. Wir waren seit vier Jahren verheiratet und freuten uns unserer dreijährigen Ältesten und ihrer einjährigen Schwester. Fünf Monate vorher hatte ich, der Vater, als nachts die Bomber offenbar abgedreht hatten, im Keller nach einem Erkundungsgang in die Wohnung den denkwürdigen Ausspruch getan: »Das Haus steht noch, das ist aber auch alles.« Die Wand zwischen dem Schlafzimmer und dem Wohnzimmer hatte sich aufs Kinderbett gestürzt, die Treppe war gerade noch erklimmbar. Wir wußten also schon aus eigenem Erlebnis und wegen unseres sonstigen natürlichen Anteils an den Schrecken und Ängsten, wie herrlich, wie umwerfend großartig es war, daß der Krieg zu Ende war. Nur: das, ja: zwei Kriegsenden hatten wir schon etwas früher erlebt. Das erste Ende ereignete sich, als deutsche Soldaten auf der Flucht durch die Siedlung kamen und als in Frankfurt die SS zum letztenmal über den brückenlosen Main hinweg nach Sachsenhausen herübergeschossen hatte, das schon in amerikanischer Hand war.

Noch endgültiger schien der Krieg hinter uns beiden zu liegen, als ich, der Vater, am 21. April von einem alten politischen

Freund und in der Diktatur bewährten Kameraden, den die Amerikaner vernünftigerweise zum kommissarischen Leiter des Landesarbeitsamts Hessen ernannt hatten, als Personalreferent dieser Behörde eingesetzt wurde.

Am achten Mai lagen also zweieinhalb Arbeitswochen, erregende Aufbauwochen hinter uns. Hier und da gab es noch Szenen mit Nazi-Angestellten, wichtiger aber waren Besprechungen mit alten zuverlässig antifaschistischen Gewerkschaftern, Zentrumsleuten oder Sozialisten, die uns fähig erschienen, die von den Nazis durchweg eilig geräumten Chefzimmer der Arbeitsämter des Landes Hessen zu übernehmen, um in den Städten des Landes die demokratische Arbeitsverwaltung so rasch wie möglich in Gang zu bringen.

Die Arbeit in Gang zu bringen, das war ganz und gar Friedensarbeit, und wer in ihr lebte, fühlte, diskutierte, entschied, der fand in sich selbst den Krieg bereits gründlich erledigt. Er fieberte der Zukunft entgegen. Das vor allem mag es verständlich machen, daß das große Ereignis vom achten Mai für unsere Existenz und für unser Bewußtsein keinen totalen Einschnitt mehr gebildet hat.

Sicherlich hat unser politisches Weltbild dabei eine Rolle gespielt. Als Christen, aber auch als kritischen Schülern der marxistischen Deutung der Gesellschaftsgeschichte war uns die faschistische Diktatur sogar in den Zeiten der militärischen Erfolge Hitlers als eine Ausnahme erschienen, die durch ihren Widerspruch zur realen Gegenwart im Bereich unserer Zivilisation sozusagen durch ihren »Ungehorsam« gegen Gott und gegen die Geschichte zum Untergang verurteilt war. Der Faschismus erschien uns also als ein böser Zwischenfall und auch in seinen scheinbar moderneren Zügen als ein schlimmer Rückfall. So wie wir 1933 und 1934 gesagt haben: »Hitler, das ist der Krieg!«, so hatten wir 1939 gesagt: »Der Krieg, das ist Hitlers Ende«; seit dem Überfall auf Rußland war dieses Ende sogar abzusehen, noch greifbarer nach Stalingrad und den alliierten Landungen. Auch in dieser Sicht waren die formalen Unterschriften des Mai 1945 zwar sehr wichtige Ereignisse, notwendige sogar, aber sie waren durchaus nicht von entscheidender Bedeutung. Sie gehörten zur Vergangenheit. Natürlich fragten wir uns hinterher und heute, ob sich uns nicht der Tag, da doch an allen Schauplätzen des Krieges in Europa das Töten aufhörte, doch als ein ganz besonderer im Gedächtnis hätte festsetzen müssen. (So wie der 20. Juli: Ich sehe mich noch an diesem Tag an der Straßenbahnhaltestelle stehen, als ich aus einer Gruppe Wartender neben mir sprechen hörte: »Auf den Führer haben sie ein Attentat gemacht . . .«)

Aber da sind noch zwei Bestandteile unserer damaligen Existenz zu nennen, Elemente einer gewichtigen und tragenden Kontinuität, die in unserem Werktag (und Sonntag) und in unserem Bewußtsein sich gegen den faschistischen Irrsinn und gegen den Wahnsinn des Krieges behaupten konnten. Man könnte von zwei besonderen Formen des »Widerstandes« sprechen. Dann müßte man aber das Wort Widerstand anders als im üblichen Gebrauch so fest, aber doch auch so passiv nehmen, wie der Wortteil »Stand« das im Grunde ja nahelegt. Was die aktiven Widerständler gewollt und zu unser aller Heil zu tun versucht haben, war ja kein »Stand«, kein Stehen und Bestehen, sondern ein kräftiges Vorangehen, ein Ausbruch aus dem Bestehenden, ein »Widerspruch«, der zur ändernden Tat führen sollte.

Bezeichnet man das, von dem ich rede, als »passiven Widerstand«, so bedeutet das rein sprachlich eine Tautologie: Wider-Stand ist seinem Wesen nach passiv; andererseits ist diese passive Haltung nicht immer schwach, sondern zuweilen auch stark; auch enthält sie ihre Risiken, und sie konnte, wenn die Diktatur in den Zu-Stand direkt eingriff, zur Gegenwehr führen. Griff der Anspruch der faschistischen Gewalt den Bestand gefährlich an, so konnte aus der Passivität Aktion werden. Aber es hilft alles nichts: Passiv ist dieser Widerstand dadurch, daß er nicht von sich aus die Energie zu einer Strategie und Aktion der Beseitigung der Diktatur aufbrachte.

Was war unser Zu-Stand, unser »Stand«? Wir waren zunächst eine sehr intime und auf ihrer Intimität bestehende Familie, in die wir Hitler und Goebbels nicht hineinschreien ließen. Unsere Ehe hatte erst während des Krieges begonnen. Die erste Begegnung fand nicht zufällig in einem Kreis eindeutiger Gegner des Nationalsozialismus statt, im November 1940 nach dem Doppelereignis der Niederwerfung Frankreichs und des Scheiterns der Invasionspläne gegen England. Wir heirateten 1941, also nach jenem Anfang vom Ende, als Hitler in törichter Verkennung seiner Möglichkeiten napoleonisch in Rußland einfiel. Die Liebe war jung und stark, und was die beiden Kinder betrifft, so schlossen sie die Gruppe der vier vollends zu einer kleinen Oase zusammen. Auch am achten Mai muß das Wohlbefinden der Jüngsten und der stillenden Mutter für den Vater auf ganz andere und eigene Weise wichtig gewesen sein als das, was wir aus dem Rundfunkgerät erfuhren. »Das Leben« ging weiter: eine junge Phase neuen Lebens.

Wir denken, daß solcher Widerstand der kleinen Gruppe, die sich nicht vereinnahmen läßt, vor allem gerade auch der intakten Kleinfamilie, zuweilen auch der Großfamilie, gar nicht hoch genug eingeschätzt werden kann. Sosehr dieser Widerstand versagte, wenn es um gezielte Gegenaktionen ging, so sehr er den Willen zu solcher aktiven Gegenwehr geradezu schwächen konnte – die andere Seite der Medaille! –, so sehr half er die Substanz des deutschen Volkes bewahren.

Die andere Oase der Kontinuität und des Widerstehens war die christliche Gemeinde. Wenn am Sonntagmorgen wir Katholiken aus der Frühmesse in die Siedlung zurückkamen, begegneten uns zuweilen die Gruppen derer, die mit dem dickeren Gesangbuch zum evangelischen Hauptgottesdienst unterwegs waren; dann, so spielte es sich ein, grüßte man einander – auch wenn wir uns nicht persönlich kannten – besonders freundlich. Wir kamen aus einem Raum, und sie gingen zu einem Raum, in dem eine Stunde lang nicht die Sprache des Unmenschen laut wurde, sondern das Wort der christlichen Botschaft. Das war ein ökumenisches Kleinereignis vor der gezielten ökumenischen Bewegung: ein Ereignis im Zeichen des Widerstehens gegen Hitler.

GÜNTER DÖDING

Drei Hühnereier gleich ein Parteiabzeichen

Seit dem vierten April 1945 kann ich die Frage britischer Soldaten beantworten, wie weit es noch von unserem ostwestfälischen Dorf nach Berlin ist. Und seit dem achten Mai weiß ich auch, daß man einen SA-Dolch für einhundert und ein Parteiabzeichen oder drei Eier für zehn englische Zigaretten eintauschen kann. Daraus folgt: drei Hühnereier gleich ein Parteiabzeichen; dieses Symbol von Macht und Ansehen ist nicht mehr wert – und in einem Dorf weiß man ja, wieviel Abzeichen es gibt.

Befehle der Militärregierung sind nun endgültig, denn Groß- admiral Dönitz hat kapituliert. Was ist Kapitulation? Wald von Compiègne 1918? Diese Schmach sei ausgetilgt durch den Füh- rer? Nach seinem Tod wird sein Erbe so vertan?

Nun helfen die »Alten« dem Vierzehnjährigen; Vater erklärt, was »wehrunwürdig« war und daß er deshalb zu Hause ist; er erzählt, daß der Ortsgruppenleiter und auch der Kreisleiter längst »abgehauen« sind und daß der von uns Jungs so hoch geachtete Heldentod nur Tränen und Elend für die Nächsten heißt; was für einen Sinn es denn wohl habe, daß sein Freund Heinrich nun ohne Hände sei; und die Pfaffen ein Gesindel, das noch nach dem Einmarsch der Briten für den Führer gebe- tet hat; daß in der Kreisstadt noch vor dem Kriege einige Leute »fürn Appel und'n Ei« den Juden alles weggenommen haben – das gelte auch für seinen Arbeitgeber. Die Juden haben nieman- dem etwas zuleide getan.

Er habe mit mir darüber nicht sprechen können, weil ich Spaß am DJ-Dienst (Deutsches Jungvolk) gehabt und er meine Idealisierung dieses »Vereins« gemerkt habe.

Nun sei die Zeit der »Goldfasanen« vorbei, und die Briten würden sich hoffentlich anständig benehmen.

Das beste nun: in den Wald, für die Muna (Munitionsanstalt Espelkamp) ist allerhand Birkenholz gestapelt, und damit soll- ten wir mal für unser Heizmaterial sorgen. Zeit hätte ich ja, die

Schulen sind weiterhin geschlossen, die meisten Lehrer NS-Mitglieder gewesen. Und ich sollte dann mal sehen, ob ich nicht beim Tommy Arbeit kriege. Und abends auf die Polen (zwangsverpflichtete Ostarbeiter) aufpassen, die klauen und prügeln, und bei Oma und Opa im Moor seien sie schon gewesen.

Kann ein Vierzehnjähriger das alles verdauen? – Muß wohl. Geschadet hat die »Sturzflut« nicht. Das Sortieren im Kopf war schwierig.

Andere Spielkameraden, Gleichaltrige fragen? Ja, einige erzählten, daß es im Dorf Kommunisten gebe, die »gesessen« hätten, und die würden nun die Macht übernehmen.

Das muß was Schlimmes sein.

Vater sagt auf Befragen nein – aber brummt vor sich hin und sagt auch nichts Positives.

ALFRED DREGGER
Stenogramm

Am achten Mai 1945, dem letzten Tag des Krieges, habe ich mit meinem Bataillon die Stadt Marklissa in Schlesien verteidigt. Über die Lage waren wir nur unzureichend informiert. Der Regimentskommandeur hatte die Hoffnung verbreitet, nach dem Tode Hitlers und der Ernennung eines Soldaten zum Reichspräsidenten sei ein Abkommen mit den Westmächten denkbar, das die Auslieferung Ost- und Mitteleuropas an die Sowjetunion verhindere. Als uns die Kapitulation um null Uhr auch diese letzte Hoffnung nahm, hat das Bataillon sich aufgelöst. Wir versuchten, in kleinen Gruppen der Gefangenschaft zu entgehen und die Heimat zu erreichen. Dabei wurde ich am neunten Mai in Melnik an der Elbe von Tschechen angeschossen. Es war meine vierte Verletzung. Ich geriet zunächst in tschechische und dann mehrfach in sowjetische Hand, konnte aber durch eine Verkettung glücklicher Umstände immer wieder entkommen und schließlich ein Lazarett in meiner Heimat

Soest in Westfalen erreichen. Dort wurde ich aus britischer Kriegsgefangenschaft entlassen und konnte im Sommersemester 1946 mein Studium in Marburg an der Lahn aufnehmen.

INGEBORG DREWITZ
Nicht einmal Zeit, aufzuatmen

Berlin hatte am zweiten Mai kapituliert. Überall an den Straßenecken – genauer, an den Ecken, wo einmal Straßen zusammengetroffen waren – standen die Anschlagbretter, auf denen zu lesen war: »Die Hitler kommen und gehen, aber das deutsche Volk, der deutsche Staat bleiben bestehen – Stalin.« Von der Kapitulation erfuhren wir durch einen Malermeister, der ein Detektorradio besaß. Also endgültig Schluß, spät genug!

Wir hatten nicht einmal Zeit, aufzuatmen, denn wir standen die halben Tage an den Wasserpumpen, um Trinkwasser zu holen, immer in Sorge, daß die Pumpe nichts mehr hergeben würde, wenn wir endlich an der Reihe sein würden. Wir huschten morgens vor dem Ende der nächtlichen Ausgangssperre durch Höfe und über Ruinengrundstücke hinweg zu dem einen oder anderen Bäcker, von dem es hieß, er habe noch Mehl oder habe schon Mehl. Wir mußten aufpassen, keinem der Posten zu begegnen, die ja den Befehl hatten zu schießen.

Die Nachrichten von Plünderungen liefen um, erstaunlich, was alles in den Lagern sein sollte! Wir waren viel zu ungeschickt, um Öl und Fleisch und Butter und Kunsthonig heimzubringen. Schlimmer, wir ekelten uns, wie sie die Dauben von den Fässern einschlugen und das Öl in den Rinnstein fließen ließen, weil ihre Eimer überliefen, und sie in den Rinnstein pißten und sich erbrachen. Wenige Tage vorher waren hier noch junge Soldaten an den Laternen aufgehängt worden, mit Pappschildern um den Hals, die sie als Deserteure brandmarkten, und die Toten der Schlacht waren kaum mit Erde zugedeckt in den Vorgärten und Parks, der Zweig mit der Erkennungsmarke lose in der Erde, und Mütter und Frauen und Mädchen gingen suchend von Straße zu Straße.

Nein, wir hatten keine Zeit, aufzuatmen, denn überlebt hatten wir noch nicht. Der Sommer der Seuchen, die Winter der Erfrierungen standen uns noch bevor, aber das wußten wir nicht und hatten auch keine Zeit, uns davor zu fürchten, denn es ging um den nächsten Tag, um Feuerholz, um Wasser, um Rüben oder Kartoffeln, um Brot womöglich. Lebensmittelkarten wurden erst wenige Tage nach dem achten Mai verteilt, die Armeelastwagen hielten vor den heruntergelassenen oder zersplitterten Rolläden der ausgeplünderten Geschäfte, während schon Hunderte warteten, daß die Tür geöffnet würde und sie eindringen konnten, und nur vor dem bewaffneten Begleiter des Transports zurückwichen. Die Lieferung würde kaum für alle Lebensmittelkartenbesitzer reichen, aber auch das würde so bleiben, Jahre und Jahre lang: das Anstehen nach Grundnahrungsmitteln.

Am achten Mai wußten wir davon noch nichts, aber auch nichts von den Kampfhandlungen der letzten Kriegstage. Es würde Monate dauern, ehe uns Nachrichten aus dem Westen erreichen sollten – die erste Post im November 1945 –, und es würde Jahre dauern, ehe alle Toten und Vermißten aufgelistet sein würden, ehe die letzten Kriegsgefangenen heimkehren würden. Aber der achte Mai war ein Tag wie jeder andere Tag in diesem Mai, unvorstellbar blauer Himmel über den trümmerübersäten Straßen, den abgeblühten Kastanien. Die Straßenbahnwagen noch umgekippt, die Barrikaden bis auf schmale Durchgänge noch nicht weggeräumt, um die Pferdekadaver herum immer fünf, sechs Menschen, die sich das Fleisch mit Taschenmessern heraussäbelten, an den Löschteichen immer welche, die das schmutzige Löschwasser schöpften, über die Mülltonnen gebeugt die, die nach Eßbarem suchten, von Fliegen umschwärmt.

Vater hatte eine Frau beerdigen helfen, die eines natürlichen Todes gestorben war und von der Familie, in ein Laken gehüllt, weggeschleppt wurde. Das Tuch war jedoch unter der Last gerissen. Zum Graben hatten sie eine Schaufel aus dem Luftschutzkeller und ihre Hände. Der Kirchhofwärter hatte dabeigestanden und nicht gewußt, ob das erlaubt war.

Der achte Mai war ein Tag wie jeder andere Tag in diesem Mai. Die Russen, deren Offiziere in den großen Wohnungen untergebracht worden waren, sangen laut und trunken, die Papirossystumpensammler umkreisten gebückt die Quartiere; andere wußten, daß die Mannschaften Brotkanten verschenkten, und wie süß das russische Brot ist! Gerüchte gingen um, daß die Schulen demnächst geöffnet werden sollten, ein Radioprogramm aus dem Sender in der Masurenallee ausgestrahlt werden und ein zu wählender deutscher Magistrat die Geschicke der Stadt übernehmen würde.

Beim Anstehen nach Wasser hatten wir erfahren, daß die Wasserversorgung demnächst wieder in Ordnung kommen sollte. Und wie schon am Tag vorher und am Tag nachher hatten wir von den Tausenden Ertrunkenen im S-Bahn-Tunnel unter der Stadt erfahren. Auf Gas würden wir noch warten müssen, weil so viele Zuleitungen zerstört waren. Und Sachsenhausen wäre jetzt Lager für die Nazis von den mittleren Chargen aufwärts. Gerüchte als Nachricht.

Wir hatten die Jungen und die alten Männer vom Volkssturm in die Kriegsgefangenschaft ziehen sehen, die Kaiserallee (später Bundesallee) entlang. Morgens in der verbotenen Zeit auf dem Hof hinter der Bäckerei flüsterten die Frauen, daß Hitler entkommen sei, nach Argentinien, und wollten nicht glauben, daß Goebbels sich und »all die Kinderchens« umgebracht hatte. Und die aus den KZs kamen, noch in kleinen Gruppen und in dem gestreiften Zeug, mußten sich Beschimpfungen anhören oder mitansehen, wie auf sie gezeigt wurde. Aber das war ein paar Tage später, denn die Wege auf die Stadt zu waren noch von Truppen und von den Resten der Panzerschlachten verstopft.

Der achte Mai war ein Tag wie jeder andere in diesem Mai. Kaum, daß wir Kraft zum Hoffen hatten. Nur die Müdigkeit war endlich erlaubt. Und: So einen Krieg würde es ja wohl nie wieder geben, sagte meine Mutter.

Heil Dönitz oder Apriltage an der Chaussee

Eine Landstraße – vorstädtisch, die Großstadt geht über ins Ländliche. Auf der einen Seite das Heim, Einfamilienhaus – im Garten Hühner- und Kaninchenstall. Gegenüber der letzte Bauernhof. Ein kleines Kinderheim. Die Straße heißt Langenhorner Chaussee – etwa einen Kilometer vor der Nordgrenze Hamburgs.

Eine Gruppe dürrer Menschen in Schlafanzügen kommt die Straße von Norden her herunter. (Vor dem Kinderheim gibt es in meiner Erinnerung eine sanfte Neigung der Straße.) An der Seite des Menschenzuges gehen Uniformierte mit Stahlhelm und Gewehr. (Später lernte ich »Gewehr im Anschlag«.)

Ich gehe durch das hölzerne Gartentor über die Straße, laufe neben der Kolonne her und frage den Soldaten: »Was haben die getan?« Ich werde von ihm, nicht unsanft, mit dem Gewehr weggedrängt. (Später lerne ich, daß es die SS war.) »Geh weg«, er schubst mich zurück. Einen der Gefangenen sehe ich bis heute neben mir. Klapperdünn, einen Moment sieht er mich an. Die Leute schlurfen weiter.

März oder April 1945. Die letzten Außenlager des KZ Neuengamme wurden aufgelöst, auch das in Langenhorn.

Nach diesem Zug der Gefangenen zogen die Ereignisse auf der Straße vorbei – Soldaten von Norden aus Dänemark, Soldaten vom Süden.

Ende April 1945: Die Heimleiterin ruft uns in den Flur, stellt sich auf die Treppe: Adolf Hitler ist gestern gestorben, Dönitz ist Reichspräsident. Das war die erste »politische« Ansprache meines Lebens. Wir waren Trümmer- und Flüchtlingskinder. Adolf Hitler tot? Ich reagiere prompt, recke den rechten Arm hoch und rufe »Heil Dönitz«. Wenn auf der Straße jemand kam, marschierten wir entgegen: Heil Dönitz, und lachten ihn aus.

Mit »Heil Dönitz« hatten wir die ganze Wort- und Klangmagie durchbrochen, die unser Kinderleben begleitet hatte. Bei meinem Großvater im Büro war ich wieder aus dem Flur gewiesen worden, wenn ich mit »guten Tag« in die Tür kam. Heil Hitler – der befohlene Gruß, mit dem wir aufgewachsen waren.

Aber »Heil Dönitz« dauerte nur wenige Tage. Dann kamen die Soldaten aus Jütland in langen Lastwagen- und Tankschlangen die Chaussee runter. Der Kopf der Schlange hielt bei uns, sie reichte bis zum Ochsenzoll, bis über die Stadtgrenze.

Auf der Straße gab es Blockschokolade; woher diese Soldaten all die Schokolade hatten. Schokolade, drei Tage vor Kriegsende. Da kriegtest du einen ganzen Block, so groß wie Ritter-Sport heute. Meine erste Schokolade.

Am nächsten Morgen war die Schlange weg. Hatte sich irgendwo aufgelöst. Die waren vielleicht noch durch Hamburg über die Elbbrücken gekommen und dann in Gefangenschaft. Die Chaussee war wie leergefegt. Dann kommt der Ochsenzoller Polizist aufgeregt zu Frau Krohn, unserer Heimleiterin. Da haben sich so ein paar Verrückte eingegraben, kurz vor dem Eingang zur Anstalt Langenhorn.

Ich erinnere ihn als alten Mann. »Die haben sich eingegraben, diese HJ-Lümmels, mit Panzerfäusten.« Gauleiter Kaufmann hatte Hamburg übergeben wollen, alles war für die stille hanseatische Kapitulation vorbereitet, und nun diese Werwölfe, fünfhundert Meter von unserem Heim entfernt. Er ist dann tapfer hin und hat sie mit seiner Dienstpistole verjagt. Sie konnten wohl schwerlich mit ihren Panzerfäusten auf den alten Polizisten los, andere Waffen werden sie nicht gehabt haben.

Viel Aufregung in den ersten Maitagen an der Chaussee. Der Tag mit Ausgehverbot. Niemand darf auf die Straße. Damals hörte ich im Radio das Wort »zuwiderhandeln« zum erstenmal. Und es betraf mich. Zuwiderhandeln?

Das Haus zitterte. Frühmorgens dröhnten die Panzer die Chaussee hoch, diesmal von Süden nach Norden. Sie hatten schon ganz Hamburg erobert, und nun dröhnten sie im letzten Zipfel. Unsere Zahnputzbecher dröhnten mit, Trinkbecher in der Küche summten mit. Wir drückten unsere Nasen platt an der Scheibe vom Badezimmer. Die Panzer waren dunkelgrün, ganz anders als die Panzer, die wir kannten. Oben in den offenen Turmluken die ersten Feinde!

Einmal hatte ich einen von weitem gesehen, der hinter Iserbrook abgeschossen worden war, 1943. Abgesprungen, leicht verletzt und dann unter Johlen abgeholt. (Von Soldaten aus dem Blankeneser Fliegerhorst.) Der lag still im Gras, vertüttelt mit seinem Fallschirm. Die Leute drum herum. Aber jetzt donnerten sie durch unser Badezimmer. Einer immer in der offenen Luke – die hatten knallrote Gesichter! Indianer schrie ich, Rothäute. Es gab Menschen mit rotem Kopf. Indianer. Also waren das Leute aus Amerika, und in Amerika lebten die Indianer. Vergessen Heil Dönitz: »Wir gehören jetzt zu Amerika«, erklärte ich den Kindern, und die Treppe runter, durch die Küchentür in den Schuppen. Dort mußte ich mich erst heimlich halten, dann nach vorne an die Gartentür.

Absolutes Ausgehverbot. Zuwiderhandelnde. Ich dreh' mich um. Inzwischen waren die Heimleute an allen Fenstern, unten am Eßzimmerfenster, oben an den Badezimmerfenstern, Schlafzimmer, überall Kinder und Frau Krohn und die Kindermädchen, alle hatten plattgedrückte Nasen, wildes Winken und Grimassenschneiden. Aber kein Ton aus dem Haus. Ich dreh' mich um zur Straße, da saust in all dem Panzergedröhn, da müssen schon an die zweihundert vorbeigedonnert sein, da saust ein grüner Kleinlaster mit vier Leuten auf das Gartentor zu. Hält. Der Soldat neben dem Fahrer winkt.

Ich bin ängstlich, immerhin Feinde, wie die in den Bombern, die Briten? Nichts mehr von Inschis (wie wir die Indianer nannten). Tommys waren das, weiße Gesichter und ziemlich streng. Hinter dem Fenster Frau Krohn, bleich und keine Bewegung mehr, Schluß mit Winken. Eins der Kinder ging da verloren, denn die würden den Jungen natürlich mitnehmen. Später sagt sie, sie hätte schon mit dem Schlimmsten gerechnet. Ich also raus aus der Gartenpforte, zu dem offenen grünen Wagen (später lernte ich das schöne Wort Schiep, noch später Jeep). Die hatten eine große Landkarte und reden auf mich ein, schnell und freundlich, und zeigen immer auf die Karte. Ich verstehe nichts, ich erkenne nichts auf der Karte, ich merke nur: kein Erschießen, sondern freundliche Gesichter. Ich gucke zurück, immer noch die Plattnasen an den Fenstern. Ich beuge mich auch über die Karte. Sieht aus wie Opas Heidewanderkarte, ich streiche ein paarmal mit den Fingern darüber. Der erste Kontakt mit der Besatzungsmacht. Der Jeep fuhr weiter. Frau Krohn hat mich nicht gelobt, sie hat geschimpft.

Das ist die Erinnerung, wie ich sie im Kopfe habe. Da ist aber noch mehr. Seit diesem Mai 1945 hat sich in mir etwas festgebissen. Eine Erwartung: Jetzt geht irgend etwas los, jetzt fängt etwas Neues an. Bis heute hat mich dies nicht verlassen. Eine Erwartung zwischen mir und der Tageswirklichkeit. Etwas ganz anderes.

Alle Bilder lösen sich nach und nach in Bedeutung auf, in Begriffe, in Verstehen. Das Ende der Außenlager von Neuengamme. SS-Soldaten auf der Langenhorner Chaussee. Viele Jahre später, 1983, treffe ich in Tel Aviv die Frau von Arie Eliav. Sie sei zum Schluß im KZ irgendwo in Langenhorn gewesen, im Norden Hamburgs, ja, sie sei eine Landstraße heruntergetrieben worden.

Drei, vier Tage nach dem Ausgehverbot laufen wir zum Bahnhof Ochsenzoll. Ein Mann kommt entgegen, wir weichen ihm rechts aus. Wir haben es eilig, er rührt sich nicht. »Nazischweine«, schreit er, »Nazischweine, jetzt ist Linksverkehr.« Die neue Ordnung. Ich hatte gemeint, wir würden nun Indianer, er hat gemeint, wir könnten uns von der Vergangenheit lösen, wenn wir die britische Verkehrsordnung übernehmen.

Jenseits meiner Beschreibungsmöglichkeit

Ich muß gestehen, daß der achte Mai 1945 für mich damals weniger bedeutete, als es heute erscheinen mag. Der Tag meiner eigentlichen Befreiung war der elfte April in Buchenwald. Nach mehr als dreijähriger Haft. Das erste Jahr hatte ich in zahlreichen Gefängnissen und Konzentrationslagern in Norwegen verbracht, die mir damals grausam und unerträglich erschienen, die aber, verglichen mit meinen späteren Erfahrungen, einen fast unglaublichen Glanz von paradiesischer Ruhe und unbeschreiblichem Wohlergehen erhalten haben. Der Aufenthalt in Auschwitz liegt jenseits meiner Beschreibungsmöglichkeit. Nur ein Dichter wie Elie Wiesel ist vielleicht imstande, das Grauen und die Tragödien dieses Lagers mit seiner extremen Erniedrigung und Unmenschlichkeit wenigstens annähernd zu beschreiben.

Auch über den Marsch aus Buna-Auschwitz im Januar 1945, den Transport nach Buchenwald in offenen Eisenbahnwagen und den Aufenthalt im desorganisierten und überfüllten »Kleinen Lager« in Buchenwald kann ich nur in Andeutungen schreiben. Die desperaten Versuche der SS-Leitung, die Insassen aus Buchenwald ins Ungewisse zu transportieren, und die fast aussichts- und hoffnungslosen ständigen Aktionen der Häftlinge, diese Versuche zu sabotieren, um so viele Häftlinge wie eben möglich im Lager zu behalten, steigerten die Spannung während der letzten Tage Buchenwalds zu einem fast unerträglichen Zustand. Diese Spannung schwand erst, als wir über Lagerradio den Befehl an die Wachtposten hörten, ihre Wachttürme zu verlassen, und als wir vom Hügel in Buchenwald die flüchtenden SS-Soldaten beobachten konnten.

Die Ankunft der amerikanischen Truppen, deren Übernahme des Lagers – besonders aber die Übersiedlung des »Häftlingkrankenbaues« in die SS-Kasernen – bedeuteten für mich, daß ich wieder als Arzt arbeiten konnte. Die Kriegsereignisse glitten etwas in den Hintergrund. Wir bekamen Medikamente und Lebensmittel zur Verfügung, konnten endlich unsere Kranken halbwegs anständig betreuen. Diese Tatsache überschattete für mich damals alles andere, jedenfalls für kurze Zeit.

Ich war der älteste einer kleinen Gruppe von fünf norwegischen Juden, die in Buchenwald geblieben und nicht von der Aktion des schwedischen Grafen Folke Bernadotte erfaßt worden waren, der bei Himmler die Befreiung aller anderen skandinavischen Häftlinge erreicht hatte. Wir glaubten damals, die letzten Überlebenden der deportierten norwegischen Juden zu sein. Es zeigte sich jedoch, daß noch sieben andere überlebt hatten. Wir folgten, so gut es möglich war, den Nachrichten aus London über die Schlußentwicklung des Krieges. Unser Interesse konzentrierte sich auf die Frage, ob die deutschen Truppen in Norwegen kapitulieren würden oder den mörderischen Krieg fortsetzen wollten.

Der achte Mai begann wie jeder andere Arbeitstag im Krankenhaus. Am Nachmittag saßen wir fünf wie gewöhnlich in meinem kleinen »Ärztezimmer« und hörten die norwegischen Nachrichten aus London, erfuhren von der endgültigen Kapitulation. Wir hatten fast einen ganzen Monat in Freiheit gelebt, in einer eigenartigen Art von Freiheit, in Buchenwald. Wir hatten es ausgekostet, das erste unbeschreibliche Gefühl des Freiseins, die Tatsache, daß wir über uns selbst bestimmen konnten. Wir hatten uns immer wieder davon überzeugt, daß wir stehenbleiben durften, wo wir wollten, und daß wir gehen durften, wann wir wollten; daß kein Wachtposten neben uns auftauchte und daß wir nicht ununterbrochen in der Gefahr waren, geprügelt und angepöbelt zu werden. Wir hatten uns daran gewöhnt, daß man wieder »Sie« zu uns sagte und daß wir uns einer normalen und anständigen Sprache bedienen konnten. Wir begannen uns auch daran zu gewöhnen, daß der Krieg auf irgendeine Weise für uns vorüber war. Viel weiter konnten wir in dieser Phase nicht denken. Selbstverständlich waren wir auf den Schluß gespannt, aber trotz dieser Spannung wirkte alles fern und unwirklich.

Wir saßen also und hörten die Nachrichten, in denen über die endgültige Entscheidung berichtet wurde. Unsere Freude war beherrscht. Nicht nur, weil die wirkliche und entscheidende große Veränderung in unserem Leben schon vor einem Monat eingetreten war, nicht nur, weil wir uns langsam daran gewöhnt hatten, frei zu sein. Der Krieg war für uns vorüber. Wir fühlten, daß wir der Wirklichkeit nicht mehr würden ausweichen können. Die bitteren Realitäten unseres neuen Lebens, das wir so unerwartet zurückbekommen hatten, begannen, sich langsam, aber sicher geltend zu machen. Die Bewältigung erschien uns zunächst hoffnungslos.

Wir saßen, schauten einander an, schwiegen, und niemand wollte das Stillschweigen unterbrechen. Endlich, nach einer langen Weile, sagte der Jüngste – er war noch nicht siebzehn Jahre alt und in der Schule verhaftet worden: »Der Krieg ist also zu Ende. Jetzt können wir nach Hause fahren.« Keiner von uns antwortete ihm. Wir alle wußten, daß man nicht einfach »nach Hause fahren« konnte; daß es weder Eisenbahn noch andere Verbindungen gab. Unser Jüngster war der einzige, der wußte, daß seine Familie sich nach Schweden gerettet hatte. Die anderen waren alle mit ihren Angehörigen gekommen, und die meisten waren gleich nach ihrer Ankunft in Auschwitz ermordet worden. Viele Väter und Brüder, die die erste Selektion überlebt hatten, waren im Lager umgekommen. Nach langem Stillschweigen sagte einer sehr langsam und sehr leise: »Der Krieg ist zu Ende, ja, aber nach Hause – wo ist dies, und zu wem?«

BERNT ENGELMANN
Mein achter Mai

Ich war schon wach, als über den schwarzen Kiefern jenseits der Amper die Sonne aufging. Wo der Himmel sich rötete, lag München – oder was der Krieg davon übriggelassen hatte –, zwanzig, höchstens dreißig Kilometer entfernt. Mein Problem lag etwas weiter nordöstlich, zweiunddreißig Kilometer weit von meinem Bett, dessen Weichheit, Sauberkeit und Frische mir auch nach neun Tagen noch fremd war. Als Fremdestes empfand ich die wunderbar flauschige weiße Wolldecke, die über mich gebreitet war und nach mir unbekannten Desinfektions- und Waschmitteln roch.

»Mindestens zwei Jahre«, hatte der Doktor gesagt. So lange sollte ich hierbleiben. Er hatte nur gelacht, als ich ihm erklären wollte, daß ich bald aufstehen und zu gehen versuchen wollte, um dann . . . »Take it easy«, beschied er mich und verordnete weitere Büchsen Blutplasma für den Tropf, der mich schon mit Traubenzucker und anderen Stärkungsmitteln versorgte – alles aus Konserven wie sämtliche Hilfs-, Nahrungs- und Genußmittel der 7. U.S. Army. Bestimmt hatten sie auch Bibeln in Büchsen, sterilisiert und vakuumverpackt . . .

Ich war verzweifelt an diesem Morgen. Gewiß, erstmals seit langer Zeit fehlte es mir an beinahe nichts: Ich wurde aufs beste gefüttert, getränkt, umsorgt und hatte nichts mehr zu fürchten. Nur die Bewegungsfreiheit hatte man mir genommen, und gerade nach ihr sehnte ich mich am meisten, denn ich wollte nach Hause. »Natürlich«, versuchte ich mich zu trösten, »wirst du bald aufstehen, egal, was Arzt und Schwestern dazu sagen! Du wirst Gehen üben – erst drei, dann fünf, zehn Schritte . . . Und dann wirst du ihnen davonlaufen!«

Doch leider hatte ich nichts anzuziehen, gar nichts außer dem knöchellangen Nachthemd. Alles hatten sie mir vor der dreimaligen Desinfektion abgenommen und sofort verbrannt: Zebrajacke, -hose, -mütze, die Holzpantinen – alles! Nur im Hemd würde ich, auch wenn ich wieder gehen könnte, nicht weit kommen . . .

Da sah ich sie, und trotz meiner Schwäche richtete ich mich auf, um sie genauer in Augenschein zu nehmen. Tatsächlich! Sie lebte, sie bewegte sich! Alles hatte sie überstanden: Bäder, Duschen, drei DDT-Angriffe, Lysol und Kaliumpermanganat! Und nun zeigte sie mir, daß Schwierigkeiten nur dazu da sind, überwunden zu werden: ein Prachtexemplar aus der Familie der Pediculidae, genauer: P.vestimenti D. – D für Dachau, ihre angestammte Heimat, aus der sie General Patton vertrieben hatte, als ich dort von seinen Boys befreit, gereinigt, desinfiziert und, noch 36,5 Kilo schwer, ins Klosterkrankenhaus von Fürstenfeldbruck eingeliefert worden war – zu mindestens zweijähriger Liegehaft nach Hungertyphus, Fleckfieber und Tbc-Verdacht . . .

Gerührt und mit fast väterlichem Stolz betrachtete ich diese vorbildlich tapfere und zähe Laus, wie sie da über meine makellos weiße Flauschdecke kroch. Noch ehe ich ihr mit leisem Bedauern den Garaus machte, stand mein Entschluß fest: Noch heute würde ich damit beginnen, das Sitzen, Stehen und Gehen zu üben!

Wie überzeugt man eine Nonne, daß manchmal auch den strengsten ärztlichen Anordnungen zuwidergehandelt werden muß? Die pausbäckige Schwester Kreszenzia wurde jedenfalls – der Himmel möge es ihr gelohnt haben! – sehr rasch zu meiner Komplizin, nachdem ich ihr erklärt hatte, am kommenden Sonntag, dem 13. Mai, wollte, nein, müßte ich zur heiligen Messe – am besten ganz früh, wenn die amerikanischen Ärzte noch schliefen. Sie versprach mir ihre Hilfe bei ersten Gehversuchen, frühmorgens und vielleicht auch am späteren Abend, je nach den Fortschritten, dann auch auf dem Gang, wollte mir auch einen Stock und etwas Kleidung besorgen. Ich hingegen erklärte mich willens, so bald wie möglich die Messebesuche zur allmorgendlichen Routine werden zu lassen, bald auch die Teilnahme an den abendlichen Andachten. Ich weiß nicht, ob ich sie belogen hätte, wenn sie auf den Gedanken gekommen wäre, mich zu fragen, ob ich denn überhaupt katholisch sei. Doch sie fragte gar nicht, ganz überwältigt von meinem plötzlichen religiösen Eifer.

Zum Frühstück brachte sie mir eine Tasse echte Milchschokolade und zwei Eier im Glas, eine Stunde später schon wieder eine kräftige Rindsbouillon, dazu die – mich nicht weiter erregende – Nachricht, die Wehrmacht habe bedingungslos kapituliert, seit Mitternacht sei der Krieg vorbei.

Für mich war er es noch nicht, aber bis zum Sonntag schaffte ich die 150 Schritte bis zur Kapelle, ging von da an morgens und abends zur Messe, angetan mit den viel zu weiten Kleidern eines Verstorbenen. Ich wurde der Stolz der Schwester Kreszenzia; die Mutter Oberin stellte mich den anderen Dachauern, ob Christen, Juden oder Kommunisten, als nachahmenswertes Vorbild an Frömmigkeit hin, und in der ersten Juniwoche war es soweit: Unter Hinterlassung eines Dankbriefs verschwand ich im Morgengrauen; ein Milchwagenfahrer nahm mich mitleidig den größten Teil der zweiunddreißig Kilometer mit – bis zur Autobahn nach Norden, und dort erntete ich sogleich den Lohn für die vielen heiligen Messen: Ein schwarzer Rolls-Royce mit violetten Polstern, am Steuer ein livrierter Chauffeur, auf dem Rücksitz ein freundlicher Prälat aus Rom, der einen Liebesgabenkonvoy anführte, nahm mich auf und brachte mich sicher nach Hause.

ERHARD EPPLER
Ich hatte überlebt ...

Eigentlich hat sich mir der zehnte Mai 1945 stärker eingeprägt als der achte. Denn an diesem Tag kam ich nach einem abenteuerlichen Fußmarsch, nur mit einem Kompaß ausgerüstet, von der Lüneburger Heide quer durch Deutschland zu Hause, also in Schwäbisch Hall, an. Der achte Mai war der Tag, an dem ich alle Energie brauchte, um einen Übergang über den Main zu finden, an dem keine Ausweise kontrolliert wurden. Soldbuch und Wehrpaß lagen irgendwo in der Heide an getrennten Orten, und es gehörte wenig Scharfsinn dazu, in dem schmalen Jungen, der da in unvorstellbar abgerissenen Zivilklamotten drauflosstapfte, einen von Millionen Soldaten zu erkennen, die damals bei herrlichem Frühlingswetter so ganz anders gen Heimat marschierten, als sie sich dies vorgestellt hatten. Aber schließlich wurde ich zu einer

Brücke westlich von Würzburg gewiesen, die ich tatsächlich ungeschoren passieren konnte.

Die Kapitulation hat mich nur mäßig bewegt. Sie erschien mir eher als eine Formsache. Seit am 23. April unser Oberleutnant seine Truppe aufgelöst und uns geraten hatte: »Seht, wie ihr nach Hause kommt«, hatte ich Deutschland nur als besetztes Land erlebt. Hitler war tot. Herren waren nun die Amerikaner mit ihren Jeeps und Trucks, ihren Kabeln, die sie über die Bäume hinweg spannten, ihrem Büchsenfleisch und ihrer Schokolade. Und wir hatten gemerkt, wofür sie uns hielten: für höchst gefährliche, unberechenbare und wohl auch unbelehrbare Nazis.

Daß da irgendeiner von den vielen Marschällen noch eine Unterschrift unter ein Dokument setzte, ehe man ihm seinen Marschallstab abnahm, das mußte wohl so sein, aber es änderte nichts an jener Wirklichkeit, die eindeutiger als jedes Zeremoniell zu uns sprach.

Nun hörte also überall das Schießen vollends auf, das wir vor zwei Wochen beendet hatten. Das war gut. Aufregend war es nicht.

Es ist nicht ganz ohne Risiko, wenn ich heute, nach 40 Jahren, versuchen soll, meine Gefühle in jenen Tagen noch einmal wachzurütteln. Durch wie viele Filter solche Erinnerung gegangen sein mag, weiß ich nicht. Aber wenn ich mich nicht zu sehr täusche, so waren es vor allem drei Empfindungen.

Einmal die Freude darüber, daß ich lebte. Der Krieg war vorbei, und es war mir nicht so gegangen wie meinem Bruder, wie vielen meiner Freunde und Kameraden: Ich hatte überlebt, und das war mehr, als ich ein Jahr zuvor noch meinte hoffen zu dürfen. Es lag also noch ein Leben vor mir, von dem bisher nur achtzehn Jahre und fünf Monate verstrichen waren. Das war ein neues Gefühl, denn in der letzten Zeit hatte ich kaum mehr über das hinausgedacht, was an chaotischem Irrsinn um mich herum ablief.

Aber genau da begann ein anderes Gefühl: Was war mit diesem Leben anzufangen? Denn soviel hatte ich schon begriffen:

Dies war nicht eine jener Niederlagen, von denen ich in Geschichtsbüchern gelesen hatte. Da lagen nicht nur jene Städte in Trümmern, um die ich bei meiner kuriosen Wanderung aus gutem Grund einen Bogen gemacht hatte. Seit ich im Februar 1945 gesehen hatte, wie Judentransporte für Belsen entladen wurden, war mir klar: Wehe uns, wenn wir das büßen müssen. Wer in aller Welt sollte daran interessiert sein, uns, den verdorbenen Resten einer verheizten Generation, eine Chance zu geben? Gut, zu Hause waren hoffentlich noch die Menschen, die ich liebte, Geschwister, Mutter, eine Freundin, und man würde sich schon irgendwie durchschlagen.

Ich würde im Garten Gemüse anpflanzen, das konnte den Hunger mindern. (Ich habe es dann nicht getan, weil die Amerikaner Häuser und Gärten in der ganzen Siedlung beschlagnahmt hatten.)

Vielleicht konnte ich emigrieren? Zu einem Onkel nach Südamerika? Jedenfalls: So schön es war, am Leben zu sein, es war ganz unklar, was ich damit anfangen sollte. Daß mir sinnvolle und verantwortliche politische Arbeit bevorstehen könnte, lag weit außerhalb meiner Vorstellungskraft.

Scheinbar quer dazu lag ein anderes Erlebnis: das der heiteren Souveränität der Natur. Da schien die Sonne, wuchsen die Saaten, blühten Apfelbäume, als ob es nie einen Hitler gegeben hätte. Rehe liefen mir über den Weg, Kühe grasten, und die Birken trugen ihr hellgrünes Laub wie eh und je. Es gab offenbar Dauerhafteres, Elementareres, Wichtigeres als den Größenwahn von Menschen, verläßlicher als Staatsgrenzen und Herrschaftsformen. Die Natur nahm keine Notiz vom Untergang des Deutschen Reiches, vom Machtgefühl der Sieger, auch nicht von meinen eigenen Sorgen.

Das half mir zwar auch nicht über meine Ratlosigkeit und wohl auch Mutlosigkeit hinweg, aber es war gut, sehr gut. Es gab doch etwas, worauf Verlaß war.

Berückend schöne Ferientage

In den letzten Kriegsmonaten gehörte ich, achtzehn Jahre alt, als Kanonier einer Flakbatterie im Hamburger Stadtpark an, lag also inmitten meiner Heimatstadt. Am Rande des Stadtparks war ich aufgewachsen. Am 30. April kam abends im Rundfunk die Nachricht, der »Führer« sei im Kampf um Berlin »gefallen«. Wir stellten uns das natürlich so vor, daß Hitler am Ende selbst zur Waffe gegriffen hatte und den Sowjets heldenmütig entgegengetreten war, wie es sich für einen Führer gehörte. Einige schluchzten. Es waren unsere Jüngsten: die fünfzehn- und sechzehnjährigen Sachsen aus Bautzen. Der Hamburger Sender brachte einen Nachruf von Gauleiter Kaufmann. Ich erinnere mich an die Worte: »Was er uns alten Nationalsozialisten bedeutete . . .«

Montgomerys Divisionen hatten Hamburgs südliche Stadtteile erreicht. Wir hatten uns auf den »Erdkampf« vorbereitet. Von einem Kirchturm in Jenfeld hatte ich beobachten und melden müssen, wie unsere Batterie auf Ziele am Erdboden schoß, zur Probe. In jenen Tagen lag über der zertrümmerten Stadt eine eigentümliche, spannungsvolle Ruhe. Nach der Meldung von Hitlers Tod lockerte sich bereits die militärische Disziplin. Abends spazierte ich am Wachlokal vorbei zu einem Schulfreund, der krankheitshalber nicht Soldat geworden war, er wohnte am Possmoorweg. Er erzählte mir von seinem Onkel, dem Nobelpreisträger Carl von Ossietzky. Ich hatte den Namen noch nie gehört.

Dann die Nachricht: Hamburg werde am nächsten Tag als offene Stadt den Engländern übergeben. Bis zum späten Abend sollten noch die öffentlichen Verkehrsmittel fahren.

Die Großbatterie Hamburg-Stadtpark lief einfach auseinander, es gab nicht einmal mehr einen Appell. Alle bedienten sich aus den erstaunlich reichhaltigen Lebensmittelvorräten der Kantine. Ich stopfte vier Dosen Corned beef alliierter Herkunft in meinen Rucksack, und das war bescheiden. Ein Wachtmeister war mit einem Pferd und einem vollbeladenen Wagen auf und davon.

Ich fuhr mit der S-Bahn und der Straßenbahn nach Marienthal, wo meine Eltern und meine Schwester nach ihrer zweiten Ausbombung im Haus eines Freundes untergekommen waren. Weiße Bettwäsche erwartete mich. Es war Anfang Mai, und wir hatten lauter berückend schöne Frühlingstage.

Am nächsten Tag zogen die Sieger ein. Auf der Hindenburgallee – die bald wieder Friedrich-Ebert-Allee heißen sollte – fuhren lange Fahrzeugkolonnen an uns vorüber. Ich wunderte mich, daß niemand zu Fuß kam, konnte man so etwas einen »Einmarsch« nennen? Die Fahrzeuge waren olivbräunlich angestrichen und trugen als Kennzeichen große weiße Sterne. Zum erstenmal sah ich Jeeps, zum erstenmal auch Barette auf englischen Soldatenköpfen. Uns war das Verlassen der Häuser streng untersagt. »Nun haben wenigstens die Luftangriffe ein Ende«, sagten die Hausbewohner. Sie sagten auch, es sei kein Wunder, daß die Alliierten mit ihren vielen Fahrzeugen und ihrem vielen Benzin den Krieg gewonnen hätten. Zwischenfälle gab es nicht.

Bald meldete sich »Radio Hamburg, ein Sender der Militärregierung«. Seine Erkennungsmelodie war das feierliche Streicherthema aus dem letzten Satz der c-Moll-Sinfonie von Brahms. Ich hörte es und war überzeugt, daß nun bessere, freiere Zeiten anbrechen würden.

Über Radio Hamburg erfuhr ich vom Konzentrationslager Belsen. Die Engländer hatten es befreit und Tausende von Toten und Halbverhungerten vorgefunden. Ich glaubte den Menschen, die jetzt Rundfunksendungen machten.

Dann wurden im Radio alle deutschen Soldaten, die sich noch in Hamburg aufhielten – es waren Zehntausende –, aufgerufen, sich zu Sammelstellen der britischen Rheinarmee zu begeben. Wieder einmal in grenzenloser Naivität meine Entlassung ins Zivilistenleben erhoffend, zog ich meine Uniform mit den roten Kragenspiegeln an, setzte das Käppi auf, marschierte in Richtung Stadtzentrum und landete in einem britischen Wachlokal. Ein Sergeant mit einem dunkelroten Barett betrachtete mich und sagte: »The British treat their prisoners well.« In einem Anfall von Patriotismus sagte ich: »The Germans do so.« Er wandte sich ab, sah mich wieder an und sagte: »I've seen Belsen.«

WERNER FILMER
Please, I want chocolate!

Erinnerungen an graues Mehl sind da, nicht so ausgemahlen wie heute; an Scheren, die Lebensmittelkarten schneiden. Soundso viel Fleisch, soundso viel Brot. Vor drei Tagen noch hat meine Mutter in der Kaffeemühle Getreide gemahlen. Seit Tagen gibt es Roggensuppe: schrotig, spelzig. Ständig schlucke ich, der Bissen bleibt mir im Halse stecken.

Ich habe den Kriegsdienst der Jugend kennengelernt, die Schulaltstoffsammlung. Mehrere Zentner sammelten wir noch Anfang Februar 1945. »Die Kinder lernen überhaupt nichts mehr!« hat meine Mutter zur Nachbarin gesagt. »Die lernen das Leben kennen!« antwortet die. Meine Mutter schweigt. Der Mann der Nachbarsfrau ist Luftschutzwart, Parteigenosse.

Bratkartoffeln esse ich für mein Leben gern. Fett gibt es nicht. »Gieß Kaffee dran, damit die Bratkartoffeln schön braun werden!« rät meine Tante. Einer hat im Haus Hohler Weg 63 mit Lebertran Pfannkuchen gemacht. Im Treppenhaus stinkt es mächtig.

Achter Mai 1945. Iserlohn, Hohler Weg. Vor der katholischen Kirche steht ein feindlicher Panzer. Gegenüber dem Haus der Kontarskys. Ein Soldat sitzt im Turm. Gelangweilt. Die Beine eines anderen Soldaten baumeln über die Raupen. Vom Fenster sehe ich die beiden. Dreißig Meter entfernt. Von meinem Vater, einem Waffennarr im Range eines Oberschützen, besitze ich einen Browning, eine Selbstladepistole, kleiner als die Hand eines zehnjährigen Schülers. Woher Vater die Pistole hat, weiß ich nicht. Ich habe sie vor einem halben Jahr in einem Kellerregal entdeckt.

Seit einem halben Jahr lernen wir unregelmäßig Englisch in der Schule. Erste Fremdsprache. In sieben Tagen werde ich elf Jahre alt. Wegen feindlicher Lufttätigkeit sind die meisten Schulstunden ausgefallen. Seit ich den Panzer gesehen habe, übe ich, wiederhole ständig: Good morning, do you change this pistol . . . Please, I want chocolate! Schokolade kenne ich nur vom Hörensagen. Wenn Erwachsene davon sprechen, verdrehen sie die Augen.

»Damals«, sagen sie . . . Vom Schlafzimmerfenster aus schaue ich durch die Bretterritzen auf den Panzer. Das Fensterglas ist längst zersprungen, zerfetzt.

Achter Mai 1945, elf Uhr morgens. Vor dem Mietshaus, in dem wir wohnen, riß vor drei Wochen eine Granate ein haustiefes Loch. Erst durch dieses Loch – fünf Meter entfernt – bin ich richtig mit dem Krieg konfrontiert worden.

Frei zu atmen, aufzuatmen, kommt mir an diesem Morgen nicht in den Sinn. Ich möchte Schokolade. Habe gehört, daß die Deutschen ihre Waffen abliefern sollen. Wer mit einer Waffe erwischt würde, müsse mit Todesstrafe rechnen. Das Gerücht läuft von Haus zu Haus, von Keller zu Keller. Und ich besitze einen kleinen Browning, eine Waffe. Und will Schokolade.

Daß die Feinde scharf auf Waffen jeder Art sein sollen, auf Orden und Ehrenzeichen, hat bereits den Kartoffelkeller, in dem wir noch immer leben, erreicht. Leere spüre ich, das Gefühl eines anhaltenden inneren Nichts, obwohl ich laut in den Nächten gebetet habe: »Gegrüßet seist du, Maria, voll der Gnaden, der Herr ist mit . . .« Immer und immer wieder.

Ein gräulicher Morgen und in dreißig Meter Entfernung ein Panzer mit zwei Soldaten. Hinter Bretterfenstern ein kleiner Knirps, eingeklemmt in Vorurteilen, eingebettet in Feindbilder und Propagandaformeln.

Nein, als Katastrophe habe ich den Krieg nicht erlebt, einige Kilometer hinter Dortmund in der westfälischen Provinz.

Zwar sind da gräßliche Erinnerungen an Sirenen, durch die Menschen aufgescheucht werden, an Mütter, die ihre schlaftrunkenen Kinder hastig aufreißen, hochziehen, mitschleppen. Ihre Koffer. Da ist das flackernde Kerzenlicht in den Kellern mit ihrem Modergeruch, der warme Atem der Menschen, die aus ihren Betten kommen, meistens angezogen schlafen, jetzt in Decken und Mäntel gehüllt, zwei Jacken, zwei Mäntel, soviel jeder tragen kann.

Vorbei das Dröhnen der Flugzeugmotoren, das Welle für Welle die Mietshäuser überzieht. Vorbei die Bilder der Entwarnung, wenn Mütter und Kinder auf Dachböden steigen und hinter dem Schwarz der Schornsteine und Dachvorsprünge rotgefärbte Horizonte wahrnehmen: rötliches Aufflackern. Vorbei der bedrohende Ton in der Luft.

Fliederduft dringt durch die Dachspalten. Erinnert mich an die Maiandachten in Sankt Aloysius. In diesem Mai sind die Abendandachten ausgefallen. »Dortmund brennt«, hat noch vor zwei Wochen einer gesagt, als wir aus dem Dachfenster schauten. »Nein, in der Richtung liegt Hagen!« – »Bochum könnte es auch sein!« – Zurufe, Hinweise, Vermutungen.

Das alles ist an diesem Tag verschwunden. Aufatmen. Wir sind verschont worden. Kinder spüren nur, daß ihre Mütter sie heftiger als sonst an sich pressen. Der Krieg ist aus. Wir leben. Atmen zwischen Steinen, Eisenträgern, Glassplittern.

Ich habe gelernt, mir nicht den Mund zu verbrennen. Nein, das Gebrüll der Nazis, ihre Parolen, ihre Schlagworte ekeln mich nicht an. Ich schweige, weil meine Eltern gesagt haben, dagegen sei nichts zu machen. Achselzucken eines Oberschützen. Das Ende des Krieges hat mir niemand in schillernden Farben ausgemalt.

Die Jahre dirigierter Reflexe haben mein Denken eingeebnet. Sachlich zu bleiben, frei zu sprechen, zu denken kenne ich nicht. Schwarze Männer an den Hauswänden warnen: »Pst, Feind hört mit!« Und ich hasse den Feind, der deutsche Städte zerstört, Bomben auf wehrlose Frauen und Kinder wirft und uns nachts in die Keller zwingt.

Achter Mai 1945. Ich hole meinen abgeschabten Lodenmantel, den ich seit vier Jahren trage, eine Leuchtplakette am Aufschlag, nehme die Skimütze vom Haken, an der noch das HJ-Abzeichen steckt, nestle es ab. Wohin damit? Sehe auf weiße lange Kniestrümpfe. Mein ganzer Stolz! Ulli Röllecke, unser Fähnleinführer, hatte ähnliche getragen. Für ihn wäre ich durch dick und dünn gegangen. Und jetzt will ich zur anderen Seite. Schiß in der Hose. Beklemmung. Ich schäme mich, betteln zu gehen. Noch kenne ich nicht das Bild des englischen Zeichners Low, der Hitler als Rattenfänger darstellt. Hinter ihm die lange Kette deutscher Kinder. – Der Führer? Irgendwie verehre ich ihn. Die grinsende Maske des brutalen Gewaltmenschen tragen für mich bolschewistische Soldaten. Nie meineidig zu werden, habe ich Ulli Röllecke versprochen. Und jetzt gehe ich auf den Panzer zu: zögernd, ängstlich, die Hände in die Manteltaschen vergraben.

Die beiden Soldaten beobachten nicht den Knirps, der langsam auf sie zuschreitet. Alle Fanfaren, Trommeln, Hakenkreuzfahnen, Horst-Wessel-Lieder liegen hinter mir. Ich will Schokolade. Erschrecke vor dem Ungetüm aus Stahl. So riesig habe ich mir Panzer nicht vorgestellt. Ich stocke. Was wird aus mir, wenn ich verhaftet werde? Oder erschossen? Was, wenn ich die Pistole ziehe? Alles in mir drängt danach, umzukehren. Der Koloß von Panzer erdrückt meinen Wunsch, Schokolade zu erhalten, ängstigt mich mehr als die gleichgültig wirkenden Soldaten, die müde aussehen; froh sind, daß die Nazi-Sauerkrauts endgültig besiegt wurden.

Ich streiche um den Panzer, tue so, als interessierten mich Stern, Ketten, Tarnfarbe. Und frage plötzlich, als einer der Soldaten mich grinsend ansieht: »Good morning..., do you change a pistol...? Please, I want chocolate!«

Der eine, der seine Beine herunterbaumeln läßt, hebt den Kopf, sagt nichts. Nur eine flüchtige, streifende Bewegung ermuntert mich, den Browning aus der Tasche des Lodenmantels zu ziehen, eingehüllt in ein Taschentuch, das Löcher hat. Ich merke, daß ihn die kleine Pistole nicht interessiert. Er wiegt sie in seiner Hand, will sie mir zurückgeben, stockt, schaut mich an. Sieht erst jetzt den hohlwangigen, blaß aussehenden Knirps mit der Leuchtplakette am Mantelkragen. Ein Lächeln. Er steckt die Waffe ein, gibt mir eine kleine Tafel Schokolade. Drei Riegel. »Thank you, Sir«, sage ich, laufe nach Hause.

Fliederduft, ein süßlicher Geruch hängt in unserer Straße. Kriegsende. Kapitulation.

MASCHA M. FISCH

Grüß dich, Deutschland, aus Herzensgrund

Ich hatte Angst vor dem Krieg. Obwohl ich damals in der neutralen Schweiz lebte, war doch viel von dem Grauen und Entsetzen, das Adolf Hitler und seine Gefolgschar über Deutschland, Europa und die halbe Welt verbreiteten, in meine Heimat gedrungen.

»Wenn die Nazis nur endlich kaputtgehen würden«, pflegte mein Vater zu sagen. Ich nickte zustimmend, auch wenn ich mir nicht genau vorstellen konnte, was »die Nazis« eigentlich darstellten. Ich war vierzehn Jahre alt.

Wir wohnten am nördlichen Stadtrand von Schaffhausen. Der Kanton gleichen Namens ragt mit vielen Ecken auf der nördlichen Rheinseite nach Deutschland hinein. Wenn ich durch den Wald Richtung Thayngen ging, befand ich mich nach zehn Minuten an einem Grenzstein. Dort war ich oft. Allein oder mit meinem Vater. In einer Lichtung am Abhang wuchsen saftige Erdbeeren. Meine Mutter kochte daraus Marmelade, die ich heimlich aß, was mir meistens Ärger einbrachte. Denn üppig sah es bei uns zu jener Zeit mit dem Essen nicht aus. Fast alles war rationiert und konnte nur auf Lebensmittelkarten gekauft werden.

An diesem Abhang war es auch, als ich zum erstenmal Kriegsgefangene sah, die auf der anderen Seite – der deutschen – Bäume fällen mußten. Ich starrte erschrocken auf die zer-

97

lumpten Gestalten. Auf dem Rücken der Jacken hatten alle ein SU stehen. Vater erklärte mir, das heiße Sowjetunion, die Gefangenen seien Russen. Noch mehr Entsetzen flößten mir die Bewacher ein, die in schwarzen Stiefeln die Schar umsäumten, mit Gewehren in den Händen. Manchmal rief einer: »Los, los, vorwärts!« Ich dachte: »Das sind die Nazis. Die sollen kaputtgehen.«

Ich hatte nämlich meine Pläne für die Zukunft. Die konnte ich nur verwirklichen, wenn es keine Nazis mehr gab. Mein Wunsch war es, in Deutschland zu leben. Als Einzelkind aufgewachsen, war meine Hauptbeschäftigung schon immer das Lesen gewesen. Ich durchforstete den Bücherschrank meines Vaters, las Goethe, Schiller, Lessing, lernte Gedichte auswendig von Mörike, Heine, Storm, Eichendorff. Besonders von letzterem schwärmte ich. Eines seiner Gedichte liebte ich sehr, in dem die Strophe vorkam: »Der Morgen, das ist meine Freude / Da steig' ich in stiller Stund' / Auf den höchsten Berg in die Weite / Grüß dich, Deutschland, aus Herzensgrund.«

Vater schimpfte, wenn ich diese Strophe laut aufsagte: »Sei still, dieses Deutschland grüßt man nicht. Ja, wenn die Nazis einmal weg sind, dann wird es wieder anders sein. Hoffentlich.«

Hoffentlich. An diese Hoffnung klammerte ich mich. Der Krieg mußte aufhören, nur so konnten meine Pläne Wirklichkeit werden. Jeden Tag fragte ich: »Ist der Krieg schon aus?« Meine Ungeduld wuchs, ich konnte es kaum erwarten, bis es endlich soweit war.

In den letzten Kriegsmonaten hatten wir fast Tag und Nacht Fliegeralarm. Nachts lag ich in meinem Bett und hörte, wie die Fensterscheiben vibrierten, wenn die »Fliegenden Festungen« mit ihren Bomben über unseren Landzipfel Richtung Deutschland flogen. Manchmal hörte ich auch das dumpfe Donnern der Bomben, wenn Städte hinter der Schweizer Grenze bombardiert wurden. Schaffhausen wurde auch einmal von den Amerikanern bombardiert, irrtümlicherweise. Es war am ersten April 1944. Unsere Schule befand sich inmitten des zerbombten Stadtteils. Ich rannte durch die Straßen, zu beiden Seiten brannten die Häuser. Ich war einfach aus dem Luftschutzkeller ausgebüxt, weil ich nach Hause wollte. Ich weinte. »Die Nazis müssen kaputtgehen, sie sind an allem schuld.«

Es geschah viel in jenen letzten Kriegstagen. Die schweizerischen Dörfer in den Grenzzipfeln wurden evakuiert. Auf Pferdewagen zogen die Bauern mit Hab und Gut Richtung Süden über die Rheinbrücke in den Kanton Zürich hinüber. Das Donnern der Geschütze der heranrückenden Franzosen und Amerikaner war bis zu uns zu hören. Die Schule ging trotzdem weiter. Wir mußten aber bei jedem Fliegeralarm in den Keller. Dort durften wir nicht sprechen wegen des Luftmangels. Wir spielten »Mensch, ärgere dich nicht!« und andere Spiele.

Manchmal ging ich noch an die Waldlichtung. Die Schweizer Soldaten hatten aber alles abgesperrt. Ganz zum Grenzstein konnte ich nicht mehr. Unten im Tal führte die deutsche Eisenbahnlinie von Singen nach Waldshut. Die Lokomotiven hatten alle Aufschriften wie »Räder rollen für den Sieg« und dergleichen. Vor der Kapitulation rollten lange Güterzüge Richtung Norden, bepackt mit Holz und anderen Dingen, die die Nazis aus Frankreich geholt hatten. Nach der Kapitulation trugen die Lokomotiven keine Spruchbänder mehr, die Züge rollten weiter, jedoch in die andere Richtung. Die Franzosen brachten alles wieder zurück in ihr Land.

Einige Tage vor der Kapitulation gab es noch andere große Aufregungen. Die Nazis schoben ihre russischen Kriegsgefangenen einfach ab über die Schweizer Grenze. Viele von ihnen gehörten der Wlassow-Armee an, von der ich damals natürlich keine Ahnung hatte. Die Männer befanden sich in einem erbärmlichen Zustand, halb verhungert, krank, verwahrlost. Lange Kolonnen wankten von der Grenze her durch das Tal Richtung Stadt. Die Bevölkerung war aufgerufen, zu helfen, die Männer zu verpflegen, ihnen warme Kleidung zu geben.

Dann endlich war der Tag da, an dem es hieß: Deutschland hat kapituliert. Meine Mutter sagte: »Jetzt gibt es dann wieder genug zu essen.« Ich selber rannte in der Wohnung herum vor lauter Freude. Ich war so ausgelassen, daß ich zur Strafe früher

ins Bett mußte. Aber das war mir egal. Meiner Zukunft stand
nun nichts mehr im Wege.

Ossip K. Flechtheim
Keine besonderen Erinnerungen

Am achten Mai 1945 war ich in Lewiston, Maine, tätig. Als Dozent lehrte ich dort an einem kleinen New England College. In
meinem Notizbuch finde ich für diesen Tag nur die Eintragung,
daß ich an einer Fakultätssitzung des College teilgenommen
habe. Ich habe auch keinerlei besondere Erinnerungen an diesen Tag im Gegensatz zum sechsten August 1945. Welche Erschütterung der Abwurf der Atombombe auf Hiroshima be-
wirkte, ist mir in allerlebendigster Erinnerung.

Daß der achte Mai mich so wenig beeindruckte, mag vielleicht mit meinem Werdegang bis 1945 zusammenhängen.
Nachdem ich 1933 aus »rassischen« Gründen aus dem Staats-
dienst entlassen und 1935 aus politischen Gründen in Haft genommen worden war, ging ich 1935 ins Exil nach Genf. 1939
emigrierte ich in die Vereinigten Staaten. Nach einjähriger An-
stellung am Horkheimer-Institut in New York und dreijähriger Tätigkeit als Dozent an einer Negeruniversität in Atlanta,
Georgia, kam ich 1943 an das Bates College in Lewiston,
Maine. Räumlich war ich so seit Jahr und Tag vom europäischen Kriegsschauplatz weit entfernt gewesen. Natürlich ver-
folgte ich den Krieg in Europa mit brennendem Interesse.
Nicht erst 1945 war mir schon klargeworden, daß nach all den
Niederlagen Hitler-Deutschland den Krieg längst verloren
hatte und die Kapitulation nur noch eine Frage von Monaten
oder Wochen war.

Im Gegensatz zu so vielen Sozialdemokraten und Kommunisten hatte ich nie die Illusion, das nationalsozialistische Regime würde schon nach kurzer Zeit gestürzt werden oder zu-
sammenbrechen. Nachdem ich 1927 mit achtzehn Jahren in die

KPD eingetreten war, wurde ich schon bald in Anbetracht ihrer ultralinken Politik kritisch und oppositionell. Ich kam mit Kommilitonen in Kontakt, die später zur linkssozialistischen Miles-Gruppe Neu Beginnen gehörten. 1933 brach ich alle Beziehungen zur KPD ab und beschränkte mich auf Kontakte zu Neu Beginnen, derentwegen ich auch 1935 verhaftet worden war. Nun hatte Miles (ein Pseudonym für Walter Löwenheim) schon in der 1933 veröffentlichten theoretischen Plattform der Miles-Gruppe überzeugend dargelegt, daß der Nationalsozialismus das Produkt einer welthistorischen Krise sei. Er würde wohl jahrelang an der Macht bleiben und wahrscheinlich nur nach einem von ihm provozierten, verlorenen Kriege verschwinden. Wir glaubten damals auch schon, daß der Krieg gegen Hitler langwierig sein und blutig verlaufen würde.

Später erklärte mir während des Krieges in einem Gespräch Thomas Mann, die Deutschen würden sich erst gegen die nationalsozialistische Herrschaft auflehnen, nachdem die alliierten Truppen in Deutschland selber eingedrungen sein würden.

Das leuchtete mir damals durchaus ein, obwohl sich auch diese Hoffnung als Illusion erweisen sollte. Andererseits berichtete uns ein amerikanischer Kollege, der an der Besetzung Aachens durch die Amerikaner teilgenommen hatte, daß entgegen den amerikanischen Erwartungen die deutsche Zivilbevölkerung keinerlei Widerstand leistete, vielmehr die Besatzung passiv hinnahm. So war ich von vornherein darauf vorbereitet, daß einerseits der Krieg lange dauern, aber andererseits doch im Frühjahr oder Sommer 1945 mit der Niederlage des Dritten Reiches enden würde. An welchem Tage das nun geschehen würde, war für mich wohl nicht so entscheidend, obwohl ich sicherlich am achten Mai 1945 ein Gefühl größter Erleichterung verspürte, daß das Massenmorden aufgehört hat. Wie meine politischen Freunde war auch ich 1945 noch voller Hoffnung, daß ein neues Deutschland zu einem wesentlichen Bestandteil eines neuen demokratisch-sozialistischen Europa werden würde, das einen dritten Weg zwischen den USA und der Sowjetunion einschlagen würde.

Und wer hat gewonnen?

Vor mir liegt das Büchlein »Losungen der Brüdergemeine für das Jahr 1945«, das einzige Notizbuch, das ich damals noch mit mir führte. Auffällig ist, daß ich am achten Mai 1945 keinen Randvermerk machte. Am vierten Mai notierte ich schon »Pax«. Das wichtigste Datum aber hatte ich bereits vorher festgehalten. Zwischen dem ersten und zweiten Mai findet sich kurz und bündig »Hitler †«.

Ja, ich machte das christliche Zeichen hinter dem verruchten Namen, eingedenk der Mahnung des katholischen Priesterkollegen Tage zuvor, man solle auch seinem ärgsten Feind die Chance ewiger Rettung zubilligen, das Weitere stünde bei Gott.

Wir kreuzten auf einem kleinen Kohlenschiff voller Verwundeter und einiger Sanitäter aus Königsberger Lazaretten in der Ostsee zwischen Treibminen und unter russischen Flugzeugen und deren Bomben. Am zweiten Mai trat ich morgens an Deck und grüßte fröhlich mit »guten Morgen«. Ein wohlmeinender Mann nahm mich beiseite und sagte: »Denk daran, du kannst immer noch erschossen werden!« Ein ernster Hinweis auf noch bestehende Gefahr. Am achten Mai durften wir den Fuß auf dänischen Boden setzen, in Nyborg auf der Insel Fyn. Ich erinnere mich nicht, daß uns der durch seine Funkverbindung unterrichtete Kapitän über die bedingungslose Kapitulation so informiert hätte wie sechs Tage zuvor über Hitlers Tod. Etwas anderes aber ist mir erschreckend in Erinnerung. Ein Soldat, der lange in Nyborg am »Klappenschrank«, der militärischen Telefoneinrichtung, Dienst getan hatte, rief sofort seine ihm sonst unbekannte Klappenschrankpartnerin in Vejle auf Jütland an, um ihr zu sagen, der Krieg sei aus. Worauf diese zurückfragte: »Und wer hat gewonnen?« Auch wenn diese Geschichte erfunden wäre, so würde sie treffend den Unterschied zwischen den geschlagenen Leuten von der Ostfront anzeigen und manchem Deutschen im heilen Dänemark.

Der verlorene Krieg war allgegenwärtig. Verträge zwischen militärischen Befehlshabern, mit denen die bedingungslose Unterwerfung einer Seite nach Kriegsvölkerrecht festgelegt wird, interessierten mich nicht, zumal ich deren politische Bedeutung noch nicht einzuschätzen wußte. Auch geschah diese Kapitulation zu einem verspäteten Zeitpunkt, als die militärischen Befehlshaber nicht mehr »konnten«. Rechtzeitig aufhören »wollten« sie ja wohl nie. Da ich aber, wie erwähnt, Tage zuvor auf die Gefahr, erschossen zu werden, hingewiesen worden war, spürte ich Erleichterung und wurde der großen, lang ersehnten Befreiung gewiß. Schlagartig waren die bisherigen Mächte entmachtet – auch wenn es in deren Gebaren noch nicht ganz sichtbar wurde –, und zu sagen hatten in Nyborg nur noch »Modstandsstyrkerne – Flygtninge – Fanger« (Widerstandskräfte – Flüchtlinge – Gefangene), die sich im »Luftvaernskontoret« (Luftschutzkontor) Nyborg etabliert hatten und längst auf den Tag vorbereitet waren.

Das viele Jahre durch die deutsche Besatzung so schwer gekränkte und geschädigte Dänemark fand sich bereit, seine Rolle als Gastgeberland für 250 000 deutsche Flüchtlinge zu übernehmen. In stiller Weise vollzog sich der Übergang auch für mich, der ich am achten Mai nicht mehr deutscher Sanitätsdienstgrad, sondern POW(brit) – britischer Kriegsgefangener – war in Verwahrung bei Dänen; einen britischen Soldaten sah ich erst 1946. Wir konnten noch weiterhin die dänischen Gebäude in engster Weise bewohnen, Schulen, Turnhallen, Hotels, Epileptikerheim und Schloß, bis dann weitläufigere und konzentrierte Lager eingerichtet waren.

Wir genossen seit dem Tag der bedingungslosen Kapitulation eine Behandlung und Verpflegung, von der man in Deutschland damals nicht zu träumen wagte. Bald wurden Lagerschulen eingerichtet, und Material, zum Beispiel der Neudruck einer alten österreichischen Fibel, Liederhefte und Katechismus wurden zur Verfügung gestellt. Den Dänen sei es unvergessen und gedankt! Am bald folgenden Pfingstfest gab der katholische Pfarrer dem evangelischen Küster, beide waren Dänen, ein Trinkgeld, damit der Küster den deutschen Soldaten die Kirche zum Gottesdienst öffne. Vor mir liegt das Losungsbüchlein 1945. Die Losung jenes Tages gilt bis heute, wie Gott durch Jeremia (30,11) spricht: »Mit dir will ich nicht ein Ende machen; züchtigen aber will ich dich mit Maßen, daß du dich nicht für unschuldig haltest.«

JOCKEL FUCHS
Unvorstellbar: kein Haß!

Als der Zweite Weltkrieg begann, war ich neunzehn Jahre jung. Als ich am vierten Dezember 1947 aus französischer Kriegsgefangenschaft in meine Heimat an der Nahe zurückkehrte, waren mehr als acht Jahre vergangen, Jahre, die mein Leben entscheidend geprägt haben. Noch heute kommt es mir immer wieder wie ein Wunder vor, jene chaotische Zeit, vor allem den Krieg selbst und die ersten Hungerjahre in Gefangenschaft, einigermaßen gesund überstanden zu haben. Auf den Schlachtfeldern Frankreichs, in den schlimmen Kriegswintern der Ukraine, aber auch am Ende des Kriegs an der Eismeerfront. Überall gab es täglich viele Gefahren, die das Überleben zum Zufall machten.

Ich bin in den Krieg gegangen ohne Enthusiasmus, wenngleich auch ohne Skrupel. Im Alter von neunzehn Jahren will man die Welt noch guten Glaubens verändern, freilich ohne zu wissen, was am Ende dabei herauskommt und welche Mächte es eigentlich sind, die einen motivieren. Schon in meiner frühen Jugend hatte mich der »Schandvertrag von Versailles« beschäftigt. Diesen Begriff prägten damals die Erwachsenen, zumeist Teilnehmer des Ersten Weltkriegs. Sie verwendeten ihn immer wieder, so daß am Ende auch ich meinte, es sei recht und billig, wenn das deutsche Volk alles daransetze, diesen Vertrag aus der Welt zu schaffen. Krieg war da wohl, wenn es denn nicht anders ging, unvermeidbar.

Als mich in den Maitagen des Jahres 1945 in Bodö nördlich des Polarkreises in Nordnorwegen die ersten Nachrichten von der bedingungslosen Kapitulation der deutschen Wehrmacht erreichten, war das zunächst ein für uns alle unfaßbarer Vorgang. Ist das der Untergang, war alles umsonst? Nur schwer konnte ich mir von den Kriegszerstörungen in der fernen Heimat eine Vorstellung machen. Ich war zuletzt im Frühjahr 1943 auf Urlaub gewesen, ehe ich den Weg an die Eismeerfront angetreten hatte. Dort oben war es im Vergleich zu anderen Bereichen Europas so, als gäbe es noch eine heile Welt. Zwar hatten die deutschen Truppen beim Rückzug aus Finnland an der nördlichen Spitze Norwegens einige Dörfer und kleinere Städte niedergebrannt, aber die norwegische Bevölkerung, wenigstens in unserem Bereich von Bodö bis Narvik, hatte das nicht zum totalen Feind gemacht. Wir, die Soldaten, konnten immer mit ihnen sprechen, bis zum Ende des Krieges.

Ich war Leutnant und Adjutant in einem Jägerbataillon, wiewohl als Luftnachrichtenoffizier ausgebildet und auch lange Zeit im Einsatz gewesen. Mir war nie so recht bewußt geworden, was wir eigentlich am Polarkreis sollten. Aber es war wohl das schwedische Erz, das wir »schützen« und für die deutsche Industrie »sichern« sollten.

In unserer Nähe war auch ein Lager für russische Kriegsgefangene. Sie waren eingesetzt beim Bau der Nordlandbahn und beim Ausbau der Polarstraße bis hinauf nach Kirkenes. Damals, am achten Mai 1945, ahnte ich nicht, daß diese Gefangenen nach ihrer Befreiung zwar den Russen übergeben, aber ihre Heimat nie erreichen würden. Vormittags hatte ich ein längeres Gespräch mit meinem Abteilungskommandeur, einem Reservemajor, der um etwa 15 Jahre älter war als ich und der sich große Sorgen um die Zukunft machte. Schon Monate zuvor, bei Beginn der alliierten Invasion in der Normandie, hatte er mir bei einem Gang entlang des Fjords zu verstehen gegeben, daß er den Krieg für verloren halte. Ich hatte ein ähnliches Empfinden, aber so recht wahrhaben wollte ich es denn doch nicht. Mein Major meinte, für das deutsche Volk kämen auch nach der Kapitulation noch schreckliche Jahre. Er stammte aus Schlesien, seine Familie war bereits evakuiert, und er war gewiß, nie mehr nach Schlesien zurückkommen zu können.

Ich selbst konnte an diesem achten Mai gar nicht viel zu dem Gespräch beitragen, ich war zu aufgewühlt, um ermessen zu können, was das überhaupt heißt: bedingungslose Kapitulation. Wie sieht es zu Hause an der Nahe aus, in meinem Heimatort Hargesheim bei Bad Kreuznach, wie steht es um meine Eltern, um meine älteren Brüder Adam und Willi, die beide ebenfalls Soldaten waren? Mich bewegte auch die Frage, was nun wohl die Norweger tun werden, mit denen wir doch recht friedlich zusammengelebt hatten. Als ich hinaus auf den Innenhof der Baracken ging, stürmten viele Soldaten auf mich ein: »Herr Leutnant, was nun, was wird mit uns?« Mein »Bursche« – wie man damals sagte – stammte aus dem Sudetenland; sein Vater, Deutscher, war bereits gestorben, seine Mutter, Tschechin, lebte in Hermannsstadt (heute Hermanova Hut). Auch er fragte: »Was wird mit uns, bin ich jetzt Tscheche?« Er war wohl entschlossen, was immer auch komme, in seine Heimatstadt, zu seiner Mutter, zurückzukehren, selbst wenn er seine Nationalität wechseln mußte. Vor allem für Soldaten aus den östlichen Gebieten Deutschlands war die Zukunft viel ungewisser als etwa für uns, die wir vom Rhein kamen.

Ich zog mich in meine Unterkunft zurück und grübelte. Aber die Antwort fand ich erst später, im Hungerwinter 1945/1946, in französischer Kriegsgefangenschaft. Gegen dreizehn Uhr hörte ich plötzlich von der Straße her Gesang, norwegischen Gesang. Ich öffnete die Barackentür und sah Hunderte von Norwegern mit Fahnen, mit Gesangbüchern in den Händen. Ein Pfarrer ging voran. Norwegische Freiheitslieder und Choräle erklangen. Zunächst wollte ich die Tür schnell wieder schließen in der Annahme, die Norweger könnten an diesem Tag ihrer Befreiung mit nicht gerade friedlichen Absichten kommen. Indes, als ich merkte, daß der Zug sich ruhig und ohne ein Zeichen von Aufregung oder gar Gewalttätigkeit fortbewegte, blieb ich gebannt stehen. Das war doch unvorstellbar: kein Haß!

Ich weiß nicht, was jene Norweger am achten Mai 1945 bewegte, so ruhig und friedlich ihrer Freude über das Ende der Besatzungszeit Ausdruck zu geben. Ich weiß nur, daß sie uns, den fremden Eindringlingen, ein Beispiel großer Menschlichkeit gaben. Hundertfünfzig Kilometer nördlich des Polarkreises hatten wir eine Lektion zu lernen. Daran mußte ich später noch oft denken. Humanitas üben, verzeihen können, das war wichtiger als alles andere. Mich hat dieses Erlebnis mein ganzes Leben lang nicht mehr losgelassen.

LISELOTTE FUNCKE
Hagener Impressionen

Für meine Heimatstadt Hagen lag der Tag der Kapitulation vor dem achten Mai 1945. Sie wurde am 14. April von einem verständigen Oberbürgermeister kampflos übergeben. Das Rhein-Ruhr-Gebiet war von den Alliierten großräumig eingekesselt und dann eingenommen worden.

Einen Monat zuvor war unser Haus das Opfer eines Bombenangriffs geworden. Wir – meine Eltern, Geschwister und eine einquartierte Familie – hatten uns aus dem Keller des brennenden Hauses retten können. Mit wenigen Habseligkeiten zogen wir in einen leerstehenden Büroraum des Familienunternehmens, vor der Tür die ausgebrannte Registratur, in der zwei gerettete Jungkaninchen munter herumsprangen.

Die Stadt war mehrere Tage lang zur Plünderung freigegeben worden. Ehemalige Kriegsgefangene, Zwangsarbeiter aus dem Osten und Angehörige der siegreichen Streitkräfte beteiligten sich im Taumel des Sieges intensiv daran. Man hörte von Überfällen, Besetzungen und Morden. Dazwischen schossen versprengte deutsche Werwolfgruppen aus der Umgebung willkürlich in die Stadt.

Wir lebten im Fabrikgelände zwischen dreißig kriegsgefangenen Franzosen, siebzig polnischen und über dreihundert russischen Arbeitern und Arbeiterinnen. Daß uns nichts Böses geschah, während aus anderen Betrieben Morde und Übergriffe gemeldet wurden, war der menschlichen Behandlung zu verdanken, die die Ausländer zuvor durch die Firmenleitung und den geschickten Beauftragten für die Ausländerbetreuung erfahren hatten. Es erwies sich, daß die Menschen aus dem Osten ein feines Empfinden für Menschlichkeit hatten und Dankbarkeit auch in der Stunde der Triumphe bewahrten.

Schwer ist es zu beschreiben, wie ich den achten Mai 1945 empfand. Für uns stand die Niederlage seit langem fest, nicht aber, was eine bedingungslose Kapitulation bedeuten könnte. Zum Nachdenken blieb nicht viel Zeit, die Gegenwart forderte ihren Tribut. Schon seit Wochen füllten kilometerlange Wege und stundenlanges Anstehen für ein halbes Brot oder ein Pfund Möhren die Tage, zudem das Bemühen um finanzielle Mittel für den Wiederaufbau der Fabrik, für deren Beschaffung ich als Abteilungsleiterin verantwortlich war. Es ist in Zeiten allgemeiner Hoffnungslosigkeit und Verzweiflung gut, wenn man ein begrenztes Ziel hat, das zu erreichen sich lohnt.

Ich komme aus einer liberalen Familie, die dem Nationalsozialismus kritisch gegenüberstand. Meine Mutter hörte im Krieg allabendlich den verbotenen englischen Sender. So erfuhren wir wenige Monate zuvor, daß meine Schwester als Rote-Kreuz-Helferin nach dem sechs Wochen langen Kampf um die Festung Brest in amerikanische Gefangenschaft geraten war. Sie kehrte Ende Februar 1945 braungebrannt und gut versorgt im Austausch gegen amerikanische Gefangene über Traunstein zu uns zurück.

Als am achten Mai 1945 Deutschland kapitulierte, mühten sich die Bewohner Hagens bereits, die Kriegsfolgen zu beseitigen. Trümmerfrauen putzten Steine, die Kriegsschäden an den Produktionsstätten mußten beseitigt werden. Es galt, gegen die Demontage deutscher Betriebsstätten zu kämpfen. Als Abteilungsleiterin der von meinem Urgroßvater gegründeten

Schraubenfabrik fühlte ich mich für den Fortbestand des Werkes und für die seit Generationen darin beschäftigten Arbeitnehmer verantwortlich. Es gelang in mühsamer Kleinarbeit, das Werk zu retten und wiederaufzubauen. Dabei mußte immer wieder – laut Besatzungsorder – von den wenigen dienstbereiten und -fähigen Mitarbeitern eine festgesetzte Anzahl für öffentliche Arbeiten abgestellt werden.

Der achte Mai 1945 war ein Anfang und eine Chance, so schwer die Niederlage auch wog. Niemand hätte damals den wirtschaftlichen Aufschwung und die politische demokratische Stabilität vorauszusagen gewagt, die sich im Westen unseres Landes entwickelten. Damals galt es, die Trostlosigkeit der ersten Nachkriegsjahre materiell und ideell zu überwinden. Hunderttausende Jugendliche streunten im Niemandsland umher, Kriegerwitwen wußten nicht, wie sie ihre Kinder ernähren könnten, Maschinen wurden demontiert, Patente geraubt.

Notzeiten entwickeln Talente. Es war die Zeit der persönlichen Initiativen. Über sie gelang das »Wirtschaftswunder Deutschlands«, das in der Folge die Bundesrepublik Deutschland zu einer der führenden Wirtschaftsnationen der Welt werden ließ. Ich weiß, wieviel persönlicher Mut, wieviel Phantasie und Initiative dazu gehörten. Damals hatte ich die Vorstellung, daß unsere Arbeit, die Arbeit der »verlorenen Generation«, nur der Brückenschlag zu einer unbelasteten und unbefangenen neuen Generation sein könnte, doch hat sich gerade die erste politische Nachkriegsgeneration als besonders tragfähig für die neue Republik erwiesen.

Nach dem achten Mai 1945 warteten wir auf ein Lebenszeichen von meiner Schwester, die kurz vor dem Einmarsch der Amerikaner auf zerstörten Verkehrswegen zu einem neuen Rote-Kreuz-Einsatz aufgebrochen war, und von meinem Bruder, der auf einem Flugplatz in Brandenburg von den Russen überrollt sein mußte. Beide kehrten zurück, mein Bruder im Herbst 1945 aus russischer Gefangenschaft, weil ihm – ausgehungert – nicht nur die Kraft, sondern auch das Schuhwerk für einen Arbeitseinsatz in Rußland fehlte. Nahezu barfuß schleppte er sich von der Warthe nach Berlin. In jener Zeit war auch in einer Einzimmerwohnung noch Platz für einen Heimkehrer.

HEINZ GALINSKI
Voraussetzungen zum Weiterleben

Den achten Mai 1945 erlebte ich in Berlin. Ich war in Auschwitz inhaftiert gewesen und durch glückliche Umstände dem Vernichtungslager entronnen. Schon in den Wochen vor dem endgültigen Zusammenbruch des Nazireiches beseelte mich meine selbstgestellte Aufgabe: mitzuwirken am Aufbau einer neuen demokratischen Gesellschaft in Deutschland.

Dies umfaßte viele Aspekte. Zunächst einmal galt es, für die wenigen Überlebenden der Konzentrationslager die Voraussetzungen zum Weiterleben zu schaffen, für elementarste Dinge des Alltags zu sorgen. Dann ging es um den Wiederaufbau von Berlin, an dem ich aktiv teilnahm. Aus der gar nicht zu Ende zu denkenden Vorstellung, was ein Sieg des Nationalsozialismus für viele Menschen bedeutet hätte, sah ich damals wie heute die Notwendigkeit, am geistigen Aufbau mitzuwirken. Es galt, aufklärerisch zu wirken, denn so unvorstellbar mir das zunächst schien: Ich traf schon im April 1945 Menschen, denen die Geschehnisse noch nicht deutlich geworden waren, die manches einfach nicht begriffen hatten. Natürlich war es immer mein Bestreben, die alte, traditionsreiche und weltweit bedeutende Berliner jüdische Gemeinde wieder zu begründen. Dies ist geschehen, und wir können mit Stolz auf manches Erreichte zurückblicken.

Ich möchte den Versuch machen, einige Lehren für unsere Gegenwart zu umschreiben.

Gerade in der heutigen aktuellen Diskussion, wo es um Frieden geht, um die Sicherung unserer Zukunft, um die Qualität des mitmenschlichen und des politischen Umgehens, sollten

Begriffe auf ihre tatsächliche Bedeutung überprüft werden. Es ist erforderlich, vor der Verwendung falscher Begriffe und falscher Inhalte eindringlich zu warnen.

Die Nationalsozialisten waren angetreten mit dem Versprechen, eine dem Volk entsprechende Politik zu betreiben, ihre politischen Wurzeln aus dem Volk zu beziehen. Was sie aber praktizierten, war eine Politik gegen das Volk, gegen jene, die nicht in das Phantom einer »Volksgemeinschaft« paßten. Der achte Mai 1945 war daher der Tag der Befreiung aller Deutschen.

Wir erleben im politischen Bereich immer wieder, daß Personen und Organisationen, die etwas ganz anderes wollen als das, was sie vorgeben, Begriffe mißbrauchen wie seinerzeit die Nazis den »Volksbegriff«.

Im Bereich des Rechtsextremismus ist festzustellen, daß beispielsweise eine der nicht unbedeutenden Gruppen sich als die »freiheitliche Rechte« bezeichnet. Tatsächlich geht es jenen nicht um Freiheit, nicht um die Förderung des Individuums, sondern um eine Neuauflage eines zumindest stark autokratischen Staates, dessen totalitäre Züge man nur zu gut erahnen kann. Ich bin der Auffassung, daß immer wieder deutlich gemacht werden muß, daß die Verwendung von Begriffen wie eben Freiheit sehr sorgsam erfolgen muß und daß die dazu aufgerufenen Institutionen wie die demokratischen Parteien, die Gewerkschaften und andere auch dafür Sorge tragen müssen, daß nicht der hohe Stellenwert solcher grundlegenden Begriffe der demokratischen Gemeinschaft durch Extremisten entwertet wird. Wobei ich an dieser Stelle auch betonen möchte, daß der Linksextremismus meiner Ansicht nach ebenso fatale Folgen zeitigen kann wie die, die offen von antisemitischen Rechtsextremisten beabsichtigt werden. Zudem müssen wir beobachten, daß aktuelle politische Stellungnahmen verglichen werden mit Willkürhandlungen der Nationalsozialisten. Das ist unangemessen und bedeutet eine Verharmlosung.

Dieses habe ich immer wieder vertreten; meine eigene persönliche Lebensgeschichte wurde dadurch entscheidend schon in jungen Jahren geprägt. Wir waren sicher nicht immer erfolgreich. Viele unserer Mahnungen, viele unserer Klarstellungen fanden nicht die Beachtung, die ihnen zukam. Es lassen sich viele Beispiele dafür finden, wie sinnvoll es gewesen wäre, rechtzeitig bestimmten Entwicklungen Einhalt geboten zu haben.

Resignation darf aber nicht die Folge sein. Wir müssen Anlässe wie den vierzigsten Jahrestag des Kriegsendes benutzen, um einem negativen Zeitgeist der Vereinfachung, der Verharmlosung oder gar Verherrlichung dessen, was zum Zweiten Weltkrieg führte und was das Naziregime überhaupt erst möglich gemacht hatte, entgegenzutreten.

GÜNTER GAUS

Der achte Mai im April

An den achten Mai 1945, den Tag, als der vorerst letzte Krieg in Europa amtlich zu Ende ging, an diesen Tag erinnere ich mich nicht. Ich meine, ich habe keine Erinnerung an ihn im Sinne einer Tagebuchnotiz, in der etwa festgehalten sein könnte, wie das Wetter an jenem achten Mai war, was ich an dem Tag tat, was ich an Gedanken und Empfindungen für mich als erinnerungswert befand. Nichts davon. Der Tag des achten Mai 1945 als dieser eine besondere, hervorgehobene, dessen man nach vierzig Jahren noch gedenkt, ist als historisches Datum damals nicht in mein Bewußtsein gedrungen.

Das hat einen banalen Grund, über den freilich im jeweiligen historischen Abstand wenig nachgedacht wird. Gewaltige, umstürzende Vorgänge wie zum Beispiel der damalige Krieg und seine Beendigung sind – bevor sie zu Geschichtsdaten gerinnen, solange sie unmittelbar berührende Gegenwart sind – das genaue Gegenteil von dem, was uns als Geschichte gewöhnlich präsentiert wird: Je mächtiger der Vorgang, um so stärker zersplittert er in unzählige Einzelteile; jedes Teilchen ein Mensch mit seinem Geschick. Was im gehörigen Abstand dann Historie ist, die ihre Merkdaten hat, ist ganz und gar privat, während es geschieht.

Die Menschen erleben, erleiden ihre privaten Geschichten, deren Summe später als Geschichte in einen Singular verwandelt wird, der die Vielzahl der Einzelteile verdrängt. Das Wort *Verdrängung* soll hier durchaus, auf die Geschichte und ihre übliche Lesart hin gesehen, jenen psychischen Mechanismus bezeichnen, der die Keime schwerer seelischer Erkrankungen in sich trägt. Nur die Verdrängung der Geschichten macht die Geschichte harmlos (wortwörtlich), ermöglicht ihren Mißbrauch als Stimulans und hilft beträchtlich bei der Wiederholung alter – historisch verblaßter – Fehler.

Seinerzeit, vor vierzig Jahren, gab es faktisch und im Bewußtsein nur Geschichten. Weil Geschichte – während sie stattfindet, mit uns umspringt, wir ihr Rohmaterial sind – privat ist, hat es im Frühjahr 1945 viele, ungezählte Male einen achten Mai gegeben. Das Wetter übrigens war an allen diesen Tagen in Deutschland so herzerhebend schön, wie man es sich nur wünschen kann. Es waren ein Frühling und ein Sommer von größter natürlicher Pracht.

Mein achter Mai 1945 liegt Mitte April desselben Jahres. Um den zwölften April herum – genauer erinnere ich mich nicht mehr – ist es gewesen: mein privates Geschichtsdatum vom Kriegsende. Von ihm weiß ich, anders als vom historischen achten Mai, alles Wichtige ganz genau; nichts davon ist über die Jahre verlorengegangen.

Zwei Wochen vorher war ich mit einigen aus meiner Schulklasse in den sogenannten Volkssturm eingereiht worden. Was wir in dessen Reihen erlebten, war weit weniger gefährlich, als wir es im Jahr vorher im Bombenkrieg *mitgemacht* hatten. Wir lagen in einer Schule herum, übten mit Panzerfäusten und Pistolen und aßen Schokolade aus *Fliegerverpflegung,* was uns mehr imponierte als daß das bittere Zeug gut geschmeckt hätte.

Unter der Führung von drei Erwachsenen, die jedenfalls über zwanzig Jahre alt waren – ein Offizier, zwei Unteroffiziere, einer von ihnen nach meiner Erinnerung ein Österreicher –, zogen wir Halbwüchsigen schließlich aus meiner Heimatstadt Braunschweig in Richtung Elm (das kleine Mittelgebirge, das viele aus Kreuzworträtseln kennen), um den weiteren Vormarsch der Amerikaner nach Osten, auf Berlin zu, stoppen zu helfen. Ein Kindertraum. Im November 1929 geboren, war ich damals, im April 1945, fünfzehn Jahre alt. In einem Dorf richteten wir die Barrikaden wieder auf, die von den Bauern schon abgeräumt worden waren. Wir waren nicht beliebt, obwohl wir Kinder waren. Die Leute atmeten auf, als wir weiterzogen. Wir trafen Männer von der SS, die uns in ihren Krieg mitnehmen wollten. Wir atmeten auf, als sie uns dann doch zurückließen. Nach ein paar Tagen hatten die Erwachsenen so viel Vertrauen zueinander gefaßt, daß sie sich zumuteten, unsere Truppe aufzulösen und uns nach Hause zu schicken. In zwei Nächten – über die Felder marschiert; die Dörfer waren von den Amerikanern besetzt; tagsüber waren *Fremdarbeiter* unterwegs – gelangten mein Schulfreund und ich nach Braunschweig zurück, wo inzwischen die *Amis* eingezogen waren.

Jetzt kommt er, mein achter Mai mitten im April. Ich war wieder zu Hause bei meinen Eltern: was davon, über den nächtlichen Marsch dahin, über die Ängste auf dem Weg, über das Ankommen alles zu sagen wäre. Ich begnüge mich hier mit dem Wichtigsten. Am ersten Abend zu Hause, als ich ins Bett ging, legte ich ab, was Oberbekleidung genannt wird. Die Wäsche darunter behielt ich gewohnheitsmäßig an; solche begründete Vorsicht sicherte seit langer Zeit beim allnächtlichen Fliegeralarm einen nützlichen, notwendigen Zeitgewinn, mit dessen Hilfe man früh genug in den Bunker gelangen konnte. Meine Mutter kam ins Zimmer. Nein, sagte sie, du kannst alles ausziehen. Du kannst die Nacht durchschlafen. Wir haben Frieden.

So einfach, so bedeutsam, so privat, so konkret war das. Die Mutter sagte nicht, der Krieg sei zu Ende. Sie ging einen Schritt weiter: Wir haben Frieden, sagte sie. Du kannst alles ausziehen. Ich tat es. Diesen Blitz einer unmittelbaren Erkenntnis habe ich nicht vergessen. Ich weiß konkret und als Privatmann, was Frieden bedeutet.

Noch zwei Eindrücke von den vielen, die mir damals zuwuchsen, will ich hier aus meiner Erinnerung anfügen an meinen achten Mai. Einige Zeit nach dem – nein: nicht nach dem wirklichen, das war meiner im April, sondern nach dem kalendergemäß korrekten – achten Mai 1945, dem historischen Tag der bedingungslosen Kapitulation, las ich in einer Zeitung der Besatzungsmacht den letzten Bericht des Oberkommandos der Wehrmacht, herausgegeben unter dem Datum des neunten Mai. In diesem OKW-Bericht wird auf pathetische Weise der Krieg bilanziert, quittiert – und dann steht in ihm der Satz: »Jeder Soldat kann deshalb die Waffen aufrecht und stolz aus der Hand legen und . . . tapfer und zuversichtlich an die Arbeit gehen . . .«

Bis auf den heutigen Tag erschrecke ich vor der *naiven Anmaßung*, der *dreisten Selbstverständlichkeit*, mit der nach allem, was gewesen war, ein solcher Satz formuliert wurde: ein Schulterklopfen sozusagen; ein vorweggenommenes *business as usual*. Das war es nun für dieses Mal, sagt der Satz, nun kannst du wieder deinem Tagewerk nachgehen. – Dieser Schoß ist fruchtbar noch.

Der zweite Eindruck stammt aus dem Sommer jenes Jahres. Ich war mit dem Fahrrad in ein nahes Dorf gefahren, um Milch zu holen. Ein Freund, aufgescheucht von einer Nachricht im amerikanischen Soldatensender, fuhr mir nach. Er war – anders als ich – naturwissenschaftlich sehr interessiert, und was er gehört hatte, bewegte ihn so, daß er sein Wissen sogleich mit mir teilen wollte. Ich war schon auf dem Rückweg. Auf einer staubigen, sonnigen Straße sehe ich ihn auf mich zufahren und höre ihn schon von weitem mir zurufen: Sie haben eine Atombombe gezündet, über Hiroshima. Es gibt eine Atombombe.

EUGEN GERSTENMAIER

Der Krieg ist aus

Nun also – der Krieg war zu Ende und Deutschland ruiniert. Wir standen auf dem Zuchthaushof der Musenstadt Bayreuth und sahen uns an. Stumm. Das war also das Ende. Ohne jeden Kommentar gingen wir auseinander. Selbst unsere Ausländer blieben in diesem Augenblick wortlos. Monate-, jahrelang waren sie unsere Gefährten gewesen. Jetzt war es damit vorbei. Die Gemeinschaft der vom gleichen Schicksal Geschlagenen löste sich auf. Rasch, still, unabwendbar. Es hatte Stunden gegeben, in denen wir fast so etwas wie Brüder gewesen waren. Damit war es jetzt aus. Wir waren eben auch nur Deutsche. Vielleicht eine andere Sorte, die nicht, noch nicht unter Generalanklage gestellt wurde, über der aber doch das allgemeine Verdikt stand: Deutsche.

Ich erinnere mich nicht an lauten Jubel. Uns Deutschen war einfach nicht danach. Es war, als hätten wir alle eine Vorahnung davon, was uns erwartete. Zumindest Mühe, Hunger und Arbeit. Und die andern, die bisherigen Schicksalsgefährten, die Grund zum Jubel gehabt hätten, waren auch eher nach innen gekehrt. Wie werden wir die Heimat vorfinden, wer lebt noch, wer hat alles überstanden? Die Sorge, die kaum gedämpfte Sorge der langen brieflosen Zeit meldete sich auch bei ihnen. Sie unterdrückte den Jubel und warf die meisten auf sich selber zurück. Die Wartezeit wurde uns lang. Wir waren schon am 14. April befreit worden. Amerikanische Panzer fuhren nach einer Art Ultimatum, auf das sich von deutscher Seite, wenn man den Gerüchten glauben durfte, überhaupt nichts ereignete, in die still gewordene Stadt ein.

An einem herrlichen, blühenden Frühlingstag liefen wir nach der kargen Weisung, unser Gefängnis schleunigst zu verlassen, aber wiederzukommen, den Wiesenhang hinauf, der unsere Anstalt umgab, und verdrückten uns, Deckung suchend, in den Wäldern. Unten in unserer Anstalt II heulten derweil die bettlägerigen Genossen. Sie wollten mitgenommen werden. Aber daran war nicht zu denken. Unsere Kräfte reichten bei weitem nicht aus, sie zu tragen. Wir mußten sie dem Risiko des amerikanischen Panzerbeschusses aussetzen. Ihm zu entgehen war der Sinn unserer hastigen Flucht. Aber dazu kam es glücklicherweise nicht, soviel Sinnloses und Verbrecherisches sich in jenen letzten Wochen nazistischer Befehlsgewalt auch ereignete. Wir verloren noch teure Freunde zum Beispiel an den Galgen von Flossenbürg – so Admiral Canaris, General Oster, Pastor Bonhoeffer, Generalrichter Sack und andere Männer.

Bei der Aufnahme in Bayreuth war ich wie die andern in eine schwarze Uniform mit gelben Streifen gesteckt worden. Dazu hatten wir eine schwarze barettartige Kopfbedeckung zu tragen. Mit ihr sahen wir eher dämlich aus, es sei denn, wir gehörten zu den wenigen Bekleidungskünstlern, die sich darauf verstanden, auch damit noch etwas herzumachen.

Bei der Befragung durch den Zuchthausdirektor – er war kein Schreier, sondern ein schmalbrüstiger, eher ordentlicher Mann – hatte ich die Fragen nach Beruf und Herkommen wahrheitsgemäß beantwortet, mich aber in Ausreden verlaufen, als ich nach dem Grund meines Bayreuther Zuchthausaufenthalts gefragt wurde. Ich wollte nicht sagen, daß ich zu den Übriggebliebenen des 20. Juli gehöre. Sie mußten jedenfalls und fast zu jeder Zeit mit allem rechnen. Ich rechnete beispielsweise mit Geheimbefehlen zu unserer Liquidierung, um so mehr, als ein Vertreter der Gestapo bei Freislers Verlesung meines Urteils lauthals »Fehlurteil« in den Saal gerufen hatte. Der Herr Direktor wollte mir meine etwas wirre Geschichte auch nicht einfach abnehmen. Er bemerkte etwas resigniert: »Na, wir werden ja sehen, wie es damit steht, wenn die Akten kommen.« Mir war die Antwort ein Grund zur Freude. Denn ich schloß daraus, daß diese Akten erstens noch nicht da waren und daß sie zweitens in den letzten Kriegswochen schwerlich noch in Richard Wagners Tempelstadt gelangen würden. So war es denn auch.

Ich weiß nicht, waren es höhere Gesichtspunkte des Arbeitseinsatzes oder andere tiefere Erwägungen unseres (tschechischen) Oberkapos Podgorny. Jedenfalls sollte ich eines Tages verlegt werden in die »Kanonenfabrik«. Sie lag einige Kilometer außerhalb Bayreuths. Deshalb wurde ich, beaufsichtigt von einem Justizwachtmeister mit Karabiner, in ein Lokalzügle gesetzt und von Bayreuth abtransportiert. Der Zug war voll besetzt. Ein Gefangenenabteil gab es nicht. Zwei etwas vollschlanke Damen rückten zusammen – und ich hatte Platz. In meiner Zuchthausmontur war ich unter so vielen braven Bürgersfrauen doch befangen und senkte meinen Blick. Plötzlich wurde meine Hand ergriffen, und eine der Frauen drückte mir ein mit Butter und Wurst belegtes Brötchen hinein. Lange hatte ich dergleichen nicht mehr besessen. Wer nicht wie wir Zuchthäusler ewig an nagendem Hunger litt, weiß nicht, was eine solche Gabe bedeutet. Ich war bewegt, ja erschüttert, daß ich um meine Fassung ringen mußte. Nie mehr habe ich die Frau gesehen. Als eine große Dame steht sie bis heute in meiner Erinnerung.

Die Absicht meiner damaligen Obrigkeit ist übrigens kläglich gescheitert. Ich hatte vor der leichten Glastüre der Kanonenfabrik zu warten, derweilen mein Justizwachtmeister mich in dem Büro zu übergeben hatte. Das mißlang gründlich. »Was ist der Mann denn?« wurde er gefragt. Wahrheitsgemäß antwortete er: Konsistorialrat. Dann gab es eine kurze Pause und dann ein einziges langgezogenes »Was? Wollt ihr uns auf den Arm nehmen?« Sie hatten mit einem tüchtigen Schlosser, Mechaniker oder mindestens mit einem Schreiner gerechnet. Mit dem Konsistorialrat fühlten sie sich provoziert. Zaghaft bat mein Justizwachtmeister, doch einen Versuch mit mir zu machen. Aber da half alles nichts. Es war für die Katz, wie man in meiner Heimat zu sagen pflegt.

Derlei lag nun in jenen Maitagen alles hinter mir. Die Vorbereitung auf den Frieden war abgeschlossen. Ich wartete mit den andern Deutschen auf eine Transportmöglichkeit in die Heimat. Die anderen Nationen waren allmählich weg. Von den Deutschen hatten sich jedoch nur die sogenannten Kriminellen davongestohlen. Wir wollten ordnungsgemäß »entlassen« werden. Denn wir waren ja »Politische«. Außerdem gab es noch immer keinen Zug oder eine andere Transportmöglichkeit für uns.

Da sah ich eines Mittags einen Personenwagen mit den Insignien des Internationalen Komitees vom Roten Kreuz vor unserem Zuchthaus stehen. Der Delegierte hieß Jean Köster. Er forderte mich auf, ihn unverzüglich nach Genf zu begleiten.

Die Formalitäten erledigte er zusammen mit dem Captain Miller, dem amerikanischen Stadtkommandanten, rasch und bravourös. In Zürich gab es das erste Wiedersehen mit engen Freunden, sie hatten mich zu den Toten gezählt. Erst nach der Feier wurde mir sterbensschlecht. Indessen: Was zählte derlei schon. Der Krieg war aus.

JUTTA GIERSCH
Rückblick

Wenn ich wiedergeben sollte, was ich am Tage der bedingungslosen Kapitulation aller deutschen Truppen erlebt, gedacht und gefühlt habe, dann wäre das – nur auf diesen Tag bezogen – relativ wenig. Daß die Schrecken der letzten Kriegstage, in die ich hautnah und leidvoll eingespannt war, sich ihrem bitteren Ende zusteigerten, hatte jeder gespürt, der dabei war.

Ein paar Tage vorher war ich gerade erst sechzehn Jahre alt geworden – und hatte dennoch schon hinter mir, was junge Menschen von heute allenfalls für zwei Stunden im Kino oder Fernsehen flüchtig kennenlernen: Fronterlebnisse blutigster und rohester Art. Es dauerte eine ganze Weile, bis ich dieses allzu frühe »Grenzerlebnis« vom Untergang unseres Volkes und einer frevelhaften Illusion zu verarbeiten und gedanklich mit neuen Augen einzuordnen imstande war.

Deshalb hat der achte Mai 1945 selbst als kalendarisches Datum in meiner Erinnerung keinen besonderen Stellenwert. Für mich gehört das »Vorher« und »Danach« untrennbar dazu. Wenn man so will, hat *mein* achter Mai mehr als ein halbes Jahr gedauert.

Im Rahmen des »totalen Kriegseinsatzes« auch der deutschen Jugend war ich in Berlin einer Lazaretteinheit zugeteilt worden, der in letzter Minute die Flucht aus Berlin ins noch feindfreie Schleswig-Holstein gelang. Hier hörte ich dann am achten Mai vom Ende der Kampfhandlungen.

Daß die Unterzeichnung der Kapitulation im Hauptquartier Eisenhowers in Reims durch die vom Hitler-Nachfolger Großadmiral Dönitz entsandten Generaloberst Jodl und Generaladmiral von Friedeburg vollzogen wurde, habe ich erst später erfahren.

Vor der überstürzten Flucht mit der Lazaretteinheit aus Berlin hatte ich schon monatelangen Lazarettdienst und zahllose Katastropheneinsätze unter den pausenlosen Luftangriffen der alliierten Bombengeschwader hinter mir. Mit Männern der Feuerwehr, der Luftschutzverbände, mit Soldaten und russischen Hilfswilligen aus Kriegsgefangenenlagern hatte ich verletzte und tote Menschen aus Trümmern und Brandruinen geborgen und Leichengeruch zu ertragen gelernt. Ich hatte das Schreien und Wimmern Verschütteter und Sterbender erlebt und Überlebende wie irre vor Entsetzen umherrennen sehen müssen. Mir erschien es fast wie ein Wunder, überhaupt lebendig davongekommen zu sein!

Momentweise dachte ich an meine Klassenkameradinnen, die vor Jahresfrist schon mit der Schule aus Berlin in die Gegend von Danzig evakuiert worden waren. Doch da Mutter allein zu Hause bleiben und Vater irgendwo an der Front um seine Haut kämpfen mußte, war ich nicht mitgegangen, sondern in Berlin geblieben, zum Sanitätsdienst herangezogen worden und somit mitten ins Kampfgeschehen der gnadenlosen Schlacht um Berlin geraten.

Da gab es keine Diskussionen mehr, da mußte, wer überleben wollte, zupacken!

Im Rückblick kann ich nur sagen: Wir funktionierten schon fast wie menschliche Automaten, hatten gar keine andere Wahl, als zu funktionieren.

Ein Landser schob mir die erste Zigarette meines Lebens zwischen die Lippen, wie er mich Tote bergen sah, und bemerkte dabei galgenhumorig: ». . . dann hältste den Jestank besser aus, Mädchen . . .« Komischerweise blieb dieser Anflug von Mitmenschlichkeit im Inferno des Untergangs lebhaft in meiner Erinnerung haften.

Nicht genug der Fliegerangriffe, im April rückte uns dann auch die Artillerie der vordringenden Roten Armee immer drohender nahe, bis meine Lazaretteinheit sich zu dem gewagten Versuch entschloß, mit allen verfügbaren Fahrzeugen die Flucht aus Berlin zu riskieren. Ich hatte längst das Gefühl für Tag und Nacht verloren. Schlaf gab es nur für Augenblicke, in denen ich vor Erschöpfung nicht mal mehr die Granaten pfeifen oder einschlagen hörte. Mir fielen Erzählungen meines Vaters aus dem Ersten Weltkrieg ein . . .

Eine kleine Panzerabwehrgruppe, die auch aus Berlin raus wollte, schlug uns nordwestlich eine Bresche durch den russischen Truppenring, der die Stadt schon eingeschlossen hatte. Doch gerettet waren wir noch lange nicht! Unheimliche Tieffliegerangriffe machten uns den Fluchtweg nach Westen zur blutigen Hölle.

Kurz vor Neumünster war es, als eine Geschoßgarbe den Fahrer, neben dem ich saß, unverhofft durchsiebte. Der Wagen mit Verwundeten auf der Ladefläche landete trotz Rotkreuzfahne im Straßengraben. Als ich begreifen konnte, lag ich unter der blutenden Leiche des Fahrers, der mir gerade noch erzählt hatte, daß in Neumünster seine Familie lebe, bei der er kurz nach dem Rechten sehen wollte. Den »Luftspäher«, der zur Beobachtung des Himmels gegen Tiefflieger auf dem Kotflügel des Wagens gesessen hatte, sah ich auch nicht lebend wieder. Erst meinte ich, selber zu bluten. Aber wunderbarerweise war ich unverletzt geblieben. Der Fahrer, der seine Familie rasch mal wiedersehen wollte, fand am Straßenrand sein provisorisches Grab, »Jugendeindrücke«, die ich nicht vergessen kann.

Wenige Stunden danach traf unsere Kolonne auf die ersten feindlichen Soldaten. Es waren Engländer, die uns gefangennahmen, aber im Sanitätsdienst mit unseren Verwundeten beließen. Ich war »Gefangene«, aber außer Gefahr.

So war der achte Mai nur noch der formale Schlußpunkt unter einem grausamen Kapitel für mich! Obwohl erst sechzehn Jahre alt, begann dennoch schon der Verstand zu arbeiten, nach Aufklärung zu forschen für die Hintergründe und Zusammenhänge des Erlebten, nach Sinn und Sinnlosigkeit dessen, was nicht nur ich, sondern alle Überlebenden nun hinter sich hatten.

Wie jeden bewegte mich zudem die angstvolle Frage nach dem Schicksal meiner Angehörigen, natürlich auch die Frage, wie es nun wohl weitergehen würde, was aus meinem Leben wohl noch werden könnte, was für eine Zukunft mir wohl bevorstehe?!

Und das waren denn wohl auch schon die ersten Ansätze eines politischen Denkens, das mich künftig nicht mehr losgelassen hat. Ich suchte nach Erklärungen für das Geschehene, um es überhaupt begreifen zu können, stieß auf neue Wege und Vorbilder zu einer besseren Zukunftsbewältigung; ich erlebte schließlich die Gründung der Bundesrepublik und die Formulierung humaner »Spielregeln« in Gestalt des Grundgesetzes. Ich wurde eine engagierte Verfechterin der Demokratie, aber leider auch schon bald wieder Opfer einer anderen Diktatur, denn im Oktober 1949 schon verschleppte mich ein Agent des russischen NKWD aus demselben Berlin, dem ich im Frühjahr 1945 glimpflich entronnen war.

SOPHIE GOLL
Die Ankunft der neuen Götter

Untermenschen wurden nach offizieller Sprachregelung im Dritten Reich die Bürger des Sowjetstaates genannt. »Bolschewist« war nicht nur ein schlimmes Schmähwort; es signalisierte dem Beschimpften, daß er als »Feind im gesunden Volkskörper ausgemerzt« werden kann. Bolschewist zu sein übertraf die Verdächtigung, mit den »zersetzenden jüdisch versippten Plutokraten« im fernen Westen zu liebäugeln. Bolschewisten und Plutokraten waren des arischdeutschen Herrenmenschen hinterhältigste Feinde: Teufel des Zynismus und der Verführung; nur darauf aus, die edle Rasse auszulöschen.

So hämmerte es die Nazipropaganda in deutsche Köpfe, und massenpsychologische Beeinflussung trieb die Deutschen, die

Großdeutschen – in Überheblichkeit, Haß und Angst fest zusammengeschweißt – dem GröFaZ in die Arme. »Der größte Führer aller Zeiten, Adolf Hitler«, war uns, dem herrlichsten, dem verkanntesten Volk der Völker, »von einer weisen Vorsehung geschenkt worden«. Dieser Retter des großgermanischen Abendlandes, so die faschistische Verheißung, würde uns vor den Untermenschen im Osten und dem verjudeten Geldgesindel im Westen bewahren . . .

Nun trieb die Front der »Untermenschen« vom Osten her die Vollstrecker deutscher Expansionsgelüste über die Weichsel zurück, über die Oder bis an die Elbe. Einige wüteten wie Berserker; besonders wenn ihnen ihre Anführer den schmerzhaften Erinnerungsstachel ins Fleisch trieben: Denkt an die Verbrechen, die Deutsche im Sowjetland verübt haben! Denkt an die Millionen Toten, an die Krüppel, an eingeäscherte Städte und Dörfer, an verbrannte Erde! Leichengeruch lag überm weiten Land, und die vorrückenden sowjetischen Soldaten hatten ihn in der Nase.

Kein Wunder, daß die deutschen Menschen sich fürchteten vor den »roten Horden«. Kein Wunder auch, daß sich die jahrelange Greuelpropaganda jetzt hier und dort bewahrheitete. Kein Wunder, daß Menschen in Massen flohen – die einst in Massen hysterisch gejubelt hatten! –, um sich in die Arme der westlichen Sieger zu retten. Ja, zu retten! Denn von den westlichen Alliierten, insbesondere von den großmütigen und freiheitsbewußten Amerikanern, wurden ähnliche Untaten nicht berichtet.

Wir, mittendrin im lieblichen Thüringen, wir warteten sehnsüchtig darauf, bald durch die atlantischen Übermenschen vereinnahmt zu werden. Sie würden uns die neue Qualität der Freiheit bringen. Bevor sie jedoch leibhaftig erschienen, schickten sie ihre Racheengel. Am achten April 1945 – es war ein ruhiger Sonntag mit unveränderter »Feindlage« – bombardierten sie zwanzig Minuten unsere kleine militärlose Stadt; bekannt in der Musikwelt und als Luftkurort. Als die sechs Racheengel abdrehten, ließen sie lodernde Trümmer zurück, viele Tote und Verletzte. Vierzig Prozent der Stadt S. waren zerstört. Die

Brände schwelten noch, als die Sieger drei Tage später einzogen.

In der Frühe des fünften April war ich nach dreitägiger aufregender, häufig von Tieffliegerbeschuß und kaputten Schienen unterbrochener Fahrt endlich daheim angekommen. In der letzten Nacht sah ich des »Führers Wunderwaffe«, die V2, lautlos unterm klaren Sternenhimmel westwärts fliegen. Mein Lehrer hatte mich in Wien in einen der letzten Züge gesetzt, Richtung »Altreich«. Er hatte es meiner Mutter so versprochen.

Ich wollte Wien nie verlassen. Nun kam ich heim, um in einen Luftangriff zu geraten, der wüster war als alle, die ich in den großen Städten Berlin und Wien überlebt hatte! Auch in S. zeigte der Krieg seine brutalste Fratze, die Bombardierung wehrloser Zivilisten. Die verängstigten Bewohner der unteren Stadt suchten ab Montag Schutz in einem alten Felsenkeller im Schloßberg. Wir in der Oberstadt hatten es näher zum Wald und lagerten uns im Schutz der Bäume und Sträucher.

Der ungewöhnlich warme Frühling hatte alles schon so begrünt, daß wir uns am Waldrand sicherer fühlten als in Wohngebieten. Wäre der Anlaß nicht so ernst gewesen, die angespannte Erwartung eines neuen Luftangriffs nicht so belastend, wir hätten uns geruhsamer Picknickseligkeit hingeben können. Die leisen Gespräche drehten sich um die allernächste und um die fernere Zukunft. Radiomeldungen wurden weitergegeben. BBC-Nachrichten machten unbekümmert die Runde. Feindsender abzuhören war uns ja seit 1939 bei schwerster Strafe verboten! Ein Nachbar, mit dem Vater täglich lange Gespräche über den Zaun geführt hatte, war denunziert und vor zwei Jahren zu einer langen Zuchthausstrafe verurteilt worden. Dabei hatte er noch Glück, weil ihm das KZ oder die Todesstrafe erspart blieben. Mit seiner Verhaftung versiegte für die Eltern die wichtigste Nachrichtenquelle. Unser kleiner Volksempfänger gab außer Pfeif- und Rauschtönen nichts her. Die deutschen Störfrequenzen überlagerten die BBC-Sprecher. Das änderte sich erst, als wir hinter der Westfront lagen.

Montag und Dienstag zogen die Bollerwagenkarawanen in

den Wald. Ein Aufklärer kreiste surrend, beobachtete uns. Manchmal schoß er im Tiefflug über uns hinweg und verbreitete Panik. Am Mittwoch wurde die Spannung unerträglich. Ein Gerücht machte die Runde: dem Obernazi Kreisleiter sei ein Ultimatum von den Amerikanern gestellt: kampflose Übergabe; wo nicht, erneutes Bombardement. Angst, Wut und Verzweiflung verbündeten sich. Nun war alles egal und alles erlaubt. Auf der Straße hörten wir plötzlich laute Stimmen, Rufen und Rennen.

Frauen waren mit großen Körben unterwegs, um Lebensmittel zu ergattern; mit oder ohne Marken. Hauptsache, sie fielen den Soldaten nicht in die Hände! Nicht den eigenen und nicht den fremden. Die hatten doch gesicherte Verpflegung. Aber wer würde sich um uns kümmern? Mutter und ich liefen mit. Da, Motorenlärm. Über die nahe Hauptstraße donnerte es heran. Die Amerikaner kommen! Vorsichtshalber versteckten wir uns hinter einem Zaun . . . Nein, da fuhren doch tatsächlich noch zwei deutsche Panzer westwärts! Aus der Stadt war inzwischen Gewehrfeuer zu hören. Die Lage war nun völlig unübersichtlich, und wir hielten es für ratsam, uns im Keller zu versammeln und auf das Ende zu warten; den neuen Anfang.

Mutter hatte schon seit Tagen eine Kochstelle im Keller eingerichtet, und ihr Eintopf hielt Leib und Seele zusammen. Mittags wurde die Schießerei schwächer und hörte gegen 13.30 Uhr ganz auf. Neugierde trieb mich in die Mansarde. Von hier aus sah ich durchs Fernglas den Höhenzug im Norden jenseits des weiten Tals. Auf der Chaussee vor dem Wald konnte ich gleichmäßige Schlangenbewegungen ausmachen. Fest preßte ich das Glas vor die Augen. Nein, ich irrte mich nicht: die Glieder der grauen Schlange waren große Militärfahrzeuge. Da sie ungehindert stetig fuhren, konnten es nur die erwarteten amerikanischen Truppen sein. Schnell die Treppe runter, raus aus der hinteren Gartentür, über die Wiese, durch die leere Straße bis zum Berghang. Ich holte tief Luft, war wie in einem Rausch. Das ich dort unten sah, war überwältigend! Ein Heerlager füllte das Tal aus. Große Zelte, Panzer, Lastwagen, Jeeps. Während wir noch ängstlich auf das Ende der Schießerei in der Stadt warteten, waren auf einer anderen Straße, als wir vermuteten, längst die Sieger eingezogen. Es war toll, es war unbeschreiblich!

Vorbei, vorbei, vorbei. Ich tanzte und hüpfte, sang und brüllte es durch die stille Straße: vorbei, vorbei, der Krieg ist aus! Fenster wurden geöffnet, Leute kamen aus den Häusern, starrten mich ungläubig an, wollten wissen – aber ich wies ihnen nur die Richtung des Ereignisses, denn ich hatte es eilig. Atemlos stürzte ich in die Küche: »Der Krieg ist aus! Die Amerikaner sind da, die Amerikaner sind da!« Es war Mittwoch, der elfte April 1945.

Vater stand mitten im Raum, sah mich fassungslos an und ließ sich dann auf einen Stuhl fallen. Sein Kopf sank vornüber auf den Tisch, und er fragte leise: »Darüber kannst du lachen?« Er weinte. »Armes Deutschland! Armes, armes Deutschland!« Immer wieder sprach er diese Worte. Ich verstand ihn nicht. Nie sah ich meinen Vater weinen, noch nie ihn so verzweifelt. Vor seinen Zornesausbrüchen hatte ich mich gefürchtet, wenn er seine Wut gegen Hitler, dessen Bande und die braunen Stadtmatadore daheim austobte. »Jubeln mußt du! Jubeln – nicht weinen! Die Nazis sind weg, der Krieg ist aus, es gibt keinen Faschismus mehr! Das war es doch, was du immer wolltest.« Ich begriff ihn nicht, wie er da hockte, zusammengesunken, und nicht versuchte, seine Tränen zu verbergen.

Armes Deutschland – wieso? Wir würden bekommen, was wir verdient hatten. War es die Sorge, daß auch Unschuldige sich würden mitverantworten müssen? Er hatte die braune Brut verachtet und gehaßt. Das war stadtbekannt. Sie hatten sein Leben und damit unser Familienleben vom Anbeginn ihrer Herrschaft fest im Griff. In gemeiner Weise hatten sie Vaters Gewissensnot ausgebeutet, ihn zynisch beobachtet, Katz und Maus mit ihm gespielt; sie ließen ihn und uns nicht zur Ruhe kommen. Gestapo-Verhöre und zuletzt Buchenwald. In den nächsten Tagen würde er erfahren, daß sein Name auf der Todesliste stand, die bei zurückgelassenen Gestapo-Akten gefunden wurde. Nun hockte der um viele Jahre seines Lebens betrogene

Mann nach meiner Krieg-aus-Meldung vor mir und weinte. Drei Jahre würde er noch leben. Nichts verstand ich damals von dem, was ihn mir später so nahebrachte. Die wichtigsten Gespräche mit ihm – gerade mit ihm – wurden nie geführt. Schuld und Sühne? Schnelles Vergessen, neuer Übermut. Was blieb, ist Verdrängung und Heuchelei.

An jenem Mittwoch, dem elften April 1945, machte ich mich mit Mutter frohgemut, erwartungsvoll und frei von Trauer auf den Weg in die Stadt. Wir wollten die Sieger sehen, die Übermenschen von einem Kontinent, in dem alles überragender war als irgendwo sonst auf der Welt. Wir wollten die Götter der Freiheit begrüßen, die Nazibezwinger, die Alleskönner. Wir standen am Straßenrand – fast allein – und hielten uns fest an den Händen, als der Jeep vorüberfuhr. Vier Männer saßen drin, drei richteten ihre MPs auf Fenster, Türen und Dächer. Auch auf uns. Prächtig sahen sie aus, gesund und braungebrannt; nicht so hohlwangig wie wir. Ihre hellen aufmerksamen Blicke trafen sich mit unseren scheuen schlafentwöhnten Augen. Die Strapazen der Schlacht um Europa sah man ihnen nicht an. Stolz, schön und unnahbar glichen sie höheren Wesen. So mögen fünfhundert Jahre zuvor Indios die weißen Götter bestaunt haben in Ehrfurcht wie wir die ersten amerikanischen Soldaten im Jeep. Trümmerstaub wirbelte auf. Mutter und ich lächelten uns an: Nun ist es gewiß, der Krieg ist aus. Nie wieder kann es nach diesem Völkermorden Krieg geben. Voller Zukunftshoffnung gingen wir heim.

Drei Stunden später entthronten sich die Göttergleichen. Zwei von ihnen klingelten Sturm, und als wir zaghaft öffneten, verlangten sie barsch und ohne Umschweife Gold und Silber: Teller mit Goldrand und Silberbesteck. Für ihre Offiziere. Die hatten sich am Ende der Straße im prächtigsten Haus einquartiert. Der Oberförster mußte es räumen. Sie drohten uns eine Hausdurchsuchung an, falls sich in anderen Häusern das Gewünschte nicht auftreiben lasse! Sie kamen nicht wieder. Entweder waren sie fündig geworden, oder sie hatten ihren Irrtum bezüglich deutscher Eßsitten erkannt.

Die ersten Besatzungssoldaten blieben vierzehn Tage. Hinter unserem Garten parkten sie auf der Wiese und auf den Feldern klotzige Militärfahrzeuge. Vater ging jeden Tag durch die Pforte, besah sich alles und fraternisierte ohne Scheu. Jedesmal brachte er etwas von ihren Tagesrationen mit. Auch Zigaretten. Da er an seinen Pfeifentabak »Marke Bahndamm« gewöhnt war, brachte ihn eine Navycut fast um. Mit Kreislaufstörungen lag er nach dem ungewohnten Genuß im Bett.

Eines Nachmittags standen zwei betrunkene Amerikaner in der Küche. Riesen von Gestalt. Großmutter schrie laut auf, Türenschlagen, Brüllen; meine Mutter kam die Treppe herunter; Großmutter versuchte, mich einzuschließen, denn beim Klavierspielen hatte ich den Anfang überhört. Und Vater war draußen im Camp ... Vorsichtig öffnete ich die Tür und sah, wie die baumlangen Kerls Mutter und Großmutter mit Pistolen vor sich hertrieben. Richtung Keller. Ich schloß mich dem Zug an. »Cognaaak« brüllten sie, »Cognaaak!«, wobei sie die zweite Silbe stark betonten und dehnten. Ich fürchtete, daß auf der engen Kellertreppe eine Pistole losgehen könnte; sie fuchtelten so besoffen damit herum. Cognaaak! Als Mutter den Schnaps aus dem Regal nahm – die letzte Weihnachtszuteilung in einer Weinflasche –, gerieten sie in Wut und dachten, wir wollten sie veräppeln. Nix Wine, Cognaaak! Das Dämmerlicht gab der grotesken Situation einen schauerlichen Reiz. Ich kramte mein Schulenglisch zusammen und erklärte ihnen, warum Weinflaschen in Germany auch Cognac enthielten. Sie guckten zweifelnd auf uns runter: Nix Gift? No, kein Gift. But a gift – eine Gabe – for you. Noch immer mißtrauisch, steckten sie die Waffen weg. Mutter faßte sich nun ein Herz und fragte nach einem Korkenzieher – der war schnell zur Hand, und Großmutter griff danach, stellte sich schützend vor ihre Tochter und öffnete die Flasche. Reichte sie einem der beiden Riesen hin. Aber er wehrte ab. Erst trinken, befahl er ... Da uns nichts Ungewöhnliches zustieß, griff er nach der Flasche, roch, strahlte »Cognaaak« und trank.

Die Zeit verging. Mutter und ich machten schon Anhalterfahrten, um Eßbares ranzuschaffen. Dann kam die zweite Besatzungswelle. Fröhliche, friedliche schwarze Amerikaner, die, wenn sie keinen Dienst hatten, auf den Zäunen oder am Straßenrand vor ihren Quartieren hockten und mit Kindern wie Kinder spielten. »Hello, Blondy«, riefen sie, wenn sie mich im Garten sahen.

Sperrstunde war um siebzehn Uhr und der Frühling zu schön, um ins Haus zu gehen. Wir richteten uns auf dem Balkon ein. Ich lernte Skat. Wir genossen gemeinsam die Stille der sanften Dämmerung und den Anbruch der Nacht. Wenn wir den Himmel beobachteten, hatten wir keine Angst vor Fliegenden Festungen mehr. Wir sahen Wolken ziehen, sahen Mond und Sterne leuchten und fragten in die Dunkelheit: Wo sind K. und R.? Leben sie, sind sie verwundet, irgendwo gefangen? Seit vielen Monaten waren wir ohne Lebenszeichen von meinen Brüdern.

Als am achten Mai endlich offiziell das Morden und Abschlachten beendet wurde durch die bedingungslose Kapitulation derer, die den Krieg geschürt und geführt hatten von Berufs wegen – hatten wir uns in S. schon in der Zeit danach eingerichtet.

In the Mood. Jeden Tag swingte es fröhlich und mutmachend aus dem Radio. In the Mood wurde meine Befreiungsmelodie; sie besiegte den Schrecken und verhieß uns gutgelaunt eine angstfreie Zukunft. Am achten Mai 1945 ahnten wir nicht, daß die neue Zeitrechnung erst am sechsten August 1945 in Hiroshima beginnen würde als eine unfaßbare neue Bedrohung.

JOHANN BAPTIST GRADL
Die Hitler kommen und gehen . . .

Den Zusammenbruch habe ich in Berlin erlebt. Für die Hauptstadt des Reiches wurde die Kapitulation schon am zweiten Mai 1945 vollzogen. Das geschah durch den Befehlshaber des Führerbunkers der Reichskanzlei, nachdem Hitler sich am 30. April umgebracht hatte. Die sowjetischen Truppen hatten das Gelände eng eingekreist. Dies war das eigentliche Ende. Die Bevölkerung erfuhr es allerdings nur in Gerüchten.

Der Wehrmachtsbericht hatte für den 15. April ausgesagt, daß »die Amerikaner über die Elbe südöstlich Magdeburg vorgedrungen« seien. Der rasche Vormarsch der westlichen Truppen seit Ende März und die Mitteilung desselben Berichtes, die Amerikaner seien auch bis Leipzig und Chemnitz vor- und in Bayreuth eingedrungen, gab den Berlinern Hoffnung, daß neben den seit Ende Januar an der Oder wartenden sowjetischen Formationen auch die westlichen Verbände Berlin besetzen würden. Nun aber mußten die Berliner erleben, daß weiterer westlicher Vormarsch nach Berlin ausblieb, hingegen die russische Eroberung begann.

In der Frühe des 15. April hörte ich aus östlicher Richtung heftiges und pausenloses Artilleriefeuer. Es läutete – und dies war nicht nur mir klar – den Schlußakt ein. Der Wehrmachtsbericht des nächsten Tages besagte denn auch, daß »die Bolschewisten nach heftigem Trommelfeuer in den Morgenstunden den Großangriff zwischen Neißemündung und Oderbruch begonnen« haben und daß »an der ganzen Front erbitterte Kämpfe« tobten. Vom Westen aber gab es für Berlin nichts Neues. Ich hatte in den Wochen zuvor mal von diesem, mal von jenem gehört, daß das ganze Deutschland in Besatzungszonen aufgeteilt würde und ebenso auch Berlin.

Als nun – bei westlichem Stillstand nicht einmal hundert Kilometer vor Berlin – die Rote Armee in raschem Tempo vorrückte, breitete sich in der Bevölkerung tiefe Enttäuschung, zum Teil Panik aus. Dichte Scharen zogen über die Ausfallstraßen in Richtung Potsdam und Spandau »den Amerikanern entgegen«, wie sie meinten. Zugleich flüchteten aus den umkämpften Randgebieten andere Scharen in die Stadt. So ergab sich ein völliges Durcheinander. Als gar die Kampfhandlungen mit einem russischen Zangenangriff die Stadt auch vom Westen her erfaßten, gab es noch einmal viele Tote und Verletzte.

In jenen Tagen lebte ich umherziehend, zuerst, um mich dem »Volkssturm« zu entziehen, nachher, weil meine Wohnung im Südwesten der Stadt nicht mehr zugänglich war. Immer wieder fand ich bei Freunden einen Platz. Aber ich mußte den Aufenthalt ständig wechseln, denn schließlich hatte jeder mit sich und den Seinen genug zu tun. Außerdem galt es, wenigstens Brot aufzutreiben. Um so hautnäher erlebte ich das Geschehen.

Am Sonnabend, dem 21. April, war ich auf dem Weg zu meinem Behelfsbüro nahe der Straße Unter den Linden. An der Ecke Friedrichstraße erlebte ich den Beginn des Artilleriefeuers auf die Innenstadt. Am darauffolgenden Montag gelang mir noch einmal der Weg in die Innenstadt. Aber nur mit mehrfachem Glück kam ich aus dem nun von Polizei und Parteiformationen gesperrten Zentrum heraus. Der Wehrmachtsbericht, den ich an diesem Mittag im Luftschutzkeller einer Bank in der Wilhelmstraße hörte, und der Augenschein machten endgültig deutlich, daß nur noch die Suche nach Deckung und Nahrung blieb – und Warten auf Überrolltwerden.

Für mich fand es in der Nacht vom 24. zum 25. April im Keller von Freunden in Zehlendorf-West statt. Bei verdächtiger Stille und unter vorsichtiger Erkundung stellte sich in der Frühe heraus, daß die Kampflinie schon in Richtung Stadtzentrum weitergerückt war. Vorbeirollende sowjetische Panzer verdeutlichten, daß man es von nun an mit der Roten Armee zu tun hatte. Man hätte gerne aufgeatmet, denn für uns Berliner schien es wenigstens gewiß, daß mit der Eroberung der Hauptstadt der Krieg am Ende war.

Und von dem Geschehen außerhalb Berlins wußten wir ja nichts. Doch das Aufatmen war sehr gehemmt. Alsbald gab es neue Schrecken durch die bekannten Übergriffe, die erst nach zwei Wochen nachließen. Zumal für die betroffenen Frauen waren die Übergriffe schrecklich. Es gab in der Nachbarschaft viele Familienselbstmorde. Auch konnte ich mich der Tatsache nicht entziehen, daß mit der Roten Armee eine sehr fremde Welt Berlin ergriffen hatte.

Zumal in jenen 14. Tagen vom 21. April bis zum zehnten

Mai war mit das Schlimmste auch, daß man von der Außenwelt völlig abgeschlossen war, daß jede Nachricht und Verbindung fehlte, daß es keine Zeitung und keinen Rundfunk, kein Telefon, ja nicht einmal Strom gab. Der erste, sehr umfängliche Besatzungsbefehl – wohl vom 28. April – machte neben dem Gesamtgeschehen zusätzlich deutlich, daß wir als Deutsche nunmehr völlig ausgeliefert waren. Das Stadt- und Straßenbild wurde beherrscht von der Roten Armee.

Ich bin in Berlin 1904 geboren und habe es also in sehr verschiedenen politischen Phasen kennengelernt – aber doch immer als gültige und wirksame Hauptstadt meines Vaterlandes. Jetzt aber war Berlin nicht nur unermeßlich zerstört, sondern in fremder Hand und unter fremder Hoheit und mit ihm das ganze Land. Immer wieder trat mir in jenen Tagen ein Bild vor Augen, ein Foto von der Besetzung Prags durch deutsche Truppen Mitte März 1939. Damals hatte mich dieses Bild erschüttert: deutsche Marschkolonnen, abgeschirmt durch tschechoslowakische Polizisten, hinter denen Bevölkerung stand, erkennbar tief deprimiert und viele weinend, so das Foto. Jetzt spürte ich am eigenen Leib, wie das ist, fremd besetzt und völlig ausgeliefert zu sein. Wir waren nur noch Objekt, und das hatten wir uns überdies selbst zuzuschreiben.

Daß die Kampfhandlungen in Berlin tatsächlich abgeschlossen waren, erfuhr ich durch einen Maueranschlag: »Berlin hat am zweiten Mai kapituliert.« Nichts darüber, wie es anderswo weitergegangen war, und schon gar nichts darüber, wie es weitergehen sollte.

Anschläge an Häusern, Bäumen und Plakattafeln ersetzten Rundfunk und Zeitung. Neben Anordnungen des Militärbefehlshabers, darunter auch karge, aber äußerst willkommene Lebensmittelzuteilungen, war am vierten Mai auch der Text einer Siegesrede von Stalin zu lesen und unabhängig davon besonders hervorgehoben ein Satz, den ich gerne als Zeichen von Hoffnung verstehen wollte. Der Satz lautete: »Die Hitler kommen und gehen, das deutsche Volk, der deutsche Staat bleiben bestehen.«

Erst am neunten Mai erfuhren wir durch ein großes Fest-
schießen der Eroberer mit Leuchtspurmunition usw. die bloße
Tatsache, daß am achten Mai die Wehrmacht endgültig und insgesamt kapituliert hatte. Dabei fand der Akt der Kapitulation
am achten Mai in Berlin statt, in einem östlichen Vorort. Es
dauerte Wochen, bis die nächste Zukunft wenigstens in Umris-
sen erkennbar wurde. Zweifachen Trost hatte ich. Zum einen
war ich heilfroh, daß ich meine Frau mit unseren Kindern
rechtzeitig im Bayerischen Wald bei Verwandten hatte unter-
bringen können. Ein Lebenszeichen bekam ich von ihnen allerdings erst im September.

Zum anderen: Gleichgesinnte fanden sich schnell wieder zusammen. Am Sonntag, den 29. April, war Kirchgang möglich.
Der erste sowjetische Befehl enthielt eine Fülle von Verboten,
aber Kirchgang am Sonntag war zugelassen. Bei dieser Gelegenheit begegnete ich in einer Zehlendorfer Kirche alten Vertrauten
aus der Weimarer Zeit, die über »tausend Jahre« hinweg verbunden geblieben waren. Auf der Stelle begannen Gespräche, wie es
wohl weitergehen würde. Spontan wurde einhellig bekundet,
diesmal müsse es von den Demokraten besser gemacht werden
als in Weimar. Daß uns die Einheit Deutschlands genommen
werden könnte, das allerdings haben wir selbst in jenen schrecklichen Tagen uns nicht ernsthaft vorstellen können.

MARTIN GREGOR-DELLIN
Überfahrt

Hier in Cherbourg, im April 1945, konnten wir es uns nicht
erklären, warum ausgerechnet unser kleiner Haufe, das letzte
Aufgebot aus Abiturienten und alten Landwirten, das mittel-
französische Hungerlager Attichy hatte verlassen dürfen und
nun noch einmal ausgesondert und von den übrigen Kriegsgefangenen getrennt werden sollte. Gerüchte über eine Verlegung
ins Innere des Landes oder nach England kursierten, aber daß

dies alles nicht zutreffen mochte und der Ratschluß höherer Instanzen im Krieg undurchsichtig blieb, hier wie dort, das hatte ich nun ein Dreivierteljahr lang erfahren, seit ich, nicht ganz achtzehnjährig, in diese Kriegsmaschinerie geraten war.

Um nicht von ihrem Räderwerk zermalmt zu werden und so gut es ging zu überleben, einfach weil mir mein Unbewußtes sagte, dies alles lohne den Einsatz nicht mehr, hatte ich mich auf einen kleinstmöglichen Punkt in mir zurückgezogen, war zusammengeschrumpft und unter einem Tarnhelm verschwunden, der sogar vor mir selbst meine wahren Empfindungen verbarg, mit einem Wort: Ich hatte keine. Als ich Jahre später las, Papst Gregor habe die Zeit vor seiner Erwählung in einer winzigen, mit Flüssigkeit gefüllten Mulde eines Steines verbracht, kam mir dies sonderbar vertraut vor; man konnte sich auf die Maße eines menschlichen Herzens verkleinern, so daß die Geschosse an einem vorbeiflogen und die Anfechtungen und Erschütterungen einen nicht berührten.

Es hieß nämlich auch, wegzuhören, nichts mehr zu glauben, was man vorher geglaubt hatte, nichts an einen heranzulassen, solange diese eine Krise nicht durchgestanden war, von allem Abschied zu nehmen, das hinter einem lag, ohne es allerdings völlig zu vergessen, das Erinnerte vielmehr eingekapselt in sich zu bewahren und fortzunehmen in eine Phase der Bewußtlosigkeit, hinter deren Horizont die Vergangenheit, in diesem Fall die ganze Kindheit, wie eine Insel im Meer versinkt.

Sehe ich mir allerdings heute die Achtzehn- oder Neunzehnjährigen an, so scheint es mir, als wären wir damals doch noch immer Kinder gewesen, denen dies alles viel zu schwerfiel und die in dieses Kriegsende stürzten wie in den Betäubungsschlaf einer verlängerten Pubertät, und übrigens waren die »alten« Landwirte, die man mit uns in das letzte Trommelfeuer im Hürtgenwald trieb, so alt auch wieder nicht. Nur konnten sie immerhin unsre Väter sein.

Von den Gefährten der kurzen Ausbildungs- und Frontzeit war mir nach einem wirren Durcheinander in der Eifel nur der Halberstädter Treidler geblieben, mit dem ich in Attichy hungernd auf endlosen Spaziergängen lange Speisefolgen entwarf und der dann später hoffentlich jenes Mädchen geheiratet hat, mit dem er alle diese Speisefolgen von oben bis unten mehrmals hintereinander herunteressen wollte. Neben ihn trat in Cherbourg mit einemmal der Optiker Schröder aus Frankfurt am Main, von dem ich irgendwann vor der Entlassung aus der Gefangenschaft getrennt wurde und den ich leider nie wiedergesehen habe, obwohl ich ihm, dem Älteren, ein zunächst unscheinbares, aber entscheidendes Erlebnis verdanke, das zu meiner Wiedererweckung aus dem Zustand der flüssigen Kugel, zu meiner Bewußtseinsauferstehung und politischen Neugeburt nicht wenig beigetragen hat, und das kam so.

Bei der Bekanntgabe von Roosevelts Tod im April 1945 stand Schröder neben mir auf dem Appellplatz des Lagers von Cherbourg, das auf einem kleinen Hügel gelegen war, und während das Sternenbanner auf halbmast gesetzt wurde, begann Schröder in reinstem Hessisch, das er schmallippig und übrigens immer sehr leise und ein wenig zischend artikulierte, neben mir etwa folgendermaßen zu flüstern: Dieser Mann, Franklin D. Roosevelt, das solle ich mir jetzt und auf der Stelle merken, sei im Gegensatz zu manch anderen ein sehr großer Mann gewesen, ein bedeutender Mann, der, längst krank, den Sieg noch habe sich abzeichnen sehen, obwohl er den Triumph nun anderen überlassen müsse, und es werde einen Triumph geben ohnegleichen; dieser Mann also, auch wenn man noch nicht wisse, ob er abermals wie die Staatsmänner nach 1918 mit dazu beigetragen habe, den Krieg zu gewinnen, aber den Frieden zu verspielen, er werde – und darauf könne ich mich verlassen – von den Amerikanern als der größte Präsident ihrer Geschichte bezeichnet werden, denn er, Roosevelt – so Schröder aus Frankfurt –, habe als einziger ein soziales Programm, den New Deal, ohne diktatorische Vollmachten auf demokratischem Wege verwirklicht und seinem Volke die vier Freiheiten, ohne sie noch ganz verwirklicht zu haben, mutig vor Augen gehalten, um die zu kämpfen und für die zu leben es sich lohne: die Freiheit von Not, die Freiheit von Angst, die Freiheit der

Rede und die Freiheit des Glaubens. Und dahinter verbergen sich das Ende der Armut, das Ende der Kriege, die Freiheit des Wortes und der Kunst und die Freiheit der Religionsausübung, wohlgemerkt: Freiheiten von etwas und zu etwas. So Schröder.

Ich weiß nicht genau, ob ich hier zusammenziehe, was in Wirklichkeit der Gegenstand mehrerer und immer wieder aufgenommener Gespräche war, die sich über Wochen hinzogen und meist von Schröder allein bestritten wurden, aber sie begannen, das weiß ich, an jenem Tage und mit der geflüsterten Ansprache in jenen Schweigeminuten zu Ehren Roosevelts. Kurz danach, es war jedenfalls Ende April, wurden Treidler, Schröder und ich einer Kolonne von etwa dreihundert Kriegsgefangenen zugeteilt, die sich nach dem Hafen in Marsch setzte und dort auf ein sogenanntes Liberty Ship, einen Kriegsschnellbau und Seelenverkäufer von 3500 BRT, der leer nach den Vereinigten Staaten zurückdampfte, verladen. Das heißt, den Zielort wußten wir natürlich nicht, wir glaubten nicht an eine Atlantiküberquerung, noch als wir vor Southampton vor Anker lagen, wo sich der für Mannschaften eigentlich nicht eingerichtete und unterproviantierte Transporter mit über hundert anderen Schiffen zu einem von Kriegsschiffen gesicherten Geleitzug vereinigte, da noch immer U-Boot-Angriffe befürchtet wurden.

Auf einem dieser anderen Schiffe befand sich der Dichter Hermann Lenz, dessen Eindrücke von der dreiundzwanzigtägigen Überfahrt, noch einmal hungernd verbracht, mit den meinen übereinstimmen. Wir kamen selten an Deck, was wohl am schlechten Wetter oder am schweren Seegang lag. Schröder und ich hatten uns aus einer Pappe ein Schachspiel mit Figurenplättchen zurechtgeschnitten, Schröder brachte mir Schach bei, und während dieser Spiele – ich habe später nie mehr Schach gespielt – fanden die Gespräche statt, in denen Schröder so etwas wie die Rolle Settembrinis aus dem »Zauberberg« übernahm (den ich in Amerika las).

Ich kann mich nicht erinnern, daß ich auf dieser anstrengenden, quälenden Schiffsreise aus den Gesprächen mit dem Optiker schon irgendwelche Schlußfolgerungen für mich gezogen oder die Gedanken Schröders ganz in mich aufgenommen und weitergedacht hätte, aber je länger wir fuhren, je weiter wir uns vom europäischen Festland entfernten, um so größer wurde auch die Distanz zur Vergangenheit, um so schärfer wurde Schröders Optik.

Daß mir der Zufall ausgerechnet einen Frankfurter Optiker als Gesprächspartner zur Seite gestellt hatte, gehört zu den Merkwürdigkeiten, über die mich zu wundern ich mir längst abgewöhnt habe. Woher Schröder seine politischen Kenntnisse und Überzeugungen hatte, weiß ich nicht, ebensowenig, wie ich auf sie reagierte – vermutlich nicht anders als Hans Castorp, der es auch nur bei einigen Nachfragen beläßt, bevor er das andre Ufer seines Lebens erreicht hat, sofern er es jemals erreicht. Aber als sich dann an jenem Maimorgen 1945 die Nachricht vom Tode Hitlers auf dem Schiff verbreitete, die Schröder nur mit einem kurz ausgestoßenen Gelächter quittierte, bei dem sich sein schmallippiger Mund unnachahmlich in die Breite verzog – wir lagen beide in den Hängematten –, da regte sich in mir überhaupt nichts oder vielmehr ein stillschweigend zustimmendes Einverständnis mit einer Geschichte, die so und nicht anders hatte ausgehen müssen.

Es stellte sich heraus, daß ich mit der Wirklichkeit von gestern bereits seit meiner Rekrutierung zum Militär am 30. Mai 1944 und einem kurz darauf folgenden Schockerlebnis abzuschließen begonnen hatte, wobei ich zu jener ungreifbaren flüssigen Kugel von der Größe einer geschlossenen Faust geronnen war. Jetzt fiel nichts mehr ab, jetzt war nichts mehr übrig. Mochten da zu meiner Verwunderung auch einige wenige unter den dreihundert im Bauch des Schiffes vor verwundetem Glauben – oder aus Unglauben an den Selbstmord Hitlers – noch aufschreien, toben und sich sogar schlagen, die meisten reagierten wie ich oder wie Schröder, oder sie waren wie Treidler damit beschäftigt, zu einigen zusätzlichen Schiffskeksen zu kommen, zu einer Sonderration auf dem schwarzen Markt, der über einen Mittelsmann, einen geschäftstüchtigen deutschen Gastwirt, zwischen Küche und Mannschaftsraum in Gang gekommen war: zwei Rationen gegen eine Armbanduhr.

Insofern der Hunger oder der Kampf gegen den Hunger die Politik verdrängte, und in einigem mehr, spiegelte die Situation auf dem Schiff bereits genau die Nachkriegswirklichkeit in den deutschen Besatzungszonen oder nahm sie vielmehr vorweg, und wenn ich mich heute frage, warum, nachdem die Angst gewichen war, dieser Wandlungs- und Umstellungsprozeß ohne Bedauern so schnell funktionierte, so ohne sichtbare Lüge und ohne Bruch in den Lebensläufen und Familien, dann finde ich vor allem jene Erklärung, die sich mein Optiker bei der ironischen Betrachtung seiner Mitgefangenen schon damals hätte zurechtlegen können, ohne daß ich mich erinnere, daß er sie wirklich ausgesprochen hat: Eine falsche Identifikation brach da, vereinfachend gesprochen, lautlos in sich zusammen, und mit dem Erlöschen des falschen Über-Ichs, des fatalen Götzen auf dem Thron, der durch magische Verleihung von Macht vom Oberstfeldzeugmeister bis herab zum Rottenführer der Pimpfe, von der Reichsfrauenführerin bis zum Blockwart über ein Volk von Führern geherrscht hatte, erlosch auch das ganze System aus Gelitzten, Gekragelten und Geschnürten und denen, die es jederzeit werden konnten, die ganze Reichsbeförderungshierarchie mit ihrem Anspruch auf Weltherrschaft, alle waren mit einemmal auf unheimliche Weise »freigesetzt« – fragte sich nur, wozu. Von Reichsgedanken oder »Nationalbewußtsein« oder wie die zahlreichen Quellen heißen mochten, aus denen sich das ideologische Gebräu gespeist hatte, blieb in diesem Moment erstaunlich wenig übrig, als mache sich jedermann in alle denkbaren Richtungen so schnell wie möglich davon und fliehe den Unrat, und in der Tat schien dies niemandem die geringsten Mühen oder Skrupel zu verursachen.

Ich erinnere mich eines äußerst leidenschaftslos geführten Gesprächs zwischen Kriegsgefangenen, das einmal bereits gegen Ende der Überfahrt auf dem Schiff stattgefunden haben muß, ein zweites Mal, und dann doch erheblich leiser und betroffener, nach der Vorführung jenes Dokumentarfilms, den das U.S. Signal Corps während und nach der Öffnung der deutschen Konzentrationslager angefertigt hatte und den ich seitdem in voller Länge nie wieder gesehen habe: Es wurde in diesen Gesprächen mit größter Ruhe und Gelassenheit die Auffassung vertreten, Deutschland, jedenfalls der westliche Teil davon, werde ja wohl nun für immer und ewige Zeiten amerikanische Kolonie oder Mandatsland bleiben, und das sei noch das Beste, was ihm passieren könne – und dem wurde kaum widersprochen. Es mag doch gut sein, zu wissen, was die damals Geschlagenen, die zur politisch maßgebenden Generation von heute gehören, in den Stunden ihrer Scham als die gerade noch einmal Davongekommenen gedacht haben. In einem Punkt bekam Optiker Schröder alsbald recht: Wen immer wir in Amerika nach dem bedeutendsten Präsidenten der Vereinigten Staaten fragten, wir erhielten die gleiche Antwort.

Den achten Mai 1945, den Tag der bedingungslosen Kapitulation und des Kriegsendes, erlebten wir noch auf dem Schiff, das keinen Namen hatte. Wenn ich mich recht erinnere, feierten die Amerikaner den Sieg in Europa nicht ähnlich triumphal wie den Sieg in Ostasien. Und was dachten wir? Wie empfanden wir, außer daß wir erleichtert waren? Den Schwur, niemals wieder ein Gewehr in die Hand zu nehmen, hatten die meisten von uns schon bei der Gefangennahme abgelegt, ich auf halbem Wege zwischen Düren und Köln. Jetzt standen wir zufällig einmal an Deck und sahen die zahllosen Schiffe des Geleitzugs sich aus den Wogen des Atlantiks heben und wieder in sie senken, und es stellte sich eigentlich nur das Gefühl ein: Mein Gott, wir fahren ja in die falsche Richtung!

Jetzt war der Krieg zu Ende, und wir entfernten uns immer mehr von Europa. Das war zwar nicht gerade eine Katastrophe, wie sich herausstellen sollte, beileibe nicht, es war nur einfach zum Lachen. Das Heimweh, an dem ich als Kind und noch bis in mein achtzehntes Lebensjahr so schrecklich und schmerzhaft gelitten hatte, daß ich glaubte, es nie überwinden zu können und daran einmal zugrunde zu gehen, war in Belgien, Frankreich und der Eifel ausgebrannt, die Wunde vereist; es war seit dem Zusammenschmelzen meines Bewußtseins auf einen Punkt einfach nicht mehr vorhanden. Es stellte sich auch nicht wieder ein, als die Entfernung von Europa immer mehr wuchs, und war auf eine gewisse Weise auch gegenstandslos geworden, nachdem mich in Amerika die Gewißheit eingeholt hatte, daß mit der Besetzung Thüringens durch die Sowjets die Vorkriegswelt meiner Kindheit mit ihrer gemüthaften Provinzialität, mit den traulichen Bratwurstständen an der Landstraße nach Weimar und dem sich eben erst – und zu spät – stabilisierenden Bürgertum der alten deutschen Mittelstadt, aus der ich stammte, ein für allemal untergegangen war. Der Blick ging nach vorn. Am Horizont tauchte die Freiheitsstatue auf, wir erkannten sie durchs Bullauge. Wir näherten uns New York.

PIERRE GRÉGOIRE
Worte ohne Folgen

Unsere Befreiung aus dem Vernichtungslager Mauthausen durch eine amerikanische Vorhut, unsere Selbstverwaltung bis zum Eintreffen der Befreiungsarmee sowie meine verantwortliche Mitwirkung – als Leiter einer Widerstandsgruppe im Lager – am zeitweiligen Ordnungs- und Sicherheitsdienst ließen mich – zwischen dem fünften und achten Mai 1945 – die unterschwellige Stimmung und Gefühlslage der heimwehkranken Häftlinge hautnah spüren. In meinem Erinnerungsbuch »Die Zäsur der Entscheidung« schilderte ich die Zustände vom achten Mai:

»Plötzlich, am dritten Tage, im Angesicht der Amerikaner, die nun selber die Leitung aller Lagerbelange übernommen haben, ist der Ausbruch da. Wie eine Urgewalt bricht er ein in die scheinbare Friedlichkeit der Gemeinschaft, die sich bereits in Gruppen aufgelöst und nach Nationen geschieden hat. Taifunartig rast die Leidenschaft. Verderben will sie, und Verderben sät sie. Die Henker von gestern sind nicht mehr erreichbar. Doch die Henkershelfer leben in ihrer Mitte. Sie schreit nach

Blut. Sie lechzt nach Vergeltung. Sie dürstet nach Rache. Und sie stillt sich selber. Ihr Rausch überfällt auch die Blockältesten, die Blockschreiber, die Kapos, die Vorarbeiter, die Hartherzigen der Vergangenheit und alles, was einmal gepeinigt hat. Fiat justitia! Lynchjustiz! Polen, Russen und Spanier sind Richter und Hinrichter zugleich. Aus allen Ecken jagen sie das Gehaßte, in allen Winkeln finden sie die schlotternde Angst der Verborgenen, welche früher als Tenöre arischen Heldentums die Bühne der Bestialität beherrscht hatten. Hin auf den Freiplatz! Nieder mit ihnen! Fünf haben wir, dreizehn kommen noch, vierzig müssen es sein. Drauf, ihr Kameraden! Mit den Füßen dem Geschmeiß ins Angesicht! Auge um Auge! Blut für Blut! Es lebe die Freiheit!

Der Ekel vor der entnervten Gemeinschaft wird zum Gemeinschaftsekel der Besonnenen. Das Übel aller Dinge, der geistigen wie der politischen und der wirtschaftlichen, gelangt wieder zur Herrschaft: die tötende Mediokrität, welche aus sämtlichen Schulen des Leides und der Qualen taub und unfruchtbar nach Hause geht.

Ich flüchte aus den neuen Regionen ihrer Aktivität und verlasse als Magazinbetreuer in amerikanischen Diensten das Lager, um unten im Tale, in der Nähe der Donau, wieder Weite und Ungebundenheit um mich zu fühlen. Da ist wieder der wahre Atem des Lebens. Ich sauge ihn ein, erbebe in seiner Fülle. Noch ist die Furcht da, der Hauch des Todes, welcher jahrelang in mich eingeflossen ist, vermischt sich mit dem trunken machenden Fluidum der Freiheit. Doch sie fällt, sie zieht sich zurück und läßt das andere sich unbehindert auswirken. Eine Decke über mir öffnet sich. Der Raum, ein herrlicher Raum, der als endlicher Bogen das Unendliche trägt, ist mein. Ich darf ihn suchen, wo ich will. Ich kann wieder die Ferne aus der Nähe befragen, wenn die Lust mich ankommt, und kein Gewehr droht hinter meinem Rücken her. Ich darf sagen, was ich denke, ich darf ausschreien, was mich erfüllt, ich darf singen, wenn das Herz mir in die Seele überläuft. Alles ist da, und Gott ist mit mir gewesen, da Er mich in die Herrlichkeit der

Wiedergeburt geführt hat, und ich will mit Ihm sein als ein Auferstandener, der das Wunder Seiner Glorie wie keiner hinter dem Nachthimmel der Schmerzen erkannt hat.«

Der Ton dieser Beschreibung läßt die nachträgliche Formulierung erkennen. Was erzählt wird, hat eine längere Reifezeit erfahren. Es wurde nicht aus dem wirklichen Klima des Kapitulationstages in die ersten besten – oder schlechten – Worte abgelegt. Die Wirklichkeit war schwer zu fassen.

In der SS-Lebensmittelzentrale, die ich als Übersetzer der Amerikaner zu verwalten hatte, fand ich zwei abgelagerte, verstaubte und an den Deckeln stark lädierte Schreibhefte, die ich mir aneignete. Ich wollte darin meine Gefühle und Gedanken – im Rausch der ersten Befreiungsstunden – abklären. Vierzig Jahre lang blieben die schäbigen Notizbücher in meiner Bibliothek verborgen und vergessen.

Hauptstück, wenn nicht alleiniges Thema der Vermerke war die kommende Auswertung aller Gefängnis- und Lagererlebnisse in einer neu zu gründenden Tageszeitung. National markiert, sollte sie bereits im Titel »ELO« zeigen, daß sie sowohl das Augenblicksgeschehen scharf umreißen als auch Menschen und Institutionen sondieren sollte. Dreisprachig sollte das kritisch und spritzig informierende Blatt sein: luxemburgisch, französisch und deutsch. Aber dann wurde doch ein Fünftitelunikum daraus. Mit einem Vorspruch in englischer Sprache: »Father in Heaven, please, let me score a success! You appealed to me and asked me to do a job, to do it well and to do it at once. See me do it NOW!« (Vater im Himmel, gewähre mir, bitte, einen Erfolg! Du wandtest Dich an mich und gabst mir einen Auftrag, den ich bestens, ohne Aufschub, erfüllen sollte. Sieh, ich vollende ihn JETZT.)

In den verschiedenen Beiträgen wurden die ganze Härte des Empfindens wiedergegeben. Die Erbarmungslosigkeit der allzulang entwürdigten Kreatur kommt zum Ausdruck. In Luxemburgisch hieß es:

»Mir hun di schwéierst Joere vun onser Geschicht iwerstan; mir stin an der Paart, déi iwerféiert an eng aner Zäit. Eent soll

Jiddereen erfueren, eent musse se alleguerte wessen, dat iwer der Paart geschriwe stät: Wat geschter war, kéint net méi erem. Haut gi Méinsche verlaangt, déi ais Eegewelt fir mar an iwermar opbauen. Vir an der Front stin déi, déi fennef Joer laang d'Feier vun der Nazityrannei erdroen hun, déi äus de Kazetter, äus de Prisongen, äus den Emsiddlungslageren an äus dem Maquis.« (Wir haben die schwersten Jahre unserer Geschichte überstanden; wir stehen in der Pforte, welche überleitet in eine andere Zeit. Eines soll jedermann erfahren, eines müssen alle wissen von dem, was über der Pforte geschrieben steht: Was gestern war, kehrt nicht mehr wieder. Heute werden Menschen verlangt, die unsere Eigenwelt für morgen und übermorgen aufbauen. In vorderer Front stehen diejenigen, welche fünf Jahre lang das Feuer der Nazityrannei ertragen haben, die aus den Konzentrationslagern, aus den Gefängnissen, aus den Umsiedlungszentren und aus dem Maquis.) Im französischen Teil wurde unter dem Titel »Au Pilori« (am Pranger) hart und hochmütig erklärt:

»Je me présente. Je suis appelé à ce poste par Sa Majesté la Douleur, le Procureur général dans la Cour des Grands Justiciers. Je suis l'Avocat des Infortunés et des Poursuivis. Je serai le porte-parole du Droit et de la Justice dans les bas-fonds peuplés par les politicards et leurs souteneurs. Et je confesse que j'ai fait inscrire sur mes armes un seul mot, qui est tout mon programme: Implacable!« (Ich stelle mich vor. Ich bin auf diesen Posten berufen von Ihrer Majestät der Qual, der Generalstaatsanwalt am Gerichtshofe der Großen Rächer. Ich bin der Verteidiger aller Unglücklichen und Verfolgten. Ich werde der Wortführer des Rechtes und der Gerechtigkeit in den Niederungen der Politikaster und ihrer Zuhälter sein. Und ich bekenne, daß ich auf mein Wappenschild ein einziges Wort habe eintragen lassen, das mein ganzes Programm darstellt: Unerbittlich!)

Und in deutscher Sprache wurde nicht weniger eindeutig gegen das einheimische Kratzen- (Professor Damian Kratzenberg war in Luxemburg der – nachträglich hingerichtete – Heim-ins-Reich-Führer) und Drückebergertum geurteilt:

»Hier gilt nur eine Sprache, jene der Niedertracht, der Feigheit und der Brutalität. Hier gilt nur ein Wort, das für alle Kratzen- und sämtliche Drückeberger am Anfang und am Ende ihres Verrates stand: das deutsche. Also reden wir durch jeden Widerwillen hindurch deutsch zu den Hitler-Jüngern von hüben, damit sie den vollen Sinn unserer Ausführungen erfassen und sich in keiner Weise auf eine Unverständlichkeit oder auf ein Mißverständnis berufen können. Denn wir wollen ihnen gegenüber klar sein bis zur Erdrückung und offen bis zur Vollendung. Das wenigstens haben wir gelernt in jenen furchtbaren Jahren der Erniedrigung, da wir in den Lehranstalten des SS-Hasses, in den Konzentrationslagern aller Grade, das Germanentum blaurot auf weiß an unsern Körpern wirken sahen . . .«

Vierzehn Tage später, beim Rückflug in die Heimat, war das Geschriebene bereits zum Vergessenen geworden. Die Erneuerung des nationalen Lebens forderte vom einzelnen wie von der Gemeinschaft solche Umstellungen im geistigen und körperlichen Habitus, daß die ersten menschlich, allzu menschlichen Reaktionen nach der Befreiung leicht im Fluß der Renovierungs- und Rekonstruktionsdinge untergingen: Worte des Ressentiments, die nicht zu harten Taten wurden! Und das war gut so.

ALFRED GROSSER
Eigenlob im Rückblick?

Die größte Schwierigkeit: daß sie mit ihren Schlagzeilen nicht zu früh kommen. Sie, das sind die fünf Tageszeitungen von Marseille. Ja, der V-Day steht vor der Tür, aber wir Pressezensoren haben den Auftrag, zu verhindern, daß die deutsche Kapitulation in der Presse steht, bevor sie stattgefunden hat. Um keine Minute zu verlieren, hat jede Redaktion seit beinahe einer Woche die Titelseite druckreif liegen. Armer Chefredakteur der »Marseillaise«! Er wird damit seine Stelle verlieren: In seiner Sonderausgabe steht: »Die Glocken sind ertönt, die Sirenen haben geheult, die Staatsoberhäupter haben gesprochen« – obwohl das alles erst am neunten nachmittags geschieht – und die Sonderausgaben sind am Morgen erschienen!

Ja, ich übte damals das Amt eines militärischen Pressezensors aus, im Rang eines Oberleutnants, obwohl ich der Armee nicht angehörte, was mir aber beispielsweise den Zutritt zum Offizierskasino verschaffte, wo ich einmal am Tag richtig essen durfte. Damals hungerte man noch sehr in Südfrankreich. Kartoffeln waren eine Seltenheit, Butter und Fleisch rationiert wie in den schlimmsten Kriegsjahren.

Wieso »wie in den Kriegsjahren«? War denn vor dem achten Mai nicht mehr Krieg? Gewiß doch, aber . . . Aber der eigentliche Krieg, den man am eigenen Leib erlebt, der war seit August 1944 vorbei. Auch für mich. Am 27. Mai 1944 war Marseille von der amerikanischen Luftwaffe bombardiert worden. 2000 bis 3000 Tote. Mit meinen Schülern (ich war mit gefälschtem Ausweis Lehrer in einer katholischen Privatschule, seitdem im September 1943 die Gestapo in Saint Raphaël ein paar Stunden zu spät gekommen war) hatten wir zehn Tage lang Verscharrte ausgegraben, erst Lebendige, dann Leichen. Am 15. August waren die amerikanische und die französische Armee in Südfrankreich gelandet. Bald darauf fanden die – recht bescheidenen – Kämpfe für die Befreiung von Marseille statt, an denen ich – noch viel bescheidener – teilnahm. Dann wollte ich zur ersten Armee, die nach Norden weiterzog, um die Deutschen auch in Deutschland zu bekämpfen. Aber ich hatte einen schweren Unfall, und so wurde ich halt als mit Gehstock humpelnder Zivilist militärischer Pressezensor, ungefähr an meinem 20. Geburtstag, der am ersten Februar lag, zu einer Zeit, wo eben der Krieg, das heißt die Front, weit, weit weg lag.

Am achten Mai gab es natürlich doch viel Freude. Oder eher eine große Erleichterung. Der Taumel hatte vor Monaten stattgefunden. Übrigens nicht für mich: Ich konnte mich schon damals nicht kollektiv begeistern, und in den Tagen der Befreiung hat es dazu wirklich zu viel Rache und Roheit gegeben! Im Mai stand man schon mitten in den Problemen des Wiederaufbaus – wirtschaftlich, politisch, persönlich. Auch ich hatte ein ganz unkriegerisches Nahziel: seit Januar schrieb ich tagsüber – Zensor war ich von 22 Uhr bis 3 Uhr früh – an meiner Magisterarbeit über Gerhart Hauptmanns Roman »Der Narr in Christo Emmanuel Quint«. Nicht geplant war, daß Hauptmann 1946 sterben würde und daß ich so meinen ersten größeren Artikel in einer Pariser Zeitung veröffentlichen könnte.

Ich habe den Artikel behalten. Er faßte das zusammen, was ich mindestens seit September 1944 über Deutschland dachte – über das Verbrechen und das Mitläufertum. Es mag recht überheblich klingen: Mit 20 Jahren war mir ziemlich klar, was dann während der nächsten 40 Jahre meine Einstellung zur »Schuldfrage« sein sollte. Entschieden hatte sich das während einer Nacht im August 1944, als ich in den BBC-Nachrichten gehört hatte, daß die Insassen des KZs Theresienstadt nach Auschwitz transportiert worden waren, um dort vernichtet zu werden.

Darunter war die einzige Schwester meines 1934 verstorbenen Vaters und ihr Mann, ein Arzt, der wie manche Berliner Juden sein Vaterland Deutschland nicht hatte verlassen wollen. Am nächsten Morgen war ich sicher, daß es keine Kollektivschuld gab, daß es aber notwendig sein würde, die Verführten, darunter die Jugendlichen, vom Einfluß der zahlreichen Schuldigen zu befreien. Am achten Mai stand fest, daß für mich die Germanistik Beschäftigung mit dem Nachkriegsdeutschland zu bedeuten hatte.

Also Eigenlob im Rückblick? Nur in sehr begrenztem Maß. Denn ich war mir damals über vieles nicht im klaren, das meiner »Berufung« im Wege gestanden hätte oder ihre Richtung hätte verändern sollen. Ich hatte eigentlich sehr wenig Ahnung von dem Ausmaß des Schreckens: das Leiden der Opfer Hitlers mit den beinahe unvorstellbaren Massenvernichtungen; das Leiden der Deutschen: Am achten Mai wußte ich nicht, daß in Gefangenenlagern ganz nahe von Marseille Tausende von deutschen Soldaten, darunter viele, die noch jünger waren als ich, buchstäblich verhungerten.

Und auch während der nächsten Tage versuchte ich nicht zu

wissen, was in Algerien gerade am achten begonnen hatte: Abertausende von unschuldigen Arabern sind da von französischen Truppen niedergeschossen worden als Repressalien für eine blutige Aktion von Nationalisten. Damals stellte ich mir bereits die Frage, ob Unwissen Mitschuld sei – dies auf Deutschland und die Deutschen bezogen. Im Rückblick weiß ich, daß eine bejahende Antwort mich an diesen Maitagen auch zum Schuldigen machte.

MAX VON DER GRÜN
The war is over

Welcher Tag es genau war, der achte oder neunte oder zehnte Mai, das weiß ich nicht mehr, jedenfalls erschien – was selten genug war – an dem bewußten Morgen der Lagerkommandant persönlich zum Zählappell und trat vor die Front – besser: offenes Viereck – der etwa zweitausend angetretenen deutschen Kriegsgefangenen. Er sagte nur einen Satz: The war is over in Europe.

Dann drehte er sich um und verließ ohne jedwede weitere Erklärung das Camp.

Ich glaube, auch die, die kein Englisch verstanden, hatten begriffen, was der Captain gesagt hatte.

Dann stiegen wir auf die vor dem Lagertor wartenden Lastwagen, die uns wie all die Monate vorher auch in Gruppen von zehn bis dreißig Personen zur Arbeit fuhren, entweder auf umliegende Farmen oder zu anderweitigen Arbeiten.

Schauplatz: Ein POW-(Prisoner of War-)Camp in Monroe in Louisiana im Süden der USA. Ich war knapp neunzehn Jahre alt und seit einem halben Jahr Kriegsgefangener in diesem Lager.

Als der Captain den Satz: The war is over in Europe ausgesprochen, uns abrupt den Rücken gekehrt und das Lager verlassen hatte, standen die zweitausend Männer steif und stumm wie eine Mauer. Keine Reaktion, weder Bedauern noch Freude noch Trauer; keine Wut, kein erlösendes Aufatmen, die Nachricht wirkte lähmend, obwohl wir das seit Wochen doch erwartet hatten; denn alle waren über den Verlauf des Krieges in Europa und in Asien und später in Deutschland unterrichtet, zumindest die Englischsprechenden hörten täglich die Meldungen im amerikanischen Rundfunk und lasen Zeitungen, die wir ins Lager geliefert bekamen. Das Gelesene und Gehörte wurde sogleich weitererzählt an jene, die nicht Englisch verstanden.

Ich arbeitete zu der Zeit seit Wochen auf einer Farm in einem dreißigköpfigen Arbeitskommando etwa zwanzig Meilen außerhalb Monroes, und die tägliche Fahrt dorthin und wieder zurück verlief stets fröhlich und ausgelassen trotz der ungewohnten Hitze, des feuchtheißen Klimas und der Müdigkeit am Abend von der ungewohnten Arbeit, aber an diesem Morgen sprach keiner, auch kein Witz wurde erzählt, stumm fuhren wir zur Arbeit, und, was das Seltsamste war: Jeder vermied, dem anderen ins Gesicht zu sehen, so als schämte sich einer vor dem andern.

Endlich, als wir auf der Farm ankamen und vom Lastwagen sprangen, sagte ein etwa fünfzigjähriger Mann, zu dem ich nur losen Kontakt hatte vorher, weil er in einer anderen Baracke untergebracht war: Na, endlich ist es zu Ende. Jetzt lassen sie uns bestimmt bald nach Hause.

Von da ab wurde er von allen gemieden, als hätte er etwas Unanständiges gesagt und jedermann beleidigt.

Ich begriff das nicht. Warum waren die anderen wie er und wie ich auch nicht ebenso erleichtert über das Ende des Krieges. Auch ich teilte die Hoffnung des Mannes, von dem ich lediglich wußte, daß er aus Hannover stammte, verheiratet war und zwei heiratsfähige Töchter hatte.

Während der Arbeit suchte ich seine Nähe, was nicht schwer war, denn während der Arbeit hatten wir relativ viel Freiheit, ein einziger GI bewachte uns, aber der lag meistens unter einem schattenspendenden Baum und schlief oder döste mit dem Gewehr im Arm.

Wohin hätten wir auch fliehen können.

Am Nachmittag, nachdem wir beide zwei Stunden schweigend nebeneinander gearbeitet hatten, faßte ich Mut und fragte den Mann: Warum sind denn die anderen so komisch?

Er richtete sich auf und sah mir direkt in die Augen, er lächelte, er hätte mein Vater sein können: Mein Junge, die sind nicht komisch, die sind beleidigt, weil sie den Krieg verloren haben. Denn wer verliert, der ist kein Held mehr. Und sie waren doch alle Helden bis heute, das mußt du doch an ihren Reden herausgehört haben, sie waren Helden, die von den Oberen vergessen worden sind und denen man unbegreiflicherweise vergessen hatte, das Ritterkreuz umzuhängen. Du bist noch zu jung, aber du wirst es in den nächsten Tagen und Wochen erleben. Halte deine Ohren und Augen offen.

An diesem Abend besuchte ich ihn in seiner Baracke, und er begann, mir das Schachspiel beizubringen.

An den folgenden Tagen waren die diskutierenden Gruppen auf dem Gelände des Camps nicht zu übersehen. Plötzlich waren vordem Befreundete befeindet, vordem Befeindete gingen Arm in Arm durch das Lager. Ich gewann den Eindruck, die Hälfte der Insassen stünde der anderen Hälfte feindlich gegenüber: Auf der einen Seite die gedemütigten Helden, denen der Krieg unvergänglichen Ruhm versprach, auf der anderen Seite die endlich Erlösten, die der Krieg gedemütigt hatte.

Es war eine irre Situation.

Ich war wohl der Jüngste im Lager, mit mir hatte man Nachsicht, sowohl die eine wie auch die andere Seite, vielleicht hatte man mit mir auch Mitleid, und ich pendelte zwischen den Blökken hin und her. Aber jeden Abend kehrte ich zu meinem Schachlehrer zurück, nicht nur um des Schachspiels willen, denn er klärte mich nach und nach auf, was im Lager wirklich vor sich ging. Er sagte eines Abends, als wir uns am Schachbrett gegenübersaßen: Junge, mach dir nichts vor, hier im Lager sind Leute, die glauben immer noch, daß die Japaner jetzt für uns den Krieg gewinnen werden. Sie tun mir leid, weil sie so verblendet sind, und sie sind so verblendet, weil sie so erzogen worden sind. Aber vor denen habe ich Angst, wenn die wieder nach Deutschland zurückkehren; denn für die war dann der

Krieg nur ein Betriebsunfall. Ich habe wohl damals nicht viel von dem begriffen, aber ich habe es für später behalten.

Eine Woche später gab es eine nächtliche Schlägerei, daß sogar Wachposten mit Waffen – was streng verboten war – in das Camp stürmten, um die sich Schlagenden zu trennen: Eine Gruppe, wie ich anderntags erfuhr, von etwa vierzig Männern hatte das Horst-Wessel-Lied gesungen und war daraufhin von denen, denen der Krieg Unglück war, mit Steinen beworfen worden. Es folgte eine erbarmungslose Prügelei.

Nach diesem Vorfall verhängte der Lagerkommandant vier Wochen so etwas wie Ausnahmezustand: Um acht Uhr abends mußte jeder im Bett sein, Lebensmittel wurden gekürzt und Vergünstigungen gestrichen. Es gab keine Zeitungen mehr, und Radiohören wurde untersagt.

Zehn Männer wurden abgeführt und in ein anderes Lager verlegt. Als sie am Lagertor auf ihren Abtransport warteten, sangen sie erneut das Horst-Wessel-Lied, und etwa fünfhundert Lagerinsassen, die sich auf dem Sportplatz versammelt hatten, klatschten ihnen Beifall.

Viel später habe ich erst begriffen, was da vor sich gegangen war, als ich nach Deutschland zurückkehrte.

HILDEGARD HAMM-BRÜCHER
Erinnerungen und ein Tagebuch

Zunächst wollte ich nur die Tage des Kriegsendes aus meiner heutigen Sicht beschreiben, dann erinnerte ich mich, daß ich damals Tagebuch geführt und manches aufgeschrieben hatte, was mir – der knapp Vierundzwanzigjährigen – so durch Kopf und Herz ging. Wie durch ein Wunder konnte ich die vergilbten Oktavhefte und Aufzeichnungen auf Feldpostpapier unter Bergen anderer persönlicher Arbeiten wiederfinden.

Bei neuerlicher Durchsicht erschienen sie mir heute – nach vierzig Jahren –, gerade weil sie Zeugnisse meiner damaligen unmittelbaren Betroffenheit sind, als recht aufschlußreich und als eine authentische Momentaufnahme meiner damaligen Empfindungen. Ich füge diese – gekürzten und leicht redigierten – Aufzeichnungen deshalb an und hoffe, damit meine Rückerinnerung durch das unmittelbare Erleben zu vervollständigen.

I.

Die letzten Wochen und Tage des Krieges und der Hitler-Diktatur habe ich aus heutiger Sicht in einem Schwebezustand zwischen Angst und Erlösung erlebt. Ich war knapp vierundzwanzig Jahre alt und hatte gerade nach zweieinhalbjähriger experimenteller Arbeit mein mündliches Doktorexamen der Chemie hinter mich gebracht. Es war ein Studium, mit dem ich in der damaligen Situation auf unabsehbare Sicht keinen Lebensunterhalt würde verdienen können.

Über das Schicksal meiner drei Brüder war ich ebenso im ungewissen wie über Leben oder Tod naher Verwandter und Freunde. Ich wohnte seit 1943 – nachdem ich in München mehrfach ausgebombt war – in einem etwa zehn Quadratmeter kleinen Zimmerchen in Starnberg, um in der Nähe meines verehrten Doktorvaters, des weltbekannten Chemikers und Nobelpreisträgers Heinrich Wieland, sein zu können.

Wochenlang hatte ich mich mit meiner zuverlässigen und immer hilfsbereiten Hausfrau und mit Freunden auf das Kriegsende und ein völlig ungewisses Überleben danach vorbereitet.

Zur Vorbereitung gehörten meine Vorräte: fünf mittelgroße Säcke mit abgesparten luftgetrockneten Brotscheiben, selbstfabriziertes Saccharin, selbstgekochte Seife, selbstgepreßtes Rapsöl und andere kostbare Eß- und Tauschvorräte. An zehn (!) Stellen hatte ich (später teilweise nie wiedergefundenes) Geld versteckt und Schmuck und Papiere in alten Blechdosen vergraben.

In den Tagen vor der wahrscheinlichen Besetzung Starnbergs durch amerikanische Truppen wurde unser Städtchen »verteidigungsbereit« gemacht. So wurde zum Beispiel direkt vor meinem ebenerdigen Fenster eine »Panzersperre« aus ein paar Baumstämmen errichtet und den Hausbewohnern von einer Werwolfführerin aufgetragen, bei Einrücken des Feindes an dieser Panzersperre zu stehen und kochendes Wasser in die amerikanischen Panzer zu gießen. Durch solche und andere kindische Vorhaben – wie zum Beispiel das Anbringen von Sprengstoff an kleinen Holzbrücken, die über schmale Flüßchen führten – sollte nach dem Willen der letzten rabiaten Ortsnazis der Vormarsch der Amerikaner aufgehalten werden.

Doch gottlob – und dank einer realistischen Einschätzung der Lage durch die Starnberger – kam dann alles ganz anders. Als die amerikanischen Jeeps und Panzer wenige Tage vor Kriegsende durch meine Straße nach Starnberg hereinrollten, hingen plötzlich wie durch Zauberhand an sämtlichen Fenstern weiße Bettücher (gelegentlich auch vergilbte weißblaue Fahnen), und als sich auf dem Marktplatz ein kleines Kontingent amerikanischer Soldaten versammelte, flogen bereits die ersten Blumensträuße, und aus einer kleinen Konditorei wurde friedenstiftendes Eis herausgebracht.

Damit war für uns Starnberger der Krieg vorbei, und es folgte die Nachkriegszeit.

Sie begann in der Nacht und verlief weniger idyllisch als die Besetzung. Die ersten Wohnungen mußten geräumt werden, Krach und Lärm quartiersuchender Amerikaner mischten sich in ängstliches Rufen und Kindergeschrei. Als ich am nächsten Morgen meinen Doktorvater (einen der ganz wenigen aufrechten Gegner der Nazis unter den Professoren der Münchner Universität) besuchen wollte, wimmelte es in seinem ganzen Haus von feiernden »Amis«. Hatte man das alte Ehepaar hinausgeworfen? Ich fragte besorgt herum. »The old man« hockte mit seiner Frau im Kohlenkeller und begrüßte mich (zum erstenmal, seit ich ihn kannte) mit einem sarkastisch-fröhlichen »Heil Hitler«. Die Hausbesetzer hatten absolut den Falschen getroffen! (Schon wenige Tage später tauchte allerdings ein ehemaliger amerikanischer Schüler auf, und die Hausbesetzung fand für die Wielands ein für allemal ein rasches Ende.)

In den nächsten Tagen tauchten in Starnberg die ersten verelendeten ehemaligen KZ-Häftlinge auf, und wo immer sie auftauchten, tat sich unter den Deutschen qualvolles Entsetzen, Angst und im Gefolge oft leider auch klammheimliche Abneigung auf. Als ich von einem amerikanischen Offizier gefragt wurde, ob ich von KZs gewußt hätte, bejahte ich dies wahrheitsgemäß. Weshalb gaben es so wenige zu? Das Ausmaß der Greuel- und Schandtaten konnte ich allerdings überhaupt nicht ermessen. Damals wurde mir allerdings rasch klar, daß die Nachkriegszeit und jeder mögliche Neuanfang von dieser grauenhaften Schuld, Scham und Verantwortung verdüstert und belastet sein würde. Ich zweifelte (und zweifle bis heute), ob wir diese Last je würden tragen und abtragen können?

In der Nacht des Waffenstillstandes am achten Mai fing ein großes Feiern und Freuen an. Erleichterung breitete sich aus, selbst bei Leuten, die nicht gerade zu den Nazigegnern gezählt hatten. Sie beteuerten, man sei ja schon immer dagegen gewesen. Die echten Nazis waren nicht mehr zu sehen. Ich weiß noch genau, daß sich wildfremde Menschen mit Tränen in den Augen um den Hals fielen ...

Nie wieder in meinem Leben habe ich so intensiv gefühlt, was es heißt, weiterleben zu dürfen – frei leben zu dürfen –, ohne Ängste in unendlicher Dankbarkeit und in der unerschütterlichen Hoffnung auf eine bessere Zukunft. In diesen frühen Sommertagen dankte ich Gott wie jener junge Watt in den »Flegeljahren« von Jean Paul für meine Zukunft, die nun irgendwann einmal beginnen würde.

II.

1. Tagebuchaufzeichnungen
15. April 1945

Der Krieg ist im Land bis zur Elbe, über die ich noch vor vierzehn Tagen verweint und stumpf vor Schmerz fuhr, bis Leipzig, wo ich die Brüder weiß. Diese Reise war ein unvergeßliches Erlebnis für mich. – Nachts fuhr ich durch Deutschland

»in den letzten Zügen« – hinauf in den Norden, und immer vor mir, heller als alle anderen Sterne, der Abendstern . . . überall aber dieses Elend. Die nächsten Wochen werden auch für uns die Entscheidung bringen. – Wir gehen unter, weil es diese Führung will – ihr Untergang soll auch der unsere sein –, vielleicht will es auch Gott. – Als ich am Karfreitag in Schwerin zum erstenmal seit langem das Abendmahl wieder nahm – fühlte ich mich gestärkt – wie die Gralsritter, die aus dem Montsalwatsch zurückkehren. – Ich fühlte mich Gott wieder anbefohlen. Mit der ganzen Kraft meines armen Herzens bete ich für die ver-streuten Brüder und Freunde – für alle Menschen, die mir auf dieser Reise begegneten und die ich nicht mehr vergessen kann.

22. April 1945
Die nächsten Tage müssen die Entscheidung bringen. Dreiviertel Deutschlands ist von Amerikanern, Russen, Engländern oder Franzosen besetzt. – Jede Stadt wird »bis zum letzten Mann« verteidigt – der Sturm auf Berlin hat begonnen. – Das Unglück wächst wie eine Lawine, die rollt und rollt – immer schneller. Ich bin arbeitsunfroh, unentschlossen und voll Unruhe. Ich röste Brot für die Hungersnot, packe meine Sachen, weil es dem Verteidigungskommissar von Starnberg eingefallen ist, vor meinem Fensterchen eine Panzersperre zu errichten.
Wie ich hoffe, daß nun alles besser wird!
Was uns die Zukunft bringen wird, ist ungewiß. Aber wir können sie empfangen, ohne noch fürchten zu müssen, daß uns jemand die Hände bindet oder den Atem raubt.
Der Krieg im Land haust wie ein Wirbelsturm . . .

17. Mai 1945
Das Gesetz, unter dem sich unser Leben entwickelte, gibt es nicht mehr. – Der Spuk der zwölf Jahre ist vorbei – wie eine Seifenblase – nein . . . wie ein unendlich häßliches, drückendes Gebilde! – Nur für dumme Deutsche konnte es etwas Schillerndes, Vielversprechendes sein . . . Das große schwere Schicksalsrad hat sich endlich gedreht. – Wieviel Kraft hat das geko-

stet. Manchmal schien es, als sei ein Haken über die Speichen geschlagen, so wenig schien es sich zu drehen.

Als die ersten amerikanischen Panzer an meinem Fensterchen vorbeirollten, war ich unendlich froh: Die Brüder werden wiederkommen ...

Mein Leben in diesen heißen Maitagen ist voll wechselnder Empfindungen ... Ich mache weite Spaziergänge, arbeite, verzehre mich vor Sehnsucht, erlebe glückliche Augenblicke. –

An meinem Geburtstag waren zum erstenmal seit Jahren keine Eisheiligen, nur strahlende Sonne und Wärme. Der Krieg in Europa ist aus – aber ich traue der Waffenruhe noch nicht. Wie gut, daß ich »Fräulein Doktor« bin!!

Zum erstenmal hat das Weltgeschehen Eingang in mein Tagebuch gefunden, was es bisher nur überschattete –

2. *Aufzeichnung*
   Mai/Juni 1945
Auch heute, während ich das schreibe, sitze ich an meinem offenen Fenster, das zu ebener Erde liegt und nun nicht mehr mein kleines Zimmerchen von der Welt abschließt, sondern sie hereinläßt mit all ihrer Sommerwärme und das meine Gedanken hinausläßt aus dem kleinen Raum, in dem sie sich während des langen, kalten Winters immer mehr verfingen und verwirrten ...

Nicht nur gegen die Kälte schloß mein Fensterchen unvollständig. Auch Angst drang durch die Ritzen, immer wiederkehrende Laute schlichen sich herein. Seitdem ist für mich Furcht immer mit diesem Geräusch verbunden, das genagelte Schaftstiefel auf dem Pflaster erzeugen ... Wenn ich dieses Geräusch höre, werde ich immer Angst haben ...

Warum ...? Das Gesetz, unter dem wir viele Jahre standen, das uns in allem beschränkte, unter dem wir wechselnd mehr oder weniger stark leiden mußten, das uns nie zur Ruhe kommen ließ, dieses Gesetz wurde von den Trägern solcher knallenden Stiefel verkörpert, wie sie viermal am Tag während dieses Winters an meinem Fenster vorbeigingen, hinter dem ich saß und auf mein Abschlußexamen lernte. Ich kannte sie vom Sehen – die uniformierten Nazis, und jedesmal unterbrach ich meine Arbeit und wartete auf dieses Geräusch, um mir dann die Ohren zuzuhalten, bis die vier Männer vorbeigegangen waren, die von ihrer Parteidienststelle kamen oder zu ihr gingen. In der Hand solcher Männer wußte ich das Schicksal meiner gefangenen Brüder, meiner Freunde, die für *sie* draußen sein mußten. – Worüber sie sprachen, wenn sie vorbeigingen, weiß ich gar nicht. Aber in meiner Angst glaubte ich immer, die Worte zu hören, die uns alle vernichten sollten.

Und nun knallen sie nicht mehr! Die drei Dicken und der fanatische Hagere werden nie mehr vorbeigehen. Jetzt gehen auf unhörbaren Gummisohlen amerikanische Soldaten an meinem Fenster vorbei. Sie sind mit ihrem Chewing gum beschäftigt oder ihrer Pfeife. Manchmal bohren sie auch in der Nase. Immer scheinen sie fröhlich-gedankenlos. Ihre Stimmen klingen eigentümlich gequetscht und knabenhaft hell. Auch sie wecken in mir Empfindungen: Ungeheure Entspannung und Erleichterung – ein Gefühl der Leere nach dieser dauernden Angst. Aufkommende Freude?

Nun warte ich, daß meine Brüder zurückkommen und vielleicht auch meine Freunde. Und alles, was ich tue, ist, mir die Zeit des Wartens abzukürzen. Vielleicht schrieb ich darum auch heute dies. Vielleicht hoffte ich ganz im stillen, daß, wenn ich einmal aufblickte, sie dann draußen stehen würden . . . Ich glaube, daß nur die Freude die Leere nach der furchtbaren Angst ausfüllen kann. Doch weiß ich heute noch nicht, wann sie sich einstellen wird.

LUDWIG FREIHERR VON HAMMERSTEIN

Notizen

Nach dem mißlungenen Staatsstreich am 20. Juli 1944 tauchte ich in Berlin unter und erlebte das Kriegsende in der Oranienstraße 36 zu Kreuzberg. Dort befand sich die Drogerie Kerp. Tochter Hertha hatte mich unterstützt und mir Zuflucht gewährt. Damals notierte ich:

Am 21. April fielen die ersten russischen Granaten auf die innere Stadt. Strom gab es nicht mehr. Infolgedessen keine Radionachrichten aus London, Beromünster und Moskau. Dafür um so mehr Gerüchte aller Art. Am 23. April wurden die Lagerhäuser am Osthafen zur »Plünderung« freigegeben. Die Leute schleppten Butterfässer und halbe Ochsen nach Hause. Jeder versuchte, einen Anteil zu erobern. Es kam zu wüsten Szenen. Else Kerp erwarb sich große Verdienste, indem sie Butter und Schmalz besorgte. Eine weitere Plünderung mit mir scheiterte. Die Warschauer Brücke war schon gesperrt und wurde zur Sprengung vorbereitet. Nur Soldaten kamen zurück und völlig erschöpfte Jungens der »Kinderflak«. In den Straßen lagen einzelne Tote mit einem Pappschild »Noch haben wir die Macht«. Terror bis zur letzten Minute.

Am 25. April versuchte ich, Freunde in Zehlendorf anzurufen. Es meldete sich aber schon eine russische Stimme. Am 26. April kochte Mutter Kerp ein prächtiges Mittagessen. Dazu eine Flasche Rotwein. Alle waren mal wieder voller Hoffnung nach den Bomben und Granaten. Gegen fünfzehn Uhr erschienen dann in der Oranienstraße die ersten russischen Infanteristen. In den Toreingängen standen die Einwohner und freuten sich, daß die Schweinerei endlich ein Ende hatte. Ich habe niemanden Widerstand leisten sehen. Die letzten eigenen Soldaten waren schon am Vormittag über unseren Hof geschlichen.

Die Russen hielten uns ihre Waffen vor die Nasen und kassierten Uhren und Schmuck. Der Brauch hatte sich bereits herumgesprochen. Die Leute hatten die besseren Sachen gut versteckt. Dann verteilten sie Tabak und Zigarren aus dem Laden von der Ecke, durchsuchten die Häuser nach versteckten deutschen Soldaten und benahmen sich sehr korrekt. Einer dieser Soldaten fiel in der dunklen Drogerie die Ladentreppe hinunter, tat sich glücklicherweise nichts, geriet aber in Wut und wollte mich, der ich ihn begleiten mußte, erschießen. Ich machte »Hände hoch« und lächelte ihn an – was blieb mir anderes übrig –, er beruhigte sich und gab mir nur einen Kinnhaken, den ich durch Ausweichen abmildern konnte. Auf die ständige Frage, ob ich Soldat sei, antwortete ich, nix Soldat, nix Faschist. Vorher hatte ich gerade noch rechtzeitig meine Pistole, die mich vor der Gestapo schützen sollte, in einer Mülltonne versenkt.

Solange es Tag war, benahmen sich die Russen einigermaßen. Bei Nacht war es damit vorbei. Einzelne Trupps drangen in die Keller und Wohnungen ein. Sie holten sich mit vorgehaltener Pistole Frauen und Mädchen heraus. Nur alte und resolute Frauen – wie Mutter Kerp – bildeten einen gewissen Schutz. Vor ihnen hatten die Soldaten meist Respekt. Auch trauten sie sich bei Nacht nicht in die oberen Stockwerke. Ein Teil der Offiziere versuchte sogar, die Ausschreitungen zu verhindern. Aber sie konnten nicht überall sein.

Am 28. April machte ich mich auf den Weg nach Stahnsdorf, um meine Schwester zu finden, kam aber nur bis Mariendorf. Dort mußte ich zwangsweise mit anderen Zivilisten eine Straße ausbessern. Dabei wurde mir mein kostbarer Rucksack mit Verpflegung geklaut. Nach zwei Stunden Arbeit durften wir weiterziehen. Als ich dann wie andere auch bei einem russischen Verpflegungswagen um Brot bettelte, verhaftete mich ein Offizier und setzte mich hinter ein Haus zum Abtransport. Mein Brot hatte ich noch bekommen. Ich kaute und überlegte, wie ich herauskommen könnte. Ein vorbeikommender alter russischer Unteroffizier sah mich so, gab mir einen Wink, verschwinde. Ich auf und davon! Weiter in Richtung Stahnsdorf. Aber bald ließ mich ein Posten nicht durch. Ich mußte zurück. Dann wurde ich wieder mit anderen Zivilisten angehalten und bis auf die Unterwäsche durchsucht. Man fand nichts Militärisches und ließ mich laufen.

Später verbot mir ein russischer Verkehrsposten, die Brücke über den Teltowkanal zu passieren. Dort stand auch ein Oberleutnant mit einem etwas Deutsch sprechenden Begleiter. Ich redete mit den beiden, und plötzlich, als der Posten anderswo beschäftigt war, gab mir der Oberleutnant einen Stoß in Richtung Brücke. Ich trabte schleunigst hinüber.

So kam ich heil, wenn auch ohne Rucksack, wieder in der Drogerie Kerp an. Dort hatte sich inzwischen ein Oberst einquartiert, und wir pennten alle im Laden wie die Heringe. Am 30. April wurde ich als mutmaßlicher Soldat in der Drogerie verhaftet und unter Bewachung auf den Hof gestellt. Else Kerp redete jedoch so lange auf den Obersten ein, bis er mich zum Ortskommandanten schickte, um meine Personalien zu überprüfen. Dort mußte ich nun Farbe bekennen, wer ich wirklich war einschließlich des »Oberleutnants«. Es ging gut. Der Kommandant hatte wohl etwas vom 20. Juli 1944 gehört und schrieb einen russischen Vermerk in meinen Führerschein. Es war der einzige echte Ausweis, den ich besaß.

Den Vermerk konnte ich nicht lesen, er wurde aber überall respektiert. Am vierten Mai gelangte ich dann unbehelligt nach Zehlendorf. Unser Haus in der Breisacher Straße war noch von einem Stab belegt. Ich fand bei Freunden in der Nachbarschaft Unterkunft.

Am siebten Mai traf ich in Stahnsdorf meine Schwester und Schwager Walter Rossow lebend an. Am achten Mai konnte ich unser Haus wieder betreten, aber von der Kapitulation des Deutschen Reiches sprach niemand. Radionachrichten und Zeitungen gab es nicht. Wir wußten nur: Der Krieg in Berlin ist vorbei. Die Russen schossen am Abend öfter kräftig gen Himmel. Sie wußten mehr. Mich interessierte erst einmal, wer überlebt hatte. In Berlin waren es alle, die mir geholfen hatten, der Gestapo zu entkommen, und dabei »Kopf und Kragen« riskierten. Von meiner Mutter, meiner jüngsten Schwester und meinem Bruder, die die Gestapo verhaftet hatte, sowie von meinem in Köln untergetauchten älteren Bruder erhielten wir erst im Juli die gute Nachricht.

A. M. HAUTVAL

Das Ende des Schreckens

Könnte ich je das wiedergeben, was wir damals erlebt haben? Diese explosive Überfülle, dieses unglaubliche Gefühl, wieder ganz ich selbst sein zu können: ohne Grauen, ohne unlösbare, tägliche Lebensprobleme, ohne quälende Gewissensfragen. Keine Vergasungen, keine rauchenden Krematoriumskamine mehr! Gibt es Worte dafür?

Frauenkonzentrationslager Ravensbrück am Morgen des 30. April 1945. Die SS war in der Nacht verschwunden. Das große Tor stand offen. Unwiderstehlich drängte es uns hinaus, um zu sehen, wie es in der freien Welt aussieht, um den Kontakt mit dem weichen Waldboden wiederzufinden. Aber nur für kurze Zeit. Viele Schwerkranke lagen im Lager.

Jäh kippen wir in eine andere Welt. Mein erster Gang führt mich zur Lagerapotheke. Keine Schwester Erika mehr, die schroff Medikamente verweigert. An ihrer Stelle eine Häftlingsapothekerin, die den Posten übernommen hat. Voll Eifer sucht sie das Verlangte in verschiedenen Schubladen und sagt, daß sie sich die fehlenden Medikamente werde beschaffen können. Ist das vorstellbar? Übrigens war es an diesem Morgen allgemein so. Im Nu wurden alle nötigen Verwaltungen in Gang gesetzt. Am Mittag hatten wir bereits alle ein schmackhaftes Essen.

Die vorhergehenden Tage waren schlimm gewesen, sehr schlimm. Das schwedische Rote Kreuz hatte Krankentransporte organisiert. Sollten wir weiterhin doppelte Fieberkurven führen? Die offiziellen – für die Kranken so ungefährlich wie möglich – oder die tatsächlichen, aber mit versteckten Angaben? Oft hatten die Nazi-Schergen mit teuflischer Absicht die Krankenlisten vertauscht. Hatten Selektionen für die Gaskammer mit den Rote-Kreuz-Transporten verwechselt. Sollten wir weiterhin mißtrauen? Wir taten es nicht.

Symbol unserer wiedergefundenen Freiheit: Wecker, die wir

den SS-Wohnungen entnommen hatten. Vom biederen, ordinären Wecker bis zur eleganten Damenuhr. Sie stärkten unser neues, noch brüchiges Freiheitsgefühl. Wir waren wieder Besitzer unserer Zeit. In der schlaflosen Nacht – vor mir aufgestellt – handhabe ich die Zeiger, gehorsam gehen sie vor- und rückwärts. Unsere eigenen Uhren waren uns gleich nach Eintritt in das Lager weggenommen worden.

Dann kam der achte Mai und brachte die Nachricht der deutschen Kapitulation. Wir rannten zu den Kranken, sagten es ihnen. Für uns war es nur eine offizielle Bestätigung dessen, was wir schon wußten: das Ende des Schreckens. Die Wirkung dieser Nachricht blieb im Hintergrund angesichts der Gegenwart: sehr viel Arbeit und Glück in Fülle. Wir alle waren überzeugt gewesen, daß die Naziherrschaft bald ein Ende nehmen würde. Doch wußten wir nicht, ob wir es erleben würden. Die allgemeinen Weltprobleme drängten sich uns erst später auf und damit der ganze Umfang sich uns aufzwingender Fragen, vor allem nach der Verantwortlichkeit, der Verantwortung.

Nach zwei Monaten kam die Stunde der Rückkehr. Heimat. Die Kranken und wir selbst wurden auf einen offenen Lastwagen geladen für eine erste Etappe der Reise. Kaum aus dem Tor hinaus, begegneten wir Einheimischen. Sie verlangten, auf den Wagen aufsteigen zu können. Wir erklärten, daß dies nicht möglich wäre, wir seien ehemalige, jetzt heimkehrende Häftlinge. Großes Erstaunen: »Was! Weibliche Häftlinge in Deutschland?!«

Ich denke an eine Messe in Lübeck. Von der Kanzel herab rief der Bischof »Wir sind unschuldig!« und erhob sich heftig gegen die »ungerechtfertigte« alliierte Besetzung. Meine Empörung war groß. Eine in der Geschichte noch nie dagewesene staatliche Organisation hatte die raffinierte Ermordung von Millionen von Menschen betrieben, und ein Bischof, der das Gewissen einer Nation sein sollte, fühlte sich nicht betroffen!

Doppeltes Pilatus-Händewaschen! Es trug viel dazu bei, daß es mir damals nicht möglich war, das deutsche Volk vom Naziregime zu trennen. Für mich würden die Deutschen nur dann wieder einen Rang in der zivilisierten Welt einnehmen können, wenn sie – anstatt Übermenschen zu sein – einfach Menschen sind, was schwer genug ist. Der kurzsichtige Mythos der Überlegenheit einer reinen Rasse! Jeder, der wirklich die Unterschiede der anderen akzeptiert – Rasse, Sitten, Meinungen –, weiß, welche Lehren und Bereicherungen sie bringen. Wer sie verweigert, schließt sich in ein Getto ein, das früh oder spät zum Verdorren führt.

Rückkehr nach Frankreich. Ich hatte gedacht – vielleicht auch nur gehofft –, daß nach einer solchen aufrüttelnden, schrecklichen Erfahrung sich in der Außenwelt eine tiefgreifende Bewußtseinsänderung ergeben würde. Dies war nicht der Fall. Niemals hätte das Naziregime ein solch monströses Ausmaß erlangen können, wenn es nicht mit einem Gegner zu tun gehabt hätte, der zu allen Konzessionen, zu allen Feigheiten bereit war um eines trügerischen Friedens willen. Die Macht nationalsozialistischer Ideologie bestand auch aus der Schwäche der anderen. Das wußte Hitler und rechnete damit.

Aber es war noch schlimmer. Keine sogenannte zivilisierte Nation hatte reine Hände. Mehr oder weniger existierte sowohl eine passive Komplizenschaft als – leider, leider – auch ein aktives Handeln im Sinne der Nazis. Dies entschuldigt auf keinen Fall die Verbrechen des Naziregimes. Sie stellten die größte Entartung dar, die je den menschlichen Geist ergriffen hat. Niemand ist unschuldig. Dies gab mir eine andere Vision der Dinge. Mich überkam Schamgefühl. Die Angeklagten wurden diejenigen, welche in der Lage gewesen wären, die Ausrottung von Millionen Menschen zu verhüten, wenn sie Verantwortungswillen gehabt hätten. Ich muß gestehen, daß es noch Jahre dauerte, bevor die Begegnung mit Deutschen in mir kein Zurückweichen mehr auslöste.

Lange – mit einigen Ausnahmen – war die deutsche Widerstandsbewegung wenig bekannt. Aber im Lauf der Jahre lernte ich durch persönliche Kontakte deren Umfang mit Überraschung und großer Genugtuung kennen. Auch las ich die Bücher deutscher Schriftsteller, die sich gegen die Nazimethoden aufgelehnt hatten. In der damaligen unerbittlichen Repressionszeit bedeutete das viel.

Man wird nie verhindern können, daß eine Handvoll Fanatiker – auf die endemische Neigung ihrer Mitmenschen zur Xenophobie bauend – hinterhältig geschickte Propaganda organisiert. Meistens für eine qualmige, auf falschen Grundlagen beruhende Ideologie. Dies gilt für diesseits und jenseits des Rheins. Die menschliche Natur ist sehr beeinflußbar. Sie läßt sich leicht betören. Niemand kann sich davor beschützt glauben. Der aber, der wirklich wissen will, zu was eine solche Ideologie führen kann, hat die Möglichkeit dazu. Außer den Augenzeugen existieren unwiderrufliche, objektive Beweise, die keine Zweifel erlauben.

Und jetzt? Sehr freue ich mich über die deutsch-französische Versöhnung. Von Herzen wünsche ich eine immer mehr erweiterte menschliche Zusammenarbeit. Dafür ist freilich notwendig, daß jede Partei etwas von ihren Eigenheiten abschleift: wir Franzosen unseren ausgeprägten Individualismus sowie eine gewisse Sorglosigkeit, doch auch unseren Sinn für Bequemlichkeit und Komfort; die Deutschen ihre zu stark betonte Disziplinunterwerfung und den Hang nach Herrschaft. (Das Lied »Deutschland, Deutschland, über alles . . .« wurde schon zur Zeit des Kaisers Wilhelm II. mit großer Inbrunst gesungen.)

Die Begegnung Kohl – Mitterrand in Verdun hat mich sehr gerührt. Vielleicht ist dies ein Schritt, über gemeinsame politisch-ökonomische Interessen hinaus zu wichtigeren menschlichen Beziehungen zu kommen. Vielleicht!

Soll die Menschheit endlich zur Maturität gelangen, kann sie es nur durch ein immer stärkeres, herzlicheres Solidaritätsgefühl mit Rückdrängung des Egoismus.

Wann wird es uns gegeben sein, ein vereinigtes Europa zu erleben, in dem das allgemeine Wohl überwiegt?

ELISABETH HEISENBERG
Der Hitler ist tot, der Hitler ist tot . . .

Was mir der Tag der bedingungslosen Kapitulation bedeutet habe, wurde gefragt. Ja, das wäre schnell beantwortet! Ich sehe mich noch im Wohnzimmer an dem großen, schweren Tisch sitzen, das Radio lief pausenlos – da endlich kam die Nachricht! Ein überwältigendes Gefühl der Erleichterung, der Befreiung von einer zentnerschweren Last überkam mich. Nun hatte das schreckliche Morden ein Ende! Neues konnte beginnen, das wir zwar noch nicht kannten, das aber als Hoffnung in uns lebte.

Dennoch – auch dies war nur ein Ereignis aus den vielen dramatischen Erlebnissen der letzten Zeit, so daß in meiner Vorstellung eigentlich das Ende des Krieges schon früher begann, ebenso die neue Ära, die Übernahme der Macht durch die Alliierten. Dieses erste Datum des Kriegsendes war für uns der 27. April, als mein Mann nach Hause kam, und der Beginn der neuen Ära war der fünfte April, als er in die Gefangenschaft abgeführt wurde. Aus dieser Zeitspanne etwas zu erzählen wäre wohl besser geeignet, ein Bild unserer inneren und äußeren Lage zu geben und der sehr einfachen Gefühle, die uns beherrschten.

Ich lebte damals in Urfeld am Walchensee in einem kleinen Holzhaus, hoch am Berg gelegen. Es waren dreizehn, zeitweilig auch fünfzehn »Seelen«, für die ich zu sorgen hatte: meine sechs Kinder zwischen einem und acht Jahren, dazu ein zwölfjähriges Mädchen, das mir von fremden Leuten gebracht worden war, von einer verhärmten Frau, die sagte, sie müßten fliehen und wollten das Kind nicht in den Untergang hineinziehen. Dann war da meine Schwiegermutter, die wir Weihnachten aus Mittenwald geholt hatten, wohin sie zwangsweise aus München evakuiert worden war, und die sich nun in der fremden Stadt völlig verlassen fühlte. Dann gehörte zu uns noch meine Freundin Maria, die in Dresden alles verloren hatte und deren Leben von den Nazis zerstört war. Sie hatte ihren fünfjährigen Buben mitgebracht, der nach Marias Tod in diesem Sommer noch lange bei uns blieb. Dann gab es noch die Russin Anna, ein prächtiges Mädchen. Man hatte sie aus der Ukraine nach Deutschland verschleppt, und das Arbeitsamt hatte sie uns zugewiesen.

Dazu fand sich noch allerlei »Strandgut« ein, Menschen, die der Krieg anschwemmte, die dann eine Weile blieben und dann auch wieder gingen. Alle diese Menschen mußten ernährt werden, was allein mir oblag und was äußerst schwierig war; denn wir als »zugereiste Nordländer« hatten nur wenig Rückhalt in der Bevölkerung, die sehr parteigläubig war und wo bereits jeder seine alteingesessenen Ansprüche hatte. Auch die Selbstversorgung war fast unmöglich, denn das Klima dort oben war rauh und unwirtlich, der Boden steinig und schwer zu bearbeiten, und das Wild fraß alles ab, was zu unserer Freude gewachsen war. Zum Bau eines wirksamen Wildzauns aber hätte es Männerkräfte gebraucht – aber die hatten wir nicht. In Urfeld selbst gab es überdies keinen Laden, alles mußte aus dem drei Kilometer entfernten Walchensee oder aus Kochel herangebracht werden. Kochel war neun Kilometer entfernt und nur mit dem Fahrrad über die steile Kesselbergstraße erreichbar. Das also war unsere Situation.

Am 27. April vormittags sah ich einen Mann die Wiese heraufkommen, verschmutzt, erschöpft und mühsam sein Fahrrad den steilen Berg heraufschiebend. Plötzlich erkannte ich meinen Mann. Ich hatte ihn nicht erwartet. Voller Freude lief ich ihm entgegen, dankbar, daß er gekommen war.

Nun war er da und konnte helfen, vor allem konnte er mit Verantwortung übernehmen – das war eine große Erleichterung. In der Nacht nämlich waren alle Familien mit Kindern auf die andere Seite des Sees geflohen, denn es hieß, der Kesselberg und Urfeld sollten verteidigt werden. Dazu hatte man am See mehrere Geschütze aufgebaut, die mit ihren Mündungen in unsere Richtung zeigten. Trotz allem hatte ich mich entschlossen, nicht fortzugehen. Wohin denn auch? Es war eisiges Aprilwetter mit Schneeregen. Nein, ich konnte keinen Sinn in einer solchen Aktion sehen. Es galt also nun, den naßkalten Keller als Schutz und Zuflucht einzurichten für den Fall, daß wirklich geschossen werden sollte. Mit alten Matratzen wurden die Fenster verstopft, Schlafmöglichkeiten eingerichtet, eiserne Rationen für die Ernährung im Keller versteckt und vieles mehr.

Als nächstes mußte jemand nach Kochel fahren. Dort, so hieß es, würden die Geschäfte ihre Lager räumen – und dann gäbe es lange Zeit wohl nichts mehr. Dies übernahm mein Mann, nachdem er sich von seiner Erschöpfung erholt hatte. Nach einigen Stunden aber rief er an, ob ich ihn wohl ablösen könnte. Ich fuhr also los. Dicke Trauben von Menschen standen vor den Geschäften und hofften, etwas Butter oder Käse zu ergattern. Es ging bis ans Bahngelände, wo ich mich auch anstellte. Da plötzlich sah ich diesen Zug stehen, voll mit KZ-Häftlingen, bleichen, elenden Gestalten, die mit erloschenen Blicken auf uns starrten. Schwerbewaffnete SS mit Hunden an kurzer Leine bewachte die Waggons. Was würde mit ihnen geschehen? Würden sie freigelassen? Oder sollten sie doch noch umgebracht werden? Die Amerikaner standen bereits in Benediktbeuern, wenige Kilometer entfernt! Ab und zu hörte man Geschützfeuer von der Front. Jetzt war mir klar, warum mein Mann mich gebeten hatte zu kommen. Er konnte diese Situation nicht länger ertragen.

Ein oder zwei Tage später wurden wir von heftigen Detonationen nahe bei uns aufgeschreckt. Mein Mann, der sich ein Bild der Lage machen wollte, lief hinunter in den Ort, der wie ausgestorben wirkte, unheimlich, wie in Erwartung schlimmer Dinge. Die wenigen Personen, die er traf, sagten, man sprenge den großen Felsen oberhalb der Straße, um die Amerikaner aufzuhalten, die bereits auf dem Wege nach Walchensee seien. Es sei vom Ortsgruppenführer angeordnet. Mein Mann war außer sich. Ortsgruppenleiter? Es hatte bisher keinen gegeben in Urfeld! Schließlich fand er besagten »Ortsgruppenleiter«, einen schmierigen, primitiven Mann, der bisher Zeitungsausträger gewesen war und sich in diesen Wirren des Endes mit irgendwelchen Vollmachten ausgestattet hatte. Mein Mann versuchte, ihm klarzumachen, daß eine solch sinnlose Maßnahme doch nur Unglück bringen könne. Etwas später hörten die Detonationen auf. Aber die Straße war bereits zugeschüttet.

Unser Ältester, ein achtjähriger sehr sensibler Bub, fing an, über Bauchschmerzen zu klagen. Er lag im Bett und weinte. Ich tastete seinen Bauch ab; er schien mir gespannt und auf Druck empfindlich; auch hatte er leichtes Fieber. Natürlich tippten wir auf Blinddarm. Aber was sollten wir tun? In dieser angespannten Lage wuchsen wohl auch unsere Sorgen etwas überdimensional – immerhin hatte ich selbst schlechte Erfahrungen gemacht mit einer plötzlichen Blinddarmentzündung. Aber wo fanden wir ärztliche Hilfe? Wir hörten schließlich, daß in Walchensee ein notdürftiges Lazarett stationiert worden war. Wir sollten uns dahin wenden. Die Verbindung herzustellen ging erstaunlich leicht. Man sagte uns, wir sollten sofort kommen. Sie wären bereits wieder im Aufbruch. Sie könnten uns ein Auto bis zur Sprengstelle schicken, bis dahin müßten wir ihn bringen. Aber laufen dürfe der Bub nicht.

Es war nasser Schnee gefallen, und so verpackte ich den Jungen auf einen Schlitten und fuhr mit ihm los. Bis zur Sprengstelle waren es etwa zwei Kilometer. Alles verlief wie geplant. Wir kamen in eine makabre Atmosphäre. Der Untersuchungsraum war nur von einem schwachen Notlicht erleuchtet. Nervös liefen die wenigen Personen, die noch da waren, durcheinander. Doch der Arzt war tadellos. Besonnen und genau untersuchte er den Jungen. Nein, sagte er, es seien nur die Nerven. Aber gut, daß wir gekommen seien – man könne nie wissen. »Gehen Sie jetzt nach Hause. Wollen Sie nicht etwas mitnehmen? Wir lassen alles hier. Aber jetzt müssen wir fort.« Ich nahm etwas Verbandzeug mit. Damit waren wir knapp.

Dann nahm ich meinen Buben, und wir machten uns auf den Heimweg. Die Straße war menschenleer und stockdunkel. Es war eine bedeckte Nacht. Wir kletterten über die Steintrümmer der Sprengstelle, und plötzlich sahen wir in der Dunkelheit eine Gestalt regungslos an der Bergseite auftauchen. Erschrocken blieben wir stehen. Wir sahen undeutlich einen Mann in Uniform mit einem Gewehr in der Hand. Nach dem ersten Schrekken besann ich mich; es mußte ein Amerikaner sein. Am Tag zuvor war ein Bomber über dem Wald abgestürzt, und am Himmel schwebten mehrere Fallschirme. Einen hatte es wohl auf die Walchenseestraße geweht. Wir schlichen uns vorsichtig an ihm vorbei. Das Herz klopfte uns bis in den Hals hinein. Aber ihm war entschieden nicht daran gelegen, uns etwas anzutun, und so liefen wir so schnell wie möglich weiter. Er verschwand in der Dunkelheit. Wir fanden auch unseren Schlitten, und von da an kamen wir schneller voran. In Urfeld rief ich hinauf, froh, nach Hause zu kommen; in der Stille mußte man oben doch meine Stimme hören! Da plötzlich hörte ich Marias Stimme von oben rufen: »Der Hitler ist tot! Der Hitler ist tot!« Was für eine Nachricht! Da kam auch schon mein Mann den Berg hinuntergelaufen, und wir lagen uns in den Armen: Das war das Ende, gottlob! –

Oben angelangt, steckte ich schnell den Buben ins Bett und holte dann unsere einzige Flasche Wein aus dem Keller, die wir eigentlich für Christines Taufe hatten aufheben wollen. Wir saßen um den schweren Tisch im Wohnzimmer, eine unsägliche Erleichterung kam über uns – nun konnte es nicht mehr lange dauern! Bei langen Gesprächen neigte sich die Nacht ihrem Ende zu. Wir legten uns noch mal hin und versuchten, zwei oder drei Stunden zu schlafen. Aber es wurde nicht viel daraus, wir waren zu erregt.

Am folgenden Morgen klopfte es an die Tür. Es war der sogenannte Ortsgruppenleiter, der die Sprengung veranlaßt hatte. Alle Männer müßten unverzüglich antreten, sagte er in höchster Aufregung, die Amerikaner hätten angeboten, sie würden niemandem etwas tun, wenn die Straße wieder freigeräumt würde. Mein Mann kochte vor Zorn. »Nun können Sie allein sehen, wie Sie damit fertig werden – ich komme nicht!« So etwa hat er geantwortet.

Die große amerikanische Truppe kam noch nicht. Statt dessen geschah folgendes: Ich saß auf der Ofenbank, um mich aufzuwärmen. Es war ganz still – Mittagsruhe. Plötzlich erschienen vor den Wohnzimmerfenstern schwerbewaffnete Soldaten, die Maschinenpistolen im Anschlag. Ein Todesschrecken überlief mich. Alle die Schreckensbilder der letzten Zeit stiegen in mir auf, die angezündeten Bauernhöfe in der Jachenau, die zu früh die weiße Fahne gehißt hatten, die im Walde aufgehängten Soldaten der Genesungskompanie, die zwar rechtmäßig entlassen waren, aber dennoch für die SS-Schergen als fahnenflüchtig galten.

Als ich mich wieder gefaßt hatte, merkte ich, daß es Amerikaner waren. Es fiel mir eine Zentnerlast vom Herzen, die Amerikaner würden uns nicht umbringen – was auch immer dies bedeutete. Ich ging an die Tür und öffnete. »Wo ist Professor Heisenberg?« fragte der Offizier, der offensichtlich die Truppe befehligte, in gebrochenem Deutsch. Ich sagte, er sei unten am See bei seiner Mutter. Er sah sich im Zimmer um und deutete auf das Telefon: »Rufen Sie sofort Ihren Mann an, er soll heraufkommen – aber sagen Sie kein Wort davon, daß wir hier sind!« Ich rief an. Er war gleich am Apparat, hatte schon die amerikanischen Fahrzeuge gesehen. »Sind die Amerikaner da?« fragte er. Ich sagte: »Ja, du sollst sofort heraufkommen!« »Es ist gut, ich komme«, antwortete er. Ein paar Minuten später stand er im Zimmer. Man stellte sich vor: »Oberst Pash von der Alsos-Kommission.« »Ich habe Sie schon erwartet«, antwortete mein Mann.

Inzwischen hatten sich die Soldaten um das Haus postiert. Die Kinder versuchten neugierig, mit ihnen anzubändeln, vorerst aber vergebens – es war ja noch Krieg! Drinnen begannen die Verhöre – stundenlang, selbst Anna wurde verhört. Oberst Pash sprach mit ihr Russisch und fragte sie lange aus. Er war mit dem Gespräch sehr zufrieden, und seitdem wurden wir alle um vieles freundlicher behandelt.

Inzwischen war es Nacht geworden. Pash verließ uns, aber ein Wachtkommando blieb. Die ganze Nacht hörte ich ihre Schritte um das Haus herum – zum erstenmal fühlte man sich in der Hand des Eroberers, ob wir ihn nun ersehnt oder gefürchtet hatten. Pash erwartete Panzerspähwagen, denn unser Gebiet war noch von SS durchsetzt. Am Nachmittag hatte es sogar eine Schießerei zwischen ihr und den Soldaten gegeben, die bei den Fahrzeugen Wache hatten; Pash regte sich sehr auf, denn er hatte keine Ahnung, wieviel SS-Leute das waren, und sie selbst waren nur ein kleines Häufchen. Aber bevor die Panzerspähwagen kommen konnten, mußte noch eine Notbrücke über die große Schlucht an der Kesselbergstraße gelegt werden, weil die Brücke von den Deutschen im letzten Moment noch gesprengt worden war. Das ging nicht so schnell.

Am Morgen wurde von mir verlangt, ich solle den Soldaten ein gutes amerikanisches Frühstück vorsetzen. Ich mußte unsere Hühnernester plündern, und Kaffee, Brot, Zuckerreserven und meine letzten Milchbüchsen mußten herhalten. Ich rebellierte, aber es half mir nichts. Dafür aber fuhr Oberst Pash am letzten Tag noch mit meinem Mann nach Benediktbeuern, um für die vielen Menschen bei uns Brot einzukaufen, fünf große Brote! Amerikanische Fairneß – eine noble Geste.

Am fünften Mai kamen die Panzerspähwagen an, und Pash erklärte mir, er müsse meinen Mann nach Heidelberg mitnehmen, wo die Alsos-Kommission stationiert sei. Ich solle mir aber keine Sorgen machen, in drei Wochen sei er wieder bei uns.

So waren wir nun wieder allein an diesem achten Mai. Ich bekam aus Heidelberg noch zwei glückliche Briefe: Obgleich die Städte so schrecklich zerstört seien, wäre das Land in die vollste Blütenpracht des Frühlings getaucht, und er sei voller Optimismus. Zu dieser Zeit wußte er noch nicht, daß er neun Monate gefangengehalten würde. Ich bekam in dieser ganzen Zeit nur zweimal eine sehr spärliche Nachricht und wußte nicht, wo er war und wann ich ihn wiedersehen würde. In mancher Hinsicht kam jetzt wohl die schwerste Zeit für uns mit Hunger, Unsicherheit, Krankheit, Tod und immer wieder Hunger, gegen den zu kämpfen fast meine Kräfte überstieg. Und doch war es mit dem achten Mai grundlegend anders geworden. Obwohl wir keine Ahnung hatten, wie die Zukunft für uns aussehen würde, so gingen wir doch mit jedem Tag einer besseren Zeit entgegen, – wenn sie auch noch eine Weile auf sich warten ließ. Aber wir konnten an sie glauben und auf sie hoffen.

HELMUT HEISSENBÜTTEL
Ende und Erwartung

Von dem, was ich am Tag der bedingungslosen Kapitulation der deutschen Wehrmacht am achten Mai 1945 getan oder gedacht habe, erinnere ich nichts mehr. Ich befand mich an diesem Tag in Papenburg an der Ems, wo mein Vater Gerichtsvollzieher war, bei meinen Eltern, genauer, wie ich meinem Taschenkalender von 1945 entnehme, der sich erhalten hat, bei meiner Mutter, denn mein Vater hatte sich verpflichtet gefühlt, mit dem Volkssturm nach Norden auszuweichen. Da unser Radioapparat, soviel ich erinnere, beschlagnahmt war, ist es möglich, daß ich von der Kapitulation erst Tage nach dem achten Mai erfahren habe. Dem Taschenkalender entnehme ich, daß ich am 21. März um 17.30 Uhr aus Leipzig, wo ich bis dahin als Kriegsversehrter studiert hatte, abgefahren war. Ankunft am 23. März gegen zwölf Uhr in Papenburg.

Der Krieg war für uns zu Ende mit dem Einmarsch einer unter englischem Befehl stehenden polnischen Einheit in Papenburg. Das war, wie ich im Taschenkalender lese, am Sonnabend, dem 21. April. Wir hatten schon vom 18. an im Keller unseres Nachbarn, eines Weinhändlers, geschlafen. Einzelheiten sind verwischt, Anekdoten der Erzählungen von anderen. Ein Bild sehe ich deutlich. Am 20. April nachmittags, in meiner Erinnerung scheint die Sonne, sahen wir die letzten deutschen Soldaten. Es war eine leichte Kanone mit Pferdegespann. Wir standen auf der Straße am Kanal, der damals noch ganz Papenburg durchzog, und sahen auf der anderen Seite langsam das Pferdefuhrwerk vorbeiholpern. Möglicherweise haben wir gewinkt, haben drüben andere etwas zu trinken angeboten. Für mich ist dieses Bild verbunden mit einem Gedanken, der ganz plötzlich artikulierbar wurde und dessen Deutlichkeit sich seitdem nur wenig vermindert hat. Ich dachte: Da fährt der deutsche Nationalismus, und mit dieser von Pferden gezogenen Kanone ist er für immer unwiderruflich verschwunden.

Daß mit dem letzten Soldaten Adolf Hitlers deutscher Nationalismus erledigt sei, war für mich eine frühe politische Einsicht. Der Begriff der Nation löste sich auf wie Rauch. Er ist in meiner persönlichen politischen Erfahrung seitdem nicht wieder restituierbar gewesen. Was danach kam, waren Details, die wenig zählten. Wir hatten als Einquartierung einen kanadischen Luftwaffenoffizier, der regelmäßig ein Bad wünschte, das mit Briketts angeheizt werden mußte. Die Butter, die meine Mutter im Garten vergraben hatte, haben wir laut Taschenkalender am 27. April wieder ausgegraben. Spaziergänge, Besuche. Am 18. Mai bin ich mit dem Fahrrad um acht Uhr von Papenburg nach Oldenburg und Bremen-Blumenthal gefahren, wo ich einen Bruder meines Vaters, Onkel Ottie, besucht habe. Ich blieb dort über Pfingsten (20./21. Mai). Deutlich erinnere ich nur, daß meine Tante ein Kaninchen gebraten hat. Im Taschenkalender stehen Traumnotizen, die ich jedoch nicht verifizieren kann.

Nach dem Besuch anderer Verwandter in dem Dorf Hambergen, aus dem mein Vater stammte, kam ich nach einem kurzen Zwischenfall in Bremervörde, wo eine selbsternannte Straßenkontrolle mich beim ersten Versuch nicht durchlassen wollte (auch das sind nur vage Bilder), am 24. Mai in Hamburg an, wo ich bei meinem Großvater in Lurup übernachtete. Laut Taschenkalender war ich am 25. in der Innenstadt. Weiter wörtlich: »Abds. Disput m. Gr.v. (D. Übriggebliebene) Zarathustra.« Mir ist vollkommen entfallen, was das bedeuten sollte. Anders war es mit der Rückfahrt. Da die Elbbrücken gesperrt waren, mußte ich von Blankenese nach Cranz mit dem Fährschiff übersetzen. Ich habe notiert, daß ich um 10.30 Uhr in Blankenese ankam und bis 13 Uhr warten mußte, bis ich aufs Schiff kam. Diese Notiz ist wiederum mit einem deutlichen

Bild verbunden. Um zum Anleger zu kommen, mußte ich die Treppe von der Blankeneser Hauptstraße hinabsteigen. Diese war bis zur halben Höhe mit Menschen dicht gefüllt. In der überwiegenden Zahl waren das aus Schleswig-Holstein zurückflutende ehemalige Wehrmachtsangehörige, zum Teil noch in Uniform. Zweieinhalb Stunden stand ich über und in dieser Menge. Sie verkörperte für mich die geschlagene deutsche Armee. Und obwohl hier nichts passierte und nichts Spektakuläres zu sehen und zu hören war – ununterbrochen fuhren die Fährschiffe hinüber und herüber, anlandend zum Teil mit Motorrädern voll Schwarzmarktgut –, ist mir nie wieder so deutlich geworden, was das Ende eines Kriegs bedeutet.

Gewiß haben die Inhalte der Gespräche, die ich um mich herum gehört habe, eine Rolle gespielt, mich etwas durchschauen lassen, was ich bis dahin nur an der Oberfläche oder von außen gesehen hatte, mich deprimiert, aber auch wie mit einem Ruck in eine veränderte Position geschoben. Ich kann nichts davon rekapitulieren. Aber ich habe dieses Bild der Menge von Geschlagenen und Niedergeschlagenen und den allgemeinen Eindruck des Verkehrten, des absolut verkehrt Gewordenen. Ich war mit einem Schlag Pazifist. Dies war für mich um so unverrückbarer, als ich die Anschauung, denn um die handelte es sich, nicht am Schrecklichen, an Zerstörung und Tod, von denen ich in Rußland wenig, aber im Bombenkrieg vor allem in Leipzig genug gesehen hatte, sondern am trüben Rand der Ereignisse gewann.

Am 31. Mai Notiz im Taschenkalender: »Der Traum. Schulfeier. Fertigmachen. Wie in einem Internat sein. Müller. Versammeln. Alle da. G. R. Sch. Petrick, Lürwer. D. a. G. Sch., dem die Beine wieder gew. waren, der dafür 9 Jahre blind war. Dann Umzug. Wie z. ersten Mai. Ich stand und konnte mein Weinen nicht mehr halten, da ich an die dachte, die nicht mehr waren.« Zweiter Juni: »Vorm Einschl. Erwartg. als ob etwas käme. Was?«

Man lebte noch . . .

Der Tag selbst verschwimmt in der Erinnerung an das, was sich in einer Folge von Tagen abspielte. In Norwegen »erlosch« der Kriegszustand; eine Front, an der von einer zur anderen Stunde die Waffen schwiegen, gab es da oben nicht. Seit Hitlers Abtritt mußte auch dem Begriffsstutzigsten klar sein, daß es bis zum endgültigen Schluß nur noch eine Sache von Tagen sein konnte. Noch viele Monate nach dem achten Mai verwaltete sich die riesige, in Norwegen lokalisierte Kriegsmacht praktisch autonom weiter, organisierte ihre eigene Gefangenschaft, Engländer bekam man kaum zu Gesicht.

Wie war ich nach Norwegen gekommen? Im Spätsommer 1944 hatte ich die Ausbildung zum U-Boot-Wachoffizier absolviert. Admiral von Friedeburg, der BdU, will heißen der Befehlshaber der U-Boote, hatte uns mit Handschlag und bedeutungsvollem Blick – er mußte ja wissen, wieviel Chancen man hatte, heil wieder nach Hause zu kommen – zum Leutnant befördert. Verwendungsfähige Boote hatte er keine mehr. Admiral Heye – der spätere Wehrbeauftragte – suchte sich aus unserem Haufen für seine Einmannboote die ganz Kleinen aus. Mich (1,65 Meter) fand er nicht, aber auch so erwartete mich bald ein Himmelfahrtskommando – nach dreimaligem »Absaufen«: vor Sizilien, vor Korsika und schließlich noch auf Übungsfahrt vor Pillau mit U2 –, zum Glück an Land. Strikt nach dem Alphabet, dem ich zuvor schon die Bekanntschaft mit dem östlichen und westlichen Mittelmeer verdankte, setzten sich fünf Leutnants – von Ha bis Ho – nach Oslo in Marsch: Meldung beim Personalchef des Marineoberkommandos Norwegen. Ein sympathischer Herr unterhielt sich lange mit uns und eröffnete mir dann, wozu er mich ausersehen hatte: Adjutant beim Kommandierenden Admiral Westküste in Bergen. Wenn ich mit dem Admiral von Schrader – in der ganzen Marine als »Icke« bekannt – nicht zurechtkäme oder er nicht mit mir, so müsse es nicht meine Schuld sein. Der Admiral werde sicher über meine Kommandierung verwundert sein, bisher hätten ihm nur Herren von Adel oder zumindest Admiralssöhne als Adjutanten zu Diensten gestanden. Und nun ein frischgebackener Reserveleutnant!

Es ging so lala. Bei meiner Meldung prüfte mich der Admiral auf passende Eignung. Welche Schule ich besucht hätte? »Eine Aufbauschule, Herr Admiral.« (Ich war von 1933 bis 1938 in Südamerika aufgewachsen, mehrere Jahre ohne jede Schulmöglichkeit. Beim Versuch der Wiedereinschulung paßte ich nur in eine Dresdner Aufbauschule.) »Wat'n das?« »Herr Admiral, das sind Schulen, auf denen Volksschüler noch bis zum Abitur gebracht werden können.« Nach Unverfänglichem kam »Icke« zum Schluß auf das ihn zentral beschäftigende Thema zurück. »Sajen Se mal, aus was für einem Hause kommen Sie eijentlich?« Knapp und erschöpfend bekam er Auskunft: »Herr Admiral, unten wohnt mein Onkel, oben wohnen wir.« Ich war akzeptiert, in erstauntem Wohlwollen, denn im Vorzimmer hörte ich, wie er zu meinem Vorgänger sagte: »Wissen Se M., der neue Leutnant jefällt mir. Das is doch mal was anderes. Das is doch mal einer aussem Volke.«

Aber so richtig paßten wir nicht zueinander. Immer, in der Dresdner Schulzeit und auch in der Marine, hatte es doch einen Freund, einen Lehrer oder älteren Vorgesetzten gegeben, mit dem man offen über das, was einen bedrückte, sprechen konnte. Im Stabe Ickes hieß es vorsichtig sein. Ich war so naiv, zu meinen, in der Umgebung eines Admirals, der verantwortlich war für den Schottland direkt vorgelagerten Frontabschnitt, müsse man für alle Eventualitäten, nicht nur für den »Endsieg«, Überlegungen anstellen. Natürlich kam es mir nicht zu, so weit zu denken, geschweige denn es auszudrücken. Ich spürte, daß ich vorsichtig sein mußte.

Bei einer der vormittäglichen Lagebesprechungen sagte der Admiral, am Abend werde der Gauleiter Schwede-Coburg unten in der Stadt einen Vortrag halten. Eigentlich müsse er sich da wohl blicken lassen. »Leutnant, machen Sie sich mal ein bißchen hübsch, Fangschnur und so, und gehen Sie mal hin.«

Am nächsten Morgen, am Schluß der Lage, ich hatte das Gepöbele des Mini-Goebbels schon halb vergessen, forderte der Admiral mich auf, zu berichten, was der »Herr Gauleiter« denn aus seiner Warte zur Lage zu sagen gewußt hätte. Irgendeine Sicherung muß da in mir durchgebrannt sein. Mit heller Stimme, aber doch wohl etwas aufgesetzt, referierte ich – in der Sprache des »Herrn Gauleiters«. Die Rumänen und die Finnen, das »feige Pack«, hätten sich schon abgesetzt, die Rede war auch vom »alten Schwein Mannerheim« und weiter so in diesem Stil. Mein Bericht hatte nicht den erwünschten »Durchhalte«-Effekt, die Runde wurde immer stiller. Ich machte es kurz, genauso kurz war der Dank des Admirals.

Kurz darauf wurde ich zum Chef des Stabes beordert. Der Admiral sei von meinem Bericht sehr angetan. Seit dem Fortgang meines Vorgängers sei der Posten des NSFO (Nationalsozialistischer Führungsoffizier) noch unbesetzt, der Admiral bitte mich, diese Aufgabe zusätzlich zu übernehmen. Ich bat, von dieser Beauftragung Abstand zu nehmen. »Gehen Sie auf Ihr Zimmer. Verlassen Sie es nicht. Sie sind ab sofort vom Dienst entbunden.«

Da saß ich dann etwa vierzehn Tage. Was ich gemacht hatte, war purer Schwachsinn. Mit dem sogenannten NSFO waren keinerlei Funktionen verbunden. Nur daß es ihn gab, mußte nach oben gemeldet werden. Es gab kein Verhör, niemand sprach mit mir. Schließlich, ohne jede weitere Erörterung, Abkommandierung zur 17. U-Jagd-Flottille nach Stavanger. Die »Hermann von Wissmann« nahm mich mit. Verpflegungsoffizier war ein alter Freund von mehreren Lehrgängen, der erste Pfälzer, der mir in meinem Leben begegnet war. Er half meine Sorgen zerstreuen, es wurde eine vergnügte Nacht. Wie jung waren wir.

In Stavanger skeptischer Empfang durch den Flottillenchef, natürlich war er informiert. Eine feste Verwendung gab es nicht gleich, ich sprang mal hier ein, mal da. Ein Geleitzug, und war er noch so klein, mußte von einem Offizier geführt werden. In der Nacht vom zwölften zum 13. November 1944 »befehligte«

ich also einen Geleitzug Richtung Süden, der aus einem sich UJ 1754 nennenden Fischkutter (Kommandant war ein Steuermann, also ein Unteroffizier), dem Schlepper »Fairplay VII« und einem werftreifen kleinen Dampfer bestand. Vor Egersund wurde es in der stockdunklen Nacht plötzlich taghell: Leuchtgranaten. Ein englischer Verband, zwei Kreuzer und vier Zerstörer, hatten einen großen, auf Nordkurs befindlichen Geleitzug abgefangen, und dies, obwohl der englische Verband früh geortet worden war. Es gab schwere Verluste, mit meinem Konvoi konnte ich mich aber ungeschoren nach Egersund hineinschleichen.

Die weiteren Vorgänge dieser Nacht zu erzählen wäre langweilig. Während ich in dem für den »Geleitzugführer« vorgesehenen Bett in einem kleinen Hotel in tiefem Schlafe lag – auf dem Kutter war gar keine Koje dafür vorhanden –, mußte das Boot nach einigen Stunden wieder raus, um Schiffbrüchige zu bergen. Als man mich im Hotel benachrichtigte, war das Boot schon unterwegs. Bei der Bergungsarbeit wurde es von Tiefffliegern beschossen, es gab Verluste. Zu den Vorgängen der Nacht vom zwölften zum 13. November heißt es im Kriegstagebuch des Marineoberkommandos vom 19. Dezember 1944 (mein »Konvoi« kommt im Zusammenhang der Kampfhandlung überhaupt nicht vor): »Für im vorliegenden Fall eingetretene Versager habe ich kriegsgerichtliche Untersuchungen befohlen.« Einer mußte wohl ran. Erneut wurde ich des Dienstes enthoben, und nun wurde es ernst: Anklage wegen »Wehrkraftzersetzung«.

Daß ich später Jura studierte, verdanke ich nur den Erlebnissen der nächsten Monate. Offenbar hatte man im Gericht gemerkt, daß auch hier nur »Meldung nach oben« gemacht werden sollte: »Kriegsgerichtliche Untersuchungen durchgeführt.« Ein mich vom Mittelmeer her kennender Bootskommandant stellte sich als Zeuge zur Person zur Verfügung. Tenor: »Tüchtiger junger Offizier, macht sich eigene Gedanken. Wollen wir doch.« Der Ankläger wurde zum Verteidiger, er wisse gar nicht, was mir vorzuwerfen sei. Mitte März wurde ich freigesprochen, aber der Gerichtsherr, Admiral von Schrader, bestätigte das Urteil nicht. Warum, weiß ich nicht, ich glaube eigentlich nicht, daß er mir Böses wollte. (Im Juli 1945, bevor ihn die Engländer aus seinem Bergener Dienstsitz abholten, erschoß er sich.) Und so schmorte das Verfahren, abgegeben an das übergeordnete Gericht beim Marineoberkommando Oslo, bis zum achten Mai. Ich weiß nicht, wie es dort ausgegangen wäre, ich habe mir auch nie Gedanken darüber gemacht.

Wie ich also den achten Mai erlebt habe? Welche Frage. Endlich war der Wahnsinn zu Ende, und *man lebte noch*. Immer wieder habe ich die Erfahrung gemacht, daß mein Jahrgang (1923) und die wenig älteren Jahrgänge meiner Generation sich von den auch nur drei oder vier Jahre jüngeren durch eine grundsätzlich andere Einstellung gegenüber der Zeit vor dem achten Mai 1945 unterscheiden. Wir bedurften keiner umständlichen Umerziehung. (Ich rede nicht von den viel zu vielen, die einfach vor sich hin gelebt haben.) Die Anschauung von so viel Borniertheit, sturer Dummheit, die hinreichende Ahnung eines einzigartigen Verbrechertums ganz oben (kein Tag seit 1939, an dem ich nicht versucht hätte, irgendwie einen »Feindsender« zu hören: auch wenn man die Hälfte abzog, blieb genug zum Überlegen), dabei Ausnützung, aber eben doch auch Praktizierung bester Tugenden – ich gestehe, das Handwerk des Seeoffiziers zu beherrschen hat mir Spaß gemacht – war Anschauung genug gewesen. Für das Regime, das nun am Ende war, empfand ich Ekel, den man am besten schnell vergaß. Jetzt galt der neue Tag. Ich empfinde mich also mit bestem Gewissen als Vertreter der ach so »bornierten« Aufbaugeneration.

Einige Zeit nach dem achten Mai bezogen die Mariner, die nicht von den Engländern, etwa zum Minenräumen, gebraucht wurden, ein Barackenlager am Ende des Saudafjords. Russische Zwangsarbeiter waren zuvor dort eingepfercht. Recht geschah es uns. Es wurde dann aber doch ein ganz erträglicher Sommer. Die Konservennahrung wurde durch Fischfang und Beerensuche verbessert. Wir lebten und waren jung. Wenn man nur wüßte, wie es zu Hause aussah. Daß die geliebte Vaterstadt im

März auch noch zuschanden gehen mußte, war das einzige, was ich wußte. Mitte Juli sollten sich alle Bauern und Gärtner melden. Zu Hause gab es einen großen Garten. Am vierten August war ich zu Hause, wohl der erste Marineoffizier, der aus Norwegen rauskam.

Am nächsten Tag fuhr ich nach Göttingen und immatrikulierte mich für Jura und Geschichte. Es ging uns nicht gerade golden, jahrelang hatte ich nichts als meine Marineklamotten zum Anziehen. Dennoch – es begannen herrliche Zeiten. Wir waren *frei*. Was ließ sich daraus machen!

BURKHARD HIRSCH

Ich fühlte mich betroffen, beschmutzt, verachtet

Es war ein ganz gewöhnlicher Tag, wie ihn Heinrich Heine in »Le Grand« über den Einzug der Franzosen in Düsseldorf beschreibt. Die Sonne ging morgens auf und abends wieder unter, die Sterne fielen nicht vom Himmel, das Schild mit dem kurfürstlichen Wappen am Rathaus wurde ausgewechselt und ein Anschlag angebracht: »Der Kurfürst läßt sich bedanken.«

Natürlich war alles noch prosaischer. Ich lebte in Halle an der Saale, war noch nicht ganz fünfzehn Jahre alt, hatte nichts als das Dritte Reich in einer gutbürgerlichen Beamtenfamilie kennengelernt, in der Politik ebensowenig ein Gesprächsgegenstand war wie etwa pubertäre Probleme.

Am achten Mai waren wir schon erobert. Wir hatten die ersten amerikanischen Zigaretten gesehen, die während der wenigen Monate, bevor die Russen kamen, so etwas wie eine Goldwährung wurden. Es bestand ein Ausgehverbot ab achtzehn Uhr, und an den Wänden klebte nicht ein Abschiedsedikt des Kurfürsten oder des Gauleiters, sondern eine Bekanntmachung des Militärgouverneurs, daß der Besitz von Waffen mit dem Tode bestraft würde.

Wir stellten uns an nach Maisbrot. Das Trinkwasser kam wieder aus der Leitung und mußte nicht mehr mit Eimern von einem Tankwagen abgeholt werden. Man brauchte merkwürdigerweise die Fenster nicht mehr zu verdunkeln, die Schule war geschlossen. Man brauchte auch nicht mehr mittwochs nachmittags und jeden zweiten Sonntag im Fähnlein 27, Jungstamm IV, Gau Mitte, auf dem Friedrichsplatz anzutreten. Ich versuchte zu begreifen, was eigentlich passiert war. Die erste Ahnung, daß der Krieg verloren werden könnte, hatte mich jäh bei den Nachrichten vom 20. Juli 1944 überkommen.

Der Anschlag auf den »Führer« war die erste Erschütterung meines Weltbildes. Ich malte mir aus, wie der Feind uns immer weiter einzingeln würde, bis der letzte Mann gefallen wäre, wie General Custer unter den Horden Sitting Bulls. Halle war bis dahin von Luftangriffen weitgehend verschont geblieben. Man gewöhnte sich an die ständigen Alarme, später auch an das Rauschen der Bomben und an das hohle platzende Geräusch der Flak in der merkwürdigen Gewißheit, daß es einen in den eigenen vier Wänden nicht treffen könne. Und dann ging es sehr schnell:

Mein Vater, ein friedlicher Mann, lief plötzlich als Führer einer Volkssturmeinheit in Stiefeln herum. Wir übten an der Panzerfaust, und dann flutete die deutsche Front in vollem Rückzug durch Halle hindurch in verwegen zusammengestellten Uniformen, in unterschiedlichsten Fahrzeugen vom Panzer bis zum Fahrrad, in größter Eile und als ein Schauspiel von zwei Stunden, in denen wir Zivilisten die Straßen säumten und ich mir den Kopf zerbrach, warum die einen, die an uns vorbeifuhren, Soldaten waren, die kämpfen mußten, und wir anderen, um die es doch auch ging, waren die Zuschauer.

Als der Zug vorbei war, fuhr ich mit dem Fahrrad nach Trotha, weil ich gehört hatte, daß dort in einem Militärdepot riesige Mengen von Zucker, Fleischbüchsen, Lebensmitteln und Zigaretten lagern sollten.

Ich traf dort eine große Menschenmenge. Vor einzelnen Lagerhäusern stand ein Soldat mit dem Gewehr im Anschlag, um sein Lager zu schützen, das wenige Stunden später in Flammen aufging. Ich ergatterte in einem Eisenbahnwaggon eine Aktentasche voll Rohzucker. Auf dem Rückweg schlug eine Granate in ein Haus, an dem ich gerade vorbeigefahren war, ohne daß mich das besonders berührte.

Trotz der – wie ich später erfuhr – Intervention des Grafen Luckner kämpfte an einem am Rande der Innenstadt liegenden Platz noch eine Handvoll deutscher Soldaten.

Einer meiner Klassenkameraden wurde von einem Splitter erwischt. Ich kann nicht vergessen, wie er auf einer Bahre tot an mir vorbeigetragen wurde, mit herunterhängendem Arm.

Der jähe Wandel vom Leben zum Tod war unbegreiflich, sinnlos.

Dann kamen die Amerikaner. Panzer, Jeeps mit aufgebauten Maschinengewehren, eine disziplinierte und gutausgerüstete Truppe.

Der Volkssturm war nicht in Tätigkeit getreten. Die Soldaten entpuppten sich als Menschen. Mein Vater, ein Zivilrichter, wurde verhaftet. Auch mein Bruder und ich lernten für einen Tag durch die Phantasie eines deutschen Angebers eine Polizeizelle von innen kennen – dann war das Dritte Reich vorbei. Wir verbrannten »Mein Kampf«; der »Mythus des 20. Jahrhunderts« und der »Untergang des Abendlandes« blieben erhalten, und ich begann zu begreifen.

Bald danach tauchte der erste befreite KZ-Häftling auf, ein Heimkehrer berichtete von Judenmassakern hinter der Ostfront. Von einem Augenzeugen berichtet, mußte es die Wahrheit sein. Ich fühlte mich betroffen, beschmutzt, verachtet.

HANS EGON HOLTHUSEN
Victory Day – ohne weitere Bemerkung

Schwer zu sagen, wie ich diesen Tag erlebt habe und wo und in welcher Situation ich mich damals befand. Auf einem bräunlichgrauen Blatt Papier, das mit Bleistiftnotizen aus jenen ersten Maitagen bedeckt ist, sehe ich oben links eine größere Leerstelle, darin das Datum achter Mai und die Worte »Victory Day« ohne weitere Bemerkung (Im Westen nichts Neues). Gleich darunter beginnt ein massives Stück Text vom »sechsten Mai abends« mit den Worten: »Erstes langes Gespräch mit G. Sie liegt im Prinzessinnennachthemd im Bett. ›Es ist der erste mögliche Moment.‹ Spricht von der starken Aversion gegen mich . . .« Aufgezeichnet in einem geräumigen Atelier, Teil einer hochgelegenen Wohnung im nordwestlichen Schwabing. Das schräge, riesige Nordfenster mit Brettern vernagelt, gleich nebenan ist ein paar Monate zuvor eine Luftmine in den Keller durchgeschlagen und hat etwa zwanzig Menschen umgebracht.

Dies Atelier war seit Ende November 1944 mein Quartier gewesen. Ich war nach beinahe fünfeinhalb Jahren Draußensein wider alle militärische Wahrscheinlichkeit von einer im östlichen Ungarn liegenden (nach der sowjetischen Rumänienoffensive so gut wie total zertrümmerten) Nachrichteneinheit als Unteroffizier zur Münchner Dolmetscherkompanie VII versetzt worden, und – cherchez la femme! – G. hatte dabei ihre Hand im Spiele gehabt. Mein letztes Kommando war Steinburg gewesen, ein Schloß am südlichen Rande des Bayerischen Waldes, rund ein Dutzend Kilometer nordöstlich von Straubing an der Donau, das als Erholungsgefangenenlager für englische Offiziere gedient hatte. Unsere Gefangenen waren in großartiger Verfassung, glänzend ernährt (Rotkreuzpakete), sehr diszipliniert, in denkbar bester Stimmung und uns, ihren Bewachern, besser Begleitern gegenüber höchst liebenswürdig.

Wir unsererseits hatten für den Fall der Fälle – SS ante portas! – Fluchtmöglichkeiten für sie vorbereitet, und als wir dann selber gehen mußten – die Übergabe an die Amerikaner war am 25. April vormittags telefonisch erledigt worden –, beschenkten sie uns mit Hunderten von Zigaretten, Marke Navycut, und schickten uns mit den besten Segenswünschen in die Wälder. Nachts dann zu zweit bei gleißendem Vollmond zwischen Bogen und Deggendorf auf einer Fähre über die Donau und auf Schleichwegen durch die Linien der SS.

Der Entschluß, sich in Richtung München abzusetzen, um der Gefangenschaft zu entgehen, war alles andere als selbstverständlich gewesen. Es waren nicht viel mehr als 150 Kilometer zurückzulegen, aber die Zeit war aus den Fugen und Niederbayern ein meist flaches, fast waldloses Gelände. Eine einzige falsche Bewegung konnte die Katastrophe sein. Tausende von »Deserteuren« in den Scheunen, die Standgerichte auf der Lauer, alle Isarbrücken »geladen«, und an allen Kreuzungen, Ortseingängen usw. standen die »Kettenhunde« von der Feldgendarmerie und verpesteten die Luft. Dabei zahlreiche Fahrzeuge mit echten und gefälschten Marschbefehlen in Richtung München und »Alpenfestung« unterwegs. Tiefflieger? Aber gewiß doch und nicht zu knapp!

Wir schafften es also in drei Nächten, die Navycut-Packungen im Brotbeutel halfen uns weiter, schließlich ein Lastwagen der Luftwaffe, der uns hinter Moosburg aufnahm und bis Freising brachte. Dort – laut Tagebuch – »ein unverständlich langer Aufenthalt und ein unheimlicher Trubel in der Atmosphäre (die Aktion Gerngroß ist angelaufen, wir wissen nichts davon)«. Wir hatten uns hinter irgendwelchen Ladegütern versteckt, und unsere Soldbücher wurden nicht kontrolliert. Hätten sie uns aber gefunden, was dann? Hauptmann Gerngroß war unser Chef, und nun hatten sie also tatsächlich losgeschlagen, er und alles, was von der »Dolko« in München war, hatten zusammen mit Leuten eines Münchner Infanteriebataillons und einer Panzeraufklärungsabteilung das Generalkommando in Starnberg besetzt, den Reichsstatthalter Ritter von Epp festgenommen, hatten die Rundfunksender Erding und Freimann in ihre Gewalt gebracht, und seit vier Uhr früh waren sie nun damit beschäftigt, ihre vorbereiteten antinazistischen Aufrufe in deutscher, englischer, französischer und russischer Sprache in die Mikrofone zu sprechen. Kennwort »Fasanenjagd«. Samstag, den 28. April.

Sechs Uhr früh: Wir sind in München, die Straßenbahn fährt, seit Tagen keine Luftangriffe mehr. »Eine Frau mit fliegender Blässe und taumelnd vor Glück erzählt, München habe durch

Epp kapituliert, der Friede sei da.« Dann die eigene Wohnung, es ist gegen 6.45 Uhr, und ich sehe mit einem Blick, daß es nicht mehr »unsere« Wohnung ist. Zwei Männer sind da, »im Speisezimmer die Spuren eines Sekt- und Schnapsgelages, üble verbrauchte Luft, kalter Zigarettenrauch, gebrauchte Gläser, leere Flaschen, Asche«. Das Radio wird eingeschaltet, wir hören die Stimmen der Freunde, G. sitzt im Bett, von Schluchzen geschüttelt. Jemand bereitet ein grandioses Frühstück. Monk und Herby, unsere beiden Gäste, haben mit einem organisierten Personenwagen voller Lebensmittel, Kaffee, Cognac, Wein usw. ihre Einheit verlassen, sind seit acht Tagen im Haus.

Inzwischen hat der Kampf um die Radiostationen begonnen. Es ist den Nazis gelungen, den Luftschutzsender, genannt »Laibacher Sender«, wieder in die Hand zu bekommen und die Bevölkerung durch Ingangsetzen der Luftschutzsirene auf ihre elenden allerletzten Proklamationen aufmerksam zu machen: Eine Bande von ehrlosen Lumpen, angeführt von einem Subjekt namens Gernegroß, »ausgerechnet Gerne-groß«, sei in einem entscheidenden Augenblick des großdeutschen Schicksalskampfes dem Führer in den Rücken gefallen.

Gegen Mittag ist es klar, daß die Aktion als militärisch gescheitert, wenn auch moralisch erfolgreich gelten muß. Die Wohnung wird zur Anlaufstelle für Versprengte und nach dem Einmarsch der Amerikaner zum Hauptquartier der »Freiheitsaktion Bayern«. Die »Fasanenjagd« hat an die dreißig Todesopfer gekostet, darunter elf Männer aus der Bergarbeiterstadt Penzberg im oberbayerischen Kreise Weilheim, die auf Befehl einer Nazikanaille namens Zöberlein (Verfasser des Buches »Glaube an Deutschland«), Führer einer Mörderbande namens »Freikorps Adolf Hitler«, öffentlich gehängt worden sind.

Monk war ein Mann aus ihrer Vergangenheit, ein Präzedenzfall seiner selbst sozusagen, der nun auf einmal wieder in Führung gegangen war, Herby ein Amerikaner in der Nebenrolle der lustigen Person, eine Art Leporello, der Himmel mochte wissen, wieso der als Flaksoldat in die Großdeutsche Wehrmacht hineingeraten war. Monk und ich sind später, als er mit

G. wieder fest verbunden, aber noch nicht verheiratet war, so etwas wie Freunde geworden; damals aber war er ein Zerstörer für mich, er war der Krieg in seiner allerletzten und für mich ärgerlichsten Gestalt, der Krieg als Marodeur, das Prinzip »Habebald und Eilebeute« (aus dem Faust, zweiter Teil). Später habe ich begriffen, was an ihm dran war und daß er es »wert« war, dieses herrliche Geschöpf, diesen Stupor mundi von einem Frauenzimmer, für sich zu gewinnen. Auch habe ich schon damals, während ich wie ein Gefangener in meinem Atelier saß – die Tür zu ihrem Zimmer war verschlossen, während es drüben nur so rauschte von Leben: Lachen und Trinken, Braten und Brutzeln, alle Türen sonst immer offen oder angelehnt –, schon damals habe ich geahnt, warum ich sie und warum gerade zu diesem Zeitpunkt verlieren mußte. Mein Versagen, meine Nichtswürdigkeit lag in dem, was ich damals meine »Dialektik« nannte, es war das letztlich Nicht-ernst-machen-Können, es war ein zäher, nicht auszutreibender Rest von »unsicherer Kantonist«, der freilich in G. eine Entsprechung hatte.

Da stand ich nun also, die Hände in die Hosentaschen gerammt, starrte auf das vernagelte Fenster und verachtete und beschimpfte mich selbst: du Nichtsnutz und Habenichts, du elender Schmarotzer, billiger Melancholiker und leerlaufender Troubadour . . .

Das also war es, was mich an diesem Siegesfeiertag der Alliierten beschäftigte. »Aber du warst mein *Leben* – fünf Jahre lang«, sagte G. unter Tränen, und die Tür schien sich wieder ein wenig geöffnet zu haben. Jahrzehnte sind seitdem vergangen, Monk und G. sind beide tot, und beider Ende war von Schrecknissen umwittert, und das hatte mit jener »Krise« von damals nichts, aber auch gar nichts zu tun. Trotzdem dämmert es von Zusammenhängen. Zu denken, es hätte da eine allerhöchste Regie gegeben, eine menschenfeindliche eiserne Moira, und das Spiel, das mit uns getrieben wurde, hieße »russisches Roulett«! Schauerliche Idee.

»Unsere endgültigen Entschlüsse fassen wir immer aufgrund eines Geisteszustandes, dem nicht bestimmt ist, zu dauern.«

Ein Satz von Proust, den ich früher gern zitiert habe. Wir haben uns damals, glaube ich, redlich miteinander gequält, G. und ich: tagelang Zaudern, Grübeln, Weinen und Gewissensnot. Aber dann half mir der Gedanke an die Flucht aus dem Bayerischen Wald, und der »Übergang über die Donau« wurde zum Modell für meine Entscheidung. Es mußte eben einfach »gehandelt« werden, und es würde eine Befreiung für alle sein. Zwei Tage nach Victory Day, am Abend des Himmelfahrtstages, stand ich mit meinem Koffer auf der Straße, sterbenselend und vollkommen erschöpft. Bis zur Sperrstunde (Curfew) um sieben Uhr waren es noch dreißig Minuten.

Hans-Günter Hoppe
Das zweite Leben

Da war nichts mehr, kein großes Gefühl, weder erhebend noch niederziehend, auch nicht zerrissen. Der achte Mai 1945 war alles andere als unvergeßlich: ein Tag unter vielen, die angefüllt waren mit Menschenmassen, erschöpften, seltsam konturlosen Gestalten, zusammengedrängt zu Tausenden, vielleicht auch Zehntausenden, ich weiß es nicht. So viel aber wußte ich: Ich habe ihn überlebt, den mörderischen Krieg und den kriegerischen Mörder. Mein zweites Leben hatte begonnen.

Zehn Jahre war ich alt, als Hitler kam; zweiundzwanzig war ich, als alles zertrümmert und verbrannt war. Er auch. Ich aber lebte. Tatsächlich, kein Empfinden, kein Gedanke, kein Verlangen hatten sich in mir so eingebrannt wie dieses Überlebenwollen – und die Freude über das Überlebenkönnen. Der Stichtag, von dem an sie wachsen konnte – sehr zögernd zunächst, der veränderten Wirklichkeit kaum mehr trauend als der durchlebten Gewalt – das war nicht der Tag der offiziellen und bedingungslosen Kapitulation. Hier handelte es sich nur noch um die Beurkundung eines Ereignisses, das ich längst schon, wie ungezählte andere auch, für mich vollzogen hatte.

Der Vollzug hatte knapp drei Wochen zuvor stattgefunden, am 20. April; kein herkömmliches Datum, wie uns all die Jahre eingebleut worden war, sondern »Führers Geburtstag«. Diesmal war es mein Geburtstag: Auf einer Wiese bei Schwerte überschritt ich die Grenze zwischen Krieg und rettender Gefangenschaft.

Die Amerikaner hatten nicht mich, den Unteroffizier, der ein knappes halbes Jahr vorher mit einem Verwundetentransport dem Kurlandkessel entkommen war und nun die Auflösung des Ruhrkessels erlebte, vielmehr: Ich hatte die Amerikaner. Wenn es damals überhaupt so etwas wie eine Überlebensgarantie gab, dann bei ihnen. Weiter reichten die Hoffnungen nicht – nur lebend über diese verschwimmende Grenze zwischen heillosem Chaos und ungewissem Neubeginn kommen.

Neubeginn? Der Begriff ist zu bombastisch für das ungestaltete Fortleben. Ich war nach Remagen geschafft worden, auf scheinbar ewig schlammigem Grund. Der Rhein, dieser angebliche Schicksalsstrom, mußte in der Nähe vorbeiziehen. Auch die Brücke, die später in legendären Ruf kam, konnte nicht weit sein. Daß hier am siebten März die Amerikaner zum erstenmal den Rhein überqueren konnten, das war Teil des Informationsstandes eines Nachrichtensoldaten. Aber genaugenommen wird auch dieses Wort der Realität nicht gerecht. Ich hatte keinen Informationsstand, sondern ein bizarres Durcheinander von Nachrichten, Gerüchten und Gefühlen in mir, und das eine verfärbte das andere.

Der Anfang war anders gewesen, eindeutiger für den Pennäler aus Stettin, der an Stelle des Schulereignisses, das als Prüfung auf die Reife gilt, die Prüfung auf seinen Patriotismus suchte: Das war 1940, und ich war siebzehn. Die Welt war eingeteilt in Gut und Böse. Keine Frage, auf welcher Seite ich stand und für welche Sache ich streiten wollte.

Viele Jahre später erst würde ich auf eine bemerkenswerte Niederschrift Dietrich Bonhoeffers stoßen, die er an der Wende zum Jahre 1943 verfaßt hatte. »Dummheit«, so notierte er wenige Monate vor seiner Verhaftung, scheine »vielleicht weniger ein psychologisches als ein soziologisches Problem zu sein. Sie ist eine besondere Form der Einwirkung geschichtlicher Umstände auf den Menschen ... Bei genauerem Zusehen zeigt sich, daß jede starke äußere Machtentfaltung, sei sie politischer oder religiöser Art, einen großen Teil der Menschen mit Dummheit schlägt.«

Der Nebel dieser Dummheit hatte sich längst gelichtet. Ich mußte nicht erst auf der nassen Erde von Remagen hocken, um zu begreifen. Die Ernüchterung hatte sich eine gute Weile vorher eingenistet und allmählich ausgebreitet in dem bis dahin so begeisterungsbereiten Gemüt. Es nahm nun immer deutlicher den Abgrund wahr, den Abgrund rücksichtsloser Verstiegenheit und den Abgrund heraufziehenden Untergangs. Die Kapitulation der sechsten Armee in Stalingrad Anfang 1943 wurde zur Wendemarke auch im Bewußtsein, die Tat von Graf Stauffenberg am 20. Juli 1944 gab ihm Klarheit und Richtung.

Doch da ist nichts zu stilisieren und zu überhöhen. Ich war orientierungslos mit einem diffusen Streben nach besseren Zeiten, das sich zwangsläufig in Überlegungen und Übungen zum tagtäglichen Überleben erschöpfte.

Dieser Zwang war in der Gefangenschaft nicht geschwunden, aber er füllte mich nicht mehr aus. Die Tage im Schlamm bei minimaler Verpflegung, die Nächte im Viermannzelt, in das sich acht Männer stapelten – sie beseitigten nicht die existentielle Not, aber die existentielle Angst. Die amerikanischen Bewacher schlenderten vorbei wie auf einem Sonntagsspaziergang, ohne Siegerpose, selbst das Wegschnippen süchtig begehrter Zigarettenkippen geschah eher spielerisch als demütigend.

Zukunftsbilder konnten sich wieder entfalten. Sie gruppierten sich um das Naheliegende und doch so Ferne, um die Familie in Vorpommern. Daß ich ein Jahr später nach meinem heimlichen Aufbruch – dann aus französischer Gefangenschaft in Koblenz – nach Demmin weder Schwester noch Mutter wiedersehen würde, weil sie den Vormarsch der Roten Armee nicht überlebt hatten, wollte sich meine Phantasie nicht ausmalen. Ich hatte ein Ziel, und dieses Ziel versprach trügerisch einen Anfang im vertrauten Kreis.

Das war der Stand der Dinge auf den Rheinwiesen bei Remagen im Mai 1945. Die Erschütterung, die mich im Jahr darauf traf bei der Entdeckung der Wahrheit, ging an die Wurzel. Ich mußte akzeptieren, daß der Wahnsinn des Krieges, von Hitler entfesselt, bis zum Schluß auf seiner verbrecherischen Logik beharrte.

Er hat mich verändert. Gewalt widert mich an, erst recht die politisch motivierte, unter welchem Banner auch immer. Mörderische Dummheit nährt sich aus Vorurteil und Verhetzung. Politik nach dem Inferno des Zweiten Weltkrieges muß deshalb vor allem dies leisten: immer wieder Aufklärung und Verständigung, Verständigung über das Wirkliche.

HEINZ WERNER HÜBNER
Die Bäume der Armut

Ich weiß nicht mehr, was für ein Wochentag der achte Mai 1945 war; ich weiß nur, daß die Deutsche Wehrmacht in Nordwestdeutschland, in Dänemark und in Norwegen schon drei Tage vorher kapituliert hatte. Vermutlich auch bedingungslos. Am fünften Mai also wurde ich in Rendsburg Führer einer »Genesendenkompanie«, so hieß das damals. Es waren Verwundete aus allen Truppenteilen, also aus Heer, Marine und Luftwaffe, die schon wieder laufen konnten und die ich nun auf Befehl eines englischen Offiziers in das Auffanglager nach Neumünster überführen sollte. Ich habe diesen Auftrag nur zur Hälfte erfüllt. In Nortorf, auf dem halben Wege zwischen Rendsburg und Neumünster, übergab ich die Kompanie einem Feldwebel, und als Genesender mit einem Steckschuß im Bein, die Wunde eiterte, lief ich auf Nebenwegen nach Süden.

Nicht die englischen Truppen waren die Gefahr, sondern die aus den Arbeitslagern befreiten russischen und polnischen Kriegsgefangenen, die – zum Teil marodierend – durch die

Dörfer Schleswig-Holsteins zogen. Betrunken viele. Ehemalige französische Kriegsgefangene versuchten, oft nicht ohne Erfolg, die Ordnung aufrechtzuerhalten. Ich strebte zurück in mein Lazarett, ein Schulhaus in einem Dorf nahe Hamburg, das ich am 23. April verlassen hatte. In Schleswig und Rendsburg hoffte ich, als die Engländer bei Lauenburg an der Elbe standen und man nachts das Donnern der Geschütze hörte, Kameraden meiner Artillerieabteilung zu treffen, die möglicherweise ebenso wie ich Ende März verwundet aus Ostpreußen – mit Schiffen über die Ostsee – herausgekommen waren.

Aber ich traf keinen. Die überlebt hatten, kamen erst zehn Jahre später aus russischer Kriegsgefangenschaft zurück. Das Dorf, dem ich zustrebte, war von Rendsburg 104 Kilometer entfernt. So exakt wußte ich das damals nicht, als ich es, auf Feldwegen humpelnd, zu erreichen versuchte. Neun Jahre später bin ich denselben Weg mit einem VW gefahren; der Tachometer zeigte 103,6 Kilometer. In dem Dorf wohnte eine Tante von mir und im Haus daneben ein Mädchen, mit dem ich schon im Sandkasten gespielt hatte. Soweit die Vorgeschichte.

Der achte Mai. Vom Lazarett im Schulhaus, in das ich 24 Stunden zuvor vom Oberarzt wieder aufgenommen worden war, bis zum Haus meiner Tante waren es dreihundert Meter. Die mächtigen Linden, die die schmale Straße säumten, filterten das Sonnenlicht in helles Grün. Selbst die Schatten waren Licht. Ein Morgen aus blauem und grünem Glas.

Mein Onkel war Soldat und vermißt. Meine Tante weinte, wenn man sie ansprach, sie weinte, wenn sie einen englischen Soldaten sah, wenn Nachbarn sie trösten wollten, und sie weinte, wenn Tasso, der Hund, bellte, denn früher hatte er nur gebellt, wenn mein Onkel aus dem Büro nach Hause kam. Sagte meine Tante.

Hinter dem Haus gab es einen großen Garten mit alten Obstbäumen, mit einer sich an Staketen rankenden Brombeerhecke. Unter den schwarzen Blättern des letzten Herbstes leuchteten weiß die aufbrechenden Triebe. Zartes Laub von Jasmin und eine Weißdornhecke. Die Kirschbäume blühten. Irgendwann, es muß gegen Mittag gewesen sein, kamen die Nachbarinnen und sagten, der Krieg sei nun überall zu Ende. Sie hätten es im Radio gehört. An Japan dachte niemand. Das war weit weg. Meine Tante weinte.

Ich saß im Garten auf einer Bank und vor einem Tisch, die mein vermißter Onkel gezimmert hatte. Der Hund wärmte mir die Füße. Die Frau eines Lehrers weinte auch. »Endlich nicht mehr verdunkeln«, sagte sie. Eine andere meinte, daß wir nun alle Englisch lernen müßten. Und eine dritte erinnerte an den Führer, der das alles so sicherlich nicht gewollt habe. Keiner widersprach.

Später kam ein Kamerad aus dem Lazarett. Wir sahen uns an und zuckten mit den Schultern. Zu Hause war er in Schlesien. Frau und eine dreijährige Tochter. Der letzte Brief der Frau war vom Dezember. »Ich bin sicher, daß sie leben«, sagte er. »Ihr Bruder lebt in Thüringen.« Mit meinen Eltern in Berlin hatte ich zuletzt Weihnachten aus Ostpreußen telefoniert. Die Sowjetarmee war nur zwei Kilometer entfernt.

Meine Tante legte eine Leinendecke auf den Gartentisch, eine Nachbarsfrau brachte Tassen; es roch nach Bohnenkaffee. Gehortet, aufgespart für einen solchen Tag, sagte eine. Wir alle saßen um den Tisch, aßen Schoka-Kola aus Blechschachteln und redeten, ich weiß nicht, worüber. Dann kam Thesi in einem weißen Kleid, das Mädchen, mit dem ich im Sandkasten gesessen hatte. Sie lachte. Ich weiß nicht, weshalb sie lachte, aber ich habe ihr Lachen bis heute nicht vergessen. Es wurde kühl. Thesi ging als letzte. Sie küßte mich und flog davon.

Der Krieg ist zu Ende. Viereinhalb Jahre Soldat. Gewonnene Zeit, verlorene Zeit? – Was ist am Tage danach? – Ob ich an die Zukunft dachte? – Ich weiß es nicht. Mir wurde nur bewußt, daß ich nicht mehr auf das Geräusch pfeifender Granaten, singender Bomben, belfernder Maschinengewehre zu achten haben würde. Und in Erdlöchern würde ich auch nicht mehr schlafen und wachen müssen. Die eiternde Wunde im Bein, der Steckschuß – das würde heilen wie die anderen Verwundungen in den Jahren davor.

Wann immer es mir möglich war, hatte ich vom Oktober 1940 an Tagebuch geführt. Armselige Notizen oft. Viele gingen verloren. Am achten Mai 1945 schrieb ich ein Gedicht. »Die Bäume der Armut.« Ich dachte zurück an die Jahre in Rußland, an die Birken am Wege.

KARL IBACH

Tag der Befreiung

Den achten Mai 1945 erlebte ich als deutscher Kriegsgefangener (Wojna plenni) in dem sowjetischen Kriegsgefangenenlager Mariupol am Asowschen Meer (Ukraine). Wie kam ich – als Nazigegner der ersten Stunde – in sowjetische Kriegsgefangenschaft? Ein merkwürdiges Schicksal – zuerst unter Hitler hinter Stacheldraht, nun unter Stalin hinter Stacheldraht. Einige Vorbemerkungen sind wohl unerläßlich.

Schon dem Aufkommen des Nationalsozialismus hatte ich mich kämpferisch widersetzt. Das beglichen die Nazis, als sie an die Macht gekommen waren, indem sie mich 1933 in politische Schutzhaft nahmen und in eines der ersten – damals sogenannten »wilden« – Konzentrationslager verschleppten. Dort war ich mit achtzehn Jahren der jüngste Schutzhäftling.

Nach einiger Zeit wegen meiner Jugend entlassen, nahm ich den Kampf gegen das nationalsozialistische Unrechtsregime wieder auf und schloß mich einer aktiven Widerstandsgruppe an. Im Feuer der Gestapo-Verfolgungen wurde ich 1936 erneut verhaftet und wegen »Vorbereitung zum Hochverrat« – so hieß das damals – zu acht Jahren Strafhaft verurteilt. Obwohl dadurch »wehrunwürdig«, kam ich 1943 – kurz vor Beendigung meiner Haftzeit – direkt aus der Haft zu der bekannten und berüchtigten Bewährungseinheit 999 (Ausbildungslager Heuberg in Baden).

Der Einsatz mit dem VII. Bataillon/999 erfolgte 1944 in Griechenland. Wir kamen damit in den Strudel des Zusammenbruchs der Südostbalkanfront und zuerst in bulgarische und danach in sowjetische Kriegsgefangenschaft. So befand ich mich seit Anfang 1944 mit vielen Schicksalskameraden im Lager Mariupol, wo wir schwerste Aufräumungsarbeiten leisten mußten. In der Nähe des Lagers lag das riesige Asow-Stahlwerk, das bei dem Rückzug der deutschen Wehrmacht vollkommen zerstört worden war. In dem undurchdringlichen Dschungel aus Betontrümmern und Eisengeflecht mußten wir mühsam versuchen, etwas Ordnung zu schaffen.

Am achten Mai waren wir wieder wie üblich zu schwerer Arbeit ausgerückt. Wir spürten, daß etwas in der Luft lag. Schon in den Tagen zuvor hatten sich die Vermutungen, Gerüchte und Hoffnungen auf ein baldiges Kriegsende verdichtet. An diesem Tag nun hörten wir Zurufe der sowjetischen Wachmannschaften: »Wojna [Krieg] kaputt!« und »Gitler kaputt!«. Die Russen artikulierten »Gitler« statt »Hitler«, weil ihnen das »H« am Anfang eines Wortes in ihrer Sprache fremd ist. Nach der Rückkehr von der Arbeit erfuhren wir dann am Abend im Lager über Lautsprecher der sowjetischen Lagerleitung die volle Tatsache der bedingungslosen Kapitulation: Frieden! Ende der Hitler-Tyrannei!

Jeder deutsche Wehrmachtsangehörige trug auf der rechten Brustseite des Uniformrocks das Hoheitszeichen mit Adler und Hakenkreuz. Mit vielen anderen Kameraden hatte ich das verhaßte Zeichen schon in der ersten Stunde der Kriegsgefangenschaft mit einem Gefühl tiefer Befriedigung von meinem Uniformrock entfernt. Aber am achten Mai 1945 lief doch noch eine Anzahl von Kameraden mit dem Hakenkreuzabzeichen im Lager herum, was merkwürdigerweise auch von den Russen geduldet wurde. Ich besorgte mir eine alte Rasierklinge und trat freundlich an die Kameraden heran, die noch das Hakenkreuz trugen. Niemand wehrte sich dagegen. Manche waren apathisch und gelähmt. Viele kamen mir freudig entgegen. Sie hatten die Abtrennung vorher deshalb nicht gewagt, weil es noch immer Nazifanatiker im Lager gab. Nach unseren Bemühungen konnten wir am Abend des achten Mai feststellen, daß das Lager »hakenkreuzfrei« war.

Diesen historischen Tag, durch den die endgültige Nieder-
lage brauner Barbarei und der Befreiung der Menschheit von
der Geißel des Nazismus beschlossen wurde, feierten wir im
Kreis der Gleichgesinnten. Für uns war es nicht der Tag der
Kapitulation und der Niederlage. Für uns war es der Tag der
Befreiung vom Nazijoch.

Mit Inbrunst und Tränen in den Augen sangen wir das alte
Lied der Arbeiterbewegung:

»Brüder, zur Sonne, zur Freiheit!
Brüder, zum Lichte empor!
Hell aus dem dunklen Vergangenen
leuchtet die Zukunft hervor!«

WERNER KIESSLING

Wechselbad

Die neunte Armee unter General Wenck war mit ihren Panzer-
spitzen vor Jüterbog hängengeblieben. Berlin war endgültig
verloren. Das XXXXVIII. Panzerkorps, dem ich mit meiner
Kampfgruppe angehörte, brauchte nicht nachzurücken. Seine
Einheiten zogen sich aus Richtung Torgau mit dem Rücken an
die Elbe zurück. Bei Ferchland-Genthin, zwischen Burg und
Jerichow, alles Gerät zurücklassend, setzten wir mit Flößen auf
das Westufer über. Als ich mit dem letzten Floß auf der Mitte
des Stromes war, kamen die ersten Russen ans Ufer. Aber –
wir konnten uns ja bei den Amerikanern vor den Sowjets sicher
fühlen. Dachten wir. Wer nördlich bei Tangermünde über die
intakte Brücke zu den Engländern gehen konnte, hatte mehr
Glück.

Meine fünf Kompanien und eine Artillerieabteilung lagerten
sich auf einer Wiese, weiträumig von Posten umstellt. Nachts
bellte ab und zu ein Schuß auf. Ich hatte meine Soldaten gebeten, nicht unnötig noch Gesundheit und Leben aufs Spiel zu
setzen, wir seien ja jetzt auf der richtigen Seite.

Am Morgen versammelte ein amerikanischer Captain alle deutschen Offiziere um sich und bot uns an, alle körperlich Schwachen und Versehrten auszusuchen, die anderen kämen zum Arbeitseinsatz. Wohin? Wir würden erst nach Süden marschieren und dann verladen werden. Richtung Westen. Ruhrgebiet. Einsatz in den Gruben.

Ich suchte eine große Anzahl »Schwache« aus, stellte alle Rote-Kreuz-Schwestern dazu, die sich uns anvertraut hatten. Lastwagen nahmen sie auf. Wir winkten ihnen nach. Sie fuhren nach Westen und blieben dort. Ich erfuhr es fünf Jahre später.

In geordneten Einheiten marschierten wir anderen singend nach Süden, um nach wenigen Kilometern von einem deutschen Obersten zwischen amerikanischen Offizieren in einem entgegenkommenden Jeep zugerufen zu bekommen, mit Singen aufzuhören – es ginge »rüber«. Ich erstarrte, marschierte an der Spitze meiner Einheit stumm weiter. Links und rechts – alle fünzig Meter versetzt – saßen plötzlich Amerikaner mit MPs. Wir liefen Spalier. Ein Dorf kam in Sicht – Kaaden. Inmitten der Ortschaft rechts eine größere Gruppe deutscher Offiziere, um General Wenck geschart. Ein Oberleutnant stürzte auf mich zu. Ich erkannte ihn sofort, hatte ihn in der Ersatzabteilung eine Zeitlang in meiner Kompanie. »Hauptmann Kießling!« rief er entsetzt. (Später erfuhr ich, daß er ein Neffe von General Wenck und zuletzt der Kommandant seiner Panzerbefehlsstaffel war.) »Es geht auf die andere Seite!« rief ich zurück. »Rabatz!« schrie ein baumlanger Hauptmann. Sofort fuhren die Amerikaner mit vorgehaltenen Gewehren dazwischen.

Es ging rüber. Nach dem Dorf wurden wir in einen Hügelwall geführt, der mit schweren Maschinengewehren Richtung Elbe gespickt war. Auf der Höhe sahen wir die Bescherung. Die Elbwiesen bis zum Ufer voller Gefangener, auf der Elbe drei große Lastkähne, Breitseite an Breitseite, vollbehangen mit Trauben von Landsern, die nach drüben gezogen wurden. Am Ostufer ertönte eine Quetschkommode, grölten russische Soldaten, erkannten wir hochdekorierte Sowjetoffiziere mit viel Gold. Auf unserer Seite lagen Tausende und harrten ihres

Schicksals. Ein Grab war ausgeschaufelt, daneben lag ein Kamerad, der den Freitod vorgezogen hatte. Der »Rabatz«-Hauptmann jagte in einem Kraftfahrzeug heran, sprang herunter, erkannte mich – hatte Wort gehalten aus ehrlicher Gesinnung, wollte sich überzeugen – und fuhr in die Falle.

Ich erwartete auf dem Ostufer den Genickschuß. Die Propaganda saß uns allen zu tief in den Knochen. Aber es kam anders. Wir wurden freudig begrüßt, Offiziere gaben uns die Hand, russische Begleitposten nahmen uns die Feldflaschen ab – aha, dachten wir, es geht los! – und gaben sie uns, mit Wasser an einem Dorfbrunnen rasch gefüllt, aufgeregt lachend zurück. War das ein Wechselbad! Eine Welt brach hinter uns zusammen, und vor uns tat sich das große Niemandsland auf.

In endlosen Kolonnen wurden wir in Richtung Brandenburg getrieben, beiderseits dichter Hochwald, durch den die Russen, wie wir von zurückkehrenden Geflüchteten erfuhren, Schneisen geschlagen hatten, die pausenlos von berittenen Patrouillen kontrolliert wurden. Immer wieder peitschten Schüsse auf. Auch die, die über die Elbe zurückschwimmen wollten, wurden zu Hunderten von den rasch errichteten Wachtürmen aus abgeschossen. Kein Fisch durfte wagen, die Wasserfläche zu bewegen – schon ratterten die Maschinengewehre.

Nach zwei Tagen Fußmarsch nahm uns ein Sammellager bei den Arado-Werken in Brandenburg auf, von wo die Transporte über Frankfurt/Oder in die russische Endlosigkeit führten. 1,2 Millionen Kameraden kamen von dort nicht mehr zurück.

KARL KLASEN

Ohnmächtig vor Schwäche

Am achten Mai 1945 befand ich mich in einem amerikanischen Gefangenenlager in der Nähe von Cham (Bayern). Von einem Ausbildungslehrgang bei Pilsen waren wir, eine Gruppe von etwa zehn Mann, meistens im Range eines Wachtmeisters, gegen Ende April nach Donaueschingen abgestellt worden. Den Weg dorthin hatten wir bis zur deutsch-tschechischen Grenze sehr schnell und gemeinsam zurückgelegt und uns dann verstreut, um irgendwo möglichst unerkannt das bevorstehende Ende des Krieges zu erwarten. Zusammen mit einem Kameraden, einem Landwirt, hatte ich in einer Försterei Unterschlupf gefunden. Dort wurden wir aber von den vorrückenden amerikanischen Truppen festgenommen und in das Lager bei Cham eingeliefert. Hier saßen wir gemeinsam am achten Mai. Das Lager bestand aus einer großen umzäunten Wiese, wo etwa viertausend Mann unter freiem Himmel lebten. Da wir beide Nichtraucher waren, hatten wir gegen unsere Zigaretten zwei Bretter eingetauscht, mit denen wir uns im Wiesengrund kleine Löcher gegraben hatten. In die setzten wir unsere Füße, wenn wir auf den Brettern saßen. So hatten wir es etwas bequemer und konnten uns, wenn es am Tage oder nachts regnete – was in dem Jahr häufig geschah –, mit unseren Zeltplanen zudecken, so daß wir zumindest trocken die Zeit verbringen konnten.

Die Verpflegung erfolgte dadurch, daß wir in der ersten Zeit alle zwei Tage unter starker militärischer Bewachung aus dem Lager hinausgetrieben wurden und dann beim Wiedereintritt jeder für zwei Tage eine Schwarzblechdose Corned beef aus deutschen Heeresbeständen erhielten. Mein im praktischen Leben mir weit überlegener bäuerlicher Kamerad war sehr dafür, daß wir uns unsere karge Mahlzeit fürsorglich und magenverträglich einteilten. Wieder gegen Opferung einiger Zigaretten erstanden wir eine leere Konservendose und etwas Brennholz, holten uns aus dem Lagerbrunnen Wasser, teilten den Inhalt jeder Dose in drei Teile und kochten uns hieraus eine Suppe.

Da die Fettaugen oben schwammen und damit keiner bevorzugt wurde, löffelten wir immer abwechselnd zu jeder Mahlzeit die Suppe aus. Weil diese rein fleischliche Verpflegung längere Zeit anhielt, hatten wir, da wir sie als warme Suppe genossen, keine Magenbeschwerden im Gegensatz zu manch anderem Kameraden. Trotzdem war es eine sehr unzureichende Ernährung.

Als wir am achten Mai wieder zum Essenfassen hinausgetrieben wurden – es war ein sonniger Tag – und wir gerade in langer Schlange an einem Bauernhof außerhalb des Lagers standen, wurde ich vor Schwäche ohnmächtig. Die amerikanischen Wachsoldaten gestatteten, daß mein Freund mich abseits von der Gruppe auf dem Bauernhof hinlegte und bei mir blieb. Als ich nach kurzer Zeit wieder die Augen aufschlug, bedeutete mein Freund mir sehr energisch, sie sofort wieder zu schließen, weil er inzwischen entdeckt hatte, daß in der Nähe Kartoffeln lagerten und sich dort auch ein Stoß Brennholz befand. Er flüsterte mir zu, daß meine Ohnmacht so lange dauern müsse, bis er Gelegenheit gefunden hätte, davon etwas für uns mitzunehmen. Da ich gegen längeres Liegen gar nichts einzuwenden hatte, folgte ich sofort seinem Wunsch, und es gelang ihm dann auch, drei schöne Kartoffeln und ein Stück Brennholz einzustecken. So hatten wir am Tage der deutschen Kapitulation für unsere Verhältnisse eine vorzügliche Suppe nicht nur aus Fleisch, sondern auch noch mit Kartoffeln. Auch brauchten wir mit Holz an diesem Tag nicht zu sparen.

Wir sind dann aus dem Lager in den ersten Junitagen entlassen worden. Dessen Zustände verbesserten sich kaum, nachdem unsere amerikanischen Bewachungsmannschaften alle Wertgegenstände, die wir noch bei uns trugen, für sich einkassiert hatten. Hätte uns damals jemand vorausgesagt, welches schöne und erfüllte Leben uns in unserem geschlagenen Deutschland bevorstehen würde, wir hätten das allenfalls für eine Geschichte aus Tausendundeiner Nacht gehalten.

Norbert Kloten
Der Anblick der Amerikaner ließ aufatmen

Das Schlimmste lag hinter uns. Wir, das waren sechs Fahnenjunkergefreite, Jahrgang 1926, Versprengte eines Bataillons von Offiziersanwärtern der Luftwaffe, dann in Kampfanzüge von

Fallschirmjägern gesteckt, denen wohl auch zugeordnet, zumindest von Fallschirmjägerkadern mehr als rüden Stils befehligt. Genaueres war uns nach der Verlegung aus der Kriegsschule in Bug auf Rügen nie gesagt worden.

Der Tag war schön, die Gegend, in der man uns wie viele Tausende Gefangener abgeladen hatte – am sechsten Mai, oder war es schon am fünften gewesen? Damals zählten weniger die Kalendertage als das Erlebte –, nicht minder. In kürzester Zeit hatten sie sich über ein riesiges Gelände südlich von Eutin mit Weiden, Waldflecken und auch Wasserflächen inmitten einer sanft hügeligen Landschaft verteilt, ohne jede erkennbare Ordnung, doch allenthalben vom simplen Wunsch, auch das zu überstehen, angetrieben. Manche, noch vom Schrecken des Ausgestandenen oder auch von Erkrankungen, besonders des Magens und des Darms, gezeichnet, verharrten in Apathie; die anderen aber, zumeist im Gruppenverbund oder gar als Angehörige mehr oder weniger geschlossener Einheiten, fackelten nicht lange mit den üblichen Vorkehrungen wie dem Aufstellen von Zelten und dem Ausheben von Latrinengruben, dem Sichten des verbliebenen Proviants und was auch immer.

Zu den Beati possidentes gehörten wir nicht, sondern zu den vielen, die gerade Zeltplane, Brotbeutel, vielleicht noch Kochgeschirr und Löffel hinübergerettet hatten und sich jetzt hohläugig und hohlwangig, schlapp nach notdürftig verbrachten Nächten mit Regengüssen mehr schlecht als recht einzurichten versuchten. Vielleicht deswegen, möglicherweise aber auch eines noch immer im ganzen properen Eindruckes wegen war eine zwar geschrumpfte, doch im ganzen intakte und im Vergleich zu uns geradezu königlich ausgerüstete Flakkompanie bereit, uns am Rande anzugliedern und auch ein wenig am Eßbaren teilhaben zu lassen. Irgendwie war durchgesickert, daß Einheiten zu hundert oder zweihundert Köpfen zu bilden seien. Uns selbst stand allerdings der Kopf weniger nach solchen Nachrichten als nach dem Nötigsten.

Auch das wenig konturierte Gerücht von der Kapitulation, das sich seinen Weg durch das Lager so bahnte wie alle Gerüchte, berührte mich im Grunde wenig. Der Krieg war für mich aus – definitiv, seit wir ein paar Tage zuvor als Teil eines riesigen Trecks geschlagener Heeresteile und Flüchtlinge, aber auch erbärmlich anzusehender, trotzdem hier und da Drohgebärden wagender KZ-Häftlinge und Kriegsgefangener der Deutschen Wehrmacht bei Schwerin noch vor dem Zugriff der Russen das schmale Niemandsland – ein Wäldchen – hinüber zu den Amerikanern mit Hängen und Würgen hinter uns bringen konnten. Daß der Krieg am Ende verloren sein würde, war für mich wie für manch andere in meinem Gesichtsfeld seit langem Erwartung und schließlich Gewißheit gewesen. Schon als Luftwaffenhelfer im Hydrierwerk Wesseling – neben dem Gymnasialunterricht ein harter Dienst – hatten wir BBC gehört und danach unsere Frontkarte ausgesteckt. Für mich war also der dritte Mai – vielleicht auch schon der zweite – das entscheidende Datum, nicht der siebte; an diesem vollzog Großadmiral Dönitz nur den unvermeidbaren Akt eines Nachlaßverwalters, der allein noch auszuhändigen hat.

Bis Schwerin aber war für unsere kleine Gruppe, für mich nicht weniger als für meine Gefährten, das ganze Trachten einzig auf ein Ziel ausgerichtet: nicht in die Hände der Russen zu fallen, sondern irgendwie den Weg gen Westen zu finden. An jedem Abend hatten wir uns nach unserer Absprengung als Vorposten nordöstlich Berlins (Hohenzollern-Finow-Kanal) bewußt mit voller Bewaffnung bei den jeweiligen Ortskommandierenden mit simuliertem Marschbefehl (eben nach Schwerin) so zackig wie möglich gemeldet, um nach karger Verköstigung hastig zusammengestellten Verbänden zugewiesen zu werden. Nachts setzten wir uns bei erster Gelegenheit wieder ab, in das Chaos der zurückflutenden Massen eintauchend. Die erlebten Szenen haben bis heute nichts von ihrem Schrecken verloren. Aus dem Zusammenprall der alliierten Heeresgruppen von Ost und West erwuchs ein Inferno, in dem jeder sein Heil suchte, nicht wenige auch schießend und plündernd.

Erst der Anblick der Amerikaner ließ aufatmen, ließ das Gefühl sich ausbreiten, davongekommen zu sein. Am Kapitulationstag hatte sich dieses Gefühl schon verfestigt. Geblieben war aber die unterschwellige Angst, vielleicht doch noch den Russen ausgeliefert zu werden. Das Lager schwirrte auch von Gerüchten aller Art. So war es nur gut, daß es mir mehr um praktische Dinge gehen mußte, um ein einfaches Zelt aus durchlöcherten Planen, ein wenig zu beißen und etwas Orientierung in der Unordnung um mich herum, auch bedrückten mich erste Anzeichen einer Erkrankung an Ruhr. Gewiß, die Schrecken des Krieges waren ausgestanden, und doch wurde die unendliche Entspannung aller Sinne streckenweise von der Sorge überlagert, nicht durchhalten zu können, vielleicht lange in Gefangenschaft sein zu müssen. Im tiefsten Innern überwog aber wie eigentlich in meiner ganzen Militärzeit Zuversicht; im Lager war mir Gott näher als jemals zuvor und vielleicht auch nachher. Irgendwie, so spürte ich, würde ich durchkommen und Eltern und Bruder wiedersehen, vielleicht sogar das Studium erneut aufnehmen können.

SHMUEL KRAKOWSKI
Theresienstadt

Auch an diesem Tag wachte ich mit demselben Gefühl auf wie am Tag davor und an all den anderen Tagen – ich hatte wahnsinnigen Hunger. Wir lagen alle auf dem nackten Boden, Gefangene in einem Gefängnis innerhalb eines viel größeren Gefängniskomplexes. Vor zwei Wochen waren wir hier angekommen. Mit dem Todeszug von Rehmsdorf, einem Lager, das ebenfalls zu der Buchenwalder Anlage gehörte. Wir waren mehr als viertausend jüdische Konzentrationslagerhäftlinge, als sie uns in jenen ersten Apriltagen aus Rehmsdorf herausholten. Nur fünfhundert von uns erreichten die tschechische Stadt Terezin, die von den Nazis in ein jüdisches Getto mit dem Namen Theresienstadt umgewandelt worden war. All die anderen waren unterwegs gestorben oder waren umgebracht worden. Unter denen, die zugrunde gegangen waren, befanden sich auch einige meiner besten Freunde aus der Zeit unserer Untergrundtätigkeit in der Jugendorganisation im Getto von Lodz: Rysiek Podlaki, Abramek Kociolek und Srulek Krajkowski.

Nun hatte man uns in Theresienstadt in einem riesen Gebäude – genannt die »Hamburger Kaserne« – eingeschlossen. Diejenigen draußen vor den Toren, die Gefangenen, die Theresienstadt bewohnten, waren besser dran als wir. Sie konnten sich auf den wenigen Straßen des Gettos einigermaßen frei bewegen.

Wir wußten, daß das Dritte Reich zusammengebrochen war und daß unsere Befreiung eine Sache von Tagen, wenn nicht von Stunden war. Doch für die Menschen hier, die nach so vielen Jahren der Hungersnot und der Strapazen der Todesmärsche erschöpft waren, schienen diese Stunden des Wartens auf die Befreier zu lang zu dauern. Jede Stunde glich einer Ewigkeit. Viele von uns lagen schon in Agonie. Auch einer meiner besten Freunde, Lutek Nachtstern. Es bestand kein Zweifel darüber, daß für diese Menschen die Befreiung zu spät kam. Für all die anderen war diese Zeit des Wartens zu einem tragischen Wettrennen geworden, auf dessen Ende wir alle gespannt warteten: Was würde eher eintreten, die Befreiung oder der Tod durch Hungersnot?

Ich kann mich nicht mehr erinnern, wer von uns an jenem Morgen zum Fenster hinausschaute. Ich kann mich nur noch an einen Freudenschrei erinnern: »Jungs, die Russen sind da!« Die Befreiung hatte auch uns erreicht.

Mit vielen anderen zusammen beschloß ich, nach draußen zu gehen und unsere Befreier zu begrüßen. Aber viele von uns waren nicht mehr in der Lage, sich zu bewegen. Sie waren zu schwach, um noch aufzustehen. Ihnen blieb nichts anderes übrig, als zu liegen und zu warten in der Hoffnung, daß die Befreier Nahrung bringen und die ärztliche Versorgung organisieren würden.

Das Tor der »Hamburger Kaserne« war immer noch geschlossen. Ein tschechischer Polizist stand draußen und versuchte, uns zu überreden, drinnen zu bleiben. Er sagte, wir seien eine epidemische Gefahr für die Menschen außerhalb des Lagers. Doch weiter in Gefangenschaft zu bleiben, auch nach der Befreiung, schien uns schierer Unsinn zu sein. Wir widersetzten uns und stürmten das Tor. Der tschechische Polizist gab auf und verschwand.

Wir alle strömten bis auf die Straße außerhalb des Gettos. Dort sahen wir Panzer der Roten Armee, einen militärischen Versorgungstreck und einige russische Soldaten, die auf Fahrrädern eine unendlich lange Kolonne deutscher Kriegsgefangener begleiteten. Deutschland war geschlagen. Wir sahen es mit eigenen Augen. Der Tag, auf den wir so lange gewartet hatten, war da. Weil wir alle sehr hungrig waren, fragten wir die Russen als erstes, ob sie uns nicht etwas geben könnten. Die Soldaten waren außergewöhnlich freundlich, doch auch sie hatten nicht viel zu bieten. Die einzigen Nahrungsmittel, die sie in ihrem Versorgungszug hatten, waren Zucker und gepökelter Schinken.

Ich begnügte mich mit Zucker, konnte mich noch ganz genau erinnern an die ersten Tage in der »Hamburger Kaserne«, als ein Arzt – auch ein Gefangener – uns gewarnt und ermahnt hatte, vorsichtig mit dem Essen zu sein, wenn der Tag der Befreiung kommen sollte, da wir allzulange unter permanenter Hungersnot gelitten hatten. So aß ich Zucker, jetzt löffelweise. Vielleicht hat gerade das mich damals gestärkt und sogar mein Leben gerettet. Es war ein herrliches Gefühl, das ich in den letzten fünf Jahren fast vergessen hatte. Ich konnte wieder essen, soviel ich wollte, und ich wußte, ich würde nie wieder hungern.

Man sagte uns, daß sich deutsche Soldaten in der Umgebung verborgen hielten und daß sie versuchten, bis zum Einbruch der Nacht in ihren Verstecken zu bleiben, um so im Schutze der Dunkelheit zu entkommen. Man bat uns, den russischen Soldaten zu helfen, die Gegend zu durchkämmen und die Deutschen zu finden. Wir waren mehr als glücklich, dies tun zu können. Wir begannen, einzeln zerstreut ein bewaldetes Gebiet, das uns nur wenig bekannt war, zu durchsuchen.

Nach nicht allzulanger Zeit stellte ich fest, daß weder rechts noch links von mir meine Freunde zu sehen waren. Ich fühlte mich ziemlich verlassen in dieser unbekannten Gegend. Plötzlich kam mir hinter den Bäumen ein großer und dicker deutscher Soldat entgegen. Angst überkam mich, denn ich hatte keine Waffe. Was nun, wenn er mich erschießt? Sollte ich jetzt, einige Stunden nach der Befreiung, sterben? Glücklicherweise nahm der Deutsche die Arme hoch. Ich konnte erkennen, daß er mehr Angst hatte als ich. Sein ganzer Körper zitterte. Wie ein Besessener schrie er fortwährend: »Hitler kaputt. Ich war kein Nazi! Hitler kaputt. Ich war kein Nazi.« Ich nahm ihn bis zur Straße mit. Einige meiner ehemaligen Mitgefangenen kamen auch aus dem Wald heraus und führten »ihre Deutschen« vor. Sie alle versuchten, uns laut und hektisch zu überzeugen, daß sie nie Nazis gewesen waren. Sie hätten Hitler schon immer gehaßt.

Die gefangenen Soldaten schienen sich mehr vor uns zu fürchten als vor den Russen. Ich ahnte den Grund: Die Nazis wußten, daß wir, die Überlebenden, die Geschichte ihrer Barbarei der ganzen Welt erzählen würden.

Am Nachmittag fühlte ich mich sehr müde, und da ich keine andere Bleibe hatte, entschloß ich, nach Theresienstadt in die »Hamburger Kaserne« zurückzugehen, zumal ich auch nach meinen dort gebliebenen Freunden sehen wollte.

Als ich die Straße entlangging, erreichten mich zwei uniformierte Männer auf Fahrrädern. Auf den ersten Blick konnte ich ihre Uniformen nicht identifizieren. Deutsche, an die wir uns in den letzten sechs Kriegsjahren auf tragische Weise so gewöhnt hatten, waren es nicht, auch keine russischen Uniformen. Nach einiger Zeit erkannte ich, daß die Männer Uniformen der polnischen Armee trugen, die ich seit dem verhängnisvollen September 1939 nicht mehr gesehen hatte.

»Polnische Armee?« fragte ich die Männer.

»Ja!« kam die Antwort, und sie stellten sich vor. Sie waren beide Juden, Offiziere des polnischen Panzerkorps, das bis an jenem Tag einige dreißig Kilometer von diesem Ort entfernt gekämpft hatte. Man hatte ihnen gesagt, daß unweit ein Konzentrationslager mit jüdischen Gefangenen wäre, und die beiden wollten ihre befreiten Brüder sehen. Ich sagte ihnen, daß ich einer dieser Befreiten war, und bot sogleich an, ihnen den Weg zu zeigen.

Wir erreichten nach kurzer Zeit Theresienstadt und betraten die erste Baracke. Hier befanden sich Frauen, die meisten aus Polen und Ungarn, Gefangene, die ähnlich wie ich mit den Todeszügen aus anderen Konzentrationslagern hierhergebracht worden waren. Unbeschreiblich war die Freude dieser Frauen, als sie die beiden Offiziere sahen. »Unsere Brüder! Jüdische Offiziere! Endlich, endlich haben wir euch bei uns!« Und dann – die vielen Hände, welche die Hände der beiden Offiziere suchten, die Umarmungen, die vielen, vielen Freudentränen!

Die beiden Offiziere wollten wissen, woher die Frauen kamen und all die Einzelheiten ihrer Leidenswege durch die Gettos und Konzentrationslager. Und die Frauen, eine nach der anderen, erzählten über ihre unglaublichen Erfahrungen mit den Nazis. So grausam diese Geschichten auch waren, wurden sie immer wieder durch Ausbrüche großen Glücks unterbrochen, des Glücks, dasein zu können und in Sicherheit zu sein, mit jüdischen Offizieren zu sprechen, wohl wissend, daß es kein Nazideutschland mehr gibt und auch nie wieder geben würde.

Irgendwann fragte dann eine Frau die beiden Offiziere nach deren Geschichte, die Geschichte zweier Soldaten im Krieg. Doch dann änderte sich die gelassene, fröhliche Stimmung fast plötzlich. Trauer und Betroffenheit machten sich breit. Der Leutnant erzählte uns, daß er aus Wilna stammte und daß man ihn in die Rote Armee eingezogen hatte. Er hatte an Kämpfen teilgenommen, darunter auch in Stalingrad, wo er verwundet worden war. Nach seiner Genesung hatte man ihn zur neu ins Leben gerufenen polnischen Armee einberufen. So war es ihnen gelungen, die Deutschen zu schlagen und sie stetig mehr und mehr westwärts zu verdrängen. Doch nicht gering war ihre Betroffenheit, als sie feststellen mußten, daß sich überall in den befreiten Gebieten keine Juden mehr befanden. Die Deutschen hatten eine ganze Nation, unsere Nation, umgebracht.

Als der Leutnant Polen erreicht hatte, bat er um einen kurzen Urlaub, um seinen Geburtsort Wilna zu besuchen. »Ich habe nur Steine, meine Steine, gesehen; die vertrauten Häuser und Straßen, doch keinen der Menschen, die früher dort lebten«, erzählte uns der Offizier. Die einzigen überlebenden Juden im befreiten Lublin waren diejenigen, die als Soldaten in der russischen und der polnischen Armee gekämpft hatten, und noch einige jüdische Partisanen, die es nun wagten, aus den Wäldern herauszukommen. Auf ihren Märschen durch Polen, durch Hunderte von Dörfern und Städten, fanden sie nur die Vernichtungsstätten und die Massengräber. Theresienstadt war der erste Ort, wo sie so vielen Juden noch begegnet sind, Tausenden von Juden, denen es gelungen war, dem Naziregime zu entkommen.

So mußten auch wir erfahren, daß unser Schicksal viel schlimmer war, als wir erwartet hätten, denn obwohl wir eine ganze Menge gesehen und das Schlimmste erfahren hatten, hatten wir dennoch die Hoffnung nicht aufgegeben, hatten wir weiterhin unsere Träume bewahrt. In all den Tagen, an denen wir ums Überleben gekämpft hatten, Tag um Tag, Stunde um Stunde, hatten wir keine Zeit gehabt, uns über das ungeheuerliche Ausmaß unserer Tragödie die Gedanken zu machen, diese zu erfassen. Jetzt aber wurde uns alles mit einemmal schmerzhaft klar. Draußen gab es keine Familien mehr, die auf uns warteten. Und es gab auch keine eigenen Häuser mehr, in die wir zurückkehren konnten. Für uns war der Sieg zu spät gekommen, viel zu spät.

WERNER KRUSCHE
Waffen abgeben!

Ich habe kein Kriegstagebuch geführt. Aber ein paar Erinnerungen von damals sind geblieben. Natürlich weiß ich noch, daß ich den achten Mai 1945 in der Flakkaserne in Rendsburg erlebte.

Ich hatte nach meiner schweren Verwundung das Theologiestudium in Leipzig aufnehmen und hintereinander drei Semester dort studieren können. Als Studienurlauber. Die Zeit zwischen den Semestern verbrachte ich bei einem Ersatztruppenteil. Nach Ende des dritten Semesters ging es nach Wittenberg (am letzten Vorlesungstag – es war wohl der 28. Februar – hatte eine Bombe das Institutsgebäude getroffen und den Hörsaal weggerissen, in dem wir zehn Minuten vorher – beim Beginn des Fliegeralarms – noch gesessen hatten).

In Wittenberg hieß es eines Tages – es muß Mitte oder Ende März gewesen sein –, die nicht mehr kriegsdienstverwendungsfähigen Offiziere sollten sich absetzen und eine andere Flakkaserne aufsuchen. Ich machte mich daraufhin mit einem beinamputierten Leutnant auf den Weg in Richtung Norden. Ziel war Wismar. Ich weiß noch, wie er richtiggehend zornig wurde – er war sonst eigentlich ein ganz freundlicher Mensch –, als ich ihm unterwegs sagte, nun sei der Krieg bald zu Ende; sonst hätte man uns nicht so einfach weggehen lassen. Er war fest überzeugt, daß der »Führer« noch eine Wunderwaffe habe, die bisher nur noch nicht eingesetzt worden sei, weil sie von einer so schrecklichen Vernichtungskraft sei. Das war im März 1945!

In Wismar überlegte ich mir, ob ich nicht versuchen sollte, in Rostock noch ein bißchen zu studieren. Unsere Truppen hielten immerhin noch ihre Stellungen an der Oder. Mein Antrag auf Studienurlaub wurde genehmigt. Ich trampte also mit meinem Rucksack – mehr Gepäck hatte ich nicht – nach Rostock. Der Superintendent besorgte mir ein Zimmerchen im Martha-Stift. Dann meldete ich mich bei dem Dekan, Professor Quell. Ich war seit zwei Semestern der erste Student, der sich an der theologischen Fakultät immatrikulieren lassen wollte. Theologie war damals nicht gefragt. »Eine Schwalbe, die den Frühling ankündigt«, scherzte Spectabilis.

Ich besuchte noch zwei weitere Professoren (Büchsel und Jepsen) und sagte ihnen, welche Vorlesungen ich gern bei ihnen hören würde. Aber das Ganze dauerte nur eine reichliche Woche. Dann hieß es, die Rote Armee sei im Anmarsch. Die Bevölkerung flüchtete aus Angst vor möglichen Kampfhandlungen. Irgendein Wehrmachtswagen nahm mich mit. Wenn die englischen Tiefflieger kamen und in den Flüchtlingsstrom hineinschossen, sprangen wir von dem Wagen und warfen uns flach auf den Acker. Von Wismar ging es dann weiter nach Rendsburg, nachdem wir uns in einem Wehrmachtsmagazin noch mit allerlei eingedeckt hatten (ich zum Beispiel mit einer Felljacke – man konnte ja nicht wissen . . .).

Die Flakkaserne in Rendsburg war überfüllt. Aus Dänemark und Norwegen waren Hunderte von Luftwaffenhelferinnen gekommen. Es war ein buntes Treiben. Es war Frühling geworden. Das Kasernengelände war von sonnenbadenden Gestalten männlicher und weiblicher Ausgabe besät.

Wir warteten auf das Ende des Krieges und lebten in den Tag hinein. Was dann kommen und aus uns werden würde, wollten wir nicht wissen. Gedanken darüber schoben wir weg. Ich entsinne mich jedenfalls nicht, damals irgendwelche Zukunftsängste ausgestanden oder trüben Gedanken nachgehangen zu haben. In der langen Lazarettzeit war das anders gewesen. Jetzt empfanden wir es als eine Erleichterung, daß endlich bald Schluß sein würde. Nachdem wir so viel durchgestanden hatten, würden wir die totale Kapitulation mit all ihren Folgen schon auch noch irgendwie überstehen.

Ich möchte jetzt nicht nachträglich irgendwelche tiefsinnigen Gedanken erfinden, die ich damals eigentlich hätte haben müssen. Ob es das allgemeine Laisser-faire, Laisser-aller oder eben doch das Vertrauen in Gottes väterliche Barmherzigkeit war, die mich damals innerlich bestimmt haben mögen, vermag ich heute nicht mehr zu sagen. Ich hatte, nachdem die schwere Verwundung überstanden war, gelobt, mein Leben, das ich für eine so schlechte Sache eingesetzt hatte, nun für die beste Sache einzusetzen, die es gibt – für die Sache Jesu Christi. Vielleicht war es das, was mich gelassen machte. Ich weiß es nicht.

Wir lebten in dem umzäunten Gelände der Kaserne wie auf

einer Insel. In Erinnerung geblieben ist mir, daß ich eines Nachts zum Kommandeur gerufen wurde und von ihm den Befehl erhielt, sofort in die umliegenden Dörfer zu fahren und alle dort einquartierten Wehrmachtseinheiten aufzufordern, noch in der Nacht diese Dörfer zu räumen. Großadmiral Dönitz habe bestimmte Operationen gegen die Engländer vor; es werde vermutlich zu Kampfhandlungen kommen. Darum sollten alle Luftwaffenhelferinnen die Kasernen verlassen und Quartier in diesen Dörfern beziehen, die dem Feind als »Fraueninseln« bekanntgemacht werden sollten.

Die Landser bepackten schimpfend ihre Fahrzeuge, und am Morgen kamen dann tatsächlich die uniformierten Mädchen zu Hunderten angerückt. Ich war auf einmal Oberbefehlshaber einer Frauenschwadron geworden! In dieser Eigenschaft quartierte ich mich in einem evangelischen Pfarrhaus ein. Dort gab es ein Klavier und einen Notenband mit Schubert-Liedern. Aber auch dieses Glück dauerte nur wenige Tage. Dann ging's zurück in die Kaserne.

Die Kapitulation erlebten wir so: Am achten Mai hing am Kaserneneingang ein Schild mit der Aufschrift: »In RAF Control.« Damit waren wir zu englischen Kriegsgefangenen geworden. Es war sehr harmlos. Noch am Vormittag hieß es: »Waffen abgeben!« Ich montierte also meine Pistole ab (ich hatte sie nur einmal gebraucht – im Polenfeldzug, um einem Hund, dem sie die Hinterbeine abgefahren hatten und der schrecklich winselte, den Gnadenschuß zu geben). Ich erinnere mich nicht, diese »Entwaffnung« irgendwie demütigend empfunden zu haben, zumal sie nicht einmal von einem »Tommy« vorgenommen wurde. Was hatten wir schon noch an Ehre zu verlieren? Ich habe jedenfalls seitdem keinerlei Lust mehr verspürt, noch einmal eine Waffe in die Hand zu nehmen. –

Als wir Tage vor der Kapitulation uns über die feige Art ausgelassen hatten, in der der Führer sich der Verantwortung entzogen hatte, war uns einer in die Parade gefahren: Wir sollten uns schämen, so zu reden. Der bat mich nun, ihm einen Wehrpaß mit einem anderen Namen auszufertigen. Aber das habe ich ihm abgeschlagen; ich dachte: Soll er doch für das geradestehen, was er nicht nur – wie wir alle – mitgemacht, sondern was er auch noch gutgeheißen hatte! Im Grunde hätte ich ihm ruhig seine Bitte erfüllen können. Nur wenige Jahre nach der Kapitulation brauchte man die Deutschen wieder. Von einer deutschen Schuld war keine Rede mehr, und Leute wie dieser waren wieder gefragt.

HERMANN KUNST

Finsternis – nicht finster ist bei Dir

Man kann sich über das eigene Erleben des achten Mai 1945 für einen Leser nur verstehbar äußern, wenn man mindestens andeutet, wie man die Jahre von 1933 bis 1945 unter der nationalsozialistischen Herrschaft erlebt hat. Ich war in Herford ein Pastor der Bekennenden Kirche. Ich gehörte nicht zu den »Helden und Heiligen«. Wie viele Hunderte meiner Amtsbrüder erfuhr ich Haussuchungen, Verfahren wegen politischer Aufhetzung, Verhöre bei der Geheimen Staatspolizei, wobei das Brüllen der Verhörenden und die Drohungen schlimm waren, und Bestrafungen. Die ständige Bespitzelung, das Abhören der Telefongespräche und die Kontrolle der Post waren nur einige Zeichen der quälenden Unfreiheit, in der man Tag für Tag seinen Dienst tun mußte. Kein Zweifel seit der Einverleibung der Tschechoslowakei im März 1939, daß der Krieg von uns planvoll vorbereitet und angezettelt wurde. Spätestens seit Stalingrad und unserer Kriegserklärung an Amerika war mir die bevorstehende militärische und politische Niederlage gewiß.

In Memel erlebte ich zum letztenmal die Einkesselung durch die Russen. Auf der Kurischen Nehrung konnte meine Einheit fliehen und der Gefangennahme entgehen. Am achten Mai war ich als Pfarrer in einem großen Kriegslazarett in Hage in Ostfriesland. Nach dem Selbstmord Hitlers waren zwar die Niederlage und das Ende des Krieges unzweifelhaft, aber noch war die Drohung der Erschießung bei defätistischen Äußerungen so wirksam, daß sich jeder vor der offenen Rede im Kameradenkreise hütete. Dann kam endlich die Nachricht von der totalen Kapitulation an allen Fronten.

Es gab in den letzten Tagen vorher zwar einige Kameraden, mit denen man in behutsamer Offenheit sprechen konnte. Aber das Abendbrot am achten Mai verlief schweigend. Wie mechanisch geschah der Dienst an den Verwundeten. Noch hatten die Kanadier nicht das Kommando übernommen, aber über allem, was wir sagten und taten, lag eine wortlose Lähmung. So unfaßbar es erscheint – bis zuletzt hatten einige nationalsozialistische Kameraden mit einer spektakulären Wendung gerechnet.

Gegen zwanzig Uhr ging ich aus meiner Baracke auf eine benachbarte Wiese. Dort stand ein Flugzeug, mit dem ein Pilot geflüchtet war. Der Abend wurde zu einer Station meines Lebens. Meine Erinnerung ist präzise.

Selbstredend liefen die Gedanken zuerst zu meiner Frau und meinen fünf Kindern. Sie waren evakuiert. Lange hatte ich nichts von ihnen gehört. Aber ich ging davon aus, daß ich sie wiedersehen würde. Der Dank dafür war sehr groß. Aber es regte sich kein strahlendglückliches Empfinden.

Sofort wurde die Frage wach, ob mein Überleben nicht gezeichnet sei von Schuld. Gewiß, ich hatte in den verflossenen Jahren nur ein bescheidenes Amt wie viele tausend andere. Aber hätte ich getan, was ich hätte tun müssen, gehörte ich mit Sicherheit nicht zu den Überlebenden. Als ich 1938 nach der »Kristallnacht« von der Entheiligung und Zerstörung der Synagoge in Herford hörte, sah ich aus meinem Fenster auf meine Kirche. Würde Gott in seinem Gericht unsere Altäre und Kanzeln verwüsten, veröden lassen, weil wir schweigend und tatenlos die Verwüstung der Stätten der Verehrung Gottes unserer jüdischen Mitbürger hinnahmen? War es ausreichend gewesen, in der Predigt und in den Gesprächen zu sagen: »Irrt euch nicht, Gott läßt sich nicht spotten. Was der Mensch sät, wird er ernten«? Nein, es war nicht genug. Was sollte ich anders tun als beten: »Gott, sei mir gnädig nach Deiner Güte und tilge meine Sünden nach Deiner großen Barmherzigkeit!« War es ein billiges Gelübde, niemals mehr zu schweigen, wenn die Menschenrechte gebeugt und mit Füßen getreten würden?

Aber – was sollte ich eigentlich in den kommenden Tagen und Wochen predigen? Was sollte ich meinen Kameraden im Gespräch sagen? Auf gar keinen Fall schien mir erlaubt, zu schnell zu sagen: »Bei Ihm ist die Vergebung, daß man Ihn fürchte.« So gewiß dies die einzige Hoffnung für den Weg vor uns war – das Gebet um Vergebung setzt das Bekenntnis der Sünde voraus. Bekenntnis der Sünde nicht allgemein, sondern konkret! Waren meine Kameraden pauschal schuldig vor Gott, vor allem die jungen Soldaten, die ehemals begeisterten Hitlerjungen, denen ihre Welt zusammengebrochen war, die nichts als das Soldatenhandwerk gelernt hatten und sich nun zukunftslos sehen mußten? Ich wußte keine Antwort. Meine Hoffnung war, daß das Bekenntnis der eigenen Schuld Gemeinschaft stiften könnte.

Es war dunkel geworden. Mein Auge fiel auf das Dorf. Der erste Abend, an dem kein Alarm, kein Fliegerangriff mehr zu befürchten war. Aber es war kein einziges nicht verdunkeltes Zimmer zu sehen. Keine Spur von Jubel über die endlich neu geschenkte Freiheit und das Ende von Kriegsangst! Was hatten wir zu erwarten? Durch meine Ämter wußte ich etwas mehr als meine Mitbürger von den Greueln in den Konzentrationslagern. Die Zerstörung der Häuser und Arbeitsplätze war zwar fürchterlich, aber wir konnten wiederaufbauen in der Gewißheit, daß ein heute wiederaufgebautes Haus nicht morgen erneut vernichtet werden würde. Die vor uns liegenden Jahre würden hart und bettelarm sein. Wie würde jedoch die gesamte Welt aufschreien, wenn die Fotos der Untaten der nationalsozialistischen Herrschaft durch die Zeitungen und Wochenschauen gehen würden? Ob nun selber etwas mehr oder etwas weniger schuldig – die Verantwortung für alles, was geschehen war, lag auf meiner Generation. Einen befleckten Namen für das Land unserer Väter würden wir unseren Kindern und Enkeln hinterlassen.

Es war im Dorf und im Lazarettgelände totenstill. Um 23 Uhr ging ich in meine Baracke, die erste Tür rechts. Ich zog mich aus und legte mich auf mein Feldbett. Ich habe gebetet um die Kraft des Glaubens: »Finsternis nicht finster ist bei Dir«, bis mich der Schlaf übermannte.

HERMANN LANGBEIN
Wie ich das Ende erlebte

Der elfte April ist mein zweiter Geburtstag. Im Jahr 1945 bin ich an diesem Tag auf dem Güterbahnhof von Salzwedel aus einem Häftlingstransport geflohen.

Vier Tage vorher sind die Häftlinge des Außenlagers des KZs Neuengamme, Fallersleben, in Viehwaggons verladen worden. Mehr stehend als fahrend brauchte dieser Zug – einer der unzähligen Evakuierungszüge von KZ-Häftlingen in diesen letzten Wochen des »Dritten Reiches« – für eine Strecke von kaum viel mehr als 50 Kilometern so lang. Auf dem Güterbahnhof standen wir schon viele Stunden. Chaos ringsum. Mehrere Garnituren von Lastwaggons neben unseren. Die SSler, die uns zu bewachen hatten, plünderten Lebensmittel aus herrenlosen Zügen. Damit sie diese nicht selbst zu ihrem Personenwaggon schleppen mußten, öffneten sie den Viehwaggon, in welchem die deutschen Häftlinge – weniger eng zusammengepfercht als die vielen Ausländer – eingeschlossen waren. »Tragt uns diese Sachen in unseren Waggon. Für euch könnt ihr auch etwas nehmen.« Alle liefen, aßen im Gehen, schleppten. Mein bayerischer Freund Hans Biederer und ich nützten diese Möglichkeit zu einer Flucht, die wir schon vorbereitet hatten; Österreicher galten ja in den Lagern als Deutsche, daher war ich auch in dem geöffneten Waggon.

Als ich unter Zuggarnituren durchgekrochen war und auf Hans wartete, stand plötzlich ein SS-Mann vor mir: »Was machst du da?« herrschte er mich an. »Dort gibt's Zigarren!«

sagte ich statt einer Antwort und zeigte auf einen Waggon, aus dem gerade Zigarrenkisten endlos herausgeschleppt wurden. Der SS-Mann drehte sich um und lief dorthin. Es war das letzte Mal, daß mir Gefahr von seiten der SS drohte. Lagererfahrung hat mir eingegeben, so zu reagieren.

Nach Überschreiten der Gleise gingen wir über eine Wiese. In meiner Erinnerung war sie sehr groß. Wir durften nicht laufen, um keinen Verdacht zu erregen. Dann gab's Fliegeralarm, alles rannte kopflos umher und wir mitten dazwischen schnell in einen Wald. Dort blieben wir in der Nacht. Am nächsten Morgen sahen wir schon eine Kolonne amerikanischer Panzer. Wir waren frei. Wir winkten den Amerikanern zu, sie winkten zurück. Wir schlugen die Richtung ein, aus der sie kamen. In Gifhorn verlangten wir vom Bürgermeister Verpflegung und einen Schlafplatz. Das war meine erste Nacht in einem Bett nach sieben Jahren.

Als Hitler am zwölften März 1938 seine Truppen nach Österreich einmarschieren ließ, habe ich meine Heimat verlassen. Damals haben nicht nur viele Hunderttausende ihm zugejubelt, einige Zehntausende wurden verhaftet oder sind geflohen. Über die Schweiz und Paris ging ich nach Spanien.

Dort mußte sich die junge Republik gegen eine Gruppe faschistischer Generäle wehren, deren Putsch sich dank der massiven Unterstützung durch Mussolini und Hitler zu einem blutigen Bürgerkrieg entwickelt hatte. Aus vielen Ländern kamen Menschen der Republik zu Hilfe. Es bildeten sich Internationale Brigaden. In diese reihte ich mich ein. Der Krieg ging verloren, die Waffen der anderen waren stärker. Wer nicht in seine Heimat zurückkonnte, wurde nach Überschreiten der französischen Grenze im Februar 1939 in südfranzösischen Lagern interniert. Als Frankreich von Hitler besiegt wurde, kam eine Gruppe österreichischer Spanienkämpfer nach Dachau. Von dort wurde ich nach Auschwitz überstellt. Die zwei Jahre, die ich in diesem größten Vernichtungslager des Nationalsozialismus gefangen war, haben mich – wie wohl jeden, der dort sein mußte und überleben konnte – geprägt. Im August 1944 wurde ich mit Polen und Russen in ein Außenlager des KZs Neuengamme überstellt. Als dieses ausgebombt wurde, kam ich ins Stammlager, von dort in ein anderes Außenlager bei Lerbeck, das am ersten April 1945 nach Fallersleben evakuiert wurde. Das war – knapp skizziert, mein Weg durch die sieben Jahre, die für jeden Österreicher meiner Generation eine Probe bedeuteten.

Wir baten einen amerikanischen Offizier in Gifhorn, uns eine Möglichkeit zu beschaffen, damit wir unserer Heimat näher kommen. Er bedauerte. Seine Truppe hatte Befehl, auf ihren Fahrzeugen keine Zivilisten mitzunehmen. Aber er schrieb einen Zettel, daß wir Flüchtlinge aus einem KZ seien und man uns zu unterstützen habe.

So gingen wir weiter, Richtung Hannover. Dort quartierte mich ein englischer Offizier in einer Villa ein: »Diesem Mann ist das beste Zimmer zur Verfügung zu stellen!« befahl er den erschreckten Bewohnern. In Hannover erlitt ich meine erste Enttäuschung: Ich bat die Engländer um eine Schreibmaschine und schrieb meine Erlebnisse in den Konzentrationslagern nieder. Als ich sie dem Offizier übergab, bedankte er sich und sperrte das Manuskript ungelesen in seinen Schreibtisch. Auch in den folgenden Tagen kam er nicht auf seinen Inhalt zu sprechen. Später mußte ich erfahren, daß die Kunde von dem, was in Auschwitz geschehen war, ganz allgemein nicht interessierte.

Am vierten Mai eröffnete mir der Offizier, daß für den Aufbau einer Verwaltung in Hannover verläßliche Antinazis gesucht wurden und ich vorgesehen war, dort mitzuarbeiten. Am nächsten Morgen machte ich mich mit einem Fahrrad auf den Weg; ich wollte nicht in Hannover hängenbleiben, ich wollte so schnell wie nur möglich nach Hause. Das Rad gaben mir belgische Kriegsgefangene, die es Deutschen abgenommen hatten.

Die Straßen waren leer. Nur Amifahrzeuge rasten hin und wieder vorbei. Offenbar genügten die Lautsprecherdurchsagen, daß Zivilisten ein Begehen der Straßen verboten sei. Ich wurde niemals kontrolliert.

In Halle, das von Amerikanern befreit war, erfuhr ich von der endgültigen Kapitulation des nationalsozialistischen Regimes. Die Hoffnung auf einen Sieg der Alliierten hatte ich nie ganz aufgegeben. Nach Stalingrad, dem Sturz Mussolinis, dem Vormarsch der russischen Truppen, der Landung in der Normandie blieb für mich nur die Frage offen, ob ich den sich immer deutlicher abzeichnenden Sieg erleben werde.

Nun hatte ich die Zerschlagung des Nationalsozialismus erlebt. Ich konnte mich deswegen nicht so freuen, wie ich es mir früher vorgestellt hatte. Eigentlich war ich leer. Das Wiederfinden der Natur, der Geruch der Wälder, der herrlich weiche Moosboden in den ersten Tagen nach der Flucht, all das löste starke Gefühle aus. Gesprächen mit Deutschen wich ich aus, so wie sie mir auswichen, wenn ich auf der Fahrt einem Bürgermeister den Zettel der Amerikaner zeigte und Quartier und Essen forderte. Nur der Bürgermeister von Marktredwitz kam mir als Mensch entgegen: Er bat mich zu Tisch, bereitete mir ein Bad, fragte mich behutsam, und ich spürte Gefühl; er war neu als Bürgermeister eingesetzt, die anderen waren noch die alten Nazibürgermeister.

Als ich nach Passau die österreichische Grenze mit meinem Fahrrad überschritt – ein Amifahrzeug nahm mich auf einer Behelfsbrücke über den Inn mit –, fing in mir etwas zu singen an. Statt der weißen Fahnen der Kapitulation winkten rotweißrote Fahnen. In der Nacht vom 17. zum 18. Mai war ich in Wien; war zu Hause.

Immer wieder habe ich nach Bekannten gefragt, die damals auch in dem Transport waren, aus dem ich in Salzwedel geflohen war; stets vergebens. Ich fürchte, daß sie so wie viele Häftlinge von Neuengamme und dessen Außenlagern auf die Schiffe verfrachtet worden sind, die am dritten Mai in die Lübecker Bucht hinauszufahren Befehl erhielten, ohne daß sie als Häftlings- oder Krankentransport gekennzeichnet waren, und die – wie zu erwarten – von englischen Fliegern bombardiert wurden. Tausende sind dabei zugrunde gegangen, die böse Jahre der KZ-Haft überlebt hatten. Dönitz, der damals an der Spitze der Regierung stand, hat diesen letzten Massenmord an Häftlingen zugelassen. Seine Macht reichte damals noch bis Hamburg und Lübeck.

Das waren meine ersten tastenden, unsicheren Schritte in ein normales Leben. Eine Überlebende von Auschwitz hat die Ernüchterung, die viele von uns durchmachten, in die Worte gekleidet: »Wir kamen aus der Hölle und glaubten, jetzt kommen wir in den Himmel. Das war jedoch eine Täuschung.«

Es brauchte seine Zeit, bis ich mich damit abfand, daß nach Auschwitz die Menschheit keineswegs so bereit war, aus dem, was dort hatte geschehen können, ihre Folgerungen zu ziehen, wie ich es mir in den kurzen Augenblicken vorgestellt hatte, in denen ich im Schatten der Krematorien und Gaskammern an ein Leben nachher zu denken wagte.

DIETER LATTMANN
Mein Kriegsende

Es ist nicht dieser eine Tag, an dem der Krieg zu Ende war. In meiner Erinnerung sind es mehrere Tage, und sie hängen zusammen wie Einstellungen in einem Filmstreifen. Als am achten Mai 1945 in Deutschland fast alle Waffen schwiegen und nur noch versprengte Amokläufer des »Tausendjährigen« Reichs auf einen Feind schossen, der von manchen Deutschen als Befreier begrüßt wurde, war trotz allen Siegestaumels der Alliierten mein vorherrschender Eindruck die plötzliche Stille. Es waren keine Flugzeuge mehr in der Luft. Nirgends krachte es, die Menschen gingen ungewiß durch den Waffenstillstand, aber sie atmeten auf. Man sprach mit dem anderen nur das Nötigste. Ruhe herrschte, das Schweigen dröhnte in meinem Kopf.

Mir ist, als wären wir auch fast lautlos in die Gefangenschaft marschiert. Engländer beorderten uns von Flensburg in die Gegend von Heide in Holstein – ein Stück transportierte uns die Bahn in Güterwagen. Wochenlang vorher hatte auf der Marinekriegsschule in den Kasernen Mürwik und Glücksburg das Gerücht vorgeherrscht, die Fähnriche sollten diesen äußersten Winkel des Reichs bis zum letzten Mann verteidigen, ein Bollwerk sollte er werden wie einst Alcázar. Zum Glück ergaben wir uns dann kampflos, der Krieg war aus.

Die ersten Tage vergingen in der Stille, so tauchen sie in meinem Gedächtnis auf, wie ein Stummfilm, Bilder, keine Worte. Nur einmal wurde es schrill und laut, das war wie ein Taumel. Daran erinnere ich mich wie an eine Verletzung des Friedens.

In unserem Lager gab es ein paar Birken und einen Brunnen. Es war ein Areal zwischen Weidezäunen, und wir wurden nicht allzu scharf bewacht. Anfangs wurden wir überhaupt nicht verpflegt, ich raufte mir junges Grün von den Zweigen und kaute es lange, bevor ich es hinunterschluckte. Eines Tages fand einer von uns in der Scheune, in der wir untergekommen waren, mehrere Kisten unter dem Stroh. Wir machten uns sofort daran und staunten, was zum Vorschein kam: große weiße Zigarettenschachteln mit Hakenkreuzflaggen darauf. In anderen Kisten steckten haufenweise Flaschen, französischer Cognac und Champagner. Die Zigarettenmarke hieß wahrhaftig »Sieg«, die waren wohl für den Endsieg produziert, als irgendwelche Leute noch daran glaubten. Vielleicht hatte sich ein Proviantmeister das alles da versteckt.

Wir haben geteilt, es gab ein Fest. Jeder in der Scheune bekam eine Drittelflasche Cognac und einen halben Schampus. Es dauerte nicht lange, bis wir in dem Schober wie verrückt umeinander tanzten. Jetzt schrien alle durcheinander. Ein paar fingen an und warfen Flaschen gegen die Scheunenwand, das Glas platzte auseinander, und zwischen Scherben verspritzte auch noch Champagner. Es war, als wäre Tobsucht ausgebrochen, und alle rauchten »Sieg«. Schließlich drehte sich die Scheune um mich, alles kreiste. Ich habe nur noch gedacht: Du mußt dich hinlegen. Also packte ich mich auf mein Strohbündel und sah, bevor mir die Augen zufielen, noch die springenden Gestalten. Als ich am nächsten Morgen zu mir kam, hatte mir einer den Tabaksbeutel und die alte Pfeife aus dem Seesack unter dem

Kopf weggeklaut. Damals begannen wir zu sagen: »Kameraden sind Lumpen.«

Die meisten lagen noch wie ohnmächtig um mich herum. Es war wieder ruhig. Ich trat hinaus auf die Koppel und sah den Frühnebel. Die Sonne griff durch die Schwaden und ließ den Tau in den Wiesen glitzern. In der Ferne läutete eine Kirchenglocke. Ich stand da und spürte, wie die Stille zurückkehrte, und auf einmal brauchte ich sie dringend. Ich war neunzehn und ahnte, daß ich bisher fast alles falsch gemacht hatte. Ich wollte anfangen zu ordnen, was einer wie ich ordnen konnte. In meiner Erinnerung ist das Kriegsende die Stille und das Staunen, daß ich noch lebte.

EUGEN LODERER
Kriegsende in Kopenhagen

Den Tag der Kapitulation der deutschen Wehrmachtsverbände am achten Mai 1945 erlebte ich im Kriegshafen der dänischen Hauptstadt Kopenhagen. Um dieses bedeutende Ereignis zu beschreiben, möchte ich kurz darstellen, wie ich nach Kopenhagen kam, in ein Land, das 1945 schon seit Jahren von der Deutschen Wehrmacht besetzt war und das außerhalb der Fronten lag, an denen bis zum Tage der Kapitulation gekämpft wurde.

Am achten Mai 1945 war ich bereits fünf Jahre Angehöriger der Wehrmacht und hatte den Krieg ohne Unterbrechung in Belgien, den Niederlanden, in Frankreich, Polen, Ostpreußen und in Dänemark erleben müssen.

Im Mai 1944 war ich zu einem Obersteuermannslehrgang nach Gotenhafen versetzt worden. So entging ich der wenige Wochen später beginnenden alliierten Invasion an der französischen Kanalküste, die das Ende des Krieges beschleunigte. Nach erfolgreichem Abschluß des Lehrgangs war eine Versetzung zur Ausbildungsabteilung für U-Boote nach Danzig vorgesehen. Zu diesem Zeitpunkt, Ende 1944, standen die russischen Truppen bereits in Ostpreußen, was die Auflösung dieser Ausbildungsabteilung zur Folge hatte. Ich verhehle nicht, daß mich dies mit großer Genugtuung erfüllte, weil ich absolut keinen Drang verspürte, vor dem nahen Kriegsende noch auf einem der U-Boote Dienst zu tun, die wir damals »fahrende Särge« nannten.

So hatte ich mit einigen Soldaten meiner Einheit das große Glück, im Februar 1945 nach Dänemark versetzt zu werden.

Wir wurden dem Hafenkommandanten in Kopenhagen unterstellt. Ausgehungert kamen wir dort an. Im Kriegshafen wurden wir auf einem außer Dienst gestellten Passagierdampfer untergebracht. Es war relativ angenehm. Junge Rekruten und ältere Soldaten, die wie Volkssturmmänner ausschauten, waren von den kämpfenden Fronten nach Kopenhagen verschlagen worden. Unsere Aufgabe war es, die aus Ostpreußen im Hafen von Kopenhagen ankommenden Schiffe, vollgestopft mit Flüchtlingen, zu entladen. Auf diesen Schiffen herrschte ein chaotisches Durcheinander. Bereits verstorbene alte Menschen, Todkranke, verwundete Soldaten, Frauen und Kinder holten wir aus den riesigen Schiffsleibern. Eltern suchten ihre umherirrenden Kinder und umgekehrt. Es gab gespenstische Szenen. Großdeutschland, wie es die Nazis nannten, war in Auflösung begriffen. Alles, was noch einigermaßen gehen konnte, sammelte sich in diesem Hafenbecken: Soldaten aller Wehrmachtsteile, Angehörige der Wehrmachtsverwaltungen, Flüchtlinge und dänisches Hafenpersonal.

Trotz dieses trostlosen Zustandes glaubten Fanatiker immer noch an den Endsieg der Deutschen in diesem schrecklichen Krieg. Von dem Einsatz der deutschen Raketenwaffen V1 und V2 versprachen sie sich die große Wende. Zu diesen Unbelehrbaren zählte ein junger Oberleutnant, mein unmittelbarer Vorgesetzter, der bisher nur in Ausbildungsabteilungen tätig gewesen war und nicht wußte, wie der Krieg an der Front wirklich aussah. Er schwärmte vom Führer und wollte in dieser Situation – kurz vor dem Zusammenbruch – den jungen und alten

Soldaten noch beibringen, wie man mit einer Tellermine »feindliche Panzer knackt« – so seine Ausdrucksweise. Es war ein Irrsinn angesichts der damaligen Lage: Die Russen standen vor den Toren Berlins, und die westlichen Alliierten hatten längst den Rhein überschritten. Seine ständig wiederholte Rede war: »Wenn ich an der Front wäre, gäbe es nur zwei Möglichkeiten: Entweder hätte ich längst das Ritterkreuz oder ein Stück Eisen im eigenen Kreuz.«

Eines Tages zeigte ich ihm in einer stillen Stunde meine Kriegsverletzungen und meinte, die letztere der von ihm aufgezeigten Möglichkeiten wäre wohl die wahrscheinlichere.

Die Gerüchte über die Lage an den Fronten waren verwirrend. Die deutschen Wehrmachtsberichte waren zwar noch immer optimistisch, die wahre Situation jedoch war trostlos. Man hörte nur noch von »erfolgreichen Absatzbewegungen«. Was daran erfolgreich sein sollte im militärischen Sinne, war nicht zu erkennen, und so konnten mich diese Meldungen nicht zum Optimismus veranlassen. Ende April, Anfang Mai wurde die Haltung der dänischen Zivilbevölkerung gegenüber den deutschen Soldaten immer bedrohlicher. Bei Ausgängen in die Stadt verließen wir den Hafen nur in Trupps und stets bewaffnet. Wir versuchten, uns selbst zu versorgen, denn die Verpflegung war sehr schlecht, ja dem Zusammenbruch nahe. Eine geschlossene militärische Einheit gab es längst nicht mehr. Alles, was sich im Hafenbecken aufhielt, lebte auf eigene Faust – in Schuppen, Lagerräumen und auf Schiffen, die im Hafen ankerten.

Alle lebten durcheinander und doch miteinander einem ungewissen Schicksal entgegen. Kein Tag ohne bange Fragen: »Was wird mit den Menschen hier passieren, wenn der Krieg zu Ende ist?«, und: »Was wird alles noch passieren, bis es endlich soweit ist?« Man konnte sich nach bald sechs Jahren Krieg kaum noch eine Vorstellung davon machen, was Frieden und was normales Leben ist.

Am Vorabend des achten Mai 1945 wurde es im Hafen sehr gefährlich, nachdem aus einem fahrenden Vorortzug ins Hafenbecken geschossen worden war. Ein Passieren des Hafentores war zu riskant, denn niemand wußte, wie deutsche Soldaten in dieser zugespitzten Situation draußen behandelt würden.

Am achten Mai kam dann die Nachricht von der Kapitulation der deutschen Wehrmachtsverbände an allen Frontabschnitten. Das von mir lang ersehnte Ereignis erschien kaum glaubhaft. Für viele befreiend, aber auch für viele bedrückend war auch die Nachricht, daß Adolf Hitler bei den Kämpfen in Berlin gefallen sei und daß er verfügt habe, Großadmiral Dönitz solle seine Nachfolge antreten. Ich empfand es als blanken Hohn und Zynismus, den Deutschen jetzt noch klarmachen zu wollen, daß es eine Fortsetzung der Politik des Dritten Reiches – und sei es auch nur in Ansätzen – geben könne. Dem totalen Krieg konnte doch nur die totale Kapitulation folgen, und so war es dann auch.

Laute Kommandos in englischer Sprache rissen uns in der folgenden Nacht aus dem Schlaf, sofern man infolge der Ereignisse von Schlaf überhaupt sprechen konnte. Im angrenzenden Hafenbecken hatten englische Kriegsschiffe festgemacht: Kreuzer, Zerstörer und Torpedoboote. Britische Marinesoldaten hatten auf der Mole – sie war fast so breit wie eine Straße – Posten bezogen. Nach Anbruch des Tages mußten die deutschen Einheiten ihre Waffen ablegen. Vielen dämmerte erst jetzt die wahre Situation: Hitler war tot, die Wehrmacht hatte kapituliert, der Krieg war zu Ende. Vieles, was man vorher verdrängt hatte, kehrte unaufhaltsam in das Bewußtsein zurück. Man konnte jetzt endlich frei über das Verhängnis der deutschen Politik, des Dritten Reiches reden, und ohne großes Zutun fanden sich Menschen zusammen, die ähnlich dachten und fühlten. Was man bei dem einen oder anderen bisher nur vermutet hatte, wurde jetzt bestätigt. Trotz aller noch vorhandenen Ungewißheit, wie es weitergehen würde, überkam alle, die den Krieg schon immer verabscheut hatten oder sich mittlerweile seiner furchtbaren Folgen bewußt geworden waren, das Hochgefühl: Der Krieg ist zu Ende.

Es gab aber auch bei vielen jungen Menschen traurige Gesichter, vor allem bei Offizieren, die sich für eine Karriere beim

Militär entschieden hatten. Alle Orden, Titel und Ehrenzeichen waren plötzlich nichts mehr wert. Ihre Stimmung war depressiv. Die Befehlsgewalt war in ein Nichts zerronnen.

Nach kurzer Zeit ereilte die Kriegsgefangenen im Hafen der Befehl, sich in Kompaniestärke zum Abmarsch fertigzumachen. Es war vorgesehen, die deutschen Truppen nach Deutschland in Marsch zu setzen. Die erste Kompanie rückte bereits am anderen Tag in aller Frühe ab. Stunden später kam sie völlig aufgelöst wieder zurück: Sie waren von dänischen Freiheitskämpfern angegriffen worden, so daß die britischen Wachmannschaften die Umkehr befahlen.

Mein Drang war, so schnell als möglich nach Hause zu kommen. Ein Fluchtversuch durch ein fremdes Land ohne Geld und Zivilkleidung schien mir nicht ratsam. Wieder halfen Gespräche mit besonnenen und gleichgesinnten Menschen, keine riskanten Schritte zu tun. Die dänischen Behörden legten wohl gesteigerten Wert darauf, die deutschen Truppen alsbald loszuwerden. Die Entscheidung der Briten kam rasch: Alle mußten sich mit ihren kümmerlichen Habseligkeiten am Liegeplatz des deutschen Kreuzers »Nürnberg« einfinden, der im Hafen festlag. Auf dem Kriegsschiff wurden die Verschlüsse der Kanonen ausgebaut, die vorhandene Munition wurde von Bord geschafft. Alle Gefangenen mußten auf dieses deutsche Kriegsschiff, mit ihnen kam ein britisches Prisenkommando an Bord. Im englischen Geleit ging es schnellstens in Richtung Deutschland. Es war eine Fahrt ins Ungewisse, die zielloseste in meinem Leben. Tränenden Auges dachte ich in dieser Nacht an meine verlorene Jugend, von der Ungewißheit geplagt, ob das Zuhause noch stehe, ob Eltern, Frau und Kinder noch am Leben sind.

In Wilhelmshaven legte der Transport an. Wir betraten deutschen Boden. Das Gelände war von kanadischen Besatzungstruppen weiträumig umstellt. Maschinengewehre richteten sich auf die gefangenen deutschen Soldaten. Man schrieb das Datum meines 25. Geburtstages, als wir von Wilhelmshaven nach Pedderwardergroden marschierten, um dort in einem Barackenlager untergebracht zu werden. Primitive Holzhütten ohne Mobiliar, bis vor kurzer Zeit von polnischen und russischen Zwangsarbeitern belegt, waren jetzt unser Zuhause. Nach drei Monaten, kurz bevor viele deutsche Kriegsgefangene zum Wiederaufbau nach Frankreich und in die französischen Bergwerke gebracht wurden, wurde ich in Wilhelmshaven aus der Kriegsgefangenschaft entlassen. Mit den Entlassungspapieren in der Tasche, die eine Voraussetzung für den Bezug von Lebensmittelkarten waren, bestiegen wir erleichtert einen Güterzug. Die Fahrt nach Stuttgart im Güterzug dauerte fast zwei Tage. In Stuttgart endete der Transport. Ende August 1945 war ich endlich zu Hause. Es begann ein neuer Lebensabschnitt.

Franz D. Lucas
Wo und wie ich den Tag erlebte

La Paz, in einem Talkessel am Fuße des schneebedeckten Illimani gelegen, 3600 Meter über dem Meeresspiegel, Sitz der Regierung der Republik Bolivien. Die dünne und trockene Luft schafft eine einzigartige Klarheit und Transparenz der Atmosphäre. Der achte Mai 1945 war ein wunderschöner Wintertag. Keine Wolke am Himmel. Früh schon strahlte die Sonne. Sorgfältig hatte ich die Tageszeitungen mit den sich überstürzenden Nachrichten studiert. Ich nahm Hut und Mantel und ging aus meiner Wohnung in der Avenida 6 de Agosto bergauf in Richtung Stadtzentrum. Doch wie war ich nach Bolivien gekommen? Zehnter November 1938. An jenem Tage erhielt ich vom Rektor der Universität Königsberg einen Brief mit dem Ersuchen, »im Interesse meiner eigenen Sicherheit bis auf weiteres den Vorlesungen fernzubleiben«.

Damit kam mein kurzes Studium der Orientalistik zu einem dramatischen Ende. Ich war damals gerade siebzehneinhalb Jahre alt. Frühzeitig hatte ich mein Abitur bestanden und zu studieren begonnen. Dabei war bemerkenswert, daß ich 1938 noch an einer deutschen Universität zugelassen wurde. Meine

Anträge bei anderen Universitäten waren samt und sonders abgelehnt worden. Nur Königsberg hatte mir einen Platz angeboten. Aber nach dem neunten November war auch da ein Verbleiben ausgeschlossen.

Ich fuhr mit dem Zug nach Glogau. Dort fand ich meine Eltern – sonst immer freundlich, ruhig und ausgeglichen – im Zustand beträchtlicher Erregung und Enttäuschung. Unsere Wohnung, Möbel, Bilder, Manuskripte waren zertrümmert worden, die klassisch-schöne Glogauer Synagoge, an der mein Vater viele Jahre als Rabbiner amtierte, ein Opfer der Flammen und viele Freunde und Bekannte ins Konzentrationslager abgeschleppt.

In Berlin sah ich mich unverzüglich nach einem Visum um. Praktisch alle Länder hatten die Tore geschlossen. Nur die Republik Bolivien genehmigte noch Einreisebewilligungen. Es darf hier dankbar gesagt werden: Bolivien hat damals 15000 Menschen das Leben gerettet.

Am zehnten Dezember 1938 verließ ich Deutschland. Mit einem Billett nach Bolivien – und zehn Reichsmark in bar – einem unbekannten Schicksal entgegen. Meine Eltern sah ich am Anhalter Bahnhof in Berlin zum letztenmal. Es war eine aufregende Reise. In Marseille bestieg ich das italienische Dampfschiff »Virgilio«, das nach vierwöchiger Fahrt in Mollendo, Peru, ankerte. Auch die Eisenbahnfahrt von Mollendo nach La Paz brachte neuartige und unerwartete Eindrücke. Kann man ermessen, was es für einen jungen Menschen bedeutet, kaum dem Kindesalter entwachsen, wenn er plötzlich seine Heimat, das Land, in dem seine Vorfahren seit Jahrhunderten gelebt hatten, verlassen muß? Nein, es war nicht die wirtschaftliche und soziale Ungewißheit, das Abenteuer, das Risiko. Das alles wäre eine verständliche Exkursion, behaftet sogar mit der Attraktion des Ungewöhnlichen und Interessanten und womöglich des Aussichtsreichen. Aber hier war alles anders. Jahrelang waren wir geächtet, eingeschüchtert und lächerlich gemacht, als Untermenschen und Scheusale denunziert worden. So wurde das Vertrauen in sich selbst und die Menschheit erniedrigt und die Konfusion der Begriffe – Mystifikation von alldem, was gut und edel in der Wertstufung des Menschen ist – provoziert. Nietzsche hat recht, wenn er ausruft: »Weh dem, der keine Heimat hat!« Solches belastete den frommen Wunsch, im fernen Andenland zu vergessen und ein neues Leben zu beginnen.

In La Paz trat ich in die Dienste einer bedeutenden internationalen Metall- und Bergwerksfirma, die ihren Schwerpunkt in Bolivien hatte und von dem in Biblis in Hessen gebürtigen Mauricio Hochschild aufgebaut worden war. Es war ein großer Kontrast: Königsberg und La Paz, Studium der Orientalistik und Erzhandel, sorgsam behütetes Elternhaus und Alleinsein in einem fremden Land. Eines Tages zitierte mich die Deutsche Botschaft in La Paz, um mir mitzuteilen, daß ich die deutsche Staatsangehörigkeit verloren hätte und mein Paß ungültig sei. Ich war staatenlos.

Die Bolivianer, ein stolzes und freiheitsliebendes Volk, haben Erfahrung mit politischer Konvulsion, Revolution und Exil. Wir Immigranten wurden mit Sympathie aufgenommen. Allerdings litt Bolivien unter den Folgen der Weltwirtschaftskrise und des Chacokrieges. Das Land, viermal so groß wie die Bundesrepublik, zählte damals weniger als drei Millionen Einwohner, die sich meist recht mühsam ernährten. Die Wohnungs- und Verkehrsverhältnisse waren rückständig. Die massive jüdische Einwanderung aus Deutschland, für die keine Vorbereitung getroffen war, brachte für Bolivien viele positive Entwicklungen, aber auch eine Reihe von Problemen. Da machte sich – systematisch organisiert und von Naziagenten finanziert – ein bis dahin unbekannter Antisemitismus bemerkbar. Die von den Einwanderern verursachten Probleme wurden übertrieben. Agitation fand zeitweise bei einflußreichen Parlamentariern und einem Teil der Presse Gehör.

Diese Entwicklung hatte für meine Eltern tragische Konsequenzen. Ich hatte nämlich bald nach meiner Ankunft Visa für sie beantragt, die auch genehmigt wurden. Unter dem Eindruck der sich entwickelnden antisemitischen Strömung wurden aber die Visaerteilungen suspendiert und bereits erteilte Visa für ungültig erklärt. Zusammen mit dem inzwischen beginnenden Krieg vereitelte das die Rettung meiner Eltern. Unendlich bescheiden und anspruchslos, hatten meine Eltern nie gedrängt. Sie hatten an das Edle im Menschen geglaubt und selbst noch unter den mißlichsten Umständen Gutes entdecken können. Sie hatten darauf gebaut, daß der nationalsozialistische Staat unter dem Gewicht seiner eigenen Taten bald verschwinden müsse. Auch hatte mein Vater noch im Jahre 1940 neue Pflichten an der Hochschule für die Wissenschaft des Judentums in Berlin übernommen, und oftmals sagte er zu Freunden, daß es seine Pflicht sei, auszuharren und anderen Menschen zu helfen.

Die Frage der Sympathie und Antipathie zu Deutschland wurde innerhalb der bolivianischen Parteien und immens komplizierten politischen Situation zu einem gewichtigen Element. Nur so können widersprüchliche Entwicklungen erklärt werden. Das ehemals große Ansehen, das Deutschland genoß, sank damals mehr und mehr. Der deutsche Botschafter Wendler wurde ausgewiesen. Kurze Zeit nach Pearl Harbor brach Bolivien die diplomatischen Beziehungen zu Deutschland ab. Im April 1943 erklärte es Deutschland den Krieg. Über die immer grausameren Maßnahmen, die gegen die Juden in Europa geplant und in Durchführung waren, sickerten sporadisch fürchterliche Nachrichten durch. Es war schwer, das alles zu verstehen. Selbst eine Veranstaltung wie diejenige, die am zehnten November 1942 auf Veranlassung der jüdischen Gemeinde im Sucre Palace Hotel in La Paz stattfand, zu einer Zeit also, als die schlimmsten Aktionen der »Endlösung« in vollem Gange waren, konnte nicht den Eindruck der ganzen, unmenschlichen Realität vermitteln. In der Gedenkrede sprach Hans Baer von seinem Vater, der am neunten November 1938 eingekerkert und ermordet worden war, während der Sohn von der Gestapo gegen Gebührenzahlung die Urne erwerben mußte. Dann ergriff der spanische Freiheitskämpfer und Philanthrop Vicente Burgaleta das Wort, und schließlich sprach der nordamerikanische Botschafter, der forderte, daß die barbarischen Verbrechen, die die Nationalsozialisten begingen, allen Nationen der

Erde die Pflicht auferlegten, vereint gegen diese Feinde der Menschlichkeit, der Sittlichkeit und des Rechts mit allen zu Gebote stehenden Mitteln zu Felde zu ziehen. Zu dieser Zeit hatte also der Leidensweg der Juden und der anderen vom Nationalsozialismus Verfolgten die Aufmerksamkeit und Entschlossenheit maßgeblicher Kreise erregt.

Mit jungen Jahren hatte ich schon viel erlebt. Meine Position in der Bergwerksfirma war befriedigend, aber ich trauerte meinem unterbrochenen Hochschulstudium nach und einem geordneten, bürgerlichen Leben im europäischen Kulturkreis, wie es einst programmiert gewesen war. Natürlich wußte ich zu schätzen, was es bedeutete, in Freiheit in Bolivien leben zu dürfen, zu einer Zeit, wo so viele Menschen leiden mußten. Bolivien wurde meine zweite Heimat. Aber mir wurde auch klar, daß Heimat viel mehr ist als ein Fleck umgrenzter Erde, etwas, was schwerlich einen Plural zuläßt, daß die Menschen, die statt eines Vaterlands zwei beanspruchen, in Wirklichkeit nicht wissen, wohin sie gehören. Grillparzer spricht treffend von zwei Fremden und keiner Heimat.

Meine Tante Dina Lucas aus Marburg war am achten September 1942 nach Maly Trostinec deportiert worden, meine Eltern am 17. Dezember 1942 nach Theresienstadt, wo mein Vater am 13. September 1943 gestorben ist. Meine Mutter wurde von Theresienstadt mit dem letzten Transport am zwölften Oktober 1944 nach Auschwitz verschleppt. Ich wußte von alledem damals nichts und wartete sehnsüchtig auf ein Lebenszeichen.

Im Dezember 1944 entschloß ich mich, meine Position in der Firma Hochschild aufzugeben. Ich mietete im Edificio Iglesias ein Büro und bereitete zusammen mit H. Zwissler ein eigenes Unternehmen vor, das am zehnten August 1945 gegründet wurde. Vor allen Dingen wollte ich frei, unabhängig und ungebunden sein. Das Ende des Krieges, das Ende des Hitler-Regimes würde neue Hoffnungen, neue Möglichkeiten vermitteln. Würde ich bald auf den alten Kontinent zurückkehren? Würde ich meine Eltern bald wiedersehen? Ich glaubte, daß jeglicher

Antisemitismus – ein Erzübel des Jahrhunderts – im blutigen Strome so vieler Opfer ertränkt worden sei. Ich hörte von der totalen Zerstörung der Stadt Glogau und dachte mit Sorge an Deutschland, seine Geschichte, seine Dichter und Denker und seine Zukunft.

Ich weiß nicht mehr, wann die Vereinigung »Das Andere Deutschland« gegründet wurde. In scharfem Gegensatz zu einer bestehenden, rechtsgerichteten und sehr einflußreichen deutschen Organisation (es gab damals noch einen linksgerichteten Verein, »Freie Deutsche« genannt) hatten wir »Das Andere Deutschland« ins Leben gerufen. Unsere Gruppe bestand aus Flüchtlingen, die aus verschiedenartigen Gründen in Bolivien Zuflucht gefunden hatten. Etwa ein Drittel der Mitglieder waren deutsche Juden. Wir veranstalteten Vorträge und Diskussionen, meist mit hohem intellektuellen Gehalt. Wenngleich sich unsere politischen Meinungen nicht immer deckten und sogar häufig in krassem Gegensatz zueinander standen, waren wir uns doch alle einig in der Opposition zum Hitler-Regime. Wir überlegten uns, wie man Haß und Mißgunst durch Liebe und Vertrauen ersetzen könne. Ich glaube, daß es eine nicht zu unterschätzende Leistung war, daß es zu einer Zeit, als mit dem deutschen Namen Schindluder getrieben wurde, in Bolivien eine Organisation mutiger Männer und Frauen gegeben hat, die unter großen persönlichen Opfern dafür sorgten, daß es ein »Anderes Deutschland« gab, in welchem humanistische und fortschrittliche Ideale mit deutschem Geist identifiziert werden konnten.

Es kamen die Nachrichten von der bedingungslosen Kapitulation in dem kleinen Schulhaus in Reims, dem Hauptquartier von General Eisenhower, am achten Mai, und am nächsten Tage, am neunten Mai 1945, bestätigte Keitel im sowjetischen Hauptquartier in Berlin-Karlshorst das endgültige Dokument. Wie am ersten September 1939 heulte die schrille Sirene der »Razón«, diesmal aber, um das Ende des Krieges anzuzeigen. In die Jubelstimmung über den Sieg der alliierten Mächte und das Ende der Hitler-Herrschaft, die so unsagbar viel Unheil angerichtet hatte, klangen die optimistischen Botschaften der Vertreter der Nationen. Das waren Momente der Erleichterung und der Genugtuung. Jetzt war das Element der steten Unsicherheit verschwunden. Man konnte wieder frei atmen und an die Zukunft denken. Flaggen wurden gehißt. Ich aber fand es nicht möglich, bei dem sich anlassenden volkstümlichen Festefeiern mitzumachen. Denn ich stellte die bange Frage: Wie wird es weitergehen? Was für Nachrichten werden jetzt aus Europa kommen, wo endlich die Karten auf den Tisch gelegt werden müssen? Welche Nachrichten von den Eltern und der Tante? Wie wird die Zukunft beschaffen sein, die Zukunft der Welt und die Zukunft Deutschlands? Ich war froh und traurig zur gleichen Zeit.

Ich war an jenem achten Mai ins Stadtzentrum gegangen. Auf dem Wege betrat ich das Postgebäude in der Calle Ayacucho, um das Schließfach nach Briefen zu untersuchen. Ich habe immer wieder und wieder nach Briefen, nach Nachrichten Ausschau gehalten. Von der Post führte mich der Weg über die historische Plaza Murillo in mein Büro. Da warteten schon meine Freunde, und noch mehr kamen hinzu. Bald waren wir in lebhafte Debatten verwickelt. Jeder wollte mitteilen, was er gehört hatte, die neuesten Nachrichten wurden ausgetauscht über die Dinge, die sich ereignet hatten, und wohl auch über einige Dinge, die sich nicht ereignet hatten und nur Gerüchte waren. Wie sehr waren wir an diesem Tage beseelt von dem Gedanken, mittun zu dürfen an dem sich anlassenden und notwendigen Wiederaufbau. Wir sprachen von den Zukunftsplänen des einzelnen. Einige saßen buchstäblich auf gepackten Koffern, aber es war wohl klar, daß manche Hoffnungen verfrüht waren.

Ich erinnere mich an die Dringlichkeit, die wir an diesem Tage einer gutfunktionierenden und mit den notwendigen Machtmitteln ausgestatteten Liga der Nationen beimaßen. Unsinniger Ehrgeiz hatte die Welt ins Unheil gestürzt. Warum sollte es nicht möglich sein, daß die Länder anstatt von den Ehrgeizigsten von den Fähigsten regiert würden? Nicht nur sollte diktatorischen Willkürregierungen ein Ende gesetzt werden und demokratische Ordnung etabliert sein, wir fragten uns auch, inwieweit die Rolle des Staates überhaupt reduziert werden könne. Hatte nicht schon Platon gesagt, daß der Staat wie ein Mensch sei, nur im großen, und daß seine wichtigste Aufgabe darin bestehe, die Bürger zur Tugend zu führen?

Und dann gingen die guten Freunde wieder – einer nach dem anderen. Ich versuchte, die Bedeutung dieses Tages zu erfassen. Zwar war da noch der Krieg mit Japan, aber ich war mir bewußt, daß eine tiefgreifende Zäsur in der Geschichte der Menschheit an diesem Tage eingetreten war, eine Zäsur von historischen Dimensionen, und daß diese Möglichkeiten eröffne zum Guten und zum Bösen, zur Harmonie und zur Konfrontation.

Ich bin noch stundenlang durch die Straßen der Stadt gewandert, allein, aber begleitet von so vielen Gedanken, von so vielen Hoffnungen und von so viel Erleichterung und Zuversicht, aber auch von soviel Traurigkeit. Und diese Traurigkeit hat mich seither nicht mehr verlassen bis auf den heutigen Tag.

PETER LUDWIG
Wehe den Besiegten

Als Neunzehnjähriger erlebte ich den Tag der bedingungslosen Kapitulation im Lazarett in Bad Nauheim. Der malerisch gelegene, unversehrt gebliebene Ort war sogenannte »Offene Stadt«, wurde also nicht verteidigt. Viele Dächer zeigten große Rote Kreuze. Alles war überfüllt. Für unsere Sanitätseinheit war hier Schlußstation des Rückzuges durch Westerwald und Taunus. Schrecklich die Bilder des Endes mit an Bäumen aufgehängten sogenannten Verrätern, Zivilisten und Soldaten mit roh bemalten Hinweisschildern auf Feigheit. Vereinzelt sahen wir weiße Fahnen an Ortseingängen, und unauslöschlich dröhnt das Sturmglockengeläut in mir nach, das von den Kirchtürmen über der Landschaft erklang und das Anrücken jenes amerikanischen Feindes kündete, der von vielen als Befreier begrüßt wurde. Die Deutsche Wehrmacht, in Blitzsiegen Herr über Europa geworden, war in Auflösung, kaum bewaffnete Volkssturmeinheiten standen eher verlegen an Straßenkreuzungen. Wegen der zahllosen gegnerischen Tiefflieger, die auf jede Bewegung eines Fahrzeuges oder Menschen tödliche Jagd machten, vollzog der Rückzug sich nur nachts, während wir tags in Wäldern Schutz suchten. Wenige Stunden nach unserer Aufnahme in Nauheim rückten die Amerikaner ein. Auch dann blieb die Lazarettverwaltung in deutscher Hand. Bis zu meiner Entlassung vier Wochen später sah ich keinen Sieger.

Die ungeheure Freude bei der Nachricht vom Kriegsende ist meine beherrschende Erinnerung. Ich weiß nicht, welches Wetter war, ich weiß nicht, was ich gegessen oder getan habe, ich weiß nur, wie glücklich-erleichtert ich war. All das Grauenvolle, all das Entsetzliche hatte ein Ende. Nur dieses Gefühl füllte mich aus. Mit der Furchtbarkeit dessen, was da mit der »bedingungslosen Kapitulation« geschah, verband ich noch keine Vorstellungen. Endlich war Schluß mit diesem langen Krieg. Schluß auch mit der Schande, die ich so bitter für die Heimat empfand wegen all des Schrecklichen, das in unserem Namen geschehen war.

Als am ersten September 1939 der Krieg begann, hatte ich mich als Vierzehnjähriger sofort zu jedem nur möglichen freiwilligen Einsatz gemeldet. Glühenden Herzens wollte ich alles tun, damit Deutschland siegt. Meine Eltern waren entsetzt und sahen nur die Katastrophe. Ich widersprach leidenschaftlich und habe in den folgenden Jahren als Hitlerjugendführer meine Kräfte für die böse Sache eingesetzt. Daß sie wirklich böse war, erfuhr ich vor meiner Einberufung 1943 auf zweifache Weise. Ein mir befreundeter hoher Hitlerjugendführer schilderte in tiefster Betroffenheit den Besuch eines Konzentrationslagers. Er war sichtlich aufgewühlt. So könne man mit Menschen – auch mit Feinden – nicht umgehen. Schlimmes habe er gesehen. Einzelheiten erfuhr ich nicht.

Und das zweite Erlebnis: Als Kulturfunktionär der Hitlerjugend, gerade siebzehn Jahre alt, war ich zu einer Tagung in Berlin.

Brutal wurde dort von nach dem Sieg geplanten Zwangsmaßnahmen berichtet. Mit allen Gegnern im Reich, besonders aus Kreisen der Intellektuellen, würde man in den ersten Tagen des Siegesrausches kurzen Prozeß machen. Auch wurde erklärt: Die damals laufenden Büchersammlungen aus Privathaushaltungen für die Soldaten dienten wesentlich dazu, deutsche Bibliotheken von Schandliteratur zu reinigen. Dabei genannte Autorennamen waren mehrheitlich jene, die ich besonders liebte.

So begeistert ich mich für die Politik Hitlers als Junge engagiert hatte, noch bevor ich Soldat wurde, war ich innerlich geheilt. Mein Vater war überglücklich. Ich haßte das Regime, dem ich jahrelang ergeben war. Auch und gerade als Soldat wollte ich nichts mehr für eine Sache tun, deren Untergang ich wünschte. Meine Wehrmachtskarriere ließ mich nicht einmal Gefreiter werden. Ich brauchte die Heimat nicht zu verlassen, auch dort holte der Krieg uns ein.

Die Erleichterung und Freude am Tag der Kapitulation waren so übermächtig, daß sie blind machten für das Furchtbare dieses Geschehens. »Wehe den Besiegten«, sagten die Römer. Und was dann die Alliierten mit Deutschland taten, überstieg jede vernünftige Vorstellung. Sie zerrissen das aus tausend Wunden blutende Land und zerstörten jedes staatliche Gefüge. Nach dem erbarmungslosen Terror des Luftkrieges, jenem ungesühnt gebliebenen Kriegs- und Kulturverbrechen, dem auch meine Mutter am 19. Juli 1944 beim Volltreffer in den Luftschutzkeller unseres Hauses in Koblenz am Rhein zum Opfer fiel, wurden Millionen und Millionen Landsleute aus der östlichen Heimat vertrieben und zahllose umgebracht. Des Amerikaners Morgenthau finstere Pläne, die das hochindustrialisierte Deutschland in seinen neuen engen Grenzen zu einer primitiven Agrarwirtschaft zurückführen sollten, wurden diskutiert. All das habe ich an jenem achten Mai 1945 verdrängt. Es wurde erst fühlbare Wirklichkeit, als ich einige Monate später in jenes berüchtigte Kriegsgefangenenlager in Kreuznach gelangte, in dem die Sieger auf blankem Feld Rache zur Richtschnur und Unmenschlichkeit zum Alltag machten.

An jenem Tag der bedingungslosen Kapitulation gab es für mich nur Glück und Hoffnung. Das vor uns liegende düstere Tal der Demütigungen, des Hungers, der Kälte und großer Not habe ich nicht gesehen. Ich sah nur in erträumter Weite die hohen Züge deutschen Wiederaufstiegs: gleichsam blaue Berge einer wieder guten Zukunft. Und daß dann schließlich unser zerstückeltes, erniedrigtes und von aller Welt mit Füßen getretenes Land tatsächlich in nur wenigen Jahren wiederauferstand als Frucht unendlichen Fleißes und alles überwindenden Aufbauwillens – allerdings auch als Folge der West-Ost-Konfrontation, die im Streit der Sieger untereinander die Restländer in der Mitte wieder begehrt sein ließen –, war an jenem achten Mai 1945 noch fern.

ULRICH DE MAIZIÈRE
Aufgewühlt und erleichtert zugleich

Den achten Mai 1945 habe ich als einen Tag tiefbewegender und zugleich zwiespältiger Gefühle empfunden. Er beendete einen fast sechsjährigen Krieg, der Millionen von Menschen Tod und Verwundung gebracht und unzählige deutsche Städte in Trümmer gelegt hatte. Er befreite Deutschland von einer Diktatur, deren Verbrechen in ihrem vollen Umfang manchem erst nach dem Krieg bewußt geworden sind. Er besiegelte eine politische, militärische und moralische Niederlage, wie sie in der deutschen Geschichte ohne Beispiel ist. Und doch löste das Bewußtsein, überlebt zu haben, ein Gefühl der Erleichterung und der Befreiung von einem fast unerträglich gewordenen Druck aus.

Für mich hielt dieser Tag aber noch eine besondere Aufgabe, eine der menschlich schwersten in meinem Leben, bereit.

Im Februar 1945 war ich nach Genesung von einer Verwundung in die Operationsabteilung des Generalstabs des Heeres versetzt worden. Ende April wurde diese mit der vergleichbaren Abteilung des Oberkommandos der Wehrmacht (OKW) zusammengelegt. Das OKW war in den letzten Tagen des April mit seinen wichtigsten Teilen nach Flensburg ausgewichen. Im Norden der Rußlandfront kämpfte weit abgesetzt, eingeschlossen von sowjetischen Truppen und mit dem Rücken zur Ostsee, in hoffnungsloser Lage, die Heeresgruppe Kurland unter dem Oberbefehl von Generaloberst Hilpert. Hitler hatte seit Wochen trotz intensiver Gegenvorstellungen des Chefs des Generalstabes des Heeres den rechtzeitigen Rückzug oder Abtransport der Heeresgruppe – selbst nur von Teilen – immer wieder verweigert. Nun war es zu spät. Schon am dritten Mai 1945 war ich nach Kurland entsandt worden, um Generaloberst Hilpert die Lagebeurteilung des OKW und gleichzeitig die Vollmacht zu übermitteln, in der bis zum nahen Kriegsende noch verbleibenden Zeit unter Einsatz aller verfügbaren Transportmittel zur See und zur Luft so viele Menschen wie möglich dem Zugriff der russischen Armee zu entziehen. Hierbei sollten besonders gefährdete Personen und die Väter kinderreicher Familien bevorzugt werden.

Kurz darauf wurde die Kapitulation vereinbart, die am neunten Mai 1945, null Uhr, in Kraft treten sollte. Da das OKW wegen der nicht mehr zuverlässigen Funkverbindungen nicht sicher war, ob der Kapitulationsbefehl die Heeresgruppe Kurland wirklich erreicht hatte, wurde ich am achten Mai ein weiteres Mal in einem Sonderflugzeug nach Kurland geschickt. Ich sollte die durch Funk übermittelten Weisungen bestätigen und ergänzen und zugleich die Abschiedsgrüße des OKW überbringen. Ich erhielt den Befehl, nach Erledigung dieses Auftrages noch am gleichen Tag nach Flensburg zurückzukehren. Jeder Soldat wird nachfühlen können, welch schwere innere Belastung ein solcher Auftrag für einen jungen Offizier – ich war erst dreiunddreißig Jahre alt – bedeutete.

Ich hatte damit gerechnet, mit berechtigten Vorwürfen gegen die Oberste Führung empfangen zu werden. Waren es doch deren auch von mir als sinnlos empfundenen Entscheidungen gewesen, die jetzt dazu führten, daß mehr als 200 000 Soldaten ohne jede Chance des Entkommens der russischen Kriegsgefangenschaft ausgeliefert wurden. Es erfüllte mich mit hohem Respekt, daß ich statt dessen eine nüchterne, gefaßte, tiefernste, zuweilen auch bittere, aber menschlich saubere Haltung bei allen Angehörigen des Heeresgruppenstabes vorfand. Man hatte das Ende vorausgesehen und sich innerlich darauf eingestellt. Der Generaloberst und sein Stab sahen ihre Aufgabe nur noch darin, allen Betroffenen das bevorstehende ungewisse Schicksal zu erleichtern. In der Truppe war die Disziplin ungebrochen. Die Heeresgruppe Kurland war an diesem Tage wahrscheinlich der einzige große Kommandobereich des deutschen Feldheeres, der noch voll intakt war.

Die Russen hatten am achten Mai alle im baltischen Raum verfügbaren Flugzeuge zu Tiefangriffen auf Flugplätze und Häfen eingesetzt, um einen Abtransport von Soldaten in letzter Minute zu verhindern. Schon während meines Vortrages beim Chef des Stabes, Generalleutnant Friedrich Foertsch, dem späteren Zweiten Generalinspekteur der Bundeswehr, wurde gemeldet, daß mein Flugzeug am Boden zerstört worden sei. Damit schien sich meine Sorge, am letzten Tag des Krieges nur wegen dieses ohnehin so undankbaren Auftrages in Kurland festgehalten zu werden und in Gefangenschaft zu geraten, zu erfüllen. Aber man gab mir die Chance, mit einem kleinen Flugzeug, einem »Fieseler Storch«, zum Flugplatz Windau zu fliegen, um Platz in einer der dort noch zum Start bereitstehenden Transportmaschinen zu finden.

Beladen mit einem Packen von Abschiedsbriefen an die Familien der Zurückbleibenden – und natürlich auch ein wenig beneidet – flog ich im Tiefflug nach Windau. Es war Nachmittag geworden. Der Flugplatz – ohne feste Piste – war durch lang dauernden Regen in ein Schlammfeld verwandelt. Ein Tiefangriff russischer Flugzeuge folgte dem anderen. Eine Transportmaschine nach der anderen wurde vor unseren Augen beschädigt oder zerstört. Erst am frühen Abend fand ich Platz in der letzten noch flugfähigen Maschine, überladen mit Menschen, viele Verwundete darunter. In einer kurzen Pause zwischen zwei Tieffliegerangriffen startete das Flugzeug mit dem Wind und nur mühsam sich vom weichen Boden erhebend, in westlicher Richtung auf die nahe gelegene Ostsee zu. Wir blieben unbehelligt; aber erst nach einer Stunde löste sich die Spannung.

Und doch waren wir noch nicht in Sicherheit. Wegen des späten Startens konnte das Flugzeug erst bei Dunkelheit in Flensburg eintreffen. Der Flugplatz war bereits unter britischer Kontrolle. Technische Landehilfen gab es nicht. Würde der Pilot den Flugplatz überhaupt finden? Wie würden die Briten auf ein unangemeldetes Flugzeug bei Dunkelheit reagieren? Es war ein Glück, daß die meisten Mitfliegenden von diesen Schwierigkeiten nichts wußten. So blieb es an Bord ruhig, auch wenn Erwartungen und Hoffnungen sich in einer spürbaren Nervosität niederschlugen. Der Besatzung gelang eine bruchlose Landung. Die Briten hatten die Landung zugelassen. So konnte ich mich gegen Mitternacht mit erfülltem Auftrag – tief aufgewühlt und erleichtert zugleich – zurückmelden. Die mitgenommenen Briefe haben ihre dankbaren Empfänger, wenn auch oft erst nach Wochen, fast ausnahmslos erreicht.

HANS MARSALEK
Die Tage davor

Woran alles soll man sich erinnern, wenn man die Befreiungstage vom dritten bis zum achten Mai 1945 im Konzentrationslager Mauthausen nach vier Jahrzehnten beschreiben soll? Soll es die Hoffnung aller Häftlinge sein, die Befreiung doch zu erleben, oder die im Gesicht vieler Gefangenen tief eingegrabene Sorge, die SS-Bewachungsorgane könnten zuletzt noch alle Inhaftierten liquidieren? Soll man die Tausenden und Tausenden aus Haut und Knochen bestehenden, hin und her schwankenden – manchmal auch nur noch kriechenden – Elendsgestalten beschreiben, die, ohne ein Wort zu sagen, allein mit ihren tiefliegenden großen Augen immer wieder die Frage stellten: Werde ich vorher sterben?

Für alle war es eine Zeit des Wartens wie des Hoffens. In wechselndem Rhythmus stiegen und sanken die Hoffnungen. Die SS-Folterknechte und ihre Opfer wußten, daß die kommenden Tage für beide Teile schicksalhaft würden. Das Lager zeigte sichtbare Anzeichen einer beginnenden Veränderung: Es waren die Strukturen der Macht, die sich zugunsten der Unterdrückten ändern sollten. Bereits anfangs Mai 1945 machte sich diese Unruhe bemerkbar. – Eine fast fieberhafte Nervosität.

Am zweiten Mai wurden von der SS die letzten »Geheimnisträger«-Häftlinge erschossen. In der Nacht vom zweiten auf den dritten Mai waren vom Westen her die Einschüsse schwerer Artilleriegeschosse der vorrückenden US-Armee deutlich hörbar. In dieser Nacht verließen einzelne SS-Angehörige, manche in Uniform, manche in Zivilkleidung, manche mit gefälschten Personalpapieren, das Lagergebiet.

Am dritten Mai, um 6.30 Uhr früh, fand in Mauthausen der letzte Häftlingsappell statt. Die Zählung nahmen die bekannten SS-Führer ab. Jedoch wenige Minuten nach dem Appell, beim Ausmarschieren der Arbeitskommandos, traten beim Haupttor, im Jourhaus, auf den Türmen und als Begleitmannschaften der Arbeitskommandos den Häftlingen völlig fremde waffentragende Uniformträger als Bewachungsorgane entgegen. Die Neuen trugen die Uniform der Wiener Feuerschutzpolizei und erweckten den Anschein, stramme Nachfolger der SS zu sein. Als Häftlingsfunktionär, sogenannter Lagerschreiber 2, konnte ich sofort wahrnehmen, daß die aus Wien nach Mauthausen evakuierten Feuerwehrmänner Angst hatten. Angst vor ihrer neuen Aufgabe, Angst vor den Häftlingen, Angst vor ihrer ungewissen Zukunft.

Nun verließen die SS-Peiniger als »Waffen-SS, Regiment Mauthausen« mit 260 ehemaligen Häftlingen, die vor zwei Monaten zu den SS-Einheiten zwangsrekrutiert wurden, das Lager. Bereits zeitig früh erhielten die ehemaligen Häftlinge (in den Baracken drei und vier untergebracht), für ihre Uniform militärische Abzeichen der Waffen-SS, weiter jeder ein Soldbuch und zu seinem Gewehr sechzig Stück Munition. Außerhalb des Gefangenenlagers, auf den Straßen zwischen den SS-Baracken, wurden die Häftlinge zu je fünfzehn Mann aufgeteilt, dem Kommando eines SS-Unterscharführers unterstellt und einer SS-Hundertschaft zugeteilt. Dann begaben sich die geschlossenen militärischen Formationen auf den unmittelbar unterhalb des Häftlingslagers befindlichen SS-Sportplatz. Dort wurden vom Lagerkommandanten, SS-Standartenführer Franz Ziereis, zehn ehemalige Häftlinge zu einem Exekutionskommando bestimmt. Diese Häftlinge haben dort bei der Böschung einen am Vortage festgenommenen und an einen Pfosten angebundenen Zivilisten erschossen. Den Gnadenschuß gab Ziereis ab. Das war die letzte Hinrichtung im Konzentrationslager Mauthausen. Nun begaben sich die SS-Organe in die vorher von Häftlingen östlich von Mauthausen angelegte Graben- und Bunkerstellung. Diese sogenannte Auffangstellung befand sich östlich von Mauthausen, und hier wollten sie »gegen die Russen kämpfen«. Die Rote Armee stand damals etwa hundert Kilometer entfernt, die vom Westen vorrückenden US-Truppen befanden sich etwa in 26 Kilometer Entfernung von Mauthausen.

Begreiflicherweise wurde der Abmarsch der SS-Bewacher von den Häftlingen sofort wahrgenommen. Blitzartig änderte sich die Stimmung. Nun war es allen klar: Wenn die SS nicht zurückkehre, würden sie nicht getötet werden, und die Befreiung werde bald erfolgen. Es gab keinen SS-Zwang, und es gab auch keine Arbeitsleistung mehr. Die Bewegung der gesamten Lagerverwaltungsmaschinerie wurde fast schlagartig unterbrochen. Warum auch sollten die hungernden, ausgelaugten, von jahrelangen Schmerzen und Entsetzen gequälten KZler in den Steinbrüchen, im Baukommando, in den Messerschmitt-Hallen weiterschuften? Doch die Einstellung jedweder Tätigkeit in den Häftlingsküchen, zum Teil in den Sanitätsbaracken, innerhalb der Lagerverwaltung, so zum Beispiel bei der Wasserversorgung, in den Magazinen, führte nicht nur zu chaotischen Zuständen, sondern auch zu Verhältnissen, die alle Häftlinge gefährden konnten. Im Mauthausener Hauptlager befanden sich zu diesem Zeitpunkt etwa 23 000 völlig unterernährte Kinder (ab sechs Jahren), Frauen und Männer, darunter mindestens 12 000 Kranke. Außer den Steckrüben gab es nichts.

Auf dem Appellplatz, in den Baracken, in den Lagerstraßen und in den Arbeitsstätten bildeten sich Menschentrauben. Es wurde über die persönliche Lage, die qualvollen Jahre der Verfolgung und über die Befreiung, über die eigene Familie, die Heimat, die militärische Lage sowie die politische Zukunft diskutiert. Alle nahmen an, daß der Krieg in Europa in wenigen Wochen oder sogar Tagen beendet sein würde. Nach der Abnormalität des barbarischen Nationalsozialismus wurde eine andere Welt erwartet: besser, friedlich, ohne Konzentrationslager, ohne Angst, ohne Verfolgungen. Es gab viele, viele schwärmerische Gedanken und Illusionen. Die anderen, aber Hunderte von »Muselmännern«, die infolge ihres körperlichen Zustandes weder gehen noch stehen konnten, saßen kraftlos in irgendeiner Ecke oder lehnten sich an die Barackenwand. Der Wille, die Niederlage ihrer SS-Peiniger zu erleben, gab ihnen die Kraft, auf die Befreiung zu warten. Manche stellten leise Fragen oder bewegten ihre Lippen, und nicht wenige verlöschten plötzlich wie ein Kerzenlicht.

Es war ein sonderbarer, zugleich tragischer wie auch freudiger Zustand. Man hatte den Eindruck, als löse sich das Lager auf. Nur die Bewachung der Wiener Feuerschutzpolizei funktionierte halbwegs. Dieser Zustand eines allgemeinen Aufbruches und zugleich einer Lethargie – eine Periode zwischen rabiatem SS-Zwang und der eintretenden Freiheit – dauerte zwei Tage lang. Es waren nur wenige Aktive, die versuchten, zumindest notdürftig den Küchenbetrieb und das Sanitätswesen in Gang zu halten. Auch ein Ordnungsdienst mußte provisorisch eingerichtet werden, weil einige Inhaftierte – vor allem Kinder und Jugendliche – die Magazine und Küche zu stürmen versuchten. Außerdem begannen spontane gewaltsame Umsiedlungsaktionen, die zu heftigen Auseinandersetzungen führten. Das alles schaffte eine lynchartige Situation gegen die geringfügige Min-

derheit der deutschsprachigen Häftlinge, die viele Häftlings-
funktionäre stellten. Es gab Verletzte, aber auch Tote.

Der fünfte Mai 1945 war ein sonniger Frühlingstag. Dichter
Nebelschleier bedeckte die Tiefen der Mühlvierteler Täler und
den Donaustrom. Im Süden, in weiter Ferne, vom Nebel abgeschnitten, sah man die weißbedeckten Gipfel der Ennstaler Al-
pen. Die Hügel rund um das Lager glänzten im Frühlingsgrün.
Es war ein herrlicher Tag. Etwa um zwölf Uhr hörte man zuerst
von der von Nebelschwaden verdeckten Zufahrtstraße ein Mo-
torengeräusch und dann . . . dann kamen langsam in das Sonnenlicht ein weißer Personenwagen mit einem Delegierten des
Internationalen Roten Kreuzes und zwei amerikanische Panzerspähwagen hervor.

Unweit des Krankenlagers blieben die Fahrzeuge zuerst stehen. Im gleichen Augenblick wurden die Torflügel des Sanitäts-
lagers von den Kranken weit aufgerissen. Hunderte und Hunderte von Männern, Frauen und Kindern strömten in wilden
Scharen zu den Fahrzeugen. Die meisten waren halb nackt, nur
mit Lumpen bedeckt, manche ohne jede Bekleidung. Alle ver-
hungerte Geschöpfe, lebende Skelette. Es war, als hätte sich ein
Massengrab geöffnet. Manche waren ohne Beine, andere kamen
auf einem Bein hüpfend, manche schleppten sich, auf allen vieren
kriechend oder robbend, heran; sie alle versuchten, die Tanks
und die lebensrettenden Soldaten zu berühren, ihnen zu danken.
Die anderen, völlig Entkräfteten oder kaum Bewegungsfähigen
wälzten sich im Staub und Schlamm der Lagerstraßen, versuchten, die Hände oder zumindest den Kopf in Richtung der Panzer-
fahrzeuge zu strecken. Alle wollten die Retter begrüßen. Die
meisten Befreiten weinten, manche tanzten oder hüpften vor
Freude um die Fahrzeuge, schrien in einem freudig-hysterischen
Anfall. Andere wieder wurden ohnmächtig, und viele, ja unzählige sind gerade in diesen Minuten der so sehnsüchtig erwarteten
und endlich erfolgten Befreiung gestorben.

Oberhalb des Krankenlagers warteten die Häftlinge am Appellplatz, viele kletterten bereits auf die Mauer. Als die Panzer-
fahrzeuge herankamen, gab es ein großes Freudengeschrei. Die

Wache der Wiener Feuerschutzpolizei öffnete das Haupttor, und ein US-Panzerspähwagen kam hereingefahren. Dem Fahrzeug entstieg ein Unteroffizier. Er veranlaßte vorerst, daß die Lagerwache auf der Zufahrtstraße vor dem Häftlingslager antreten solle. Die Wiener Feuerwehrmänner kamen vom Jourhaus, aus den SS-Baracken und von den Wachtürmen und stellten sich in einer geschlossenen Formation auf. Während das vor sich ging, konnte man beobachten, wie einzelne Hälftlinge, vorwiegend republikanische Spanier, an den Amerikanern vorbei durch das Tor beim Jourhaus hinausgingen, wie sie die weggeworfenen Waffen der Lagerwache an sich nahmen und auf einige der Wachtürme stiegen. Von diesem Augenblick an war das Lager ohne Bewachung.

Die Panzerbesatzung traf Anstalten, wegzufahren; und trotz der Intervention eines österreichischen Häftlings, im Lager zu verbleiben und den Schutz der befreiten Häftlinge zu übernehmen, fuhr die Besatzung ab, weil sie fernmündlich den Auftrag erhielt, ihre unterbrochene militärische Ausspähung fortzusetzen. Somit verließen nach etwa dreistündigem Aufenthalt die US-Panzerfahrzeuge das Lagergebiet. Schon vorher waren die Organe der Wiener Feuerschutzpolizei in geschlossener Formation als Kriegsgefangene abmarschiert.

Nach der Abfahrt der Panzerbesatzungen rechneten die befreiten Häftlinge – über den Frontverlauf und die militärische Lage in der nahen Umgebung nicht informiert – mit der möglichen Gefahr einer Rückkehr von SS-Einheiten. Aus diesem Grunde und weil überall Waffen leicht zu besorgen waren, haben sich viele Häftlinge bewaffnet. Nun bildeten sich geschlossene militärische Formationen der befreiten Häftlinge. Es waren vor allem die bereits vorher organisatorisch erfaßten Spanier, in der Folge jedoch stellten in ihrer absoluten Mehrzahl die Sowjetbürger bewaffnete militärische Einheiten auf. Diese bewaffneten Häftlinge besetzten im Laufe des fünften bis siebten Mai in der Ortschaft Mauthausen die Post, das Gemeindeamt, die Gendarmerie und bildeten bei der Eisenbahnbrücke am linken Donauufer einen Brückenkopf.

Am fünften Mai übernahm ein österreichischer Oberst die Leitung der militärischen Häftlingseinheiten. Jedoch in der folgenden Nacht mußte die Leitung einem sowjetischen Major übergeben werden. Dieser Zustand der Sicherung des Lagers durch die bewaffneten Häftlinge dauerte bis zum Eintreffen der US-Soldaten am siebten Mai 1945. In den Vormittagsstunden dieses Tages wurde das Lager Mauthausen von Einheiten der 11. Panzerdivision der dritten US-Armee besetzt. An diesem Tag wurden alle ehemaligen deutschsprachigen Häftlinge aus dem Nebenlager Gusen in das Hauptlager Mauthausen überstellt, weil sie von den ausländischen Häftlingen bedroht waren.

Unmittelbar nach dem Einzug der US-Truppen gab es das ungemein komplizierte Problem der Häftlingsentwaffnung. In den Tagen der Befreiung konnte nicht verhindert werden, daß Waffen in unbefugte Hände gelangten. Es haben sich Gruppen von rachedurstigen und ausgehungerten Häftlingen gebildet, die in der Umgebung von Mauthausen mit Gewalt Lebensmittel sowie Kleidung »beschlagnahmten«. Ab achten Mai versorgten die US-Soldaten die Häftlinge mit Lebensmitteln, mit Medikamenten, und die Lage normalisierte sich.

Wir alle wußten: Jetzt sind wir endgültig frei. Daß irgendwo in Norddeutschland oder in Berlin die obersten Herren der deutschen Kriegsmaschinerie kapitulierten, hatten nur wenige der befreiten Häftlinge zur Kenntnis genommen. Für sie war die Abnormalität und Brutalität des Nationalsozialismus bereits am fünften Mai 1945 beseitigt und die SS-Peiniger am siebten Mai 1945 endgültig besiegt.

HANS MATTHÖFER
Zwischen Wittenberge und Eldena

Wo ich am achten Mai 1945 tagsüber war, das weiß ich ganz genau: auf der Flucht in einem Waldstück zwischen Wittenberge und Eldena, schlafend, dösend oder tagträumend, zugedeckt mit einer großen, unheimlich praktischen italienischen Zeltbahn, die ich aus einem geräumten Feldlazarett in Fehrbellin entwendet hatte, mit Sträuchern getarnt, ein entsichertes Sturmgewehr griffbereit, mit halbem Ohr auf fremde Geräusche achtend, die vielleicht von Soldaten der Roten Armee hätten kommen können und – wie in den kommenden Monaten – nachdenkend darüber, was das alles eigentlich bedeutete.

In den ersten Maitagen hatte ich mit anderen Angehörigen der sich auflösenden Wehrmacht versucht, über die Elbe zu kommen. Ich wollte mich dann allein zu meinen Eltern nach Bochum durchschlagen, aber die Amerikaner beschossen unser mühselig konstruiertes Behelfsfloß von der Westseite her. Bei der Rückkehr an das Ostufer überraschten uns die Russen, die sich geschickt auf die Lauer gelegt hatten.

Nach langer und wohlüberlegter Abwägung des Risikos entschloß ich mich, bei der ersten günstigen Gelegenheit zu fliehen und mich von den Russen nicht wieder gefangennehmen zu lassen. Daß ich dieses – wie sich herausstellen sollte – richtige Kalkül anstellen konnte, verdanke ich ausgerechnet Edwin Erich Dwinger. Dessen Bücher über das Schicksal deutscher Soldaten, die im Ersten Weltkrieg in russische Kriegsgefangenschaft gerieten, hatte ich im Deutschunterricht meiner Volksschule an der Bochumer Feldsieperstraße stundenlang laut vorgelesen, weil ich angeblich eine so klare Aussprache hatte und meiner Deutschlehrerin sonst nicht viel einfiel. Deutschen Soldaten würde es dieses Mal bei den Russen nicht besser ergehen, davon ging ich aus.

Gleich in der ersten Nacht überredete ich einen Fallschirmjägerleutnant aus Wattenscheid, gemeinsam mit mir aus der Scheune auszubrechen, in die sie uns mit etwa sechzig anderen gesperrt hatten. Wir hatten Gerüchte gehört, die Amerikaner seien in Mecklenburg eingerückt. Ohne Kompaß und Karte marschierten wir nachts nach Norden, was bei Regen oder bewölktem Himmel so einfach nicht ist. Wir hatten Glück, weil es meist klar war. Mehr als zehn oder zwölf Kilometer pro Nacht schafften wir aber nicht. Vom Morgengrauen bis zum

Dunkelwerden verkrochen wir uns in den Wäldern. Wir hatten großen Hunger und wahnsinnigen Durst. Statt Verpflegung fanden wir in der ersten Nacht einen Haufen Sturmgewehre mit Munition und nahmen uns jeder eines mit, für alle Fälle. Zu essen und trinken fanden wir wenig, denn wir trauten uns nicht in menschliche Siedlungen.

Es entstand eine gewisse Spannung, weil wir unterschiedliche Auffassungen von der Bedeutung militärischer Rangunterschiede in Grenzsituationen hatten. Ständig in Angst, von den Russen entdeckt und angeschossen zu werden, schien es unseren überreizt-kritischen Sinnen, daß der andere lärmend durch die Nacht tölpelte, aber es gab immer wieder Situationen, die uns zeigten, daß wir unabweisbar aufeinander angewiesen waren. Nach fünf, sechs Tagen haßten wir uns wie die Pest.

Einmal auf dem Rückzug in der Ukraine hatte ich geholfen, ein Vorratslager der Organisation Todt aufzubrechen. Wir fanden riesige Mengen von Pfirsichkonserven, die wir mit dem Seitengewehr aufstachen, um den Saft trinken zu können. Die Erinnerung an diesen Pfirsichsaft ging mir zwanghaft Tag und Nacht immer wieder durch den Kopf. Der Hunger plagte mich. Am linken Oberschenkel hatte ich seit Wochen eine eiternde Streifschußwunde, die so juckte, daß ich sie im Halbschlaf immer wieder aufkratzte. Ich war also mit eigenen Problemen voll beschäftigt. Es hätte mich wenig beeindruckt, wäre mir bewußt gewesen, daß an diesem Tage einige Generäle die endgültige Kapitulation des Deutschen Reiches unterschrieben.

Zieht man die damaligen Umstände in Betracht, ging auf dieser Flucht eigentlich alles recht gut. Nur einmal kamen mir drei oder vier Russen ziemlich nahe. Aber sie waren lediglich in den Wald gegangen, um mit großem Lärm und offenbarem Wohlbehagen ihre Notdurft zu verrichten. Mein Kumpel schlief aus Sicherheitsgründen und weil wir uns – im wahrsten Sinne des Wortes – nicht mehr riechen konnten, etwa hundert Meter weit von mir entfernt. Sofort hellwach, als ich die Russen kommen hörte, lag ich aufgeregt und schußbereit lauernd und konnte nichts anderes denken als: Lieber Gott, hilf mir jetzt bloß, sonst trifft die der Blitz beim Scheißen.

Ich hatte wahrhaftig nichts gegen sie. Im Gegenteil, ich mochte Russen, hatte mir Mühe gegeben, ihre Sprache zu lernen, und kam mit jedem einzelnen von ihnen gut aus. Der liebe Gott, den man eigentlich in solche Dinge nicht hineinziehen sollte, zu dem ich damals aber ein enges persönliches Vertrauensverhältnis hatte und den ich immer wieder mit Erfolg bemühte, war mir und ihnen jedenfalls gnädig. Sie trollten sich nach vollendeter Verrichtung. Wenn es der verdammte Zufall gewollt hätte, die Bundesrepublik hätte sich 1978 wohl einen anderen Finanzminister suchen müssen.

Der Fallschirmjäger und ich gingen noch gemeinsam über die Elbe und trennten uns dann. In Eldena ergab ich mich den Amerikanern. Sie überstellten uns nach einigen Wochen den Briten, die für mich nach der Besatzungszone zuständig waren. In einem Wald gegenüber Fehmarn grub ich mir mein eigenes Loch, spannte die große Zeltbahn darüber und machte mir meine Gedanken. Neunzehn Jahre war ich alt und zuletzt Unteroffizier bei den Panzergrenadieren gewesen. Mich beschäftigte der Krieg, der mich zweieinhalb Jahre meines Lebens gekostet hatte, seine Ursachen, Kosten und Folgen. Daß die Freundschaft zwischen den Vereinigten Staaten und der Sowjetunion schnell zu Ende gehen und neue Kriegsgefahren entstehen würden, erschien mir ganz selbstverständlich und eigentlich unabwendbar. Meine Schlußfolgerung: Ich wollte mit allen Kräften dazu beitragen, diesen drohenden nächsten Krieg zu verhindern, und war mir darüber im klaren, daß ich zuerst herausfinden mußte, wo seine Ursachen lagen. An meinem 20. Geburtstag war ich wieder zu Hause, ließ meine Uniform blau färben, machte mich an die Arbeit und wurde bald Sozialdemokrat.

YOHANAN MEROZ
Kriegsende in der Heiligen Stadt

Es war schwül an jenem Dienstag in Jerusalem, ungewöhnlich
für die Jahreszeit, ungewöhnlich für die Stadt, die mit ihrer
idealen Höhenlage auch in der Glut der heißen Jahreszeit ihren
Bewohnern erfrischende Brisen zu bieten pflegt; jedenfalls hatten wir dem Kalender nach Anspruch, von hochsommerlichen
Bedingungen noch weit entfernt zu sein.

Ich arbeitete im Auftrag der Hagana in einer kriegsbezoge-
nen Behörde der britischen Mandatsregierung. Die Arbeit war
subjektiv alles andere als befriedigend, aber für den Nachrich-
tendienst der Hagana, für die Analysen der vorstaatlichen jüdischen Stellen in Palästina war sie nicht ohne Wert: Die Behörde
war ein Umschlagplatz für wirtschafts- und verkehrspoliti-
sches Geschehen im gesamten Mittleren Osten, und vieles, was
auf meinem nicht sehr »gehobenen« Schreibtisch landete oder
was ich auf ihm zum Landen brachte, gewährte aufschlußrei-
chen Einblick auch in die politische Stimmung im näheren und
weiteren Umfeld.

Seit Monaten war das militärische Ende des Krieges in Europa in Sicht; seit Hitlers Tod war es täglich, stündlich zu erwarten. Das spannende tägliche Nachziehen des Vormarsches
der Alliierten auf den Landkarten hatte schon fast aufgehört.
Man wußte, die Schlacht war geschlagen, gewonnen; was üb-
rigblieb, war eine Formsache. Man durfte die Siegesfreude näh-
ren. Die Meldungen der letzten Tage hatten vor allem von
Hunderttausenden von neuen Gefangenen berichtet. Auch bei
den Juden hätte die jahrelange Spannung eigentlich vorfreudi-
ger Erwartung weichen sollen. Wir schienen dazu nicht weniger Grund als andere zu haben.

Vor nicht langer Zeit hatten wir fürchten müssen, in dem
wallenden Meer arabischer Begeisterung für Nazideutschland
unterzugehen; im Irak hatte Rashid Ali einen Aufstand gegen
die Briten geführt, dem viele Juden im Zweistromland zum

Opfer gefallen waren; Syrien und Libanon waren unter der Herrschaft Vichys gewesen; der Mufti von Jerusalem, religiöses Oberhaupt der Moslems in Palästina und Prediger des Terrors gegen die Juden des Landes, war von Hitler als Verbündeter empfangen worden und war dessen Unterstützung versichert worden; und vor allem – unter erwartungsvollem Jubel und den ihn begleitenden Freudenfeuern in arabischen Städten und Dörfern – hatte Rommel vor den Toren Alexandrias gestanden, Palästina mit Eroberung und seiner jüdischen Bevölkerung mit Vernichtung gedroht.

All dies war fast vergessene Vergangenheit. Die Gefahr eines Aufrollens des Nahen Ostens durch die Wehrmacht war gebannt; der letzte deutsche Soldat auf afrikanischem Boden war in die Gefangenschaft gegangen; Italien war befreit; Amerikaner und Russen hatten sich an der Elbe getroffen; der Apostel des Schreckens war tot. Die Juden Palästinas – in der Stadt und auf dem Lande, am Fließband und hinter dem Pflug, die Zehntausende in den britischen Streitkräften –, die die einzigen Bundesgenossen im Überlebenskampf für Freiheit zwischen dem Atlantischen Ozean und der Grenze Indiens inmitten einer Flut der Hoffnung auf Hitlers Sieg gewesen waren, schienen aufatmen zu dürfen. Die ersten Opfer der unbeschreiblichen Unmenschlichkeit hatten Anspruch, auch unter den ersten der auf die Zukunft Hoffenden zu sein.

So schien es. Aber schon im Herbst 1942 hatten uns auf Umwegen die ersten Gerüchte erreicht. Nie gekannte Namen wurden mit noch ungläubigem Schrecken vernommen; zunehmend eindringlichere Schilderungen des Grauens wurden mit Vorbehalten der Unvorstellbarkeit von Mund zu Ohr geflüstert. Dann wurden die Vernichtungslager entdeckt, »befreit«, erst im Osten, dann im Westen, und was bis dahin bezweifelte Meldung, erhoffte Ausgeburt der Phantasie gewesen war, wurde zu unfaßbarer Wirklichkeit.

Das volle Ausmaß war noch nicht bekannt; in dem unerschöpflichen »Optimismus« eines über die Jahrtausende geprüften Volkes rechneten wir noch nicht in Millionen. Als sich die Schlachten ihrem Ende näherten, wußten wir um das Schlachten – aber noch immer hofften wir auf »Übertreibungen«.

Die BBC, die Armeestationen und der Sender Jerusalem meldeten endlich die Unterzeichnung der bedingungslosen Kapitulation. Auf dem Korridor des dem Franziskanerorden gehörenden Gebäudes, das die Behörde zu Anfang des Krieges gepachtet hatte, liefen die Beamten zusammen. Der schottische Abteilungsleiter gesellte sich auf einen Augenblick zu uns. Ich habe seine Worte noch im Ohr: »Well, that's that. Good show. Now let's all do some work.« Damit verschwand er.

Was mir alles in den nächsten Minuten durch den Kopf ging, weiß ich nicht mehr, wohl aber, was mich sprachlos an meinen Schreibtisch zurücktrieb. Ein arabischer Kollege, mit dem ich über die Jahre ein zwar nicht intimes, aber durchaus freundliches Verhältnis gehabt und ein gelegentliches Glas Bier getrunken hatte, kam lächelnd auf mich zu. »Marcuse« – das war damals noch mein Name –, »I am so glad for you. Now you will soon be able to go home.« Das war weder ironisch noch hämisch gemeint. Er wußte, daß ich in Deutschland geboren war; daß ich nicht beabsichtigte, dorthin zurückzugehen, kam ihm nicht in den Sinn.

Die Beauftragten der Hagana in einer Anzahl von Regierungsämtern wurden noch am späten Nachmittag zu einer Besprechung bestellt. Die Hitze war noch drückender geworden. Aus vielen Hunderten weitgeöffneten Fenstern sendeten die von jahrelanger Zurückhaltung befreiten Rundfunkanstalten in den drei Landessprachen lautstark und ohne Unterbrechung Schilderungen aus Eisenhowers Hauptquartier, Kommentare, Kommuniqués der Alliierten und erste öffentliche Stellungnahmen der arabischen und jüdischen Führungen.

Kleinere und größere Einheiten der in Jerusalem stationierten britischen und verbündeten Etappen- und Verwaltungstruppen zogen in alkoholischer, von Minute zu Minute zunehmender Ausgelassenheit ans Jaffator und auf den Zionsplatz. Die trotz des Krieges nicht sehr zahlreichen Bars und Cafés, bescheiden und konservativ in Anpassung an den Charakter der Heiligen Stadt, füllten sich in kurzer Zeit, und wohl zum erstenmal seit Bestehen mußten sie Gäste abweisen; die geringen Vorräte von Spirituosen, die normalerweise dem spärlichen Alkoholkonsum von Arabern und Juden mehr als gerecht wurden, waren schnell vertrunken. Auch die Soldaten mußten schließlich ihren Durst mit Limonade stillen.

Auf dem Weg zur Besprechung fielen mir wieder die Worte des Kollegen ein. Ich hatte Berlin im Frühsommer 1933 als Dreizehnjähriger verlassen – jung genug, um in der neuen Heimat ohne Schwierigkeiten Fuß zu fassen; reif genug, um mir zu geloben, den Boden der alten, vermeintlichen Heimat, die uns ausgespien hatte, nie wieder zu betreten. Ich brach das Versprechen, das ich mir gegeben hatte, aber die Umstände ließen mich weder Reue noch Scham empfinden. Als ich wieder nach Deutschland kam, war ich kein geduldeter Fremdling; ich war der Vertreter des jüdischen Volkes in freier Eigenständigkeit. Doch das lag an jenem heißen Spätnachmittag in weiter Ferne.

Die Besprechung war kurz. Ihresgleichen fanden viele an anderen Orten statt. Das Kriegsende brachte die Prioritäten wieder in Ordnung. Der Kampf um Unabhängigkeit – die Entschlossenheit, endlich unseres Schicksals Meister zu sein –, der, solange der Krieg gegen Hitlers Dämonenreich nicht gewonnen war, zumindest in der Praxis vorübergehend zweite Geige zu spielen hatte, würde wieder an erster Stelle stehen. Die Auseinandersetzung mit London würde mit aller Bestimmtheit wiederaufgenommen werden. Doch diese Priorität stand nicht mehr allein; eine andere mußte sich mit ihr als untrennbar und unteilbar verbinden: die Suche nach denen, die die Hölle überlebt hatten; die Verpflichtung, sie in die Heimat zu führen und am Ringen um jüdische Freiheit teilhaben zu lassen.

Das war unser Auftrag am achten Mai 1945. Beide Teile würden vollzogen werden; doch wir ahnten nicht an jenem Dienstag, wie wenige von den Millionen Verschleppten uns für den Weg in die Zukunft geblieben waren. Am folgenden Morgen begann das Zählen der Ermordeten. Es ist noch nicht abgeschlossen.

Johann Baptist Metz
Streuungen

Die letzten Stunden des Hitler-Reiches waren für mich die ersten Stunden auf USA-Boden. Das klingt einschneidend, verlockt zu »großen« Überlegungen. Sie wären jedoch alle nachträglich ersonnen, denn auch an diesem Tag spielte sich für mich alles unterhalb dessen ab, was man gern mit großen Begriffen beschreibt. Meine persönliche End-Erfahrung hatte ich an diesem Tag schon ein paar Wochen hinter mir. Von ihr muß ich zunächst reden – und dies nicht nur, weil sie sich mir weit tiefer eingrub und mich auch heute noch bei meinen theologisch-politischen Überlegungen heimsucht, sondern weil nur sie die Atmosphäre und die Umgebung verdeutlicht, in der ich diesen achten Mai 1945 erlebte.

Gegen Kriegsende wurde ich sechzehnjährig aus der Schule herausgerissen und zum Militär gepreßt. Nach flüchtiger Ausbildung in einer Würzburger Kaserne kam ich schnell an die Front, die damals schon über den Rhein tief ins Land gerückt war. Die Kompanie bestand nahezu ausschließlich aus jungen Leuten. Eines Abends schickte mich der Kompanieführer mit einer Meldung zum Bataillonsgefechtsstand. Ich irrte die Nacht über durch zerschossene, brennende Dörfer und Gehöfte, und als ich gegen Morgen zu meiner Kompanie zurückkam, fand ich nur noch Tote, lauter Tote. Sie alle waren kaum ein Jahr älter als ich, und nun waren sie, mit denen ich tags zuvor noch Kinderängste und Jungenlachen geteilt hatte, von einem kombinierten Jagdbomber- und Panzerangriff überrollt worden. Ich konnte ihnen nur noch ins erloschene tote Antlitz sehen. Ich erinnere nichts als einen lautlosen Schrei. Verstört irrte ich noch stundenlang allein im nahen Wald umher; krampfhaft hielt ich, um nicht als Überläufer verdächtigt und aufgeknüpft zu werden – das hatte man mir, dem Buben, eingeschärft – meine Knarre umklammert, ehe sie mir ein riesiger GI aus der Hand schlug und mir so ein betäubtes Leben rettete.

In dieser Erfahrung sind meine Kindheitsträume zerbrochen, und die Fühllosigkeit, die sie in mir erzeugte, durchstimmte auch noch jenen achten Mai. An diesem Tag gab es keine großen Empfindungen mehr. Das Land meiner Kindheit oder was immer ich mit meinem viel zu großen Stahlhelm verteidigen wollte, war schon an jenem Aprilmorgen zerfallen, und die Vision von einem »Großdeutschen Reich« hatte in mir nie so geblüht, daß sie auch nur mit meiner kindhaften Neugierde, mit meiner Lust am Lernen (und sei es denn aus Mathematik- und Physikbüchern) hätte konkurrieren können. Ich war wohl eine jener Memmen, die an der Kanone der Schule nachtrauerten. Als letzten Proviant hatte ich denn auch in meinem Brotbeutel – ein Buch verpackt, ein harmlos-trockenes Nachschlagebuch mit allerlei tabellarischen Übersichten. Dieses Buch gehört schließlich in meine Erinnerungen an diesen achten Mai.

Ich war nach wenigen Gefangenschaftstagen in Marseille – wahrlich aus Versehen – noch auf ein Schiff verfrachtet worden, das mit einem letzten Kriegskonvoi deutsche Kriegsgefangene in die USA brachte. Am Kapitulationstag wurden wir in Richmond, Virginia, an Land gebracht. Im nahen Lager begegnete ich dann an diesem Tag noch einmal dem Gespenst jenes Reiches, das inzwischen in Schutt und Asche gefallen war. Die Mehrzahl der deutschen Soldaten, die dort schon über längere Zeit – übrigens recht komfortabel – untergebracht waren, zumeist Kriegsgefangene aus dem Afrikafeldzug, hielt nämlich die Kapitulation für bare amerikanische Propaganda. Hinter der Lagermauer hatten sie sich eine unsichtbare Mauer gegen die Niederlage gebaut, ein unzerstörtes, sieghaftes Deutschland, das sie gegen die Amerikaner und gegen »diese defätistischen Deutschen« verteidigten. »Feiglinge« und »Verräter« wurden wir geschimpft, als wir versuchten, ihre Träume mit Verweis auf unsere Erfahrungen zu dementieren.

Ich selbst, immer noch betäubt von meiner eigenen End-Erfahrung und auch sonst als Jüngster eher unsicher und scheu, hatte mich an diesem gespenstischen Nachhutgefecht kaum beteilgt. Am Abend kam dann einer der alteingesessenen PoWs, der sich besonders verächtlich über den »unsoldatischen Fatalismus« der Newcomer geäußert hatte, zu mir. »Na, Kleiner, dir sollen sie ja sogar ein Buch gelassen haben. Kann ich auch mal drin blättern?« Natürlich konnte er. Und er schob mir dafür noch eine Scheibe golden getoastetes Brot zu.

EDMUND NEUDECK
Tromsö – es gab keine Witze

Für mich und meine Mitarbeiter auf der damals nördlichsten deutschen Wetterwarte in Tromsö (Seefliegerhorst) kam die totale Kapitulation nicht wie ein plötzliches Ereignis. Für niemanden konnte das damals gelten. Die Teilkapitulationen in Oberitalien und in Nordwestdeutschland und nicht zuletzt die dank guter Empfangsgeräte so bequem zu hörenden »Feindsender« hatten uns auf diesen Kriegsschluß vorbereitet. Aber es gab auch die bange Frage: Werden vielleicht einige Verrückte angesichts der noch vorhandenen Vorräte an Munition und Verpflegung auf den Gedanken kommen, den Widerstand in Norwegen – von Oslo über Bergen und Narvik bis Tromsö – trotz allgemeiner Kapitulation fortzusetzen? Es verdichtete sich das Gerücht, daß einige hohe Herren hofften, bessere Bedingungen für die Truppen in Norwegen zu erreichen. Ob es diese naiven Bestrebungen angesichts der totalen Luftherrschaft der Anglo-Amerikaner wirklich gegeben hat, weiß ich nicht. Aber auch falsche Gerüchte wirken auf das Bewußtsein.

Die Anordnungen, die uns dann am achten Mai erreichten, befreiten uns von der Befürchtung eines Gegenbefehls: Vor dem Termin, an dem die Waffen schweigen, sind alle Unterlagen, die den Stempel Geheim oder Geheime Kommandosache aufweisen, zu vernichten. Das taten wir dann: Alle Chiffrier- und Dechiffriertafeln für Wetterdaten, die über Funk vermittelt wurden, und die anderen Vorschriften, die im Geheimschrank lagen, wurden in einer tiefen Felsspalte verbrannt, einige nachgeworfene Handgranaten halfen dabei.

Meine Leute machten es zu gründlich, sie warfen auch das Handbuch der Deutschen Seewarte Hamburg mit den Daten über Ebbe und Flut ins Feuer – schon bald sollte mir dieses Buch sehr fehlen. Natürlich stiegen nicht nur in der Nähe meiner Dienststelle Flammen auf – andere hatten mehr zu verbrennen. Aus einigen Unterkünften hörten wir Schüsse. Wie wir erfuhren, waren die Hauptziele Hitler- und Göring-Bilder. Am nächsten Tag erreichte mich die Meldung, daß einer meiner Außenposten Selbstmord begangen hatte.

Eine gewisse Erleichterung trat natürlich dadurch ein, daß es nun keinen Fliegeralarm mehr geben würde und daß die Verdunkelung überflüssig war, das heißt, daß die Waffen schwiegen. Wobei die Frage auftauchte: Wie ist es mit den norwegischen Untergrundkämpfern? Noch am selben Tage kam die Mitteilung, daß auch für die Partisanen der Waffenstillstand gelte.

Immer wieder kam es zu Gesprächen über den Krieg und seinen Verlauf. »Mußten wir Polen überfallen?« fragte ein junger Obergefreiter und gab damit den Anstoß zu der Frage nach den Gründen des Krieges und damit der Niederlage. Der Zusammenbruch hatte sich schon längst abgezeichnet: »Warum wurde nicht früher kapituliert?« Keiner von meinen Gesprächskameraden behauptete, daß dieser Krieg durch Verrat, Sabotage verlorengegangen wäre. Die andern waren stärker und besaßen die besseren Waffen. »Was wird nun aus uns?« war eine der häufigsten Fragen. Müssen wir vielleicht die Kriegsschäden in Norwegen als zwangsverpflichtete Arbeiter beseitigen? Werden wir auswandern können? Aber wer wird uns das nach der totalen Kapitulation erlauben? Was wird aus dem Deutschen Reich? Nicht wenige verdrängten diese Fragen durch Alkoholkonsum. Vielleicht läßt sich die Situation am besten durch den Satz kennzeichnen: Es gab keine Witze.

Mehrere von uns waren aus dem Osten Deutschlands. Seit Herbst 1944 hatte ich keine Nachricht von meiner Familie und meinen Eltern aus Danzig. Werde ich sie wiedersehen? Wenn ja, wann und wo? Hoffentlich ist es ihnen gelungen, vor dem Einmarsch der Roten Armee in den Westen zu gelangen, das heißt in den Bereich der Anglo-Amerikaner. Über die beabsichtigten Besatzungszonen waren wir durch den Hinweis auf die Elbe als Besatzungsgrenze informiert worden. Die Greueltaten der Sowjetsoldaten an der Zivilbevölkerung waren uns bekannt. Auch wer der NS-Propaganda skeptisch gegenüberstand, konnte die Fülle der mitgeteilten Tatsachen nicht übersehen.

Was wir nicht erfahren hatten, war die Abmachung, daß sich die Dienststellen der Deutschen Wehrmacht und damit auch die Wetterwarten der Luftwaffe weiterhin dienstbereit zu halten hatten – nun für die Norweger und Engländer. Und so war ich nach kurzem Schlaf höchst überrascht, als am nächsten Morgen ein Anruf in englischer Sprache eine Wetterberatung für einen Flug nach Tromsö verlangte. Ich mußte meine Dienststelle wieder in Gang bringen, allerdings ohne die Chiffrierer und Dechiffrierer.

GERTRUD NEUDECK
Ob ich Erleichterung empfand?

Seit dem 28. März 1945, als die Rote Armee über uns hinweggerollt war, hatten wir keinerlei Nachrichten mehr über das Geschehen in der Welt. Man hatte uns sofort aus unseren Häusern vertrieben. Nun lebten wir am Rande von Danzig-Oliva in kleinen, teils beschädigten Häusern, immer soviel Personen als möglich in einem Raum. Das machte die Nacht manchmal etwas sicherer. Immer wieder fielen mir die Worte meines Schwiegervaters ein: »Mein Gott, jetzt müssen die Verantwortlichen doch die Schleusen im Westen öffnen und die Westmächte durchlassen, damit sie helfen, die rote Flut aufzuhalten.« Auch er war wie fast alle Männer festgenommen worden. Wir sahen ihn nie wieder. Wir Frauen waren nur bestrebt, im

Wald und Feld etwas Eßbares für uns und unsere Kinder zu finden und möglichst keinem Russen zu begegnen.

Eines Abends hörten wir von fern her lautes Schießen. Verstört kamen viele aus den Häusern gelaufen. Einige meinten, die Front käme wieder zurück. Eine andere Erklärung fanden wir nicht. Da aber nichts anderes geschah, gingen wir verängstigt in unsere Unterkünfte zurück und beteten gemeinsam. Nach einiger Zeit hörte das Schießen auf.

Am nächsten Morgen erfuhren wir es dann: Der Krieg ist zu Ende! Die Sowjets hatten über der Ostsee ein Freudenfeuerwerk abgebrannt, und einige in der Danziger Bucht liegende Schiffe schossen aus Anlaß des Sieges Salut.

Ob ich Erleichterung empfand oder Freude? Ich weiß es nicht mehr. Zu groß war damals die Sorge um die Zukunft.

RUPERT NEUDECK
Ein schrecklich-schöner Tag

Ich war in diesen Tagen in kindlicher Vorfreude auf meinen sechsten Geburtstag: Am 14. Mai 1939 in Danzig geboren, hatte ich alle deutsch-polnischen Symbiosen und Konflikte in mich hineingesogen. Da ich ein Kind war, habe ich nur mit Mühe begreifen können, welches gottverdammte Bedürfnis die Menschen dazu trieb, sich gegeneinander abzuschießen, sich den »Lebensraum« streitig zu machen und das Recht auf Leben. Als drei- und vierjähriger Junge war ich in den Sommerferien auf einem Gutshof in Westpreußen, wo mir die starken polnischen Landarbeiter imponierten, so stark, daß ich mich an meinen ersten Berufswunsch sehr deutlich erinnere: Ich wollte »Pole werden« – der schönste Berufswunsch, den ein Kind haben kann, das so weit die politische Realität begriffen hatte, daß Polen diejenigen waren, von denen sich die eigenen Leute absetzten. Polen waren die Arbeiter, die abseits in schlechteren Unterkünften nachts die betörende Musik machten, die mit ihren Mädels zusammenwohnten und deren freies ausschweifendes Betragen bei den Preußen auf Mißbehagen und Naserümpfen traf, bei uns Kindern auf heimliche Begeisterung.

Die Russen marschierten ein, nachdem wir tagelang und nächtelang die Nervosität unserer Eltern und der anderen Erwachsenen zu spüren bekommen hatten. Eltern waren es meist gar nicht mehr, sondern nur noch Mütter, Großmütter, Tanten, alles Frauen, die jetzt in um so größerer Panik und Angst waren, weil sie wie alle hier von der Welle der Grausamkeit und Brutalität erfahren hatten, die eingesetzt hatte bei Soldaten, die wie losgelassen schienen und sich auf die deutschen Frauen warfen mit einer Gier und vergewaltigenden Lust, daß wir als Kinder durch diese Erlebnisse traumatisch wurden.

Wir waren ja immer dabei: Die Mütter und Großmütter nahmen uns ja überall mit, und wir waren auch, so spürten wir damals sehr deutlich, auch kleine Stoppschilder gegen die Vergewaltigungsorgie, die damals losbrach, weil man mit uns niedlichen kleinen Kinderchen die kinderliebenden sowjetischen Soldaten zu besänftigen oder abzulenken hoffte. Das klappte schon mal; dann strich einer von den Soldaten mir liebevoll über den Kopf oder brachte mir ein Stück Brot mit, bei dem ich dann nur die angstvolle Nebenüberlegung hatte: Ob ich das wertvolle Brot in meiner Hand bei dem Hunger, der mich allein plagte, wohl mit meinen drei Geschwistern werde teilen müssen oder nicht? Schließlich wird der Mensch schon als Kind dem Menschen ein Wolf, wenn er kreatürlichen Hunger hat: Er kann nur noch an seinen eigenen leeren und knurrenden Magen denken, nicht an den seiner größeren Schwester, nicht an den des jüngeren Bruders, noch weniger an den des ganz kleinen Geschwisterchens, das da im Kinderwagen lag, noch nicht einmal zwei Jahre war.

Der achte Mai war ein schrecklich-schöner Tag: Es war wieder einmal wie wüst geschossen worden, in der Nähe der Westernplatte muß es gewesen sein. Angst brach aus wie bei jeder neuen Schießerei, Nervosität. Wir waren aus dem Stadtkern an die Peripherie geflohen vor der plündernden, vergewaltigenden

Soldateska, die besoffen Türen einschlug und sich sofort an die einzige Sache heranmachte, nämlich die möglichst jüngeren Frauen. Wie oft sind mir diese fast archetypischen Bilder auf der »Cap Anamur« hochgekommen, wenn mir Vietnamesinnen erzählten, daß sie versucht hatten, ihre älteren Töchter durch Haarschnitt und andere Kleidung zu Jugendlichen männlichen Geschlechts zu machen – aus Angst vor vergewaltigenden Piraten!

Wir waren innerhalb des Stadtgebiets der mehr und mehr zerstörten Stadt Danzig von dem vornehmen Oliva, wohin wir aus dem zuerst gefährlich umkämpften Langfuhr in das Wohnhaus unserer Großeltern geflüchtet waren, nach Ludolfine gezogen. Dort waren wir wie viele andere, die auf die erste Gelegenheit zur Flucht warteten, in zwei winzigen Räumen untergekommen.

Der achte Mai war ein Tag mit guter Organisier-Ausbeute. Zunächst kam ich auf der Straße nach Danzig an dem Muttergottesbild vorbei und sah im Vorübergehen, daß genau vor dem Heiligenbild ein Butterbrot lag. Ich entdeckte, daß dies nicht nur eine Scheibe Brot, sondern daß es dazu eine Doppelschnitte mit ganz viel Butter in der Mitte war. Als gläubig aufgewachsenes Kind kam mir das geheimnisvoll wie ein Wunder vor, wie das der wunderbaren Brotvermehrung, obwohl ich damals schon theologisch wohl so weit war, daß es mir komisch vorkam, ob ich allein dieses dicke nahrhafte Brot würde aufessen können oder ob ich es mit anderen teilen müßte. Ich wagte also nicht, es gleich hinunterzuschlingen, sondern nahm es mit nach Hause. Dort wußte ich nicht, ob ich es meiner Mutter sagen konnte, daß ich das vor dem Muttergottesbild gefunden hatte. Vielleicht würde sie mir befehlen, das Brot dort wieder zurückzubringen. Ich entschloß mich schlechten Gewissens, das Brot allein zu verdrücken. Der allwissende und alles sehende Gott hat es zugelassen.

Dann gingen wir auf den Hof der nahe gelegenen Schule, wo die Russen ihr Quartier hatten, auf den Lieblingsplatz, wo wir stundenlang am Zaun uns die Beine in den Bauch stehen konnten, wobei uns so oft das Wasser im Munde zusammenlief, daß es gar keinen Speichel mehr gab. Zwischendurch ergab sich immer mal wieder die Gelegenheit, den Moment, da der oder die Köche gerade in den Lagerraum gingen, zum Klau eines oder mehrerer Klöpse auszunutzen. Klöpse sagten wir in Ost- und Westpreußen, nicht Frikadellen oder Buletten.

Die Mutter und meine Schwester, die große vernünftige, die zeit ihres Lebens nicht mehr die verlorengegangene Kindheit einholte, standen an einem Feuerherd und rösteten das wenige Brot, das wir noch hatten. Es sollte ja in den nächsten Tagen losgehen, wir wollten fliehen, denn in dieser Hölle von Willkür, Gewalt und bevorstehender Ausweisung wollte unsere Mutter nicht bleiben.

Doch war dieser Tag ein einziger Glückstag. Gegen Abend kam der Pater Haas von der nahe gelegenen Kirche und hatte unter seiner großen Soutane ein großes, langes, gut durchgebackenes Brot. Fromm, wie wir in dieser Hungersituation auch als Kinder geworden waren, kam ich, nachdem der Pater gegangen war, zu meiner Mutter und fragte sie ernst: »War das der heilige Antonius?« Was Hunger ist, kann derjenige, der ihn sich nur hat vorstellen müssen, nie richtig begreifen. Welches furchtbare Gefühl für eine Mutter, die die Schnitten Brot am Morgen für ihre hungrigen Kinder rationieren muß, die die luchsaufmerksamen Augen ihrer Kinder auf ihrer Hand spürt, wenn sie nicht garantieren kann, daß sie die eine Scheibe Brot dünner schneidet als die nächste . . .

Aber, wie gesagt, der achte Mai war ein Glückstag: Zusätzlich zu den rationierten Scheiben Brot gab es für mich heimlich das Brot, das wahrscheinlich irgendein Opferfetischist der Madonna hingelegt hatte. Es gab die geklauten Klopse aus der Gulaschküche der russischen Köche. Dann gab es den Besuch des »heiligen Antonius«, der uns in der Not noch ein Brot brachte. Meine Mutter erfuhr dann im Laufe des Tages, weshalb es in der Nacht und am Tage so ausdauernd und wild wieder gebumst hatte: Es war der Tag der deutschen Kapitulation. Wo wohl unser Papa sein würde? Das letztemal war er vom hohen skandinavischen Norden zum Urlaub gekommen, von Kirkenes. Jetzt gab es nicht einen Strohhalm von Nachricht. Wir würden uns bei den an jeder Ecke lauernden Gefahren, zumal für die drei Frauen in unserem Troß – die eigene Mutter, die Tante und die Großmutter, deren Mann kurz vorher gestorben war –, in den nächsten Tagen auf den Weg machen müssen.

An diesem Tage auch sah ich wieder ein totes Kind. Einer Mutter war dieses Kind vom Leiterwagen gefallen. Erschöpft, keines Gefühls, keines Gedankens, keiner Aufmerksamkeit mehr fähig, war sie apathisch mit aufgerissenen Augen weitergegangen. Das Kind war tot. Wir sind durchgekommen, der ganz kleine Veit, den wir schon aufgegeben hatten, kam ebenfalls durch. Wir hatten wenig Hilfe. Die Menschen waren so total von der Anstrengung absorbiert, zu überleben, ihr Überleben zu sichern. Wir müssen jetzt, da es uns so gut geht, anderen helfen, die in ähnlicher Verzweiflung in der Wüste, in ausgedörrten Regionen Afrikas, auf dem Meere in Fluchtbooten, in Flüchtlingslagern, in Gefängnissen überleben müssen.

Leonid Olschwang

Zur Kapitulation eine Flasche Hennessy

Am achten Mai 1945 hatte die Reichsregierung kapituliert, doch die deutschen Truppen, die uns gegenüber am Frischen Haff lagen, ergaben sich nicht. Sie hatten die Dämme gesprengt und sich im Schutze des Wassers eingeigelt. Im Morgengrauen dieses Tages hatte ein Hauptmann mit einigen Soldaten von der Aufklärungsabteilung in einem Boot eine Erkundung vorgenommen, sie wurden jedoch bemerkt und beschossen. Der Hauptmann und zwei Soldaten wurden als Tote im Boot zurückgebracht. Unser General war darüber erbost, daß der tapfere, mit mehreren Orden und Medaillen ausgezeichnete Hauptmann, den er persönlich kannte, jetzt noch sterben mußte.

In einer ehemaligen deutschen Schule, wo er bald darauf die

Offiziere des Stabes um sich versammelte, sagte Generalleutnant Kalganow mit zorniger Stimme: »Berlin hat kapituliert, die aber wollen weiterkämpfen! Ich werde zu den Deutschen Parlamentäre schicken, und sie sollen ihnen sagen, daß, wenn sie sich nicht noch heute ergeben, dann werden wir ein solches Feuer eröffnen, das sie noch nicht erlebt haben. Das Wasser wird uns keineswegs daran hindern, sie vernichtend zu schlagen.«

Major Skobkin, der neben mir stand und mein Vorgesetzter war, rief: »Oberleutnant Olschwang kann Deutsch, er könnte gehen!« »Gut!« erwiderte der General, »auch Sie, Major, gehen mit!«

Skobkin war darüber nicht glücklich; denn es war bekannt, daß bei Budapest sowjetische Parlamentäre erschossen worden waren.

In einem Jeep, an dem eine hohe Stange mit einer weißen Fahne befestigt war, fuhren wir an einer wasserfreien Stelle in die deutschen Stellungen hinein. Im Jeep befanden sich außer Major Skobkin und mir auch Hauptmann Kusnezow von der operativen Abteilung und ein Sergeant als Fahrer.

Wir wurden von einem Gefechtsstand zum anderen geleitet, bis wir im Gefechtsstand des Divisionskommandeurs, Generalleutnant von Rappard, ankamen.

Wir wurden als Parlamentäre der 48. Armee bei ihm gemeldet (wir waren keine Abgesandten des Armeestabes, aber so war es uns befohlen worden). »Ich habe keine Vollmachten zum Verhandeln«, sagte Generalleutnant von Rappard zu den uns begleitenden deutschen Offizieren, »bringen Sie die Herren Offiziere zum Kommandierenden General!« befahl er.

Eingekeilt zwischen zwei deutschen Fahrzeugen mit Offizieren begaben wir uns in unserem Jeep zum Kommandierenden General. Im tiefen Sand der Dünen mußten wir auf die bewaldete Anhöhe hinaufsteigen, wo sich der Unterstand des Kommandierenden Generals befand. Der Unterstand war tief in die Erde eingelassen und mehrfach mit dicken Baumstämmen gedeckt. Aus der Luft war er kaum auszumachen. Wir gingen in einen großen Raum hinunter. Die Wände bestanden aus

Birkenholz, alles sah sehr gut eingerichtet aus. Ein Offizier in Generalsuniform, von hagerer Statur mit ergrauten Schläfen, ungefähr 55 Jahre alt, empfing uns. Er war Kommandeur des XVIII. Armeekorps, General der Infanterie Hochbaum. Wir richteten ihm aus, was uns von unserem General aufgetragen worden war. Wir wiesen ihn auch auf die ausweglose Lage hin, in der sich die von ihm befehligten Truppen befanden. Er zog darauf seinen Stabschef, Oberst Schmidt, hinzu, und sie beschlossen, die Kapitulation anzunehmen.

Auf einem runden Tisch wurden Karten ausgebreitet, und Major Skobkin zeichnete die Wege ein, auf denen sich die Truppen in die Gefangenschaft begeben sollten. Die Munitionslager und die Geschütze in ihren Feuerstellungen mußten unversehrt übergeben werden. Nur die Verpflegung durfte mitgenommen werden. Der General bat darum, den Offizieren zu gestatten, wenn auch ohne Munition, ihre Revolver tragen zu dürfen. Dies wurde genehmigt. Der General ließ eine Flasche Hennessy bringen, die wir im Stehen am Kartentisch geleert haben. Beim Weggehen reichte der General Major Skobkin die Hand, Skobkin nahm sie jedoch nicht an.

Noch am gleichen Tag wurde mir befohlen, den Kommandeur der 7. Infanteriedivision, Generalleutnant von Rappard, mitsamt Stab in die Gefangenschaft zu begleiten. Neben dem General im Fond des großen und eleganten Horch-Wagens sitzend, der von seinem Fahrer gelenkt wurde, begaben wir uns zum Stab unserer Einheit, der sich bei Tiegenhof befand.

In mehreren Autos und Mannschaftswagen folgten uns Offiziere und Mannschaften seines Stabes. In dieser 7. Division, im 19. Regiment, hatte im Ersten Weltkrieg Adolf Hitler als Gefreiter gedient. Der Kommandeur des 19. Regiments war damals Oberst List. Zu Ehren Hitlers nannte man das 19. Regiment »Regiment List«. Soldaten und Offiziere dieses Regiments trugen einen grünen Streifen am Ärmel.

Unser Horch und die Wagenkolonne hinter uns mußten des öfteren anhalten. In unmittelbarer Nähe befand sich das berüchtigte Konzentrations- und Vernichtungslager Stutthof.

Die an diesem Tage aus dem Lager befreiten Menschen, die noch die Kraft zum Gehen aufbrachten, füllten die Straßen. Ich mußte immer wieder aussteigen und den Weg für uns durch die gegen ihre Peiniger aufgebrachte Menge frei machen.

Im Gepäck des Generals, das bei der Ankunft in unserem Stab von seinen Soldaten ins Haus gebracht wurde, befanden sich unter anderem auch vierzig Flaschen Hennessy. Es war ein verlassenes Gutshaus. Generalleutnant von Rappard bat, ihm einen Raum zuzuweisen, wo er mit seinen Offizieren ungestört sprechen könnte. Wie später einer der Offiziere über das Gespräch berichtete, hatte Generalleutnant von Rappard zu seinen Offizieren gesagt: »Wenn das auch wahr sein sollte, daß der Führer Selbstmord begangen hat, dann müssen wir ihm über seinen Tod hinaus die Treue bewahren.«

Die deutsche Mannschaft des Stabes hat mir beim Abschied ein fast neues Hohner-Akkordeon geschenkt. Dieses lieh sich Major Skobkin zum Üben aus. Trotz mehrfachen Mahnungen hat er es mir nicht zurückgegeben.

ROSALINDE VON OSSIETZKY-PALM

»Nun aber gilt es, den neuen Geist zu schaffen . . .«

Das Zitat von Carl Ossietzky – ein kurzes pathetisches Emporrecken und dann ein Niedersinken in die Alltäglichkeit – kennzeichnet den achten Mai 1945, den Tag des endlich proklamierten Waffenstillstands, wie wir ihn im Schulkollektiv erlebten.

Natürlich hatten wir in Schweden Monat für Monat, Wochen und Stunden auf die deutsche Kapitulation gewartet. Das Eis begann zu schmelzen. Wir warteten auf die ersten Zeichen des Frühlings. Die harten Winter lagen hinter uns. Wir hatten überlebt! So empfanden wir diesen Tag. Neu geboren. Auch die Verschonten besaßen ein legitimes Recht auf Freude. Denn auch sie wurden befreit. Wir hatten Jahre in deprimierender

Kontaktlosigkeit gelebt. In einer Trennung von Europa, die uns beeinflußte und traurig gemacht hatte. Noch stiller als sonst.

Die Neutralität hatte ihre Opfer von allen gefordert, vor allem Geduld, Rücksicht und Anpassung nach allen Seiten. Ich erinnere mich: Division Engelbrecht durch Schweden auf dem Weg nach Finnland, die operativen deutschen Verbände durch Schweden nach Norwegen, die Züge auf dem Bahnhof Krylbo. Zufällig stand auch unser Zug da. Ich sah die Gesichter deutscher Soldaten. Viele verbissene darunter, aber auch junge hübsche – vielleicht Studenten –, wie konnten sie nur? . . . Ich saß da mit Mann und Kind. Voller Angst, mit ohnmächtigem Haß.

Ich versuche – durch diese Skizze –, mich in das Gefühl zu versetzen, das ich am achten Mai besaß. Chaotisch war es, gespalten zwischen ungeheurer Freude, Erleichterung und nie überwundener Trauer, weil mein Vater nicht mehr lebte . . . und ich nicht zu ihm konnte. Ich lebte als Frau eines Lehrers in dem bekannten Internat Viggbyholmsskolan und hatte einen kleinen Jungen. Um zwölf Uhr läutete die Schulglocke. Alle liefen zur Aula. Der Rektor sprach. Wir hockten um Radioapparate. Die Grüße von Geretteten flogen durch den Äther. Die Stimme meiner Mutter erreichte mich. Sie war gesund und heil. Wir würden uns wiedersehen.

Die Schule beherbergte in den letzten Monaten einige deutsche Soldaten, die über die Grenze von Norwegen – durch Eis und Schnee – bei uns gelandet waren. Auch Jugoslawen wohnten bei uns. Sie sangen und tanzten. Die Schule war kurz vor Kriegsende zeitweise Quartier für Geflüchtete, die nur auf dem Sprung zurück in ihre Heimat warteten. Ein kleines jüdisches Mädchen, das jahrelang versteckt in einem Berliner Keller gesessen hatte und beinahe blind war, wurde in der Schule betreut. Sie durfte selten ans Licht. Ich sah sie an diesem Tag: kränklich und blaß, mit dicken Brillengläsern, aber strahlend.

Viggbyholmsskolan lag ungefähr fünfundzwanzig Kilometer von Stockholm entfernt. Etwas mußte von uns unternommen werden. Deshalb begaben wir uns mit dem Vorortzug weg

von der vertrauten, sich eng anfühlenden, doch abseits gelegenen schützenden Umgebung. Wir fuhren in die Stadt.

Schwer, sich heute von der Gegenwart zu befreien und wieder den achten Mai zu erleben: Alle waren wie berauscht. Bei
meiner Ankunft in Schweden war ich eine von wenigen Flüchtlingen gewesen. Mein Flüchtlingsleben rollte sich auf an diesem
achten Mai. Jetzt – beim Zurückdenken – vergleiche ich es mit
der Gegenwart. Man sucht in Strömen die schwedische Küste.
Heute Libanesen und Palästinenser! Sie zerstören ihre Pässe,
werfen die einzige und wichtigste Identifizierungsmöglichkeit
weg. Meine Gedanken suchen – während ich diese Zeilen
schreibe – die Oldenburger Studentin Elke Suhr, die sich in einem Aufsatz »Weg zu Ossietzky« an den 27. Juni 1975 erinnert:

»An diesem Tage wurde unter dem Schutz von 200 mit Schlag-
stöcken bewaffneten Polizisten und Zivilpolizei der Schriftzug
›Carl-von-Ossietzky-Universität‹ vom Universitätsgebäude
entfernt, und das auf Anweisung unseres sozialdemokratischen
Kultusministers. Ohnmächtig, in ungläubigem Schrecken,
standen wir herum und sahen zu. Nur einige wenige Hochschulangehörige gingen auf die Polizisten zu und versuchten,
mit ihnen zu diskutieren. Einer von ihnen, ein Student, wurde
festgenommen und später wegen Widerstandes gegen Voll-
streckungsbeamte zu einer Geldstrafe verurteilt. Er gilt seitdem
als vorbestraft.

Ich glaube, wir alle fühlten damals das gleiche: Zorn und den
unbedingten Willen, etwas gegen diesen Akt willkürlicher
Staatsgewalt zu unternehmen. Wie viele mögen an die Leiden
Carl von Ossietzkys im nahen Esterwegen gedacht, was mögen
sie empfunden haben? Innerhalb der Hochschule gaben Hochschullehrer, Mitarbeiter und Studenten einhellige Protesterklä-
rungen heraus, und noch in derselben Nacht wurden über
30000 Flugblätter in fast alle Oldenburger Haushalte verteilt.
Selten habe ich in der Universität eine solche Einmütigkeit aller
politischen Gruppen und eine solche Bereitschaft zur aktiven
Gegenwehr ohne Wenn und Aber erlebt.

Über Nacht wurde auch der Schriftzug wieder von Studenten an gleicher Stelle angebracht und auf einer großen Kundgebung enthüllt. Universitätsleitung und Hochschulangehörige stellten sich offen hinter diese Wiederanbringung und bekräftigten erneut die Forderung nach dem Namen Carl von Ossietzkys.«

Am Tag des Waffenstillstands, des Friedens, begann schon der kalte Krieg. Vorbereitet. Dann kamen Hiroshima und Nagasaki. Wir waren am achten Mai 1945 froh und naiv. Glaubten optimistisch an die Zukunft. Ich hätte mir an diesem Tag niemals vorstellen können, daß Carl von Ossietzky noch einmal »geschlagen« wird. Es kommt der Tag der Gerechtigkeit: Helmut Gollwitzer, auch von Elke Suhr zitiert, zum Kampf, welchen Namen die deutsche Universität der deutschen Stadt Oldenburg tragen soll: »Kasernen, nach Hitler-Generälen benannt, und Polizeieinsatz gegen Ossietzkys Namen. Dieses Bild unseres Staates ist unerträglich.«

Man kann immer noch von ihm als dem Hochverräter hören. Schnell schwinden die Illusionen, daß mit dem Frieden auch neue Menschen heranwachsen würden, herangelassen mit neuen Gesetzen in der Hand, mit neuem Recht!

Am achten Mai 1945 mußte ich fünf Kilometer laufen, dann in den Vorortzug, dann ins Zentrum der Stadt. Ich kreuzte eine Straße, wo einmal ein Nazi gestanden hatte und Flugblätter verteilte gegen Ossietzky. Einige Schritte weiter, und ich war in der Kungsgatan. Da war was los! Ich sehe alles wieder. Sämtliche Schüler schienen in dieser Straße zu sein. Damals die größte und lebhafteste Straße in Stockholm. Aus den Fenstern der Büros wurden Papierkörbe geleert. Alles, was flattern konnte, flog durch die Luft. Tausende von Menschen schrien, sangen, lachten, tanzten. Wir aus Viggbyholm hielten uns an den Händen, wurden vom Strom mitgerissen, gerieten auseinander, um irgendwann, irgendwie nach Viggbyholm zurückzukehren. Für mich war dieser Tag der Anfang eines jahrelangen Konfliktes. Eigentlich hätte er das Ende meines Emigrantendaseins bedeuten sollen, das Ende eines wurzellosen Gefühls. Die schwedische Staatsbürgerschaft war eben nur eine Ein-

trittskarte für einen Stehplatz. Einige schwindelnde Minuten
lang versank ich in Phantasien, um gleich das Unrealistische
und Unmögliche einzusehen. Später hörte ich von jungen
Deutschen, die zurückgingen. Ich stand am Kai und weinte.

Wir alle haben verdrängt. Auch ich habe gelernt, meine Sehnsucht zu verdrängen, lernte, mich anzupassen. Langsam gelang
es. Ich wurde kühler, beherrschter, konnte studieren, arbeiten,
wollte etwas für Menschen ausrichten, mußte meine Lust zu
Theater, Tanz und Gesang runterschlucken. Das Leben auf der
anderen Seite der Künste mußte gelebt werden. Und der achte
Mai hatte einen definitiven Punkt gesetzt. Weil wir uns alle in
Europa in einer Situation befinden, die Leben oder Tod bedeutet, möchte ich an Worte von Carl von Ossietzky erinnern. Ich
entnehme einige Gedanken und Zitate aus einer kleinen Biogra-
phie von Kurt Singer und Felix Bürger:

»Der große Krieg ist nicht die einzige Katastrophe, die im
vergangenen Jahrtausend die mitteleuropäische Gesittung in
ihren Grundbedingungen erschüttert hat. Wir denken an zwei
Ereignisse, die an sich durchaus verschiedenartig, doch mit
gleicher eruptiver Kraft auftraten und riesenhafte kulturelle
Trümmerfelder hinterließen. Das waren der Schwarze Tod, die
große Pest von 1348, und der Dreißigjährige Krieg.

Als das große Sterben längst vorüber war, da schrieb, rückblickend auf die grause Zeit, ein guter Chronikenschreiber: Da
die Not vorüber gewesen, habe die Welt wieder angefangen,
fröhlich zu sein.

Nach dem Dreißigjährigen Krieg aber seufzte ein Künstler:
Es sei gar traurig bestellt um das arme Deutschland; Gewerbe
und Künste lägen danieder, und wer etwas könne, ziehe nach
Flandern oder Welschland, denn in der Heimat müsse er verhungern.

Auf den Schwarzen Tod folgte das große Blühen der Renais-
sance, ein langer, heller Tag.

Auf den Krieg der dreißig Jahre aber Verfall, Zerrüttung,
unendliche Nacht. Unheimlich zeitgemäß sind für uns die
Worte des guten Chronisten und des armen Künstlers. Denn

auch wir stehen am Ende einer Entwicklung. In unsern Händen liegt das neue Werden.

Was für ein Urteil wird dereinst der Geschichtsschreiber unserer Zeit über unsere Entscheidung fällen?«

Und lese weiter:

»Das arme Deutschland! Diesmal ist es nicht wie in versunkenen Jahrhunderten an seiner Bescheidenheit verkümmert, es ist zugrunde gegangen wie ein Parvenü, der zu hoch spekuliert und über Nacht Bettler wird. Es ist zugrunde gegangen an der Überspannung des Machtgedankens, an dem blinden Vertrauen, daß Gewalt und blankes Eisen allein maßgeblich seien, und Recht und Wahrheit läppische Phrasen, bestenfalls gut genug, Dumme damit einzuseifen. Wir müssen den plumpen Glauben an die Macht niederringen. Wir müssen der Macht vertrauen lernen, die im Geiste wurzelt, der die Tochter der Gerechtigkeit ist. Was zusammengebrochen ist, war schlecht fundiert, war nicht Wahrheit, sondern Kulisse.

Wir hatten eine wunderbar entwickelte Technik, eine aller irdischen Gebundenheit spottende Wissenschaft.

Wissenschaft und Technik aber – es ist das nicht allein unsere Schuld, wir folgen einer schlimmen internationalen Tendenz – waren nicht in erster Linie da, zu helfen. Sie schufen Werkzeuge der Vernichtung, Werkzeuge gräßlichsten Mordes.

Wir müssen die Wissenschaft wieder menschlich machen.«

LEONIE OSSOWSKI

Die letzten Tage des Zweiten Weltkrieges

Für mich sind nur ein paar Bilder vom Kriegsende in meinem Gedächtnis geblieben, Erinnerungen an Angst, Wut und Haß, an Tränen und an den Satz eines amerikanischen Soldaten. Alles andere ist ausgelöscht und vergessen.

Nach der Flucht hatte ich mit meinem damaligen Mann in einem Gasthaus mit Landwirtschaft in der Nähe von Bad Salzungen (Thüringen) Unterkunft gefunden. Das Anwesen gehörte zu einem in der Stadt gelegenen Hotel, von dessen Leitung uns die Bewirtschaftung von Land und Vieh übertragen worden war. Wir richteten uns in einer Stube bei den freundlichen Wirtsleuten ein, die froh waren, die Arbeit nicht mehr allein machen zu müssen. Ich entsinne mich noch genau an die Landschaft, an die Tiere, vor allem aber an die Stille. Für den Krieg interessierte ich mich nicht mehr. Mit dem Verlust der Heimat hatte er für mich schon im Januar 1945 sein Ende gefunden. Ich lebte in einem Vakuum ländlicher Ruhe zwischen Vergangenheit und Zukunft, nicht fähig, mich mit etwas anderem zu beschäftigen als mit den Hühnern, Schweinen und Kühen, auf dem Feld zu arbeiten, zu essen und zu schlafen.

Eines Nachmittags im April fuhr ein Bus auf den Hof, aus dem mehr als fünfzig Menschen ausstiegen. Sie lärmten und redeten durcheinander, türmten ihr Gepäck an die Stallwände, liefen durchs Haus, durch die Scheune und nahmen von jedem Raum Besitz, der ihnen zweckmäßig erschien. Die Frauen und Männer waren Angestellte der Deutschen Reichspost, Wiesbaden, die aus unerfindlichen Gründen auf der Flucht vor den Amerikanern bis ins Thüringische evakuiert und nun bei uns einquartiert worden waren. Tagtäglich, so sagten sie, sei mit dem Einmarsch der Amis zu rechnen.

Kaum angekommen, begannen sich die Wiesbadener Postler zu streiten. Da ging's um den Schlafraum, um Betten, Geschirr und um Decken, auch um Eier, die ich verteilte, und die Milch, die ich ausschenkte. Die schöpft den Rahm vorher ab, sagten sie, und von den Eiern behält sie auch mehr, als ihr zustehen. Selbst in den Ställen machten sich die Postler zu schaffen und forderten: Die Schweine sollten geschlachtet und nicht gefüttert werden. Die Idylle war dahin, der Krieg hatte mich eingeholt.

Als die feindlichen Tiefflieger uns tagsüber beschossen, die Deutsche Wehrmacht die Brücke über die Werra gesprengt hatte, als sich die ersten Deserteure auf dem Gehöft versteckten, da schlug Mißtrauen in Feindschaft um, und Drohungen wurden laut: Wer Deserteure versteckt, wird angezeigt. Also brachten der Gastwirt und ich den Soldaten Brot und Suppe heimlich und meistens nachts in die Scheune.

Das nächste, was mir einfällt, ist das Schwein, das ausgesucht und geschlachtet werden sollte. Der Hunger und die durch die Brückensprengung verursachte Tatsache, von der Welt abgeschnitten zu sein, löste zwischen den Postlern und uns plötzliche Einigkeit aus. Und während das Schwein, statt fachmännisch geschlachtet zu werden, nun jämmerlich unter den Händen eines der Postbeamten starb, schlichen der Gastwirt, mein Mann und ich zur Straße hinunter und sägten das einladende, zwei Meter lange Gasthausschild von den Pfählen. Wir wußten warum, denn langsam zogen die ersten feindlichen Truppen die Straße entlang. Wir rannten zurück, und ich schrie, so laut ich konnte, über den Hof: Die Amis sind da!

Ohne das Schild, sagten die Postler zufrieden, werden sie das einsam gelegene Anwesen nicht finden, vorerst sind wir sicher. Eine kaum vorstellbare Emsigkeit brach aus. Bald lag das erste Wellfleisch in den Töpfen und wurde Stück für Stück hastig und mit Salz bestreut zwischen die Zähne geschoben. Nie wieder in meinem Leben habe ich so viele Menschen so viel und so schnell und so ausgiebig Wellfleisch essen sehen.

Als der Morgen heraufzog, war nichts mehr von unserem Schlachtfest zu sehen, Schüsseln und Töpfe waren gespült, und jeder suchte sich für seine Portion klammheimlich ein gutes Versteck. Aus war's mit der nächtlichen Gemeinschaft. Als Tag für Tag Kolonnen von amerikanischen Soldaten die Landstraße unterhalb unseres Gehöfts entlangzogen, kroch einer der Postler durchs Gebüsch bis zum Straßenrand, kam zurück und sagte: Zigaretten haben die, aber nichts zu trinken, und wir haben Bier, aber keine Zigaretten.

Mein Bier? schrie der Gastwirt, ohne daß sein Protest zur Kenntnis genommen wurde. Wir rannten, in jeder Hand zwei Literkrüge, hinunter zur Straße und kamen mit Schokolade und Zigaretten zurück. Ein einträgliches Geschäft, an dem schließlich auch der Gastwirt Gefallen fand und das so lange dauerte, bis der erste Jeep auf den Hof rollte. Die Postler und wir hatten in Reih und Glied anzutreten. Der amerikanische Sergeant fragte nach deutschen Soldaten, wir schwiegen. Na gut, sagte der Ami und schnappte sich zwei Postler, dann nehm ich eben euch mit.

Da zeigte eine der Frauen auf mich, durchbrach das Schweigen und schrie: Die da, die versteckt welche und bringt ihnen Essen. Ohrfeigen, dachte ich, ich müßte sie ohrfeigen, sie bespucken, ihr irgend etwas antun, aber ich tat ihr nichts. Statt dessen ging ich zum Stall, hinter mir der Sergeant mit seiner geladenen MP. Ich hörte die Schweine, die Hühner und nahm plötzlich die ländliche Stille wieder wahr, die hier vor dem Eintreffen der Postler geherrscht hatte.

Wieviel? fragte der Sergeant. Soviel wie kamen, antwortete ich. Und wo sind sie? Ich zeigte zum geöffneten Stallfenster. Da nahm der Sergeant seine MP und schoß ohne Ziel aus dem Stall, ging zurück an den vor Schreck starren Postlern vorbei, setzte sich in seinen Jeep und verschwand.

An die folgenden Wochen kann ich mich nicht mehr erinnern, nur noch an einen Tag, den neunten Mai. Da saß ein deutschsprechender Amerikaner in unserer Gaststube. Er trank sein Bier, zahlte in Zigaretten und sagte dann langsam und deutlich: Der Krieg mit den Deutschen ist aus, wißt ihr das nicht?

Wir wußten es nicht, und einer der Postler wollte wissen, seit wann. Seit gestern, sagte der Amerikaner, legte seinen Mittelfinger über den Zeigefinger und fügte hinzu: Und jetzt marschieren wir gemeinsam gegen die Russen.

CHARLOTTE PETERSEN
Es begann mit »Anneliese«

Mein Tagebuch aus dem Jahre 1945 ist verlorengegangen, wie manches andere damals. Ich kann das Datum nicht mehr genau sagen, es mag Anfang April 1945 gewesen sein, als Anneliese vor unserer Haustür stand mit der behördlichen Anweisung in der Hand, bei uns zu wohnen: eine junge Angestellte des Fernmeldeamtes Köln. Anfang und Einschnitt. Mit der Tatsache, daß das Fernmeldeamt von Köln zu uns in den Westerwald verlegt wurde, war erwiesen, was offiziell in den Nachrichten immer noch geleugnet wurde und nur als Gerücht umlief: Die Front war zurückgewichen. Es wurde auf deutschem Boden gekämpft. Ich kann mich nicht erinnern, daß Anneliese ihren Dienst in Dillenburg überhaupt noch aufgenommen hätte. Es war eine turbulente Zeit. Jeder Tag brachte Neues, und eine geordnete Fernmeldeversorgung gab es auch im Hinterland der Front nicht mehr. Anneliese suchte sich durch freundliche Hilfe im Haushalt dafür erkenntlich zu zeigen, daß sie mit uns zusammen diese Tage leben durfte.

Der nächste Schritt – auf den achten Mai zu – war der Tag, an dem plötzlich auf den Straßen unserer Stadt fliehende deutsche Einheiten zu sehen waren: abgehetzte, müde Männer, beileibe keine Helden oder Herrenmenschen. Bei einem Fliegerangriff lenkten Soldaten ihren Lastwagen in unseren Hof und nahmen unter ihm Deckung. Sie taten uns leid. Sie konnten nichts dafür, was Schreckliches im deutschen Namen geschehen war. Als der Angriff vorbei war, brachten wir ihnen Kaffee – oder das, was damals Kaffee genannt wurde.

Am nächsten Tag waren die Amerikaner da. Wir waren überrascht und durch die allgemeine Nachrichtensperre absolut nicht darauf vorbereitet. Als wenige Stunden später unser Haus beschlagnahmt wurde und wir uns auf Küche und Kellerräume beschränken mußten, waren wir so ahnungslos, daß wir nicht daran dachten, irgend etwas in Sicherheit zu bringen.

So trat der groteske Fall ein, daß ein amerikanischer Offizier alle Schränke und Kommoden verschließen ließ und uns die Schlüssel brachte. Hinterher erfuhren wir allerdings, daß er unser Eigentum erst gesichert hatte, nachdem bereits einiges geschehen war. Seine Leute hatten sich schon bedient. Unsere Fotoapparate, der Feldstecher, Schmuck und manches andere waren verschwunden.

Aus der ersten Zeit der Besatzung erinnere ich mich besonders an jenen Tag, an dem einer der amerikanischen Offiziere zu uns kam und sagte, wir sollten im Keller bleiben, es würde gekämpft werden. Bombenangriffe und Tiefflieger, das waren wir gewohnt, aber daß in unserer Landschaft gekämpft wurde, daß die Front nun hier verlief, war für uns neu und noch nicht erlebt. Wir saßen im Keller, hörten die Einschläge und waren bei aller Erregung über die Gegenwart dankbar, daß dies nun ein weiterer Schritt dem Ende zu sein mußte. Es ist bei dem einen Tag geblieben. Die Kämpfe vollzogen sich im Inneren des Landes, soweit überhaupt noch gekämpft wurde.

Und dann kam der achte Mai. Das Ende. Ich erlebte es mit großem Aufatmen. Wenige verstanden das. Die Menschen waren erschöpft. Jeder hatte seine Last zu tragen. In vielen Familien wurden Söhne vermißt. Wir alle waren arm geworden. Aber trotz allem: die Hitler-Zeit, die große Schande Deutschlands, war vorbei. Viele empfanden das nicht. Sie klagten nur über die augenblickliche Notlage. Manche schimpften auf die Besatzer. Nun ja, Hitler hatte ihnen persönlich nichts getan, während die amerikanischen Soldaten sie nun schikanierten. Ich erinnere mich, daß ich mit einer Freundin, einem Menschen, der mir nahestand und von dem ich glaubte, daß er genauso empfinden würde wie ich, in den ersten Tagen nach der Kapitulation eine kleine Wanderung machte. Wir saßen am Waldrand. Sie sagte: »Ach, das ist doch herrlich, daß man jetzt so etwas wieder machen kann und nicht dauernd Angst haben muß, daß Flieger kommen . . .« Ich war betroffen, daß sie nur daran dachte. In mir läuteten alle Glocken, daß der Nationalsozialismus endlich zerschlagen war. Es gab Frauen unter meinen Bekannten, die in diesen Tagen Trauer anlegten »für Deutschland«. Das war mir fremd. Aber wenige verstanden, was ich meinte, wenn ich vorsichtig versuchte, ihnen zu erklären, daß wir gerade »um Deutschlands willen« trotz allem Schweren, was wir nun durchzustehen haben würden, dankbar sein müßten, daß wir wieder anfangen dürften, freie Menschen zu sein, daß nicht mehr in unserem Namen Unschuldige gemartert und ermordet würden.

Zurückblickend glaube ich, daß man barmherzig sein muß:
Die Menschen waren müde, am Ende ihrer Kraft. Sie sahen nur
noch den gegenwärtigen Tag, nur die Plage, die ihnen jetzt auf-
gebürdet war. Wer war ich, daß ich sie deshalb hätte schelten
dürfen?

PIERRE PETIT
Schutzhäftling Nr. 2201

Achter Mai 1945, 14.40 Uhr
Waffenstillstand!
Ich hatte immer geglaubt, daß ich
froher wäre an diesem Tag. Der
Krieg ist zu Ende, aber es ist mir eigentlich gleichgültig.
Im nachhinein muten diese Zeilen sonderbar an. Aber als ich
sie vor vierzig Jahren niederschrieb, stand ich noch völlig unter
dem Schock meiner Erlebnisse in Bergen-Belsen. Am 25. April
1942 war ich als 17jähriger »wegen Gefährdung des Bestandes
und der Sicherheit des Volkes und Staates und Betätigung für
den Aufbau einer bewaffneten Widerstandsbewegung in Luxemburg« von der Schulbank weg verhaftet worden, überstand
dann Verhöre, Prügel, Einzelhaft und Dunkelarrest, ein halbes
Dutzend Gefängnisse und die Lager Hinzert und Dachau leid-
lich gut und wurde am 21. Juni 1944 schließlich nach Bergen-
Belsen überstellt.
In dem »Erholungslager für nicht mehr arbeitseinsatzfähige
KZ-Häftlinge« herrschten schon damals unmenschliche Zustände: Der Oberpfleger Karl Rothe spritzte – auf Befehl der
Lagerführung – die »Unheilbaren« reihenweise ab. Kapos und
Blockälteste, von der SS mit Vorliebe aus den Reihen der Kriminellen und der moralisch Labilsten rekrutiert und mit Privi-
legien bedacht, knüppelten ihre Mitgefangenen nieder und
machten ihnen das Leben zur Hölle. Von Kameradschaft, der

vielgerühmten »Solidarität der Lagerstraße«, war hier nichts zu spüren. Statt dessen gab es Korruption, Diebstahl und Mord, Angst und Verzweiflung, Hunger, Krankheit und Tod.

In Marcel Servet, einem jungen Franzosen, fand ich einen guten Freund. Zu zweit ließen sich die Schrecken des Lagers etwas leichter ertragen. Zuerst redeten wir noch oft von zu Hause, machten Pläne »für später«. Dann wurden wir immer stiller. Das Überleben kostete all unsere Kraft.

Ende 1944 stellten Bad und Desinfektion ihre Arbeit ein. Auch litten wir an Durchfall und konnten unser verdrecktes Zeug nicht mehr wechseln. Das Waschen wurde zu einem riskanten Unternehmen: Während der eine sich wusch, mußte der andere die Kleider bewachen, damit sie nicht gleich gestohlen wurden. Im Februar 1945 brach eine Typhusepidemie aus, die sich in unsern verlausten Baracken mit rasender Geschwindigkeit ausbreitete. Die Zahl der Toten stieg von Tag zu Tag. Allein im März zählten wir in Bergen-Belsen 18168 Tote: 13867 im »Erholungslager«, 3980 im Frauenlager und 321 in den verschiedenen Lagern der »Austauschjuden«.

Die Verhältnisse wurden immer chaotischer. Ständig neue Transporte brachten Unmengen von Kranken und Invaliden in das ohnehin schon heillos überfüllte Lager. Wir lagen zu zweit, dann zu dritt, schließlich zu viert und zu fünft auf einer einzigen Pritsche. Im Häftlingslager II mit durchschnittlich 8000 bis 10 000 Kranken gab es keinen einzigen Wasserhahn und kein Klosett. In einzelnen Baracken »lebten« bis zu 1500 Menschen auf einem Raum, der kaum für 150 Platz bot. Hier gab es keine Pritschen und keine Strohschütte. Die Menschen schliefen auf dem nackten Boden – wenn sie dazu Platz fanden.

Die Lebensmittelversorgung brach zusammen. Der Hunger machte uns wahnsinnig. Tausende stritten sich mit kraftlosen Händen um das wenige Essen, das ins Lager gebracht wurde. Nur die Stärksten konnten sich bis zu den Suppenkübeln durchkämpfen. Die andern gingen leer aus. Im März wurde tagelang überhaupt kein Essen mehr ausgegeben, weder Brot noch Suppe. Trinkwasser gab es nur noch aus verschmutzten

Zisternen. Ende Februar kamen die ersten Fälle von Kannibalismus vor, die im März dann immer häufiger wurden. Doch während ein paar hundert auf diese verzweifelte Weise versuchten, ihr Leben zu retten, verhungerten Tausende und aber Tausende, die zu schwach waren, sich auch nur von der Stelle zu rühren.

Mitte Februar fiel auch das Krematorium aus. Die ständig wachsenden Leichenhaufen wurden nun im Freien verbrannt. Eine Lage Holz, eine Lage Leichen wurden zu hohen Stößen aufgeschichtet, mit Dieselöl übergossen und in Brand gesetzt. Es bedrückte uns nicht mehr. Wir standen dabei und starrten in die Flammen. Wir suchten nur noch etwas Wärme. Ende März mußte die Leichenverbrennung im Freien wieder eingestellt werden. Es gab kein Holz mehr. Von nun an blieben die Toten eben liegen, wo sie gestorben waren. Die einen lagen in den Baracken selbst, zwischen Lebenden und Sterbenden, die zu schwach waren, um die Toten auch nur ins Freie zu schaffen; die andern wurden vor den Baracken aufgestapelt oder an einigen Stellen des Lagers zu Haufen getürmt. Als am neunten April die Lagerschreibstube ihre Arbeit einstellte, gab es insgesamt 5700 unbeerdigte Leichen, die in allen Stadien der Verwesung im Lager umherlagen. Und Tag für Tag kamen 1000 weitere Tote hinzu.

Als Himmler am elften April die Übergabe des Lagers an die britischen Truppen anordnete, unternahm die SS einen letzten Versuch, das Gelände von den Tausenden von Leichen zu säubern: Vom frühen Morgen bis zum späten Abend mußten wir nun Leichen zu den hastig aufgeworfenen Massengräbern schleppen. Dabei hagelte es Prügel und Fußtritte von Kapos und SS-Leuten. Aber alle Anstrengungen waren vergebens. Als Bergen-Belsen am 15. April befreit wurde, lagen immer noch mehr als 10 000 Tote im Lager umher.

Wir waren nun frei – nach Jahren unsäglichen Elendes endlich wieder frei! Wir lachten und weinten vor Freude, rannten sinnlos hin und her, schrien und gestikulierten. Ich versuchte, an zu Hause zu denken, aber es gelang mir nicht recht. Seit acht

Monaten war ich ohne jede Nachricht. Ich betete, daß meine Eltern noch leben sollten. Dann konzentrierte ich mich wieder auf mein eigenes Überleben.

Der »Waffenstillstand von Bergen-Belsen« hatte uns die Freiheit wiedergegeben. Für uns war der Krieg zu Ende. Ein neues Leben konnte beginnen, aber zunächst ging das Massensterben unvermindert weiter. Der Typhus wütete nach wie vor. Noch immer gingen Tausende an Hunger und Erschöpfung zugrunde, hilflos und verlassen, ohne auch nur wahrzunehmen, daß das Lager befreit war. Und während die einen verhungerten, starben viele andere an ungewohntem, allzu schwerem Essen. Bereits in der ersten Nacht nach der Befreiung waren die Küchen, die Lebensmittelmagazine, die Kartoffel- und die Rübenmieten in einem wilden Aufruhr gestürmt und restlos ausgeraubt worden. Überall loderten Feuer, wurden Fleischstücke halb roh hinuntergewürgt.

Die britischen Truppen waren in keiner Weise darauf vorbereitet, ein Lager mit Zehntausenden von halbverhungerten, durchfallkranken Menschen zu übernehmen. Ihre Truppenverpflegung war eine denkbar ungeeignete Kost für Todkranke, die dieses schwere Essen nicht verdauen konnten und in wilder Gier trotzdem alles hinunterschlangen, was ihnen vor die Hände kam. 14000 starben noch in den ersten Wochen nach der Befreiung.

Nur allmählich kam es zu einer wirksamen Hilfe und etwas Ordnung in dem stürmischen Durcheinander, das unserer Befreiung gefolgt war. Nach und nach wurde das Lager evakuiert, die Überlebenden kamen in die Kasernen des früheren Truppenübungsplatzes – zuerst die Kranken, dann die »Gesunden«. Am vierten Mai war die Reihe an uns. Zusammen mit meinem Freund Marcel und einigen hundert Franzosen bezogen wir Quartier in einem ehemaligen Pferdestall. Auch hier gab es keine Betten, aber eine saubere Strohschütte und eine warme Decke. Wir versuchten, Freunde und Bekannte ausfindig zu machen, die in einem anderen Bau dieser weiträumigen Anlage untergebracht waren – und warteten. Wir wußten nicht, wie und wann wir nach Hause gelangen sollten, und konnten uns auch nicht vorstellen, wie es weitergehen sollte. Essen war noch immer das einzige, an das wir wirklich denken konnten.

Am sechsten Mai wagten Marcel und ich uns zum erstenmal aus dem Lager, um nach Bergen zu gehen. Wir trotteten gemächlich die Straße entlang, blieben stehen, gingen nach links, gingen nach rechts – und genossen es, daß niemand hinter uns herschrie. Kein »Schnell, schnell!« und kein »Marsch, marsch!« Ein herrliches Gefühl! In Bergen waren nur wenige Menschen auf der Straße. Sie hatten bedrückte Gesichter und hasteten stumm an uns vorbei. Als ich vor elf Monaten auf dem Weg nach Bergen-Belsen hier durchgekommen war, hatte eine Horde Hitlerjungen Steine nach uns geworfen. Jetzt gaben alle sich Mühe, möglichst unauffällig an uns vorbeizusehen. Es ging gegen Mittag, und wir waren heißhungrig. So klingelten wir kurz entschlossen an einem netten, freundlichen Haus und baten um Essen. Die Leute waren zutiefst erschrocken und beruhigten sich erst allmählich, als sie endlich merkten, daß wir geläufig deutsch redeten. Die Frau brachte uns einen Teller Suppe, die wir in einem Zug hinunterschlürften. Dann briet sie uns eine Pfanne Kartoffeln – und noch eine zweite und noch eine dritte. Wir wußten, daß wir die gebratenen Kartoffeln nicht vertragen würden, aber wir konnten nicht widerstehen. Es roch und schmeckte allzu verlockend! Nach und nach wurden unsere »Gastgeber« immer gesprächiger. Von »all dem« hatten sie natürlich nichts gewußt und waren »schon immer« gegen die Partei und gegen den Krieg gewesen. Zum Nachtisch hätten sie uns am liebsten ihre halbflügge Tochter auf einem silbernen Tablett angeboten. Ihre Unterwürfigkeit war fast noch schwerer zu ertragen als ihre frühere Herrenmenschenarroganz.

Siebter Mai 1945: Wir mußten uns von diesem ersten Ausflug in die Freiheit erholen. Den Weg zurück ins Lager haben wir kaum noch geschafft. Die Nacht über wurden wir von Magenkrämpfen geschüttelt und waren völlig erschöpft. Wir lagen auf unserer Strohschütte und dösten vor uns hin – wenn wir nicht gerade zu den Latrinen rennen mußten. Wir warteten, warteten voller Sehnsucht darauf, daß endlich wieder Essen ausgegeben würde. Gutes, kräftiges Essen, das unser kranker Magen wieder nicht vertragen würde. Achter Mai 1945: Deutschland hatte kapituliert. Der Krieg war zu Ende. Es herrschte wieder Friede. Wir sollten glücklich sein, aber erst einmal mußten wir leben. Brot war jetzt wichtiger.

ANISE POSTEL-VINAY
Dunkelheit des Schmerzes

An jenem Maianfang 1945 befand ich mich in Malmö, in Schweden, wo mich das Schwedische Rote Kreuz untergebracht hatte, zusammen mit meinen überlebenden Gefährtinnen aus dem Konzentrationslager Ravensbrück, nachdem wir den Klauen Himmlers am 23. April entkommen waren.

Mit einigen Gefährtinnen war ich im Museum für Naturgeschichte in Malmö einquartiert, wo ich auf Papiermatten unter den Füßen einer ausgestopften Giraffe schlief.

Die Tage vergingen: fünfter, sechster, siebter Mai. Es gelang uns nicht, genau zu erfahren, was in Berlin und bei den Alliierten vor sich ging. Seit Monaten wollte der Krieg kein Ende nehmen. Wir haben geglaubt, daß die Deutschen schon am siebten Mai endlich kapituliert hätten, und erst bei meiner Rückkehr nach Frankreich habe ich erfahren, daß die Kapitulation am achten Mai stattgefunden hatte! Zu Tode erschöpft, lebte ich in Niedergeschlagenheit, Kummer und Angst.

Niedergeschlagen, weil mich die Bilder aus Ravensbrück verfolgten und besonders die letzte Szene, die ich sah, als ich zu Fuß die Schranken des Lagers überschritt, um zu den weißen Bussen des Schwedischen Roten Kreuzes, die etwas entfernt standen, zu gelangen: Unsere Kolonne von befreiten Französinnen kreuzte sich mit einer Kolonne von deutschen »Asozialen« (Frauen), erschöpft, in Lumpen, aschfahl, mit verstörtem Blick, die man in Richtung Gaskammer und Krematorium führte. Erst später, als ich die Geschichte von Ravensbrück studierte, habe ich erfahren, daß der 23. April der letzte Tag war, an dem in Ravensbrück vergast wurde.

Ich war tief bekümmert, weil meine »Lagermutter«, Germaine Tillion, die seit zwei Jahren jeden Tag über mich wachte (ich war zwanzig Jahre alt und sie fünfunddreißig) und die noch in Schweden bei mir blieb, miterleben mußte, wie ihre Mutter im Lager verschwand.

An einem Tag, an dem Germaine sehr krank war, war ich damit beauftragt, sie zu beschützen. Es ist mir nicht gelungen, sie der Selektion zu entziehen. Sie ist am zweiten März vergast worden. Mein Kummer wuchs ins Unermeßliche, als ich von einer schwedischen Klassenkameradin aus Paris, die in Schweden lebte, erfuhr, daß meine Schwester von den Deutschen am 27. August 1944 bei Paris getötet worden war – dreiundzwanzig Jahre alt. Seit acht Monaten war sie also schon tot, und ich wußte nichts davon! Oh, meine arme Mutter!

Außerdem quälten mich die Sorgen, denn noch am achten Mai 1945 hatte ich keinerlei Nachrichten von meinem Vater, der eine Zeitlang in Buchenwald war, noch von meinem Bruder, der im August 1944 deportiert worden war, ich wußte nicht, in welches Lager.

So fand sich die junge Deutschstudentin an der Sorbonne, die 1942 mitten im Kampf für eine helle Zukunft in Freiheit von der Gestapo verhaftet worden war, am Tage der Befreiung derartig tief in die Dunkelheiten des Schmerzes getaucht wieder, daß sie weder den gegenwärtigen Tag noch jene »Tage danach, die singen sollten«, wahrnahm. Sie hat deshalb keinerlei genaue Erinnerung an den Tag des achten Mai.

EDWARD PYŚ
Nr. 379

Am Tag der deutschen Kapitulation war ich in einem Hotel in Linz, Grabenstraße 30. Seit längerer Zeit spürte man, daß der

Krieg zu Ende geht. Wann das geschehen würde, konnte niemand wissen. Seitdem Hitler Selbstmord begangen hatte, zählten wir eigentlich nur Tage oder Stunden. Endlich kam der Tag. Mein Kamerad, mit dem ich im Hotel wohnte, war in die Stadt gegangen, um Essen zu »organisieren«. Ich nähte an einem Zivilanzug und konnte mit dieser Arbeit nicht fertig werden. Er stand mir nicht gut. Die Aufgabe war nicht leicht, weil ich nur 42 Kilogramm wog. Bei dieser langweiligen Beschäftigung dachte ich an meine Familie. Vater hat doch am achten Mai seinen Namenstag! Ich wußte nicht, ob er noch lebte. Seit elf Monaten hatte ich keine Nachrichten.

Rzeszów, meine Heimatstadt, lag jenseits der Frontlinie. Im Hotel war es ruhig. Wir – ich und noch drei Kameraden – waren die einzigen Gäste. Plötzlich hörte ich Lärm und Schießerei in der Stadt. Beunruhigt lief ich auf die Straße und traf meinen zurückkehrenden Kameraden. Er war sehr erregt und strahlte vor Freude. »Ende mit dem Krieg!« rief er. »Die Deutschen haben kapituliert!«

Obwohl wir auf diese Nachricht schon seit längerer Zeit gewartet hatten, verursachte sie heftiges Herzklopfen und eine unbändige Freude. Auf den Straßen sah man amerikanische Soldaten in Jeeps. Sie sangen und schossen in die Luft. Überall Freude. Man sah keine Einwohner auf den Straßen. Endlich war Schluß mit dem blutigsten und grausamsten Krieg, den die Menschheit erlebt hatte. »Bedingungslose Kapitulation.« Diese Wörter riefen bei mir verschiedene Gefühle hervor.

Zum erstenmal habe ich sie in einer deutschen Zeitung gelesen, und zwar im September 1939. Damals stand in großen Buchstaben: »Warschau kapituliert bedingungslos.« Diese Worte haben damals Verzweiflung und Schmerz ausgelöst. Was wird weiter geschehen? dachte ich. Unsere Zukunft sah ich schwarz. Wir hatten keinen Zweifel darüber, daß für uns grausame Zeiten kommen würden. Jetzt aber, am achten Mai 1945, war es ganz anders. Der Zukunft konnte ich beruhigt entgegensehen. Das Leben lag vor mir. Ich war doch erst dreiundzwanzig Jahre alt – und das Wichtigste: Ich war frei! Erst jetzt fühlte ich das! Bisher, obwohl ich schon drei Tage frei war, hatte ich wie betäubt gelebt. Ich war mir darüber nicht klar, daß das Grausamste schon hinter mir lag. Ich dachte an vergangene Zeiten.

Am ersten Mai 1940 hat alles für mich angefangen. Ich wurde in meiner Heimatstadt verhaftet. Folterungen beim Verhör, dann Gefängnis in Rzeszów und Tarnów, zum Schluß die Überstellung ins Konzentrationslager Auschwitz. Ich kam dorthin mit dem ersten Transport, verlor meinen Namen und wurde Nr. 379 »getauft«. Ich war achtzehn Jahre alt. Damals wußte ich nicht, daß ich auf die Freiheit fünf lange Jahre warten mußte. Ich glaubte nicht, daß ich überhaupt irgendwann noch frei würde. Konnte nicht vermuten, daß ich in Gefängnissen und Konzentrationslagern insgesamt 1863 Tage, das heißt 44712 Stunden verbringen müßte. Jede Stunde konnte meine letzte sein. Viele dauerten eine Ewigkeit, besonders jene, in welchen man dem Tod ins Gesicht schauen mußte. Solange man lebt, solange aber das Herz klopft, solange hat man die Hoffnung. Manchmal dem gesunden Menschenverstand zuwider! Am Lagertor stand: »Arbeit macht frei.« Wir gaben dazu: Durch den Schornstein / des Krematoriums / eins, zwei, drei! Schon besser paßte eine andere Aufschrift: »Lasciate ogni speranza.«

Freiheit! Was für einen Wert sie hat, weiß man erst, wenn man sie verloren hat. Jeder von uns träumte davon am Tage und in der Nacht. Meistens in der Nacht, weil am Tage angesichts der brutalen Wirklichkeit solche Träume ganz widersinnig schienen. Mit aller Kraft bemühte sich doch die Lagerkommandantur, uns zu beweisen, daß wir »Untermenschen« waren und als solche kein Recht zum Leben haben. Jeder konnte uns – ohne sich verantworten zu müssen – ums Leben bringen. Mit aller Kraft versuchte man, uns das Gefühl der Menschenwürde zu entziehen, wollte uns zur Erniedrigung und Verzweiflung bringen. Man mußte wirklich Seelenstärke haben, um das alles auszuhalten und trotz Schlägerei, Hunger und Tod seine Würde zu behalten. Ich habe das alles miterlebt. Kein Wunder, daß in mir immer stärkerer Haß und Rachedurst wuchsen!

Endlich war der erste Tag der Freiheit gekommen. Am fünften Mai 1945, ungefähr um siebzehn Uhr. Ich war damals in einem Nebenlager des KZs Mauthausen, und zwar im Gusen I. Die Freiheit kam mit einem einzigen Panzer mit weißem Stern. Im Lager brach große Freude aus. Die Laternen auf den Lagerstraßen und Baracken wurden mit den Fahnen der verschiedenen Nationen geschmückt. Häftlinge umarmten einander und weinten vor Freude. Merkwürdig, ich war ganz stumpf! An dieser spontanen Freude konnte ich nicht teilnehmen. Ich war leer und sehr müde. Anscheinend hatte ich zu lange auf die Freiheit gewartet. Am dritten Tag verließ ich das Lager. Ich konnte nicht mehr hinter dem Stacheldraht bleiben, obwohl er nicht mehr unter Hochspannung stand und auf den Türmen keine Posten mit Maschinengewehren wachten. Es schien mir, daß ich so lange nicht frei werden könnte, wie ich im Lager bliebe. Zu Fuß bin ich mit meinen drei Kameraden nach Linz gegangen. Vorher nahmen wir noch den SSlern, die im SS-Revier als Kranke lagen, ihre Waffen ab. Kein Haar wurde ihnen dabei gekrümmt. Wir konnten nicht auf die im Bett Liegenden schießen. Trotz aller Erlebnisse und Gemeinheiten! Trotz ihrer Widerwärtigkeit konnten sie uns unsere Menschlichkeit nicht nehmen.

So haben wir uns in dem Hotel einquartiert, wo wir den Tag der Kapitulation erlebten. Man mußte sich jetzt an das Leben in der Freiheit gewöhnen. Das war nicht leicht. Der Krieg und das Lager hatten fünf Jahre aus meinem Leben gerissen. Jetzt wollte ich alles nachholen. Daß es nicht leicht werden würde, wußte ich. Ich habe es aber geschafft, habe das Abitur gemacht und die Hochschule beendet. Es sind schon vierzig Jahre vergangen, aber das, was ich im Lager erlebt habe, kommt sehr oft in quälenden Träumen zurück. Ich habe Glück, wenn mich jemand weckt. Lange Zeit kann ich mich dann nicht beruhigen.

TRUTZ RENDTORFF

Nun ist es zu Ende

In der Nacht zum ersten Mai 1945 setzte sich der Treck von siebenundzwanzig Wagen, mit Treckern und Pferden bespannt, vom Hof des mecklenburgischen Gutes in Bewegung. Die Betten, von den Bewohnern und vielen flüchtenden Gästen des Gutshauses verlassen, wurden von den Soldaten der nahe gekommenen Front belegt. Aus den Unterkünften der russischen Kriegsgefangenen, deren Wachmannschaft bereits den Rückzug angetreten hatte, ertönte lauter Gesang. Das Ende des Krieges war nur noch eine Frage von Stunden oder Tagen. Meine Familie, die von Stettin aus die Flucht begonnen hatte, befand sich mitten in einem riesigen Knäuel von flüchtenden Zivilisten und Soldaten Richtung Westen. Das beherrschende Gefühl war Angst, wie sollte es anders sein. Die Nachricht vom Selbstmord Hitlers, die sich wie ein Lauffeuer verbreitete, wurde nur noch als Bestätigung für den herrschenden Eindruck aufgenommen: Nun ist es zu Ende.

Zwei Erlebnisse im Zusammenhang mit dem Kriegsende haben sich mir, dem damals Vierzehnjährigen, unauslöschlich eingeprägt und im Rückblick symbolhafte Bedeutung gewonnen. Für uns war der Krieg endgültig aus, als die amerikanischen Panzer da waren. Der Gutstreck, in dem wir mitfuhren, war in einem riesigen Strom von flüchtenden Soldaten steckengeblieben. Und dann kamen sie, die Sieger: amerikanische Panzer, auf denen in lässiger Haltung und mit spaßhaften Reden die US-Soldaten hockten. Gekämpft wurde nicht mehr. Die ersten Worte flogen hin und her. Mit Faszination, vor allem aber mit einem Gefühl unendlicher Erleichterung bestaunte ich das Bild. Bombenangriffe, Flucht, die Angst vor den russischen Truppen, alles war vorbei. Und die Amis waren genauso, wie man das erwartet hatte. Ich drehte mich um zu meinem Vater, der auf dem Treckwagen dasselbe Bild anschaute. Aber über sein Gesicht liefen Tränen. Verständnislos fragte ihn der Vierzehnjährige: »Warum weinst du?« Die Antwort: »Junge, das verstehst du nicht! Es ist das zweite Mal, daß wir besiegt werden.« – Dasselbe historische Ereignis, dieselbe Situation, und doch wurde sie ganz verschieden erfahren und erlebt. Für mich war es nur das erfreuliche Ende einer im ganzen fürchterlichen Zeit. Endlich war der Krieg aus und die Angst und Bedrückung vorbei. Und die »richtigen« Sieger waren da. Alles andere zählte nicht: das Schicksal der Nation, die Lage Deutschlands. Der Grundton war: Es kann nur besser werden. Das Kriegsende, so habe ich es erfahren, war gut, neuer Anfang, echte Befreiung.

Das zweite Erlebnis schloß sich einige Tage oder Wochen später an. Unser Flüchtlingstreck war zum Stillstand gekommen mitten in einem großen Lager von deutschen Soldaten, die als Kriegsgefangene in einem großen Gutsareal lagerten. Das ganze Gebiet war von englischen Soldaten bewacht, die das Gebiet inzwischen von den Amerikanern übernommen hatten. An einem Sonntag beschlossen wir, in das nahe gelegene Städtchen zum Gottesdienst zu gehen: meine zwei Schwestern und ich, Jugendliche im Alter von siebzehn, fünfzehn und vierzehn Jahren. Als wir uns den Posten näherten, die die Straße rund um das Areal der Kriegsgefangenen bewachten, wurden wir von einem jungen englischen Soldaten mit Gewehr und aufgepflanztem Bajonett angehalten. Wir sagten nur in dem bißchen Englisch, das wir konnten: We want to go to service! In dem vollen Gefühl, daß er dies respektieren würde, schoben wir sein Gewehr beiseite und gingen weiter. Es klappte. Er ließ uns gehen. Genauso hatten wir es erwartet: Die Absicht, einen Gottesdienst zu besuchen, öffnete die Grenze.

Wir, Kinder eines Pfarrers der Bekennenden Kirche, wußten, was es heißt, wenn der Staat Kirche und Religion zu unterdrücken sucht. Aber wir waren ebenso fest davon überzeugt, daß das jetzt vorbei sei, daß die neuen Machthaber die Kirche nicht mehr bekämpfen würden, sondern achten. Indem der junge Soldat uns ziehen ließ, bestätigte er diese Erwartung: Das Recht auf freie Religionsausübung, das Recht auf Religionsfrei heit – hier war es, unmittelbar, direkt und uneingeschränkt. So wurde für uns diese kleine Szene zum Schlüsselerlebnis der Freiheit auf einer Dorfstraße in Mecklenburg.

Wie habe ich das Kriegsende erlebt? Es war die Erfahrung der Befreiung vom Krieg, von den Ängsten und Bedrohungen des Krieges. Und es war die Erfahrung der Freiheit, das Ende der Nazis, der Unterdrückung der Kirche, des Glaubens. Diese doppelte Erfahrung von Befreiung und Freiheit ließ alles andere zurücktreten und formte die Perspektive, in der alle anderen Ereignisse und Erfahrungen einen bestimmten Richtungssinn erhielten. Diese Erlebnisse begründeten deswegen, etwas hochtrabend ausgedrückt, eine »Hermeneutik der Freiheit«, die, biographisch verwurzelt, für mich normativen Rang gewonnen hat.

ANNEMARIE RENGER
Wenn man besiegt ist

Hitler bedeutet Krieg. Dies war für mich, die ich in einem sozialdemokratischen Elternhaus aufgewachsen bin, eine stets angstvolle Gewißheit schon lange vor dem Machtantritt der Nazis. Voll innerer Zerrissenheit war mir auch klar, daß Deutschland den von ihm losgetretenen Zweiten Weltkrieg nicht gewinnen konnte und auch unbedingt verlieren mußte, damit Deutschland die Nazidiktatur wieder loswerden konnte.

Ein Gefühl der widerstreitenden Gefühle kennzeichnete denn auch meine innere Verfassung angesichts der endgültigen militärischen Niederlage Deutschlands.

Hin und her gerissen war ich zwischen der erkannten Notwendigkeit der Niederlage und der tiefen Trauer über den Tod so vieler Soldaten – mein Mann und meine Brüder waren darunter – in einem wahnsinnigen Eroberungskrieg und über die schwere Last der Niederlage, die jetzt auf das ganze deutsche Volk zukam.

Überlagert wurden solche Empfindungen und Erwartungen aber von dem grellen Tagesgeschehen, in dem wir die Ankunft der Alliierten im Mai 1945 erwarteten und gleichzeitig fürchteten. Diesen Monat erlebte ich bei Verwandten in der Lüneburger Heide. Mein Vater hatte dafür gesorgt, daß meine Schwester mit ihren beiden Kindern und ich mit meinem Sohn Berlin verließen. Dieser Abschied fiel mir im April 1945 schwer. Schließlich stand das Kriegsende bevor, und es gab keine Vorstellungen dazu, was später dann gerade in Berlin passieren sollte.

In Visselhövede in der Heide hatte ich zunächst bei einer Tante Unterkunft gefunden und arbeitete in der Küche des dortigen Reservelazaretts. Wegen meiner fast ständig angebrannten Milchsuppe muß ich mich noch heute bei den Soldaten entschuldigen.

Ständige Tieffliegerangriffe, denen schließlich auch das Haus meiner Tante zum Opfer fiel, bestimmten das Tagesgeschehen. Wir lebten im Lazarett, das uns mit seinem Rote-Kreuz-Zeichen auf dem Dach Sicherheit gab, aber bei Fliegerangriffen duckten wir uns doch mit unseren Kindern in der Küche unter einen großen Holztisch. Gegenseitige Panzer- und Infanterieangriffe – bei den Briten von ihrer Luftwaffe unterstützt – rollten immer stärker über uns hinweg. Zuletzt suchten wir in dem Luftschutzkeller eines Arztes Zuflucht, der gegenüber dem Lazarett lag. Wir rannten über die Straße – und ich erinnere mich, wie mein Sohn einen seiner kostbaren Schuhe verlor. Mit der Angst im Nacken, von den Schüssen eines Tieffliegers getroffen zu werden, rannte ich noch einmal zurück, um diesen Schuh zu retten.

Angst herrschte aber auch im Keller. Ich erinnere mich besonders gut an einen jungen, vielleicht sechzehnjährigen verwundeten Soldaten der Wlassow-Armee. In einer geradezu animalischen Angst und Panik, die drohte, auch alle anderen anzustecken, wollte er aus dem Keller heraus, weil er fürchtete, gefangengenommen und erschossen zu werden. Nur mit großer Mühe konnten wir ihn beruhigen.

Über uns tobten die letzten Kämpfe. An einem Tag hatten

die Briten bereits den Ort erobert. Zu unserem Entsetzen hatten sich über uns in dem Haus des Arztes SS-Leute verschanzt, die aus allen Rohren schossen. Die kleine Stadt wechselte noch einmal den Besitzer. Erst am nächsten Tag erfolgte dann die Einnahme durch die Briten.

Am Tage der endgültigen Einnahme der Stadt durch die Engländer sehe ich mich noch in der Küche an der Tür stehen, als die ersten britischen Soldaten vorbeikamen. In angespannter Haltung, das Gewehr mit dem Finger am Abzug in der Hand, über dem flachen Helm ein Tarnnetz. Irgendwie mußte ich wohl eine Geste gemacht haben. Brüsk sprach mich ein Soldat auf deutsch an: »Geh weg, ins Haus!« Meine Reaktion war: »Ach, so ist das jetzt, nun werden wir einfach mit du angesprochen – so ist das eben, wenn man besiegt ist.«

In unserer Lazarettküche hatte sich nicht viel geändert. Vorräte waren genug da, vor allen Dingen Unmengen Alkohol. Am Abend des neunten Mai wurde sogar in dem Kessel, in dem sonst die Milchsuppe brodelte, Punsch zubereitet und an die Soldaten ausgeschenkt. Man kann sich wohl vorstellen, was für eine Atmosphäre entstand. Eine Stimmung von Bangen und Hoffen, von Wut und Verzweiflung. Wahrscheinlich hatten wir alle keine klaren Gedanken, was uns die Zukunft bringen würde.

Ein Mensch wurde mit dieser Tragödie nicht fertig: unser Koch Robert. Er war in die Küche geschlichen und hatte sich mit beiden Händen alle verfügbaren riesigen Küchenmesser gegriffen und schrie, dem Delirium nahe, die unflätigsten Flüche gegen die britischen Soldaten, die unser Gebäude bewachten. Meine Angst, daß uns und unseren Kindern, aber auch den verwundeten Soldaten etwas passieren konnte, war größer als die Angst vor Roberts Messern. Ich kletterte also durch das Küchenfenster zu Robert hinein, redete ihm gut zu, bis er in einen Weinkrampf verfiel und die Küchenmesser fallen ließ. Es berührt mich noch heute tief, wenn ich an den grenzenlosen Schmerz dieses Mannes denke.

Am nächsten Morgen mußten alle hierzu fähigen Soldaten

antreten. Für sie ging es nicht nach Hause, sondern in die Gefangenschaft. Niemand wußte, wohin. Die Gerüchte, daß man nach mehr als vier Jahren Krieg noch in die entferntesten Länder verschickt werden sollte, weit entfernt von den Familien, die ja schon so nahe schienen, um dort als Gefangene zu arbeiten, belastete die Soldaten. Der ganze Irrsinn des Krieges und seine tragischen Folgen wurden an diesem Tag ebenso überdeutlich wie der abgrundtiefe menschenverachtende Zynismus der Nazis, die ein ganzes Volk zugrunde gehen ließen, um ihr jämmerliches Leben zu verlängern. Zu einer Einstellung gegen Krieg und Unrecht in meinem Elternhaus erzogen, war es auch dieses Erleben des Mißbrauchs der Menschen durch eine Clique, die ihre Interessen als Interessen des deutschen Volkes ausgab, das meinen politischen Weg bestimmte, überall in der Welt gegen ideologische Demagogie, gegen Unmenschlichkeit und Entrechtung anzukämpfen.

Helmut Ridder
Ach ja, wir Deutschen!

Mehr als ein Jahr kam er – nach meinen an sich nicht so unvernünftigen, aber von der Geschichte doch falsifizierten Berechnungen – zu spät, dieser auch von mir mit dem vollen ihm von den Siegermächten beigemessenen Gewicht herbeigesehnte Tag. Daß es nicht nur der Entmachtung der Nazis und einer »bedingungslosen Kapitulation« der Wehrmacht, sondern einer »bedingungslosen Kapitulation« aller staatlichen Institutionen und der Herstellung eines wirklichen »Tages Null« bedurfte, sollte eine auch mit dem monarchisch-obrigkeitsstaatlichen Halbdunkel von Weimar radikal aufräumende deutsche Republik eine Chance haben, war mir schon in den Oberschul- und Studentenjahren im Dritten Reich klargeworden. Dank nicht zuletzt dem geistlichen Rektor und Religionslehrer, der – zuvor in Weimar schon am »Rande der Legalität«; »Politik«

in der Schule war natürlich verpönt – von den Religionsstunden immer wieder etwas abzuzweigen verstand, um mit spürbarer Erregung von Demokratie, Volkssouveränität und Reichsverfassung sprechen zu können. Ein »schlechter Pädagoge«, hieß es. Sozialdemokratischer Politiker hätte er sein mögen, gestand er im vertrauten Kreis, wäre ihm das als katholischem Kleriker nicht verwehrt gewesen. Einer aus dem heute völlig unbekannten Münsterland, wo Wiedertäufergeist immer noch sensible Antennen anweht, wo zwar keine Reformation, daher denn aber auch keine Gegenreformation gewesen, wo die Droste, angeblich eine bigotte Jungfer, mit visionärer Kraft im Dom zu Köln das Handelsstift der deutschen Bourgeoisie zu erkennen vermochte, wo Preußen und Berlin ferne Schemen, Frankreich und die Republik nah, wo die Nazis es mit den Bodenständigen genauso schwer hatten wie nachmalig Adenauers CDU mit dem Weichklopfen der Beichtväter und der Zerstörung der wiedergegründeten Zentrumspartei . . . Heimat.

Der Berechnungsfehler bestand in der Fehleinschätzung der Westalliierten, deren zeitigere und zügigere Invasion ein termingerechtes Kriegsende zur Folge gehabt hätte, von deren Doppelstrategie gegen das Dritte Reich und die Sowjets mein noch ziemlich schlichtes politisches Gemüt aber noch keine Ahnung hatte. Sehr wohl begriffen hatte ich hingegen Motivation und Zielvorstellung der meisten Akteure vom 20. Juli 1944, mit deren Restaurationsplänen ich so wenig im Sinne haben konnte, wie ich mit den Trägern der Friedensresolution von 1917 im Sinne gehabt hätte. Als ein somit in dieser Richtung ganz und gar »Unschuldiger« aus einer OKH-Dienststelle entfernt und an die Südwestfront abkommandiert, hatte ich dem Tag weiter entgegengehofft – nichts von Heldentum, nichts von Widerstand, mal à la Schweijk ein Schippchen Sand ins Getriebe (Brecht irrt übrigens: Auch ein paar Millionen Schweijks hätten nicht genügt!).

Da nun – ich muß hier fast alles von dem randvollen persönlichen Erleben des Zugehens auf den Tag beiseite lassen – hat es mich ereilt, just am achten Mai 1945: An diesem Tage der

Befreiung wurde ich im Österreichischen Kriegsgefangener einer marokkanischen Infanteriedivision (sie war immer hinten gewesen, und der General konnte zum erstenmal Kriegsgefangene melden). Es war maßlos deprimierend. Nicht sosehr wegen des Filzens und der sonstigen bei solcher Gelegenheit üblichen Unfreundlichkeiten. Der schlimmste Stachel war dieser: Der Gefangennehmende war ein Elsässer. Und er erzählte kühl – und gern und genüßlich auf deutsch –, während er sich die passenden Stücke aneignete, wie er zunächst bei des Führers Waffen-SS gedient, dann aber eben rechtzeitig die rechte Wende zu den Truppen des »freien Frankreichs« vollzogen habe. Was da bei mir schmerzlich getroffen (und auch erst durch schmerzendes Lernen überwunden) wurde, war ein jugendlich-naiver Glaube an die dem einzelnen geschuldete Gerechtigkeit. Da ist man beleidigt von der Geschichte, an deren Gerechtigkeit man glaubt, ohne von ihrer Gerechtigkeit zu wissen, die individuelle Schuld und politische Verantwortung auseinanderhält, und möchte aus ihr »aussteigen«, wohin auch immer, mit Hermann Hesse den »Weg nach Innen« weitergehen oder Schafe züchten in Australien . . . oder – das hatte dann die besten Konditionen –, den Blick nach vorn und nie zurück, nach dem Zusammenbruch (was war da eigentlich noch zusammengebrochen?) an den Wiederaufbau gehen (»Wir Deutschen haben immer gut gearbeitet«).

Dahinter bin ich denn doch ziemlich früh und arg zurückgeblieben, hinter der Lebenslüge schon von Trizonesien und der daraus entstehenden Bundesrepublik Deutschland, die den achten Mai 1945 rückwirkend aufgehoben hat, die Schuld und Verantwortung in unbewertbare »Verstrickung« zusammenfließen ließ, die wegen ihrer eingebildeten »Identität« mit dem trotz Nichtexistierens »fortexistierenden« Deutschen Reich heute lauter denn je Wiedergutmachung der dem Reich seit dem achten Mai 1945 zugefügten Kränkungen erheischt und deren herrschendem politischen Infantilismus jede Widerrede »so dumm, so ungerecht und so abwegig« erscheint, daß sie nur aus »bestimmten Giftküchen in Moskau« kommen kann. Ob sie angesichts ihrer jetzt mit kompromißloser Zielstrebigkeit wiederhergestellten glanzlosen Isolierung noch fähig ist, am achten Mai 1985 aus einem wüsten vierzigjährigen Traum zu erwachen und die Realitäten zu erkennen, die denen des achten Mai 1945 so ähnlich, wenn auch weitaus gefährlicher sind? Ach ja, »wir Deutschen«!

Luise Rinser
Das also war das Ende

Auf diesen Tag hatten wir gewartet. Er war vorauszusehen seit 1942, seit der entscheidenden Niederlage bei Stalingrad. Ich hatte auf ihn gewartet in den Monaten meiner Gefängnishaft. Wir hatten von diesem Tag geträumt. Ein großer Tag würde das sein: die letzten Takte des Walkürenritts würden ertönen, dann ein Paukenschlag, dann der Freudenschrei, der Menschheitschor: Brüder, zur Sonne, zur Freiheit. Oder doch wenigstens so: Nach der Katastrophe senkt sich der Vorhang über die Bühne voller Leichen, und wenn er sich wieder hebt, sieht man eine Maiwiese mit Kindern, die singen: Alles neu macht der Mai.

Und wie war's dann wirklich? Kein Freudenschrei, kein Triumphmarsch. Die neue Zeit, die schlich heran bei Nacht und Nebel im Gefolge eines Zuges von Hungerskeletten in grau und schwarz gestreifter Häftlingskleidung, die noch Anfang Mai an meinem Haus an der Salzach vorbeigetrieben wurden bei der Verlegung eines KZs aus dem Nordosten nach Tirol. Ich wachte nachts auf von einem kurzen Scharfschießen. Die Bauern erzählten, die SS habe auf Flüchtende geschossen.

Die neue Zeit, die brachte den Siegern eine fadenscheinige weiße Fahne entgegen, die nichts andres war als das herausgeschnittene weiße Stück aus der Hakenkreuzfahne. Ich fand in den Wäldern ringsum viele Fetzen Fahnentuch und auf den Misthaufen zerfetzte Bilder von Hitler und Göring und Blechschilder mit der Aufschrift »Adolf-Hitler-Straße« und Achselstücke von Offizieren und NS-Armbinden und Hakenkreuz-abzeichen.

Ich hatte am 30. April (meinem Geburtstag, dem ersten in der neuen Freiheit) schon die weiße Fahne gehißt: ein altes Bettuch. Eines Morgens wurden Löcher hineingeschossen: vorbeiflüchtende versprengte SS. Um den Obersalzberg, Hitlers Burg, wurde noch gekämpft. Hitler selbst, er war tot. Als wir's hörten, nahm ich den Spielzeug-Pappmaché-Hitler, den meine Kinder einmal geschenkt bekommen hatten, machte ihm einen Galgen, hängte ihn dran und tanzte mit meinen Kindern um den papierenen Gehenkten: »Der böse Wolf ist tot, der Hitler ist tot.« Tagsüber zogen die Resttruppen der Deutschen Wehrmacht von Südosten an meinem Haus vorbei, waffenlos, die Rangabzeichen abgerissen, erschöpft. Sie flohen vor den Russen in die Hände der Amis.

War der Krieg wirklich zu Ende? War es zu glauben?

Zu viele sich widersprechende Nachrichten hatten wir gehört in diesen Tagen: Hitler tot, nein, geflüchtet, doch tot, die Amis vor München, nein, noch lange nicht, doch, die Russen bei Passau. Alles nicht wahr, doch wahr, München hat sich ergeben, die SS kämpft weiter . . .

Aber eines Abends rollte ein Panzer vorbei, die Scheinwerfer aufgeblendet, der weiße Stern deutlich sichtbar: die Amis! Dann war's wieder dunkel und still. Das also war das Ende. Das also sollte der Neubeginn sein: der achte Mai 1945. War es ein Freudentag? Oder ein Tag tiefster Trauer über die Niederlage, über das Ende eines großen Traumes?

Wir waren alle zu müde, zu verhungert, zu arm, um uns noch freuen oder auch trauern zu können.

Nichts als dies: kein Krieg mehr.

Aber wo war der Friede? Daß dieser achte Mai 1945 nur den Waffenstillstand brachte, war uns zunächst ganz und gar gleichgültig. Nur keine Toten mehr, keine Luftangriffe, keine Schreckensnachrichten von den Fronten. Alles andre würde sich finden. Es fand sich: Wir warten immer noch auf den Friedensvertrag. Wir warten auf den Frieden.

Mein wichtigster Tag?

Es stank gemein, als wir unsere Wohnzimmertür öffneten. Flach lag unter dem Kronleuchter der Ausziehtisch mit nach innen geknickten Beinen. Als Tischdecke dekorativ darüber gespreizt, leuchtete unsere große schwarzweißrote Fahne: In das Hakenkreuz, mitten hinein, hatte ein amerikanischer Soldat gewaltig abgeladen, hatte in der Glasvitrine Adolf Hitlers Buch »Mein Kampf« gefunden, die blaue Prachtausgabe, 1939 erschienen zum 50. Geburtstag des Führers, hatte jeweils zwanzig, dreißig Seiten zweimal durchgerissen und es dann dachkantig auf die braune Scheiße gedrückt.

Das war am achten Mai 1945, als meine Mutter und ich aus der »Evakuierung« nach Gelsenkirchen zurückkamen. Ich war gerade fünfzehn damals. Ich ekelte mich. Meine Mutter rollte das Siegesdenkmal des unbekannten Amis zu einem Bündel zusammen, trug es in den Garten, wo ich alles hinter den Rhabarberstauden vergrub. Dabei stand meine Mutter und war glücklich. Nicht darüber, daß die Nazis geschlagen waren, nein, nur darüber, daß der Krieg zu Ende war, daß die Lauferei zum Luftschutzbunker vorbei war, daß die Todesangst vorbei war, daß nun ihr vermißter Sohn von der Front zurückkehren würde.

Sie hatte es nicht mit den Nazis. Auch nichts gegen sie. Sie hatten die Hakenkreuzfahne aus dem Fenster gehängt, wenn es verlangt wurde. Und sie hatte mit derselben Selbstverständlichkeit den Hausaltar aufgebaut und die Straße mit Blumenmustern geschmückt, wenn die Fronleichnamsprozession vorbeikam. »Mein Kampf« hatten sie irgendwann gekauft, aber niemals eine Seite gelesen. Ein Bergmann wie mein Vater hat überhaupt nie ein Buch gelesen, zeit seines Lebens nicht. Und meine Mutter auch nicht.

Sie hatten die Dreizimmerwohnung mit Wasser auf dem Flur, das Plumpsklosett daneben, ein Schwein im Stall und Kaninchen, die Brieftauben, den Schrebergarten und das Grabeland. Ja, und dann die Kinder. Die sollten ordentlich gekleidet sein, wurden zur Schule und zur Konfirmation geschickt, und als sie dann zum »Jungvolk« wollten und diese Braunhemden brauchten und die schwarzen Cordhosen dazu und das Fahrtenmesser mit »Blut und Ehre« auf der Klinge, dann wurde auch das gekauft, selbst wenn das schwerfiel. Es ging ihnen auch nicht schlecht im Nazireich bis 1939. Allerdings war das Wort »Lebensstandard« für Arbeiter noch nicht erfunden. Bis eben der Krieg, der Bombenkrieg begann. Und gehungert haben sie erst nach dem Ende des Krieges.

Sie waren nicht in der Hitler-Partei, in keiner Naziorganisation. Sie waren sehr unpolitisch. Eigenartigerweise aber duldeten sie nicht, daß man mich zur »Adolf-Hitler-Schule« holte oder meinen Bruder mit fünfzehn zur »Unteroffiziersvorschule«. Das nicht. Nur so. Ohne Begründung. Das war ihnen nicht geheuer. Mitläufer also? Weniger. Aufgetriebene. Zwei aus einer Herde. Mitgenommene, Nutznießer und Benutzte, Wasser in der Welle, Steine hinter der Fassade, »Menschenmaterial« in der Hand aller Despoten und Verführer. Sie lebten ihr einfaches, menschliches Leben, solange man es ihnen gestattete, arbeiteten, gebaren, aßen und tranken, bis man sie zwang zum Töten oder zum Sterben, zum Zerstören oder zum Aufbauen. Die Freiheiten, die sie meinten, die da oben, die hatten sie nie und brauchten sie nicht. Unter der beschriebenen Geschichte leben sie sich hindurch. Zum Beispiel als Bergmann – in Gelsenkirchen so wie in Kattowitz. Unter Hitler oder Stalin.

Mit mir war das schon etwas anderes. Ich wurde gebildet – nach ihrem braunen Bilde. Ich hatte Glück. Ich bin ihnen entkommen. Und ich brauchte nicht zu töten. Dafür bin ich meinem Schicksal dankbar. Ein glücklicher Zufall – die Gnade, die mir zuteil wurde, nicht auf Menschen schießen zu müssen. Der achte Mai 1945 hat mich davor bewahrt.

Was wäre aus mir geworden, wohin hätten sie mich geführt, meine Führer? Soweit wie Eichmann, soweit wie Schubert vom KZ Sachsenhausen oder soweit wie Rudolf Höss? Wäre ich General geworden oder Stadtkommandant? (Wie weit kann man Kinder von Eltern führen, die seit 1933 von den Nazis indoktriniert wurden und anschließend in die kommunistische Mangel kamen, die seit mehr als fünfzig Jahren in den Dünsten der Diktaturen atmen?)

Mich hatten sie gut in den Klauen. Ich konnte schießen, das hatten sie mir beigebracht. Und ich hätte geschossen – auf die Feinde meines Führers und meines Vaterlandes. Und hätte man mir eine Panzerfaust gegeben wie den Jungen der Realschulklasse über mir, ich hätte auch die abgedrückt und getroffen.

Die hätten mich vielleicht zu einem Fanatiker gemacht. Und nie hätte ich erfahren, was ich heute weiß: daß jede Art von Fanatismus eine Erscheinungsform des Schwachsinns ist.

Im April 1945 erhielt ich, der gerade Fünfzehnjährige, noch den Einberufungsbefehl zum »Volkssturm«. Ich wollte zu den Waffen. Doch das ließ meine Mutter nicht mehr zu. Köln und München waren schon erobert, und auch mir dämmerte es, daß der »Endsieg« trotz der erwarteten Wunderwaffen den anderen gehören würde. So riskierte ich das Bündnis mit meiner Mutter, die mich in einer Scheune versteckte. Zwei Tage später fuhren die amerikanischen Panzer in unser Dorf ein. Aber ich hatte schreckliche Angst, daß man mich mit Hunden suchen würde. Irgendein todeswürdiges Verbrechen war das ja, was ich da beging, Fahnenflucht oder Schlimmeres. Ich wäre »zu den Waffen geeilt« wie mein Bruder mit siebzehn Jahren, der das mit fünf Jahren russischer Gefangenschaft büßte.

Der achte Mai 1945 ist der wichtigste Tag meines Lebens. Was wäre aus mir geworden? Mag sein, daß ich eines Tages wach geworden wäre und mich aus der Naziumklammerung freigedacht hätte. Sicher bin ich mir dessen nicht. Und sicher sollte sich niemand fühlen. Denken ist durch nichts zu ersetzen.

Mir waren Scheuklappen angeheftet, eine Philosophie war vorbereitet. Ich kam aus so kleinen Verhältnissen, daß mir die Herrenmenschenpositur wahrscheinlich gefallen haben würde, blond war ich auch und arisch (vermutlich), und Hitler war mein Führer, und die Glaubensbekenntnisse kamen mir flott über die Lippen: »Jungvolkjungen sind hart, schweigsam und treu. Jungvolkjungen sind Kameraden. Des Jungvolkjungen Höchstes ist die Ehre.« Und noch heute erschreckt mich, wie viele Texte ich aus dem Naziliederbuch »Uns geht die Sonne nicht unter« mit allen Strophen auswendig weiß. Learned by heart – ins Herz gelernt.

Die kleine rotweiße Kordel des Jungenschaftsführers hatte ich mit elf. Mit zwölf Jahren schon – voller Stolz als einer der Jüngsten überhaupt! – die grüne Jungzugführerkordel vom Schulterknopf bis unter die rechte Brusttasche baumeln, die »Affenschaukel«. Anführer von dreißig Mann! Das wäre vermutlich so weitergegangen: grünweiß als Fähnleinführer, weiße Kordel als Stammführer, die berühmte »Rote« als Bannführer.

Und niemand hat mich jemals vor den Nazis gewarnt? Die Eltern nicht? Die Verwandten nicht? Der Pastor bei der Konfirmation auch nicht? Nein, der trug eine Hauptmannsuniform unter dem Talar – der auch nicht. Nie hat ein Freund zu mir gesagt: »Das sind Verbrecher, Menschenschlächter!« Kein Lehrer hat jemals eine abwertende Meinung über das Regime angedeutet? Nein. Niemand. Niemand. Niemand.

Bleibt nachzutragen, daß zwei Brüder meines Vaters in Konzentrationslagern gestorben sind. Doch das erfuhren wir auch erst nach dem achten Mai 1945.

Kurt Scharf
Ungewöhnliche Hörbereitschaft

Am Montag, dem 23. April 1945, war ich mit einer Gruppe meiner Kompanie, die zu einer sächsischen Infanteriedivision gehörte, in der italienischen Poebene in Gefangenschaft geraten. Amerikanische Panzer hatten uns überrollt. Italienische Partisanen – kostümiert in Uniformen wie in einer Verdi-Oper, dazu martialisch-modern mit Maschinenpistolen bewaffnet –

führten uns ab in ein amerikanisches Sammellager. Nach Transporten auf Lastkraftwagen waren wir – vorläufig – gelandet in einem Pinienwaldlager am Hafen zwischen Pisa und Livorno. Aus der amerikanischen Armeezeitung hatten wir am dritten Mai erfahren, daß die Südarmee kapituliert hatte. Wir wußten auch von Hitlers Tod und der Nachfolge im Oberbefehl durch Dönitz. Am Sonntagabend, dem sechsten Mai, stieß ich in einer Ecke des Lagers zu einer Gruppe von Kameraden, denen ein Missionarssohn eine Andacht hielt. Das Losungsbuch der Brüdergemeine und meine Bibel hatte ich bei mehrfachen Registrierungen und Filzungen behalten dürfen.

Ich las während dieser Tage in den Samuelis- und Königsbüchern des Alten Testamentes. Am Dienstag, dem achten Mai, erhielten wir neue Nachrichten über den Zusammenbruch in Deutschland. Das letzte Jahr und alle Phasen der Gefangennahme hatte ich in einer Schicksalsgemeinschaft mit einem gebildeten, christlich denkenden Juristen aus Meißen erlebt. Mit ihm überlegte ich, wie wir für den bevorstehenden Himmelfahrtstag, den zehnten Mai, zu einem Lagergottesdienst kommen könnten. Unser Vorstoß beim deutschen Lagerkommandanten – neben dem amerikanischen Lagerleiter gab es in den ersten Wochen der Gefangenschaft einen solchen – war vergeblich.

Am neunten Mai erfuhren wir von der Befreiung Martin Niemöllers durch die Amerikaner und seiner Internierung und Überführung nach Gaëta. Wir sprachen erneut bei dem deutschen Obersten vor, um mit Niemöller in Kontakt zu kommen und um dem Kommandanten doch noch die Erlaubnis für einen Gottesdienst abzuringen. Wir erfuhren ironische Ablehnung. Zu einer möglichen Kontaktaufnahme mit Niemöller meinte er spöttisch, wir sähen ja, wohin Niemöllers antinationalsozialistische Haltung ihn gebracht habe: aus Argwohn zur Internierung durch die Amerikaner. Am Himmelfahrtstag – ohne Andacht und Gottesdienst – traf dann die Nachricht ein, daß die Waffen auf den europäischen Kriegsschauplätzen endgültig schweigen.

In der Nacht zum Freitag, früh um drei Uhr, wurden wir zum Appell befohlen. Wir sollten in das endgültige Großlager – Pisa im Rücken – in die größere Nähe zu Livorno marschieren. Wir standen vier bis fünf Stunden, ehe der Abmarsch begann. Er erfolgte dann von acht Uhr an bis etwa fünfzehn Uhr nachmittags bei zunehmend glühender Sonne. Zwei jüngere Kameraden erlitten einen Hitzschlag, an dem sie zwei Tage später im Lazarett starben. Im neuen Lager für 40000 deutsche Kriegsgefangene konnten wir – eine große Gruppe von Pfarrern und kirchlichen Mitarbeitern – täglich Konvente halten. Abends boten wir Vorträge an, und einmal in der Woche sowie regelmäßig sonntags hielten wir Gottesdienste, und zwar in allen zehn Teilen des Gesamtlagers. Wir erhielten von der nun rein amerikanischen Lagerleitung und dem zuständigen Feldgeistlichen auch Oblaten und Wein für Sakramentsfeiern und zur Nutzung eine gute Bibliothek klassischer und religiöser deutscher Literatur. Es war die Zeit der größten und aufmerksamsten Männergemeinde in meinem Pfarrdienst.

Was ich in jenen Tagen und Wochen empfunden habe? Der Kamerad und Freund jener Zeit, den ich erwähnte, und ich haben viele kirchliche Arbeits- und allgemeinere Beschäftigungsvorhaben für die große fremde deutsche Bürgergemeinde überlegt, in der wir uns vorfanden. Wir wurden dabei überholt, überrascht und unterstützt von einer erstaunlich großen Zahl von Wissenschaftlern der verschiedensten Disziplinen, Schriftstellern, jungen Männern mit großer dichterischer Begabung sowie Künstlern, Malern und Bildhauern, aber auch Sportlern und Sportlehrern. Sie wollten dem Stumpfwerden im Lagerdasein begegnen, der Melancholie, dem Sichzerstören über das, was daheim den Angehörigen geschehen sei, geschehen könnte, oder auch dem, was einem selbst noch drohen mochte: Arbeitseinsatz in Frankreich, Auslieferung in die Sowjetunion, Armut im zerstörten Deutschland. Wir alle – auch die christliche Verkündigung – fanden eine in der Situation begründete ungewöhnliche Hörbereitschaft vor dieser Männergemeinde aus allen Berufszweigen und Bildungsschichten.

Wie die große Mehrheit der Pfarrer der Bekennenden Kirche und ihrer Gemeindeglieder hatte ich während des Krieges mich in dem quälenden Dilemma befunden, nicht zu wissen, worum ich zu Gott beten sollte: nicht für den Sieg des deutschen Heeres, in dem ich diente; denn der Sieg Hitlers hätte Europa in ein einziges großes Konzentrationslager verwandelt und die Institution Kirche ausgetilgt: Konnte ich um die Niederlage beten? Mit schrecklichsten Folgen, die sie für Deutschland haben mußte? Am 20. Juli 1944 hatten ich und Freunde – nachts beim Abhören der BBC bei der Truppe in Italien – einen Augenblick lang gehofft, das Attentat sei gelungen, es biete sich die Gelegenheit zu einem erträglichen Friedensschluß für uns Deutsche. Am nächsten Tag war die Hoffnung zerschlagen. Jetzt wußten wir wieder, worum wir beten konnten: um Vergebung für die Schuld des ganzen Volkes, unverdiente Vergebung, um Errettung aus dem totalen Untergang nach dem Gebetsbeispiel Abrahams für Sodom »wegen der wenigen Gerechten«, zu denen ich die Verschwörer des 20. Juli rechnete. Wir durften beten für die eigenen Angehörigen daheim, ihre Verschonung, für die eigene Gemeinde, ihren Fortbestand, für einen Neuanfang kirchlicher Arbeit und Ordnung und christlicher Existenz im eigenen Land und für ökumenische Verbundenheit über die Erde hin, die Beispiel werden könnte für gegenseitige Hilfe unter den Völkern, und mehr Gerechtigkeit, Freiheit und Frieden auf Erden.

Wir lernten, der Hörergemeinde im Lager die gute Nachricht des Evangeliums zu Schuld und Gnade unter dem Gebet zu sagen, daß sie Einsicht wecke und zugleich Zuversicht und Halt biete. Dies lernten wir in Gesprächen mit ratsuchenden Mitgefangenen und in offenen Auseinandersetzungen mit einer Anzahl unter ihnen, die unsere Deutung des Zeitgeschehens, die christlich-prophetische Deutung nicht annehmen mochten oder konnten.

Später habe ich das Zitat vom Mitverschwörergeneral Henning von Tresckow gelesen: »Wenn einst Gott Abraham verheißen hat, er werde Sodom nicht verderben, wenn auch nur zehn Gerechte darin seien, so hoffe ich, daß Gott auch Deutschland um unseretwillen nicht verderben wird. Niemand von uns kann über seinen Tod Klage führen.« Das waren die Gedanken, die wir im Konvent der Kirchenleute miteinander erörterten, und die Empfindungen, die mich um den achten Mai 1945 bewegten, sehr persönlich bewegten.

MARGARETE SCHÖPKE
Lüneburger Erwachen

Nachdem wir im heutigen West-Berlin im November 1943 unsere Apotheke und Privatwohnung durch Bomben verloren hatten, zogen wir am ersten Februar 1944 nach Seelow (Mark), wo wir uns mit viel Mühe wieder ein bescheidenes Heim einrichten konnten. Als ein Jahr später die Russen die Oder überquerten, flüchtete ich mit meinen beiden Kindern und einem kleinen Koffer, der die nötigsten Sachen enthielt, zu meinen Eltern nach Lüneburg. Mein Elternhaus war besetzt mit Flüchtlingen aus Hamburg und geflüchteten Verwandten. Aber ich war froh und dankbar, mit meinen Kindern einen Unterschlupf zu finden. Dort erlebte ich den Tag der bedingungslosen Kapitulation.

Bestimmend für die Erinnerungen an diesen Tag sind für mich die Erlebnisse in den Tagen vorher und nachher und ganz besonders an dem Tag, als die Engländer einzogen. Als ich am ersten Februar 1945 nach Lüneburg kam, war ich besonders in den ersten Tagen beeindruckt von der Meinung vieler Lüneburger, die noch an den endgültigen Sieg glaubten und feste Hitler-Anhänger waren. Es waren nur während des Krieges zwei Bomben in Lüneburg gefallen, die kaum Schaden angerichtet hatten. Die meisten Menschen hatten nichts verloren. Weder Hab und Gut noch nahe Angehörige. Sie hatten nicht wie ich die endlosen Flüchtlingstrecks gesehen, die im kalten Januar 1945 bei Eis und Schnee durch Seelow gezogen waren. Um so schlimmer war das Lüneburger Erwachen, als sich am achten Mai alle Illusionen und Zukunftsträume unabwendbar als nichtig erwiesen. Wir machten uns alle große Sorgen, wie es überhaupt weitergehen sollte, was aus unserer Zukunft und der unserer Kinder werden sollte. Beeindruckend für mich waren die langen Züge deutscher Gefangener, die in unsagbar elendem Zustand an unserem Haus vorbeizogen, sowie die provisorisch am Rande der Stadt eingerichteten Gefangenenlager, in denen unsere deutschen Soldaten hungernd und frierend untergebracht waren. Trotz allem verlor ich nicht die Hoffnung, daß auch ich eines Tages wieder eine Existenz und ein Heim für meine Familie finden würde. Ich spürte eine gewisse Erleichterung bei dem Gedanken, daß die schrecklichen Ereignisse der letzten Jahre nun ein Ende hatten, die zahlreichen Berliner Bombennächte, die Flucht, der Verlust jeglichen Besitzes und vor allem das sinnlose Morden. Zu diesem Zeitpunkt konnte ich mir noch keine Vorstellung machen von der unwiderruflichen Abtrennung der Ostgebiete; ahnte nichts von der für mich schlimmsten Folge dieses Krieges, der Teilung des verbleibenden Restes unseres Vaterlandes in zwei Staaten mit gegensätzlichen Anschauungen und Systemen; ahnte nichts von einer fast unüberwindlichen Mauer, die später Familien voneinander trennte.

Beeindruckend für mich waren in diesen Tagen die Nachrichten, die wir über die Konzentrationslager, die Massenvernichtung der Juden und die damit verbundenen Greueltaten hörten. Davon hatte man in Lüneburg kaum eine Ahnung. Es gab sogar Leute, die einen Teil dieser Meldungen für Lügenpropaganda der Feinde hielten. Als Erretter und Freunde konnten wir allerdings die bei uns einziehenden Engländer nicht betrachten. Dazu trugen auch Ereignisse bei wie die Besetzung unseres Hauses, das wir nach einigen Tagen räumen mußten. Als wir zurückkamen, waren die Soldaten zwar ausgezogen. Wir fanden aber eine große Wüstenei vor. Besonders erinnere ich mich an das gute Tafelservice meiner Eltern und anderes wertvolles Porzellan, das die Kellertreppe hinuntergeschmissen worden war, so daß der Keller voller Scherben lag.

Dieses sind einige Eindrücke, an die ich mich noch gut erinnern kann. Sicher haben mich damals andere, meist gegensätzliche Gefühle beherrscht, die im Laufe der Jahre verwischt worden sind.

EUGEN SEIBOLD
Geschämt

Recht unbeweglich, in einem Lazarettbett in Brixen, erlebte ich den achten Mai. Ein Sandsack hing über einer Rolle an meinem eingegipsten rechten Bein und streckte es. Im April hatte unser Werferregiment, eines der beiden in Italien, auf dem Rückmarsch die schweren Waffen und Zugfahrzeuge beim Übergang über Po und Etsch verloren. Wir hatten dies vorausgesehen und einige Fahrzeuge nördlich davon in Reserve gehalten. Auf diesen fuhren die Reste unserer Einheiten eng gedrängt nach Norden. Da und dort beschossen uns Partisanen. So auch in der Nähe von Schio am Alpenrand nordöstlich von Verona. Als Regimentsadjutant stand ich im vordersten Fahrzeug und wurde beim Beschuß herausgeschleudert. Dabei wurde das rechte Kniegelenk hart mitgenommen. Nach einer unerfreulichen Fahrt durch Südtirol wurde ich am 30. April 1945 in dieses Lazarett eingeliefert. Mein Regiment wurde dann durch den an der Südfront vorgezogenen Waffenstillstand am Gardasee interniert.

Es klingt nach Jägerlatein, doch war es tatsächlich unseren Nachrichtenleuten gelungen, einen Apparat unter mein Bett zu schmuggeln. Sie zapften verschiedene Telefonleitungen an, so daß ich über die mehr als 150 Kilometer hinweg Verbindung halten konnte.

Was bewegte uns bei diesen Gesprächen? Die neue Lage des Regiments, das noch immer fest zusammenhielt. Das Schicksal des einen oder anderen Abgesprengten. Vor allem aber die Zukunft und dabei die Chancen, wann, wo und besonders wie wir zu unseren Angehörigen daheim kommen würden. Ich wurde zum Beispiel aufgeschreckt durch das Gerücht, daß Offizieren eine Gefangenschaft in Ägypten drohe. Deshalb hatte ich mir Fluchtkleidung besorgt und unter der Matratze versteckt. Freilich, ein Humpelnder auf dem Weg über den Brenner wäre sicher nicht weit gekommen.

Der achte Mai selbst? Ich weiß es nicht mehr. Gefühle der Befreiung, der Erleichterung, der Leere, der Hoffnung? Ich weiß es nicht mehr. Der Einschnitt in die aktiven Tage rund um die Uhr in Schio steht heute viel lebendiger vor mir als die Reihe der passiven Tage und endlosen Nächte im Lazarett.

Erwähnt sei jedoch etwas Unvergessenes danach: Ich wurde am 24. Mai in das Kurhaus von Meran verlegt. Es war damals gleichfalls ein Lazarett, und dort erst, im Kreise von vielen anderen, überfiel mich eine ganze Flut von Nachrichten, die uns bis dahin nicht erreicht oder die wir einfach nicht geglaubt hatten. Ich habe mich dabei mit vielen von uns, die seit 1939 als Soldat an der Front gewesen waren, darüber geschämt, was alles im deutschen Namen hatte geschehen können. Wir suchten Trost, wo wir ihn finden konnten. Von irgendwoher war ein Plattenspieler gekommen und von irgendwoher die 3. Sinfonie von Beethoven. Stundenlang saßen wir davor, zwischen tiefer Betroffenheit über den Trauermarsch und Trost aus dem Hauptthema der Celli im ersten Satz, Trost, daß zu den Deutschen auch ein Beethoven gehört. Daneben gab es auch zynische Bemerkungen, daß uns ausgerechnet die »Eroica« in die Hände gefallen war.

Das aber kam, wie gesagt, erst Wochen nach dem achten Mai, und ich weiß es noch, weil ich es nicht nur erlebt habe, sondern weil es zum Erlebnis geworden ist.

OTA ŠIK

Nummer 3127

Zwei Jahre vor dem »Prager Frühling« hatte ich die Gelegenheit, meiner Familie das Konzentrationslager Mauthausen zu zeigen. Es war ein sonniger Sommertag, und was man sehen konnte, hatte über das hier einst Geschehene wenig auszusagen. Die Zeit hat die meisten Spuren verwischt.

Nicht in mir. Meine Erinnerungen wurden wach, obwohl ich über 20 Jahre dieses Thema in mir verdrängt hatte. Einzelheiten traten spontan hervor und mit ihnen die sie begleitenden Gefühle. Nur mit Mühe konnte ich meine Worte in logische Sätze formen.

Auch damals war ein sonniger Frühlingstag, als zwei amerikanische Panzerwagen am fünften Mai 1945 ins KZ hereinfuhren. Es war eine Vorhut der amerikanischen Armee. Unsere Befreiung begann so einige Tage vor der deutschen Kapitulation. Zu unserem damaligen Erstaunen sind die amerikanischen Panzer wieder weggefahren und haben damit eine nicht vorauszusehende Situation ausgelöst. Die SS war schon in der Nacht vom zweiten auf den dritten Mai geflüchtet. Vor ihrer Flucht hat sie alles Archivmaterial im Krematorium verbrannt und die Bewachung des Lagers einer Polizeiformation der Wiener Feuerwehr übergeben.

Nach Abzug der amerikanischen Panzer und Gefangennahme der Polizeiformation blieb das Lager sich selbst überlassen. Um das ausbrechende Chaos zu überwinden, hat ein internationales Komitee der Häftlinge (im Lager befanden sich an die 66 000 Häftlinge, Angehörige von ungefähr dreißig Nationen) die Lagerleitung übernommen. Aber niemand konnte den Hunger der Menschenmassen stillen und das Schicksal der ausgemerzten und kranken Häftlinge erleichtern, so daß auch nach der Befreiung die Menschen noch zu Hunderten starben.

Am siebten Mai besetzten amerikanische Truppen das Lager, von dessen Existenz sie früher nicht gewußt hatten, und übernahmen seine Verwaltung. Am Tag der Kapitulation war also das KZ Mauthausen bereits definitiv befreit.

Als Häftling ohne Namen, unter der Nummer 3127 und mit einem roten Winkel (politische Häftlinge) versehen, hatte ich das Ende des Krieges und der Haft doch noch erlebt. Daß es zu Ende geht, wußte ich seit den letzten Apriltagen auch ohne Informationsquelle. Manches hatte sich herumgesprochen, und während der letzten Woche war es auch hörbar. Die Kanonade kam immer näher – von wo und von wem sie stammte, wußte allerdings niemand genau.

In mir war beides gestaut – die Hoffnung und die Angst. Ein ungemein starker Lebenswille nach so vielen Jahren kümmerlichsten Dahinvegetierens am Rande des Todes und die Angst, daß im letzten Moment doch noch alles schiefgehen könnte. Diese Paarung von Hoffnung und Angst beherrschte mich seit meiner Verhaftung im Herbst 1940, nur gab es Jahre und Monate, in welchen das Überleben fast unerträglich wurde.

Damals, als ich wegen illegaler Widerstandstätigkeit gegen die deutsche Okkupation verhaftet wurde und nach halbjährigen Verhören durch die Gestapo ohne Gerichtsurteil ins KZ überführt wurde, war meine Hoffnung auf ein Minimum geschrumpft. Die Zeit im Mauthausener Steinbruch überlebte ich als einer der wenigen von Tausenden, die ich Tag für Tag neben mir sterben sah. Der Tod kam für die meisten qualvoll, und mein Überleben schien mir selbst unglaublich und ständig in Frage gestellt. Jede Stunde habe ich das Ende erwartet, und doch konnte ich es mir nicht vorstellen und wollte es nicht wahrhaben. Die ganzen fünf Jahre habe ich mit jedem Gedanken und jeder Bewegung gelernt abzuwägen, was zum Tode oder zum Leben führt. Der Wille zum Leben war also innerhalb der grauenvollen Trostlosigkeit nie ganz verschwunden.

Auch am Tag der Befreiung saß die Angst in der Hoffnung. Die SS konnte zurückkommen und uns alle liquidieren oder – viele andere Möglichkeiten drängten sich ins Bewußtsein. Zum Glück ist die beste wahr geworden. Die endgültige und lange erhoffte Freiheit war gekommen. Ich bin am Leben geblieben. Neu geboren mit sechsundzwanzig Jahren. Eine neue Zukunft öffnete sich, ein neues Schicksal begann.

Eine lang ersehnte Antwort

Der Sieg über Nazideutschland fand für mich nicht am achten Mai 1945, sondern früher statt. Wenige Menschen hatten es 1941 doch noch geschafft, in die Sowjetunion zu fliehen, um der deutschen Okkupation zu entkommen. Auch ich gehörte zu diesen wenigen.

Zwischen Wolga und Ural verbrachte ich die Zeit mit verschiedenen Jobs. Am Neujahrstag 1945 befand ich mich in Kuibyschew. Der Roten Armee war es in den letzten zwei Jahren gelungen, die deutschen Truppen immer weiter zurückzudrängen und an der ehemaligen deutsch-polnischen Grenze Position zu beziehen. Jeder sah das Ende des Krieges herannahen, doch mein Herz konnte sich daran nicht erfreuen.

Als ich 1941 – im jugendlichen Alter – das Haus verlassen hatte, waren meine Eltern und alle meine Verwandten zurückgeblieben. Nun wurden im März 1944 die deutschen Besatzer auch aus meinem Geburtsort vertrieben. Verjagt. Obwohl ich zu diesem Zeitpunkt von der fortgesetzten Massenvernichtung der jüdischen Bevölkerung bereits wußte, lehnten mein Herz und mein Verstand den Gedanken ab, daß alle Juden umgebracht worden seien. »Vielleicht lebt doch noch jemand«, war meine große Hoffnung. In einem Brief an die Stadtverwaltung meines Geburtsortes bat ich um Auskunft über den Verbleib meiner Familie. Gedämpft-optimistisch hoffte ich auf eine positive Antwort.

Einige Monate waren seitdem ins Land gegangen, und eines Tages im Herbst 1944 erhielt ich in der Tat die lang ersehnte Antwort. Geschrieben hatte sie der Vater eines meiner Freunde, der bei der Stadtverwaltung arbeitete. Mit zitternden Händen öffnete ich den Umschlag. Das Lesen wollte nicht gelingen. Zeilen und Buchstaben begannen sich vor meinen Augen zu bewegen, wurden immer undeutlicher, verschwommener, verwischter. Ich brauchte lange Zeit, den Brief zu Ende zu lesen, viel mehr aber, um zu begreifen, was tatsächlich in dem Brief stand.

Aus einer großen Familie mit zahlreichen Angehörigen, die seit Jahrhunderten gelebt und geschafft hatten, war ich der einzige Überlebende.

In der Zwischenzeit wurde auch bekannt, daß es zwischen der Sowjetunion und Polen zu einem Abkommen gekommen war. Jedem, der bis 1939 polnischer Staatsangehöriger war, wurde die Rückkehr in die Polnische Republik gestattet, und da es für mich ab nun »Zukunft« im wörtlichen Sinne nicht mehr gab, entschied ich mich, zurückzugehen, also in Richtung Westen.

Am Tag des großen Sieges begann für mich ein langer Irrweg ins Unbekannte und Ungewisse. Zunächst kam ich in meinem Geburtsort an, einem kleinen Städtchen in der Westukraine. Mit gemischten Gefühlen näherte ich mich der Stadt. Bleiben konnte ich hier aber nur einige Stunden, denn bewaffnete einheimische Banditen kontrollierten bei Nacht das Gebiet und vervollständigten das, was die Deutschen bereits getan hatten: Sie brachten die wenigen noch überlebenden Juden um. Straßen und Häuser wirkten fremd. Überall unbekannte Gesichter. Nirgendwo eine Spur vom so vertrauten jüdischen Leben. Augen voller Haß verfolgten mich überall, als bekannt wurde, wer ich war. Unsere ehemaligen Nachbarn, die während der deutschen Okkupation bei der Vernichtung der Juden freudig mitgeholfen hatten, waren glücklich, uns losgeworden zu sein, um sich unseren seit Jahrhunderten schwer erarbeiteten und angesammelten Besitz anzueignen.

Die meisten Tage habe ich in einer benachbarten Stadt verbracht, in der ich früher das Gymnasium besucht hatte. Auch diese Stadt wirkte fremd. Auch hier waren ganze Straßen völlig zerstört. Wie weggewischt. Meine Schule, in der ich wunderbare Jahre verbracht hatte, stand verlassen da wie in einer Wüste. Eine geringe Zahl von jüdischen Überlebenden, die es wagten, aus ihren Verstecken herauszukommen, fand sich erneut versammelt in einigen Häusern am Rande der Stadt. Sie alle warteten auf ihre Rückführung in die polnische Heimat. Alle waren fest entschlossen, Plätze, die verwüsteten Friedhöfen ähnelten, für immer zu verlassen. Sie beseelte eine einzige Sehnsucht: ihr eigenes Leben in neuer Umgebung wiederaufzubauen. So dauerte es nicht lange, bis auch ich in einem Zug saß, der nach dem damals von Polen besetzten Schlesien fuhr.

Aber auch diese Station bedeutete für die meisten von uns nur einen vorübergehenden Aufenthalt, eigentlich den Beginn eines neuen Trecks für jüdische Flüchtlinge in Richtung Palästina. Es dauerte noch ein halbes Jahr, bis wir dann sicher und wohlauf die Küste Palästinas erreichten.

KARL STEINBUCH
Eine Lehre, die ich zog . . .

Als am achten Mai 1945 das Radio die bedingungslose Kapitulation meldete, saß ich im Ratskeller zu Eckernförde und hatte vor mir ein »Stammgericht« aus Rüben. Da kam also die Nachricht, das Deutsche Reich habe bedingungslos kapituliert. Danach wurde – noch einmal, zum letztenmal für lange Zeit – das Deutschlandlied gespielt. Alle Gäste standen auf, alle sangen mit, manche tief bewegt mit Tränen in den Augen.

Allen war klar, daß in diesem Augenblick die Weltgeschichte eine scharfe Grenze gezogen hatte: Danach war alles anders als vorher. Was vorher geboten, war nachher verboten – was vorher gut, war nachher schlecht. Das begann schon damit, daß man vorher beim Deutschlandlied aufstehen mußte – es jetzt aber freiwillig tat. Vorher mußte man jede Nacht wegen der Luftangriffe in den Keller, nachher konnte man ungestört schlafen. Unverändert blieb nur, daß die Deutschen vorher und nachher hungerten.

Aber die Dimension dieser historischen Zäsur zeigte sich in diesem Augenblick des achten Mai 1945 noch gar nicht. Sie erschloß sich erst im Rückblick. Man spricht von jenem Datum oft als »Stunde Null«. Aber es war eher eine Stunde X – eine Linie ging abwärts und eine aufwärts –, und alles war unbekannt.

Ich gehörte damals – erstaunlicherweise – zur Zivilbevölkerung, nachdem ich vorher beinahe acht Jahre Soldat gewesen war, die meiste Zeit davon in Rußland an der Front. Durch Zufall wurde ich – als Diplomingenieur – Anfang 1944 von der Front nach Berlin abkommandiert, um dort an der Entwicklung von »Wunderwaffen« mitzuwirken, von denen man noch den »Endsieg« erhoffte, und zwar an der Entwicklung von Peilgeräten für Einmanntorpedos.

Vorher war ich Batteriechef in einer Raketenabteilung, das hieß bei uns »Nebelwerferabteilung«.

Es ist hier nicht der Ort, über Erlebnisse in Rußland zu berichten – aber dies sei immerhin gesagt: Die Deutsche Wehrmacht hatte Übermenschliches geleistet. Ihre Niederlage war nicht das Ergebnis der soldatischen Überlegenheit ihrer Gegner, sondern deren vielfacher zahlenmäßiger Überlegenheit und unseres Mangels an Munition. Aber die Menschenopfer waren ungeheuer!

Vom Krieg in Rußland fällt mir immer wieder eine einzelne glänzende Situation ein: Im Sommer 1942 waren wir auf raschem Vormarsch durch die Ukraine. Da gab es noch nicht die Katastrophe von Stalingrad, da war Feldmarschall Rommel noch auf seinem Siegeszug durch Nordafrika nach El Alamein. Da wir damals noch die Luftüberlegenheit besaßen, konnten wir in der Nacht Lagerfeuer anzünden. So weit das Auge reichte – bis an den Horizont –, Lagerfeuer deutscher Soldaten und darüber ein dunkler Sternenhimmel. Da stand einer der Soldaten auf – er war Sänger von Beruf – und sang das Lied »Freunde, das Leben ist lebenswert!« Diese eine Situation war wie ein Brillant in einem Morast von Blut und Schmerzen, Hitze und Kälte, Hunger und Durst.

Eine ganz andere Situation verbindet sich in meiner Erinnerung mit dem achten Mai 1945: Wie wir – drei Ingenieure der AEG, die an der Entwicklung der Einmanntorpedos in Eckernförde gearbeitet hatten – im Herbst 1945 zum Obersten britischen Militärgericht geführt wurden – mit Anklagen, die damals für ein Todesurteil gereicht hätten. Da trotteten wir drei – Hosenträger und Krawatten waren abgenommen worden – zwischen vier deutschen Polizisten, umgeben von einem Dutzend britischer Militärpolizisten, Maschinenpistolen schußbereit im Anschlag, durch Eckernförde zum Militärgericht.

Gleich zu Beginn wurde uns eröffnet, daß dieses Gericht die Kompetenz habe, Todesurteile zu fällen, und hiergegen kein Einspruch möglich sei. Wie korrekt dieses Verfahren war, zeigte beispielsweise die Tatsache, daß während des ganzen Prozesses die falsche Identität eines der Zeugen nicht korrigiert werden konnte. Mein dahin zielender Versuch führte zu einem scharfen Verweis. Irgendein schriftliches Urteil erhielt keiner von uns. Ich konnte lediglich ein Schreiben beschaffen, daß kein Delikt gegen deutsche Gesetze Gegenstand des Prozesses gewesen war.

Rückblickend auf den achten Mai 1945 empfinde ich Trauer und Zorn: Trauer über das unendliche menschliche Unglück, das eine verrückte Politik angerichtet hatte – die vielen Millionen Toten, Zivilisten und Soldaten, Deutsche und Ausländer, das zerstörte Vaterland, die verlorenen Jahre. Zorn über unsere Dummheit, die Verführbarkeit unseres Volkes, das die Machtübernahme durch Verrückte weder verhindert hatte, noch ihnen rechtzeitig in die Arme fiel. Zorn auch über das leichtfertige Geschwätz, die bedingungslose Kapitulation des Deutschen Reiches habe uns Freiheit und Glück gebracht. Hier ist viel Ignoranz und Opportunismus am Werk: Unser Volk wurde nicht nur durch die russische Soldateska übel geplagt, Franzosen, Engländer und Amerikaner waren auch nicht gerade zimperlich.

Aus jenem Gefühl der Trauer und des Zornes heraus habe ich mir geschworen, nie wieder zu ideologischen Verrücktheiten zu schweigen. Beispielsweise schrieb ich 1972 – auf dem Höhepunkt der »Kulturrevolution des Westens« – mehrere offene Briefe, die vielfach veröffentlicht wurden, an den damali-

gen Bundeskanzler Brandt, er möge sich doch um die Rechts-
staatlichkeit und Rationalität an unseren Universitäten kümmern. Beispielsweise widerspreche ich Bölls verantwortungs-
losem Treiben, der in unserem freien Land zur »Zersetzung«
aufruft. Unser freiheitlicher Staat, der nach schwersten politischen Irrtümern von verantwortungsbewußten Männern wie
Konrad Adenauer, Theodor Heuss, Carlo Schmid und Ludwig
Erhard aufgebaut worden ist, seinen Bürgern viel Freiheit und
Wohlstand geschaffen hat und keinen Vergleich mit anderen
Systemen in Ost oder West zu scheuen braucht, ist es wert, von
seinen Bürgern entschlossen verteidigt zu werden.

Dies halte ich für die Lehre aus den Erfahrungen während
und nach dem schrecklichen Krieg – daran denke ich im Zusammenhang mit dem achten Mai 1945.

CAROLA STERN
Erschöpft, verlaust, verdreckt

Am zweiten Mai 1945 zogen wir in Wismar ein: Mutter, bis
vor wenigen Tagen Frauenschaftsleiterin in unserem Dorf,
Hänschen, mein vierzehnjähriger Vetter, bis vor wenigen Wochen Jungmann einer Nationalpolitischen Erziehungsanstalt,
und ich, die Ahlbecker Jungmädelführerin. Bis auf einen Rucksack war unser Gepäck im Bremserhäuschen eines Güterzugs
geblieben, den wir in Rostock unter russischem Beschuß
fluchtartig verlassen hatten. Zu Fuß hatten wir uns in Richtung
Westen aufgemacht. Wir waren erschöpft, verlaust, verdreckt,
aber doch noch immer Nazis.

Wismar hatten am gleichen Morgen die Engländer besetzt.
Da uns nun die Russenangst nicht länger trieb, ruhten wir uns
zusammen mit anderen Flüchtlingen erst mal unter einem
Baum an einer Straße aus. Nach wenigen Minuten kam ein britischer Panzer angefahren. Erschrocken erhoben wir uns wieder und folgten furchtsam dem geflüsterten Kommando einer

alten Frau, die Arme hochzuheben und ein weißes Taschentuch zu schwenken. Dies war der Augenblick, in dem ich aufgab – mich dem Feind ergab. Jedenfalls so empfand ich es. Sahen die Insassen dieses Panzers den Trupp mit den hocherhobenen Händen und den verängstigten Gesichtern gar nicht, oder scherten sie sich einfach nicht um ihn?

In dem gleichen Augenblick, in dem der Panzer da an uns vorüberrollte, wurde mir bewußt, daß der Feind zu unserer Unterwerfungsgeste gar nicht aufgefordert, sie nicht einmal beachtet hatte, und die widersprüchlichsten Gedanken fuhren mir durch den Kopf. Hatte ich mich nicht gedemütigt? War nicht mein Stolz verletzt? Doch wer hatte ihn verletzt? Statt eines tragisch-schicksalschweren Augenblicks, wie ich ihn eben noch zu erleben meinte, mußte ich mir eingestehen, daß die Szene etwas Lächerliches hatte und ungeeignet für großartige Gefühle war. Kurzum, die ganz persönliche Kapitulation in der alten Hansestadt mißlang.

Auf dem Heuboden einer verlassenen Schweinemästerei fanden wir eine Schlafgelegenheit. Auf dem Hof sausten zwischen Flüchtlingstrecks betrunkene Soldaten mit einem Jeep herum, unter uns schrien die hungrigen Schweine, und nachts stiegen manchmal befreite amerikanische Kriegsgefangene bei uns ein und vergewaltigten die nah der Luke liegenden Frauen. Von den Flüchtlingsfrauen auf dem Hof borgten wir uns Töpfe und wuschen darin unsere schmutzige Kleidung. Während sie irgendwo zum Trocknen hing, lagen wir halb nackt unter gestohlenen Decken oben im Heu und fragten uns, wie es zu einem solchen Ende hatte kommen können. Für meine Mutter waren schlechte Berater in der Umgebung des Führers schuld, Männer wie der versoffene Ley und dieser Streicher, der alles übertreiben mußte. Sie blieb dabei, daß Hitler viel von dem, was nicht gut gewesen sei, überhaupt nicht wußte. Der Vetter lag meist stumm dabei.

Mir schwirrten wieder die widersprüchlichsten Gedanken durch den Kopf. In Erinnerung an die preußischen Tugenden, die mir so viel bedeuteten, auch in Erinnerung an die vielen

Treuelieder, die wir gesungen hatten, wollte ich jetzt, im Unglück, doch nicht untreu werden und anders denken als bisher. Doch hatte unser Führer uns nicht selbst im Stich gelassen, sich einfach so davongemacht? So hatten wir doch nicht gespielt!

Dann wieder schien alles gleichgültig, wichtig nur das Nächstliegende zu sein: was zu essen finden, irgendwo auch ein Paar heile Strümpfe, sich durchschlagen und überleben. Der Gedanke an Mitschuld kam nicht auf, näher lag Zynismus: Man müßte einen englischen Soldaten angeln und mit ihm nach England gehen . . . Abenteuerlust. Die Vorstellung, endlich von der kleinen Insel an der Odermündung, und sei es auch auf diese Weise, von zu Hause weg und in »die Welt« zu kommen, erleichterte die Situation. Inmitten des Schlamassels war ich neugierig auf das Leben, wie es neunzehnjährige Mädchen sind.

Manchmal versuchte ich, mir auf unserem Heuboden vorzustellen, wie wohl Frieden sei. Dann träumte ich davon, in einem türkisfarbenen Abendkleid am Arm eines befrackten Kavaliers zum Opernball zu gehen. Darf ich bitten, gnädige Frau! sagt der Kavalier, und die beiden wiegen sich im Walzertakt, wandeln, Sekt schlürfend und charmant parlierend, zwischen rotem Samt, vorbei an vergoldeten Balustraden und unter funkelnden Lüstern aus Kristall, und alle Ballbesucher schauen bewundernd auf die türkisfarbene Robe und ihre Trägerin.

Solche Träume darf man nicht zerstören; auf einem Ball bin ich noch nie gewesen.

Es mag am sechsten oder siebten Mai gewesen sein, da fanden wir eine bessere Bleibe. Zusammen mit dem Vetter war ich stundenlang von Haus zu Haus gegangen und hatte an jeder Wohnungstür nach einer Unterkunft gefragt. Ein großer hagerer Mann so um die Vierzig nahm uns mit Mutter schließlich auf. Er erwies sich als hilfsbereit und sehr penibel.

Inmitten der deutschen Katastrophe bestand unser Gastgeber darauf, zur Vermeidung von Wasserstein den Wasserkessel bis zum Rand zu füllen, und hielt uns an, Schuhe zu putzen, durch dreißigmaliges Wichsen unserer abgewetzten Fußbekleidung Hochglanz zu verleihen. Auf dem Flur, vor der Etagentür, stand eine große Axt, die die Gäste nicht berühren durften.

Von morgens bis abends waren wir darauf aus, uns bei dem Herrn nützlich zu machen. Während der Vetter und ich einzukaufen versuchten, denn unser Gönner ging zunächst nie aus, kümmerte sich Mutter um den Haushalt und kam sofort auf den Gedanken, im Balkonkasten Petersilie zu säen. Dabei fand sie, in der Blumenerde grabend, Uniformspiegel und Achselstücke. »Mensch, SS!« murmelte der Vetter.

Unser Gastgeber, stellte sich heraus, war einer der leitenden Gestapoleute in der Stadt gewesen. Da er damit rechnen mußte, abgeholt zu werden, sollten wir danach die Wohnung hüten.

Während andere am achten Mai endlich befreit von der Gestapo waren, hatten wir, die Nazis, sie nun erstmals auf dem Hals. Innerhalb von wenigen Minuten verwandelte sich unsere Dankbarkeit in Furcht, mitverantwortlich gemacht, womöglich auch noch mitgenommen zu werden, und wir beschlossen, uns so schnell wie möglich aus dem Staub zu machen.

Den achten Mai erlebten wir mit dem Gestapo-Mann. War es direkt an diesem Tag oder kurz danach? In Wismar fand unter der Beteiligung britischer, kanadischer und sowjetischer Truppen eine große Siegesparade statt, denn in der alten Hansestadt begann jene Linie, die bis Wittenberge führte und an der die Einheiten der siegreichen Alliierten sich getroffen hatten. Wenn wir auch der Meinung waren, nun müsse jeder an sich selbst denken, und Verbrechen hätten wir, die kleinen Nazis, im Unterschied zu unserem Wirt ja nicht begangen, an diesem Tag lebten wir in Kumpanei mit ihm. Ein guter Deutscher, so befanden wir, hält sich der Parade fern und trauert um die Niederlage.

Sowohl an diesem Tag wie auch an den nächsten mußten alle Leute in der Stadt, die ins Rathaus wollten, um sich Papiere und Lebensmittelkarten zu besorgen, über auf den Rathaustreppen ausgelegte und mit Stahlhelmen befestigte Hakenkreuzfahnen gehen. In langen Sätzen sprangen ich und Hänschen um die Fahnen herum und waren sehr enttäuscht, daß niemand uns bestrafte. Abends in der Wohnung erzählten wir von unserer Heldentat und freuten uns, als Mutter und der Wirt wohlgefällig nickten.

Bevor wir auf einem Gutshof außerhalb der Stadt Unterkunft und Arbeit fanden, bat uns unser Gastgeber noch mehrmals um eine besondere Gefälligkeit. Abends während der Dämmerung schlichen Hänschen und ich mit ihm zusammen aus dem Haus und liefen zum einstigen Amtssitz der Gestapo. Dort standen wir eine Weile schweigend vor dem Haus und gingen dann wieder heim. Einmal wagten wir uns sogar bis in den unteren Flur und hörten zitternd in den oberen Räumen Menschen sprechen. Den Täter zog es immer wieder an den Ort der Tat.

Erst spät begann ich, nach der eigenen Schuld zu fragen. Meine Einsicht finde ich am genauesten im Lebensbericht Jewgenia Ginsburgs formuliert, einer Jüdin aus Kasan, die achtzehn Jahre im Archipel Gulag leben mußte. Über die Jahre davor, da sie eine gläubige Kommunistin war, schrieb sie jene Sätze, die von so vielen einst gläubigen Nationalsozialisten bis heute nicht gesagt worden sind: »In schlaflosen Nächten tröstet das Bewußtsein nicht, daß man nicht unmittelbar an Mord und Verrat beteiligt war. Denn nicht nur der hat getötet, der zugeschlagen hat, sondern auch jene, die das Böse zugelassen haben, ganz gleich wodurch: durch das gedankenlose Wiederholen gefährlicher Theorien; das wortlose Heben der rechten Hand, das halbherzige Schreiben von Halbwahrheiten. Mea culpa . . .«

JOSEF STINGL
Flucht

Am achten Mai 1945 war ich mit einem Nachkommando der 5. Flakdivision in dem Ort Heisternest auf der Halbinsel Hela. Die Führung dieses Nachkommandos – ich war Oberleutnant – hatte man mir wohl deshalb gegeben, weil ich nicht zum gestandenen Stab der 5. Flakdivision gehörte und schon vorher auch nur »gastweise« mit einem Luftwaffenkommando in Ostpreußen eingesetzt war. Zuvor nämlich hatte ich mit einer Einheit »Fieseler Störche« Luftaufklärung betreiben sollen. Weil aber diese Flugzeuge nicht für Kampfeinsätze gedacht waren, bekam ich Ende März den Befehl, die Flugzeuge in Narmeln zu verbrennen. Die Soldaten meiner Einheit wurden zu einer Luftwaffendivision versetzt, ich selbst zum Stab des Luftwaffenkommandos Ostpreußen in Pillau-Neutief abgeordnet.

In ständigem Wechsel verschob sich mein Einsatz eben dahin, daß ich am achten Mai besagtes Nachkommando führte. Ich erinnere mich daran sehr genau, daß mich die Hast des Rückzugs und die Flucht der Zivilbevölkerung bis ins Innerste berührt hatten. Auch in Heisternest warteten noch viele Zivilisten auf den Abtransport nach dem Westen. Jede Art von Schiffen, die überhaupt in den Hafen kamen, wurde nahezu gestürmt. Ich erreichte es mit meinem Nachkommando, daß wir ein Minensuchboot besteigen konnten, das mit Zivilisten und Soldaten vollgestopft war. Daß wir als Einheit auf das Schiff kamen, verdanke ich wohl dem Umstand, daß der Kapitän des Schiffes ein Oberleutnant war und ich selbst ebenfalls diesen Dienstgrad trug. Wir wußten, daß der Krieg zu Ende war, und alle fieberten jetzt danach, auf irgendeine Weise dem Vordringen der Sowjetsoldaten zu entkommen. Wir hatten alle von den Befehlen über die schlechte Behandlung der Zivilbevölkerung und der Gefangenen gehört. Außerdem waren wir der Meinung, daß es den Angehörigen der Luftwaffe in der Gefangenschaft besonders schlecht ergehen würde.

Von meiner Familie wußte ich nur, daß meine Frau in meiner Heimat war, unser Kind inzwischen ein Jahr alt war und meine Frau ein zweites Kind im Herbst erwartete. Ich hatte also auch sehr große Angst davor, in russische Gefangenschaft zu kommen. Um so beglückter war ich, daß wir auf dem Schiff untergekommen waren, das heißt, daß man einfach einen Platz zum Stehen, Sitzen und Liegen hatte. Bewegen konnten wir uns kaum. Trotzdem kamen zwischen den Menschen an Bord Gespräche auf. Man konnte es kaum fassen, daß man auf dem Schiff war. Und war glücklich.

Am achten Mai um neunzehn Uhr fuhren wir aus dem Hafen von Heisternest. Noch vor dem Waffenstillstand um Mitternacht flogen russische Jäger Angriffe auf unser Schiff, trafen aber nicht. Natürlich war die Verzweiflung, daß nun auch noch diese Angriffe kamen, sehr groß. Als die Angriffe abgebrochen waren und wir nun auch schon ein ganzes Stück zurückgelegt hatten und zudem der Beginn des Waffenstillstandes uns die Hoffnung brachte, daß wir auch keine weiteren Angriffe mehr befürchten müßten, trat eine verhältnismäßig große Befriedigung bei allen auf dem Schiff ein, die insbesondere auch dann später noch bestärkt wurde, als bekannt wurde, daß wir nach Schleswig-Holstein und nicht nach Dänemark oder Schweden kommen würden.

Tatsächlich landeten wir am 14. Mai in Neustadt in Holstein. Wir kamen in englische Gefangenschaft und hatten uns selbst in der sogenannten Korpsgruppe Stockhausen zu verwalten. Den Offizieren beließen oder gaben die Engländer sogar noch Pistolen. Natürlich begann sofort eine fieberhafte Suche nach den Anschriften der Familien. Am sechsten Dezember 1945 war ich dann auf verschlungenen Wegen wieder bei meiner Familie in Maria-Kulm in Böhmen.

MICHAEL THOMAS
Unwürdig und unklug

Drei Tage vor Kriegsausbruch war ich, beinahe zufällig, in England angekommen. Da es keine »Free German Forces« wie de Gaulles »Free French Forces« gab, meldete ich mich zur britischen Armee, um die Nazis zu bekämpfen. Nun, am 30. April 1945, stand ich, britischer Oberleutnant deutscher Staatsangehörigkeit, als Verbindungsoffizier bei der 1. Polnischen Panzerdivision in heftigem Gefecht nordwestlich von Bad Zwischenahn. Am Abend hörten wir in den Nachrichten, daß Hitler tot sei. Meine Stimmung hielt zwischen Triumph und Lähmung die Waage. Der Mann, der mir mein Vaterland nehmen wollte, war tot. Lebt meine Mutter? Leben meine Freunde?

Am dritten Mai schrieb ich an meine Schwester in London: »Die übelste Clique, die jemals ein Land regiert und die Welt bedroht hatte, ist vollständig zusammengebrochen. Die Freude kann nur gedämpft werden durch das Wissen, daß neue Gefahren drohen: von den Sowjets – und wir sind sehr müde . . .«

Am neunten Mai schrieb ich wieder:

»Am vierten Mai erreichte uns in einem Dorf mit dem skurrilen Namen ›Neu England‹ die Nachricht eines Treffens der deutschen Führung mit Montgomery. Kein Zweifel, es ist vorbei. Einige Stunden später erhielten wir den Befehl, daß am fünften Mai, acht Uhr, das Feuer einzustellen sei.«

Unser Divisionskommandeur General Maczek wurde ins kanadische Hauptquartier gerufen, wo General Straube, Befehlshaber der Heeresgruppe Weser-Ems, die Kapitulationsbedingungen stehend entgegennehmen mußte. Zum erstenmal in der Geschichte besetzen Polen deutsches Gebiet, und General Maczek spürt den Schock der deutschen Offiziere, als den Polen Wilhelmshaven als Teil ihrer Zone zugewiesen wird. Am Eingang zum Hafen entdeckten sie den polnischen Doppeladler, den die Deutschen sechs Jahre zuvor in Gdingen erbeutet hatten. Aber was bedeuten diese kleinen Triumphe? Durch die halbe Welt hatten sich die Polen nach England durchgeschlagen, um ihr Land von den Deutschen zu befreien, und ihre Heimat gehörte nun den Russen!

Der große Waffenstillstand vom achten Mai bestätigt nur, was an unserer Front schon am vierten geschehen war. Am fünften besichtige ich Wilhelmshaven.

Ich schreibe:

»Die Stadt ist gänzlich zerstört. Zwei Marineoffiziere salutieren, ich erwidere, und wir kommen ins Gespräch. Am Ende strecken sie die Hand zum Gruß aus. Ich darf nicht akzeptieren: Wir haben unseren Nonfraternisierungsbefehl, demzufolge wir nicht als Befreier, sondern als Sieger auftreten sollen. Es ist ein sehr peinlicher Augenblick für mich, und ich versuche, den Befehl zu erklären. Die beiden Deutschen fühlen sich zutiefst erniedrigt, in ihren Augen flammt Haß auf. Es ist ein Befehl, gegen den Herz und Vernunft sich aufbäumen und den ich nur mit schlechtem Gewissen ausführe. Ich werde das wohl nicht lange durchhalten. In diesem Fall ist es ein kleiner Trost, daß die beiden eher unsympathische ›Etappenhengste‹ waren . . . Wieder spreche ich mit einigen deutschen Soldaten. Sie fragen, ob der Krieg mit Rußland schon angefangen hat. Sie hätten das gehört. Als ich ihnen sage, daß dem nicht so sei, wundern sie sich, warum sie dann nicht nach Hause gehen können. Mein Gott! Immer nehmen die Deutschen Haltung an, immerfort. Wenn die britischen Soldaten verkleidete Zivilisten sind, dann sind die deutschen Zivilisten verkleidete Soldaten. Dennoch, das Volk ist sehr sympathisch, gut aussehend die Jungen und Mädchen, ein hervorragender Menschenschlag. Ist dieses Land wirklich schlecht? Ich glaube es nicht. Sie sind nur verbogen, aber sie können geradegerichtet werden.«

In diesen Tagen brachte ein neuer Befehl Eisenhowers eine Verschärfung der Non-Fraternization. Jetzt durfte auch der militärische Gruß deutscher Offiziere nicht mehr erwidert werden. Ich haderte mit dem Verhalten der Alliierten. Schon in England hatte ich die Politik der bedingungslosen Kapitulation nicht nur für unwürdig, sondern auch für unklug gehalten. Jetzt wurde ich mit ihren Konsequenzen konfrontiert. Wütend erklärte ich meinem Vorgesetzten, einem netten schottischen Major, ich würde noch am selben Abend den deutschen Kommandeur aufsuchen und ihm raten, seinen Offizieren ebenfalls das Grüßen zu verbieten. Als ich mich auf den Weg machte, stand am Ausgang des Dorfes barhaupt mein Kommandeur, Oberst Sheppard: »Michael, ich höre, Sie wollen den deutschen Befehlshaber aufsuchen. Hören Sie, Sie sind britischer Offizier; Sie müssen sich entsprechend verhalten. Eisenhowers Befehl ist töricht, und ich persönlich werde ihn nicht befolgen. Ich werde, wo nötig, den Gruß erwidern. Sie können dasselbe tun, aber Sie können nicht zum deutschen Kommandeur gehen.« Natürlich hatte er recht. Aber bald sollte ich meine Vorstellungen über die deutsch-englische Verständigung auf andere Weise verwirklichen können: als Verbindungsoffizier des stellvertretenden Militärgouverneurs für die britische Zone, General Templer, zu den Ministerpräsidenten und Oberpräsidenten sowie den Parteiführern Adenauer, Schumacher und Blücher.

GASTON E. THORN

Schlußstrich

Der achte Mai 1945 ist in meiner Erinnerung der Schlußstrich, der das Ende einer Epoche besiegelte, die für Luxemburg seit der Befreiung im September 1944 mehr und mehr der Vergangenheit angehörte. Ein unvermeidliches Ende, das immer selbstverständlicher wurde, je weiter die alliierten Truppen vorrückten. Die Würfel waren gefallen.

Die letzten Tage vor der Kapitulation – nach Hitlers Ende: die Regierung Dönitz – empfand ich wie die Schlußabschnitte eines Kriminalromans, in denen nichts Sensationelles mehr geschieht. Das Ereignis selbst wurde ohne Überraschung aufgenommen.

Seine Bedeutung trat zurück gegenüber der unmittelbaren Erfahrung der Befreiung, mit der wir am dritten September 1944 – meinem Geburtstag – rechneten. Die Deutschen hatten begonnen, sich aus der Stadt Luxemburg zurückzuziehen. Nur muß irgendwo der amerikanische Vormarsch ins Stocken geraten sein, jedenfalls sind die Amerikaner nicht an diesem Tage, sondern erst am zehnten September eingerückt, ohne größere Kämpfe. Ein großer Teil des Landes fiel leider bei der Ardennenoffensive noch einmal in deutsche Hand. Die Front verlief zehn Kilometer vor Luxemburg, wo sich bereits der amerikanische Generalstab befand; danach war das Großherzogtum endgültig frei.

Ich habe die Ereignisse der Befreiung besonders intensiv erlebt. Meine Mutter war im Widerstand, mein Vater heimlich aus Deutschland zurückgekehrt, wohin man ihn strafversetzt hatte. Ich selbst war im Jahr zuvor wegen »politischer Sabotage und Vorbereitung zum Hochverrat« verurteilt, nach einigen Monaten Straflager jedoch begnadigt worden.

Der Druck, der jahrelang auf Land und Volk gelastet hatte, wich einer ungeheuren Erleichterung, einem wahren Freudentaumel . . .

Vor allem für die Schuljugend brach eine herrliche Zeit an. Das Schuljahr begann im September, nach der Befreiung. Ich war gerade sechzehn Jahre geworden und saß nun als Klassenjüngster in der vorletzten Klasse des Großherzoglichen Gymnasiums. An einen regelmäßigen Schulbetrieb war nicht zu denken. In den Schulen hatten sich die Amerikaner eingerichtet. Der Unterricht fiel ungefähr jeden zweiten Tag aus. Wir genossen unser Leben, und als endlich die Nachricht vom Ende des »tausendjährigen« Reiches kam, war dies willkommener Anlaß, nicht zu arbeiten, sondern einen Umzug durch die Stadt zu veranstalten bis zum Großherzoglichen Palais, um dort der wenige Wochen vorher aus dem Exil zurückgekehrten Großherzogin zuzujubeln. Ein spontanes Fest. Den Abend verbrachten wir in einem Café-Restaurant, wo zu improvisiertem Klavierspiel alle möglichen englischen und amerikanischen Lieder gesungen wurden, und schließlich haben wir im Hause von Freunden bis spät in die Nacht getanzt.

Doch war all die Ausgelassenheit noch von einem Gefühl der Trauer und Angst überschattet. Viele meiner Landsleute waren noch nicht heimgekehrt.

1942 hatte die deutsche Besatzungsmacht die Luxemburger wie auch Elsässer und Lothringer zu »Volksdeutschen« erklärt, ungeachtet des eindeutigen Ergebnisses einer Volksabstimmung, in der sich nahezu die Gesamtheit der Bevölkerung als luxemburgisch und nicht als deutsch bezeichnet hatte. Die Männer wurden zur Wehrmacht eingezogen und größtenteils an den gefährlichsten Frontabschnitten in Rußland eingesetzt, was versuchtem Völkermord gleichkam. Wer floh oder in den Widerstand ging, riskierte die Todesstrafe. Darüber hinaus war ein Teil der Bevölkerung nach Deutschland verschleppt worden und befand sich in Umsiedlung in Schlesien.

Wahre Freude konnte nicht aufkommen, solange nicht Klarheit herrschte über das Los der Verschollenen, ob sie nun in Konzentrationslagern saßen, verschleppt oder kriegsgefangen waren oder im Widerstand kämpften. Nahezu jede Familie wartete auf die Rückkehr vermißter Angehöriger, oft genug vergebens. Ein Beispiel aus meiner Schule: Zu Beginn des Schuljahres zählten die vier Klassen der Sekunda insgesamt nur knapp zwanzig Schüler. Die anderen kamen nach und nach wieder aus dem Krieg oder von der »Heimatflak« auf die Schulbank zurück: Schüler, die im Kriege verwundet waren, in ihren Armen Freunde hatten sterben sehen oder die vielleicht selbst Menschen getötet hatten.

In anderer Hinsicht brachten schon die ersten Monate nach der Befreiung eine Enttäuschung mit sich. Im Widerstand hatten viele von einem völligen Neubeginn geträumt. Nun mußten wir erleben, wie die aus dem Exil zurückkehrenden Politiker die Geschicke des Landes wieder in die Hand nahmen. Der Konflikt zwischen denjenigen, die in den Jahren der Besetzung im Widerstand auf die Erneuerung hingearbeitet hatten, und den Repräsentanten der hergebrachten Ordnung, die 1940 das Land verlassen hatten, ließ nicht auf sich warten. Auch die Streitigkeiten zwischen den verschiedenen politischen und weltanschaulichen Lagern setzten schnell wieder ein. Die Jugend machte da keine Ausnahme. Ich entsinne mich, wie es ausgerechnet bei unserem Umzug vor dem Großherzoglichen Palais aus Anlaß der Kapitulation Hitler-Deutschlands zu einem Zwischenfall kam, als eine Pfadfindergruppe aus Protest aus dem Zug ausscherte, nachdem sie weiter hinten im Zug eine rivalisierende Gruppe entdeckt hatte . . .

Jenseits der Freude über das Ende von Krieg und Besetzung, der Trauer über die Opfer und der Enttäuschung über die Rückkehr in den politischen Alltag waren zwei Erfahrungen mit der Befreiung verbunden: Zum einen waren wir uns unserer Ohnmacht bewußt. Unsere Befreiung verdankten wir den großen Schlachten im fernen Rußland und dem Eingreifen der Vereinigten Staaten, ohne daß wir selbst viel dazu hätten beitragen können. Zum anderen ist festzuhalten, daß Gefühle von Rache oder Haß so gut wie nicht vorhanden waren, wenn wir auch an eine Aussöhnung damals noch nicht gedacht haben, dafür waren die Wunden noch viel zu frisch. Jedoch waren wir von dem Gefühl durchdrungen, daß sich so ein Krieg in Europa niemals mehr wiederholen dürfe.

Georg Stefan Troller
Heimkehr

Als Soldat des letzten Weltkrieges führte ich, der »historischen Ereignisse« eingedenk, ein Kriegstagebuch, was streng verboten war, denn bei Gefangennahme konnte ja die Information dem Feind in die Hände fallen. Der Feind, das waren in diesem Fall die Deutschen. Ich war nach langen Jahren der Emigration nunmehr amerikanischer Soldat mit zwei Streifen am Ärmel, etwa dem Grad entsprechend, den Hitler im Ersten Weltkrieg erreicht hatte: Obergefreiter. Meine Aufgabe bestand darin, deutsche Kriegsgefangene zu verhören. Diese Aufgabe endete allerdings mit dem ersten Mai 1945, als unsere Division, die »Donnervögel«, in München einmarschierte und wir erfuhren, daß Hitler tot sei. Am zweiten Mai fuhr ich im Jeep hinaus nach Dachau. Die Fotos, die ich dort aufnahm, besitze ich noch heute – ich erwähne das nur, weil es ja Leute geben soll, die meinen, der Holocaust hätte nie stattgefunden. Für den achten Mai verzeichnet mein Tagebuch stichwortartig auf englisch: »Friedensschluß, bedingungslose Übergabe heute fällig. Deutsche lesen Proklamationen ausdruckslos an Plakatwänden. Sind Arschkriecher, bewundern uns als Stärkere. Hackenzusammenschlagen, jawohl, Herr Offizier. Keine Spur von Gewissen. Wir waren ehrliche Gegner, gebt uns Waffen, gehen mit euch gegen Russen. Wir gehören doch alle gleicher Rasse an, wissen nicht, warum ihr gegen uns gekämpft habt. Wir sind Idealisten, sind das Volk Goethes, ihr Amis habt keine Ideale, nur Geld.«

Die Kapitulation erlebte ich hauptsächlich als Triumphgefühl, ohne großes Mitleid mit den geschlagenen Deutschen. Eigentlich tat es mir mehr um die zerstörten Städte leid als ihre Bewohner. Einen aufrechten Antinazi hatte ich während meiner ganzen Kriegsjahre nicht getroffen, dafür Mengen von Opportunisten. Zu differenzieren lernte ich erst einige Zeit später, als ich deutsche Freunde gewann und mich mit ihnen auseinandersetzen mußte. Am achten Mai aber war ich noch ganz Amerikaner. Ich hatte die Nachricht über einen Volksempfänger gehört, der in dem von mir »befreiten« Quartier in München-Bogenhausen stand, und kurz darauf die Details in der Armeezeitung »Stars and Stripes« nachgelesen. Sie kam für uns nicht überraschend, denn wir waren ja in ein paar Wochen durch ganz Bayern gebraust. Komplette Divisionen hatten sich dabei mit erhobenen Armen ergeben, hoch erfreut, bei den »Blutsbrüdern« und nicht »dem Iwan« gelandet zu sein. Wir machten uns nicht einmal mehr die Mühe, sie gefangenzunehmen, sondern winkten sie bloß nachlässig nach hinten. Der achte Mai war für uns nur der Höhepunkt dieses Siegesrausches.

An ein Rachegefühl kann ich mich nicht erinnern. Es war eher so etwas wie eine tief genossene Wiederherstellung der Gerechtigkeit. Es war das Ende des letzten Aktes der Tragödie, die Weltgeschichte hatte sich wieder eingependelt, nun würde gesühnt werden. Von keinem eigenen Schuldgefühl beleckt – ich war allerdings erst dreiundzwanzig –, sah ich mich erhaben auf der Seite des »Guten« – das Böse hatte nichts mit mir zu tun, hatte auf einem fremden Stern stattgefunden, in dem man nur zufällig meine Sprache redete. Es gab »uns«, und es gab »sie« – und daß letzten Endes sie auch ich waren, erreichte nur einen kleinen Teil meines Bewußtseins.

Außerdem hatte ich überlebt, und der Überlebende fühlt sich immer irgendwie im Recht. Eine Art Euphorie muß mich an diesem Tag beseelt haben wie jemand, der nach vielen Rückschlägen einen langen Prozeß gewinnt und sein Schmerzensgeld einheimst. Aber gleichzeitig kam auch der »letdown« (damals dachte ich noch auf amerikanisch), die Enttäuschung. Denn an diesem Tag tat sich, soweit ich mich entsinne, nichts auf den deutschen Straßen. Keine Kirchenglocken läuteten, man sank sich nicht in die Arme, und schon gar nicht ging man in Sack und Asche, wie ich doch eigentlich im Hintergrund meines Schädels erwartet hatte. Kein Sühnezeichen wurde gesetzt. Es ging um Kartoffeln und Kaffee und die dumpfe Angst, daß man jetzt als Sklavenarbeiter zum Wiederaufbau nach Frankreich verschickt würde. Jemand beklagte sich bei mir, daß Marodeure seinen Mickymauswagen – ich hatte keine Ahnung was das war – gestohlen hätten, Kinder bettelten um Schokolade und »Tschungum«. Ich half einer alten Frau, ihren Hausrat über die Straße zu tragen, und bekam dafür später, weil mich ein Offizier gesehen hatte, wegen »Fraternisierens« die Hälfte meines Monatssolds gestrichen. Und ich hörte, daß unsere Division jetzt zum japanischen Kriegsschauplatz abkommandiert würde.

Eine Unruhe ergriff mich, weniger um mein Leben – aber wer will schon nach einem Waffenstillstand an eine neue Front? – als vor der Entscheidung, die ich lang vor mir hergeschoben hatte und die jetzt fällig war. Fühlte ich mich als Amerikaner, so mußte ich mit der Division nach Japan. Fühlte ich mich als Europäer, so mußte ich auf diese oder jene Art hierzubleiben suchen. Am nächsten Tag reichte ich um einen Job bei der Militärregierung ein. Es war der erste Schritt meiner – nie abgeschlossenen – Heimkehr.

Hermann Ulrichs
Mäuse haben wir gehabt . . .

Als Verwundeter im Kriegslazarett 581 in der Kopenhagener Wittenbergsgade lag ich im Bett. Erschöpft dachte ich an die Stationen meiner Kriegsodyssee der letzten drei Monate. Vierte Verwundung im Heiligenbeiler Kessel. Hauptverbandsplätze.

Sammelstellen. Unter den Messern der Chirurgen. In papierne Leichensäcke eingeschnürt, über das Eis des Frischen Haffs mit russischen Panjekutschern nach Pillau. Im Hilfskreuzer nach Danzig. Dort Geburtstag in der Langfuhrer Landesfrauenklinik, wo ich vor achtundzwanzig Jahren zur Welt gekommen war. Transport über die Ostsee mit dem schnellen Südamerikafahrer »General Sankt Martin« mit 5000 Verwundeten an Bord ohne Geleitschutz. U-Boot-Alarm bei der Stolper Bank, wo die »Gustloff« versenkt wurde. Nun glücklich in Kopenhagen, wo ich auf einer Stube mit zwölf Mann liege, darunter zwei Offiziere der lettischen SS-Division und ein belgischer SS-Mann der Division Flandern, von Beruf Frisör.

Der fünfte Mai 1945 ist ein sonniger Frühlingstag in Kopenhagen. Doch was ist das? Durch das Fenster sehe ich, wie zwei russische Hilfswillige des Lazarettpersonals die Reichskriegsflagge einholen! »Da stimmt was nicht«, sage ich zu meinen Stubenkameraden, »die Iwans holen die Fahne runter!« Gemurmel setzt ein. Dann überstürzen sich die Ereignisse. Ein Lastwagen fährt vor das Schulhoftor an der Wittenbergsgade. Zwei Schwerbewaffnete in blauen Overalls und Feuerwehrhelmen springen ab, legen sich auf den Asphalt und richten ihre Waffen auf das Lazarett. Zunächst passiert nichts. Dann kommt der Zahlmeister vorbei, auf den sie nun ihre MPs richten. Sie fragen: »Bist du Chef?« Er verneint, bewahrt Ruhe und bringt den Führer des Kommandos, einen Oberleutnant der aufgelösten dänischen Armee, zu unserem Oberstabsarzt, der mit viel diplomatischem Geschick die Übergabe unseres Lazaretts an die dänischen »Freiheitskämpfer« nach den Regeln der Genfer Konvention vollzieht.

Es gibt vier verschiedene Gruppen von Freiheitskämpfern – die Landser sagen: Freizeitbekämpfer –, und zwar monarchistische, sozialdemokratische, kommunistische und parteilose. Ihr vordringlichstes Ziel ist nicht die Gefangennahme wehrloser Verwundeter und einiger Etappenhengste, sondern das schnelle Erbeuten von Kaffee, Tee, Schokolade, Zigaretten und Alkohol aus Wehrmachtsbeständen. Unsere Besatzer sind monarchistisch. Am Nachmittag greifen kommunistische Freiheitskämpfer an, um den Königstreuen unser Lazarett abzujagen. Doch die Unseren bekommen Verstärkung. Es knallt wie in alten Tagen in Rußland. Die Kommunisten werden verjagt.

Generaloberst Lindemann, Wehrmachtsbefehlshaber Dänemark, hat für den fünften Mai 1945 die Kapitulation seines Befehlsbereichs erklärt. Aber niemand ist da, die Kapitulation entgegenzunehmen. Da schweben am Nachmittag zwei Transportmaschinen in Kastrup ein. Sie bringen einen englischen General mit seinem Stab. Die Kapitulationsurkunde wird unterzeichnet. Die englischen Landtruppen sind erst bei Lübeck. Der sechste Mai vergeht mit Schießereien im Stadtgebiet wie gehabt.

Der siebte Mai wird heiß! Die Dänen wollen vollendete Tatsachen schaffen, ehe die Engländer da sind. Sie versuchen, mit etwa dreihundert Mann die im Hafen liegenden, letzten intakten deutschen Kriegsschiffe zu kapern, den schweren Kreuzer »Prinz Eugen«, den Kreuzer »Nürnberg« sowie etliche Zerstörer und Torpedoboote. Das Kommando hat der Kommandant der »Prinz Eugen«. Er läßt den Angriff mit Feuer aus MGs und 20-mm-Flak stoppen. Tote säumen die Pier. Die Dänen bringen nun rund tausend Mann für einen erneuten Angriff heran. Da schickt der Kommandant einen Parlamentär von Bord und läßt erklären, daß man vor den Engländern und nicht vor den Dänen kapituliert habe. Wenn sie nicht sofort abzögen, ließe er die 28-cm-Türme der »Prinz Eugen« rumdrehen und halb Kopenhagen zusammenschießen! Das hilft.

Ich sitze mit entblößtem Oberkörper im Bett und werde von einer Schwester neu verbunden. Eine Granate schlägt ins Fenster. Die Schwester fällt, am Kopf getroffen, über meine Füße. Ich bekomme – zum fünftenmal – den Rücken voller Splitter. Fünfzehn Verwundete zählt unser Lazarett neu an diesem Vormittag des siebten Mai. Nun wäre eigentlich das goldene Verwundetenabzeichen fällig. Doch der Oberstabsarzt erklärt: »Krieg vorbei – keine Orden mehr!«

Am Nachmittag erscheint in Begleitung unseres Chefarztes

ein Attaché der belgischen Gesandtschaft auf unserer Stube. Er fragt den Soldaten der SS-Division Flandern: »Vous êtes prisonnier de guerre?« Antwort: »Non!« Der Diplomat wird geradezu beschwörend eindringlich in seinem Ton. Als er zum sechstenmal sein »Vous êtes prisonnier de guerre?« gefragt hat, erhält er ein sechstes Mal ein klares »Non!« Abrupt dreht er sich um und verläßt schnellen Schrittes die Stube. Am nächsten Tag wird der Mann verlegt. Wir wissen nicht wohin. Wir bewundern die Haltung dieses einfachen Mannes aus Flandern.

Der achte Mai beginnt zunächst friedlich. Jedoch unsere königstreuen Bewacher werden munter. Kurz nach dem Essen ruft jemand den Flur entlang: »Sie kommen filzen!« »Herr Hauptmann«, heißt es, »Sie sind der Stubenälteste und müssen etwas unternehmen!« Ich ziehe meine Uniformjacke an. Fünf Freiheitskämpfer betreten unsere Stube. Ich sage mit scharfer Stimme: »Halt, Genfer Konvention, wir sind eine Offiziersstube und lassen uns nur von Offizieren durchsuchen!« Sie weichen zurück, tuscheln und verschwinden schließlich. Die Freude über den Erfolg währt nicht lange. Nach etwa dreißig Minuten erscheinen elf Uniformierte mit zwei Zivilisten, die sich als Kriminalpolizisten ausgeben und Dienstmarken vorzeigen. Im Nu ist die Stube voll. Man hört immer nur: »Dänisch Geld? Dänisch Geld?« Dänenkronen und Reichsmark wurden schon vor drei Tagen vom Rechnungsführer eingesammelt. Ich bin ihrer besonderen Aufmerksamkeit teilhaftig. Der Teufel will es – einer der Kerle langt in die Taschen meiner am Bettpfosten hängenden Reithose und fördert zweihundert Dänenkronen zutage. Ein Aufschrei! Nun werden sie wirklich wild. Ich werde in die Mitte der Stube gestoßen. Man zerrt mir die Sachen vom Leibe, während gleichzeitig vier oder fünf Schießeisen mit ihren Mündungen auf mich gerichtet sind. Ich muß die Arme heben, weil sie sehen wollen, ob unter den Achselhöhlen noch weitere Kronen verborgen sind. Wie immer im richtigen Moment kommt ein Fotoreporter zur Stube herein und schießt seine Bilder. Am nächsten Tag erscheine ich in Großaufnahme auf der Titelseite von »Berlinske Tidende« mit der Überschrift: »Dänische Freiheitskämpfer entlarven deutschen Kriegsverbrecher.« So schnell wird man berühmt.

Am Abend hören wir von der Kapitulation in Reims. Am neunten Mai wird die Kapitulation des Ostheeres bekanntgegeben. Was geht in uns allen vor? Was denken wir?

Es ist still geworden auf der Stube. Jeder versucht, all dies zu verdauen. Zum zweitenmal in kurzem Abstand einen Weltkrieg verloren zu haben – das wird schlimm für Deutschland. Versailles war sicher nichts gegen das, was jetzt kommt. In mir ist eine große Leere. Die Phantasie reicht nicht aus, um alle Folgen der Niederlage schon zu erfassen. Die Freude darüber, daß nun das Schießen und die ständige Lebensgefahr aufhören, wiegt gering gegenüber dem unheimlich dräuenden Nichts, das sich Zukunft nennt. Zu sehr hat man sich in sechs Jahren Infanterismus daran gewöhnt, ständig in Lebensgefahr zu sein, hat Instinkte und Verhaltensweisen entwickelt, die einen je nach Lage Jäger oder Gejagter sein ließen.

Immer öfter wandern die Gedanken zu den Angehörigen. Was ist mit ihnen? Sind sie noch am Leben? Nach dem, was wir von den Russen in Ostpreußen gesehen haben, ist nicht mehr damit zu rechnen. Die Gutsbesitzer wurden ausnahmslos erschossen. Aus Danzig hatte ich noch mit meinem Vater telefoniert und ihn gebeten, alles stehen und liegen zu lassen. »Wir können nicht mehr weg«, sagte er, »die Russen sind bei Kolberg schon an der See.« Und dann meine junge Frau! Vor viereinhalb Monaten haben wir geheiratet. Es war eine Hochzeit wie im tiefsten Frieden dort im allerhintersten Hinterpommern. Ob sie in Danzig auf ein Schiff gekommen ist? Wenn nicht – ich mag nicht mehr weiterdenken.

Allmählich kommen Gespräche auf: War wohl nichts mit den Wunderwaffen, alles Verrat wie anno 18. Die kleinen Hitlers haben versagt. Adolf wollte das Beste. An der Person Hitlers wird vorerst kaum Kritik laut, allenfalls: Den Krieg mit Rußland hätte er nicht anfangen sollen, nach Frankreich Schluß machen und so. Reihum werden nun zivile Berufsmöglichkeiten erörtert. Der Leutnant neben mir, Drogist aus Duisburg, wird wieder seinen Seifenhandel betreiben. Ein Leutnant aus Berlin, gelernter Kaufmann, möchte mit irgend etwas handeln. Der Leutnant und Gutsbesitzer aus dem Bergischen Land wird seinen Betrieb vom Verwalter übernehmen. Der Oberleutnant und hauptamtliche SA-Führer aus Schlesien weiß noch nicht, hat aber einflußreiche Verwandte im Rheinland. Man wird sehen! Der Oberleutnant und Lehrer aus Hessen, na ja, hat einen Schwiegervater mit kleinem Bauernhof und ein paar Kühen. Man wird ebenfalls sehen.

Einer wie ich, bar jeglicher Beziehungen zum Westen, könnte sich selbst bedauern. Mein Blick fällt auf die beiden lettischen Offiziere gegenüber. Sie schauen still vor sich hin, beteiligen sich nicht an der Unterhaltung, obwohl sie gut Deutsch können. In unserer Stube sind sie die größten Realisten. Sie machen sich die allerwenigsten Illusionen – genaugenommen gar keine. Zweimal in kurzen Abständen wurde ihr kleines Land von den Bolschewiken überschwemmt. Um dieser Gefahr ein Ende zu machen, hatten sie sich freiwillig zur Wehrmacht gemeldet. Wie die Esten, Norweger, Dänen, Holländer, Flamen und sogar die Siebenbürger Sachsen landeten sie bei Himmlers Waffen-SS. Nazis oder Faschisten waren sie nicht, von Einzelfällen abgesehen. Daß ihnen allen dies nun übel ausgelegt werden wird, ist ihnen klar. Wie klar, hören wir jeden Abend, wenn die Stadt zur Ruhe kommt. Dann vernimmt man im entfernten Tivolipark die Schüsse und Handgranatendetonationen der Männer der SS-Brigade Danmark, die sich dort zum letzten Gefecht verschanzt haben und von ihren Landsleuten keinen Pardon erhalten.

Ihr Schicksal geht mir nahe. Hatten sie doch namhaften Anteil am Aufbrechen des Kessels von Demjansk, in dem wir mit zwölf Divisionen ein Jahr lang eingeschlossen waren. Ihr tapferer Kommandeur, Major von Schalburg, aus der Garde des Königs, war dabei gefallen. Wer kennt sich da noch aus!

Das Essen wird knapp. Jedoch Milch gibt es reichlich. Bis zum fünften Mai konnten wir gegen Kronen alles kaufen wie Brot, Butter, Mettwurst, Schinken, Räucheraal. Inzwischen

331

sind die Engländer im Landmarsch eingetroffen. Sie lassen sich in den immer noch vollen Geschäften einpacken: Torten, Kuchen, Schinken, Wurst und anderes. Sie sagen freundlich: »bye, bye« und gehen davon. Die Dänen rufen: »He, bezahlen!« Die freundlich grinsenden Tommys drehen sich um und sagen: »Wir haben euch doch befreit, wir sind doch eure Gäste!« Die Kopenhagener Kaufleute seufzen und murmeln: »Mäuse haben wir gehabt, aber die Ratten haben wir bekommen!«

Siegfried Unseld
Waren wir Gefangene, oder waren wir frei?

Am achten Mai 1945 frühmorgens hörten wir in unseren Zelten, die in einem Wäldchen bei Flensburg-Mürwik aufgeschlagen waren, englische Kommandostimmen und einen von Zelt zu Zelt gehenden Befehl zum Aufstehen und Raustreten. Als wir unsere Zelte verließen, sahen wir englische Soldaten mit Maschinengewehren unterm Arm, die unseren Zeltplatz und den Wagenpark umstellt hatten. Der Führer unserer Einheit, Oberleutnant Adler, wurde aus seinem grauen Wohnwagen geholt; er ließ uns antreten. Ein englischer Soldat schaute in jedes unserer kleinen, mit Schutzfarben getarnten Zelte hinein, um sich zu vergewissern, daß sie leer und keine Hinterhalte zu erwarten waren.

Für uns kam das alles nicht überraschend. Wir waren eine kleine Gruppe von Marinenachrichtensoldaten, die eine bewegliche Funkstelle operierten, einen in einem Fünf-Tonner-Citroën eingebauten Sender und Empfänger. Die Funkstation war unmittelbar Großadmiral Dönitz unterstellt. Wir waren einer der wenigen Marinefunktrupps, die im Januar 1945 bei Rathenow im Bezirk Potsdam für das Oberkommando der Kriegsmarine ausgebildet worden waren; unsere Hauptbeschäftigung war freilich der Versuch, den dauernden Bombenangriffen amerikanischer und englischer Flugzeuge zu entkommen; dann siedelten wir nach Plön über, wohin Dönitz am 22. April sein Hauptquartier von Berlin aus verlegte; von hier aus ging es immer nur bei Nacht nach Wilhelmshaven und schließlich am zweiten Mai nach Flensburg; als wir ankamen, waren wir nur noch die einzige mobile Funkstation, die anderen hatten den Bombenhagel nicht überstanden.

Über unseren Sender liefen die entscheidenden Meldungen der letzten Kriegstage. Ich war zwanzig Jahre alt, im Mannschaftsdienstgrad eines Obergefreiten, hatte drei Jahre als Marinefunker an Kriegsfronten gedient und erhielt nun die Aufgabe, für die Funkarbeit neue, bisher nicht verwandte Codes zu benutzen, um die an Dönitz gerichteten oder von ihm ausgehenden Funksprüche zu entschlüsseln oder zu verschlüsseln. Wir waren außer den unmittelbar Beteiligten wohl die ersten, die am 30. April nachmittags den Inhalt eines für Dönitz bestimmten Funkspruches aufnahmen: »Anstelle des bisherigen Reichsmarschalls Göring setzte der Führer Sie, Herr Großadmiral, als seinen Nachfolger ein. Schriftliche Vollmacht unterwegs. Ab sofort sollen Sie sämtliche Maßnahmen verfügen, die sich aus der gegenwärtigen Lage ergeben. Bormann.«

Wir waren damals nicht in der Lage, über die Tragweite dieser Meldung nachzudenken. Auch nicht über den Funkspruch vom ersten Mai, in dem Dönitz einen Selbstmord zum Heldentod stilisieren ließ: ». . . daß unser Führer Adolf Hitler nachmittags in seinem Befehlsstand in der Reichskanzlei, bis zum letzten Atemzug gegen den Bolschewismus kämpfend, für Deutschland gefallen ist.« Wir hatten Tag und Nacht im buchstäblichen Sinn alle (Funk-)Hände voll zu tun, um Meldungen, Botschaften (»An das deutsche Volk«) und Tagesbefehle an all die Orte zu senden, wo noch deutsche Truppen waren oder die Flotte operierte. Es waren erregende Tage mit dem Gefühl, zwischen den Zeiten oder in einer Niemandszeit zu leben, erregend für uns, die ohnmächtigen Handlanger der Mächtigen, deren Macht freilich von Tag zu Tag verfiel; jeder konnte nun das Ende des »Tausendjährigen Reiches« wahrnehmen. Dönitz erkannte die Aussichtslosigkeit der militärischen Lage, er suchte den mit Kapitulation verbundenen Frieden gegenüber dem Westen zu ermöglichen. Tage- und nächtelang war in unserer kleinen Funkstelle Hochbetrieb, dann, am sechsten Mai, plötzlich Funkstille. Nur unsere Station durfte noch senden und empfangen, um mit den Unterhändlern der Kapitulation zu korrespondieren.

An diesem Morgen des achten Mai wußten wir Zaungäste der großen Geschichte mehr als viele andere Deutsche. Seit dem fünften Mai schwiegen im Nordraum nach einer Teilkapitulation, die Generaladmiral Friedeburg bei dem englischen Feldmarschall Montgomery unterzeichnet hatte, die Waffen; Montgomery hatte die Ablieferung aller Waffen und Schiffe gefordert; so schwer gerade Dönitz dies fiel, er mußte es akzeptieren; das Codewort »Regenbogen« für die auf allen U-Booten vorbereitete Selbstversenkung durfte nicht ausgegeben werden, doch viele Kommandanten versenkten aus eigenem Entschluß ihr Boot. Und wir wußten auch, daß am Vortage, am siebten Mai, in Reims, im alliierten Hauptquartier des Generals Eisenhower, von Generaloberst Jodl im Auftrage von Dönitz die Gesamtkapitulation der deutschen Wehrmacht unterzeichnet wurde. Insofern waren wir also über den englischen Besuch nicht überrascht.

Aus der Gruppe der englischen Soldaten löste sich, lässig mit einem Stöckchen unter dem Arm, ganz so, als befinde er sich in einem Kolonialgebiet des britischen Empire, ein englischer Offizier, ein Major, und hielt eine kurze Ansprache. Er sprach zwar deutsch, immerhin, aber so gebrochen, daß es schwer zu verstehen war, und zudem formulierte er alle Fachausdrücke in Englisch, was wir wiederum nicht so recht verstanden. Er sprach von »unconditional surrender«, »the head« des deutschen Staates, Dönitz, würde »maintained«. Die Engländer wünschten »to negotiate with him« – was immer dies bedeutete.

Wir aber hätten bis auf weiteres unsere Funkarbeit zu verrichten, über unsere Sender sollten die Kapitulationsabsprachen verbreitet werden, jedoch dürfe es keine verschlüsselten Funksprüche mehr geben, und wenn immer möglich, sollten die

Texte in englischer Sprache gesendet werden. Er übernehme das Kommando, Oberleutnant Adler habe seinen Weisungen zu folgen. Oberleutnant Adler salutierte – er sollte noch monatelang eine Art militärisches Regime im Wäldchen bei Flensburg-Mürwik ausüben, noch monatelang galt unsere von den Engländern genehmigte Anschrift O.K.M.-M.N.A.-Skl-M.N.K.100 (Mot) Glücksburg.

Spricht jemand von Ihnen Englisch? fragte der Major. Niemand meldete sich. Kann jemand Englisch lesen? – Ich meldete mich schüchtern, meiner hochstaplerischen Kühnheit bewußt (in den zwei Jahren meines englischen Schulunterrichts haben wir mehr gesungen als gelernt, denn Englischlehrer Zoller war auch für Gesang zuständig, er haßte die Engländer, komponierte Lieder im Stile von »Bomben gegen Engeland«, die wir im Englischunterricht singen mußten). Der Major gab Oberleutnant Adler die Anweisung, den Dienst wie gewohnt weiterzuführen, die Waffen mußten wir abgeben. Für uns ging eine Welt zu Ende, eine andere begann.

Der Übergang war nahtlos und geschah doch mit unbekannten Größen, denn die Bedingungen dieser »bedingungslosen Kapitulation« waren unbekannt. Waren wir Gefangene, oder waren wir frei? Dönitz und seine Regierung wurden in der Enklave Flensburg-Mürwik belassen; man wollte mit ihm verhandeln, und doch hatten nur die Sieger das Sagen. Ich sollte Dönitz einen Tag später, am neunten Mai, zum ersten und letzten Mal sehen, als er im Gelände der Marineschule Mürwik eine Ansprache an das verbliebene Offizierskorps hielt, ich sah ihn nur von ferne, seinen bemüht aufrechten Gang, und wenn ich mich recht erinnere, sprach er von der Notwendigkeit, in der Stunde der Niederlage Würde und Disziplin zu wahren; er konnte noch bis zum 23. Mai »regieren«, dann wurden er und seine Minister von einem englischen Kommando gefangengenommen: Das Deutsche Reich war zu Ende, das Schicksal der deutschen Nation offen. Die juristischen Fragen, wer wir seien, ob es einen deutschen Staat oder eine deutsche Staatlichkeit noch gebe, waren unerheblich. Es herrschten die Sieger.

Oberleutnant Adler teilte die Mannschaft zur Arbeit ein. Der englische Major nahm mich zur Seite, bat oder befahl mir, mich anzuziehen und ihm zu folgen. Im Jeep ging es nach Flensburg ins englische Hauptquartier. Ich wurde von Offizieren verhört, nach meiner Dienst- und Kriegszeit ausgefragt und nach den Gründen, wie ich in den Stab von Dönitz gekommen sei.

Schließlich erhielt ich eine Bescheinigung, wonach ich für eine englische Behörde arbeite und mich im Raum Flensburg bewegen dürfe. Der Major empfing mich zum Tee – mein erster englischer Tee. Ich mußte ihm die Geschichte der Einheit Adler erzählen, unser bewegtes Schicksal in Rathenow, Plön und Flensburg. Wir sahen uns in den folgenden Monaten immer wieder, entdeckten bald die gemeinsame Leidenschaft des Schachspiels, es schien, als hegte er väterliche Gefühle für mich. Wie er hieß, weiß ich nicht mehr. Ich bin ihm nie mehr begegnet. Dabei habe ich allen Grund, ihm dankbar zu sein: Von ihm erfuhr ich die erste reale Aufklärung über die Verbrechen der vergangenen Jahre, und wahrscheinlich hat er mein Leben gerettet. Als nämlich auf Drängen der Sowjets jene Reste der deutschen Armee, die die Engländer noch duldeten, aufgelöst wurden, war es auch mit der Einheit Adler zu Ende, wir sollten ins Gefangenenlager Rostock eingeliefert werden. Am Vorabend des Abtransports steckte mir der Major ein Papier zu, nach dem ich vom Bürgermeisteramt Flensburg als Dolmetscher angefordert sei. Mit den Soldaten meiner Einheit betrat ich am Morgen das Gefangenenlager, am Abend wurde ich als einziger entlassen. Am nächsten Morgen oder jedenfalls nur Tage danach wurde die Grenze der sowjetischen Besatzungszone über Rostock vorgezogen, und die Sowjets übernahmen das Lager; ich habe von keinem der damaligen Kameraden irgend etwas mehr gehört.

Dieser achte Mai 1945: Irgendwie war alles widersinnig. Man hatte als Deutscher für einen guten Ausgang des Krieges gekämpft, und nun mußte man das Unvorstellbare, Niederlage und Kapitulation, herbeiwünschen, der Wahnsinn mußte zu Ende sein. Ich sagte nicht die Wahrheit, wenn ich von Erleichterung oder Befreiung spräche. Irgendwie war alles zu Ende, und es war richtig so. Irgendwie mußte es aber weitergehen, aber wie sollte es weitergehen? Nie wieder das, was war, das war sicher! Aber Gefühle von Schuld, Scham und Schande wurden erst später bestimmend. Ohnmacht und Bewußtheitslosigkeit vermischten sich mit dem selbstbewußten Gefühl, Gefahren, oft auf des Messers Schneide, überlebt zu haben und mit dem lebhaften Instinkt des Zwanzigjährigen weiterleben zu wollen. Man hatte Furcht vor der Gefangenschaft und Furcht vor der Freiheit. Für mich war dieser Tag Leere und Lehre zugleich. Es ist gut, sich daran zu erinnern. Wer das Böse vergessen will, läßt es dauern, nur wenn wir erinnern, vermögen wir, uns von ihm zu lösen, zu erlösen.

Hans-Jochen Vogel
Neunzehn Jahre alt

Dienstag, den achten Mai 1945, den Tag, an dem die bedingungslose deutsche Kapitulation um 23.01 Uhr wirksam wurde, habe ich als neunzehnjähriger Unteroffizier in einem amerikanischen Kriegsgefangenenlager bei Pisa in Italien erlebt. Wahrscheinlich erfuhren wir von dem Ereignis – die Amerikaner nannten den Tag V-E Day (Victory in Europe Day) – aus der Soldatenzeitung »Stars and Stripes«. Da ich den Auftrag hatte, wichtige Meldungen aus dieser Zeitung ins Deutsche zu übersetzen und den Mitgefangenen zur Kenntnis zu bringen, habe ich die Nachricht von der Kapitulation vermutlich sogar selbst am Schwarzen Brett des Lagers angeschlagen.

Für unser Leben in der Gefangenschaft hatte die Kapitulation kaum eine Bedeutung. Unsere Sorge galt der täglichen Verpflegung und der Frage, was aus uns eigentlich werden würde. Dazu gab es eine Menge Gerüchte. So spekulierten einige darüber, daß es zwischen den USA und der Sowjetunion bald zu einem Konflikt kommen würde, bei dem man auch auf uns zurückgreifen müsse. Mehr Glauben fand die Voraussage, daß alle Kriegsgefangenen für Jahre zum Wiederaufbau nach Rußland oder nach Frankreich überstellt werden.

Für gründlichere Betrachtungen über die Bedeutung der Kapitulation blieb da wenig Raum. Daß der Krieg so enden würde, war uns in der Gefangenschaft ohnehin klar. Deshalb verspürte ich ein Gefühl der Erleichterung darüber, daß nun jedenfalls das sinnlose Töten und auch die Luftangriffe auf die Zivilbevölkerung vorbei waren. Daneben ging mir aber auch der Gedanke durch den Kopf, wie rasch die Macht und der äußere Glanz eines Reiches einer völligen Zerstörung gewichen waren. Immerhin lag der Frankreichfeldzug ja erst fünf Jahre und die Zeit der Anfangssiege im Osten erst vier Jahre zurück. Und auch die Frage nach der ungeheuerlichen Verblendung und der Schuld derer beschäftigte mich, die das alles zu verantworten hatten.

Noch eins ist mir in Erinnerung geblieben: die allgemeine Überzeugung, daß wir den Rest unseres Lebens in ärmlichen Verhältnissen zubringen würden. Wer auch nur andeutungsweise hätte behaupten wollen, wir würden vierzig Jahre später so leben, wie wir das heute tun, wäre ausgelacht und für verrückt erklärt worden.

ERNST WALTEMATHE

Das Ende eines Alptraums

Was ich am achten Mai 1945 gemacht habe, weiß ich nicht. Für mich war der fünfte Mai das wesentliche Datum. Ich war zehn Jahre alt und lebte mit meiner jüdischen Mutter und meinem um vier Jahre älteren Bruder in Amsterdam. Mein Vater war 1938 nach unserer Flucht kurz nach der Reichskristallnacht in Bremen geblieben; ich war also – wie mein Bruder – Deutscher, fühlte aber wie ein Niederländer. Das war die Nationalität meiner Mutter und von deren Verwandtschaft, die es aber inzwischen praktisch nicht mehr gab.

1942 – Razzien in Amsterdam, mein Großvater wird aus der Wohnung geholt, kommt über Westerbork und Theresienstadt nach Auschwitz, durch Vergasung ermordet.

1942 – Onkel (Bruder meiner Mutter) und seine Frau haben sich die Haare blond färben lassen und sich einen Paß von Honduras besorgt, kommen aber nicht mehr aus Amsterdam heraus, werden »geschnappt« und nach Bergen-Belsen verbracht. Mein Onkel überlebt das Konzentrationslager nicht: Im März 1945 stirbt er Hungers. Meine Tante kehrt kurz nach Kriegsende nach Amsterdam zurück, als Krüppel.

1942 bis 1943 – Tante (Schwester meiner Mutter, berühmte niederländische Malerin und Graphikerin) taucht auf einem Bauernhof unter. Das Versteck wird 1943 verraten, die Gestapo kommt, meine Tante entgeht dem Auschwitz-Transport dadurch, daß sie Gift schluckt und stirbt – vierzig Jahre alt.

1943 – Weitere Razzia in Amsterdam. Meine Mutter soll mit. Sie trägt Schwarz, weil gerade die Nachricht vom Selbstmord ihrer Schwester auf Wegen des Untergrunds eingetroffen ist. Sie redet in der mir fremden deutschen Sprache mit den beiden Uniformierten (SD). Es dauert unerträglich lange, aber sie vermag zu erklären, daß ihre Söhne (zwölf und acht Jahre alt) einen »arischen« deutschen Vater haben, dem sie auch zugesprochen sind, um die sie sich aber kümmern muß. Nach einer Ewigkeit ziehen die Deutschen ab, ohne meine Mutter mitzunehmen. Wir tanzen auf dem und um den Tisch, meine Mutter weint und weint.

1944/1945 – »Hungerwinter« in Amsterdam. Wir essen Zuckerrüben en masse und gelegentlich Blumenzwiebeln und Tapioka (scheußlich!). Brot: 400 Gramm pro Woche. Warmes Essen pro Tag; ein halber Liter aus der Garküche. Keine Heizmöglichkeiten. Wir haben noch Glück, was auch immer dieser Begriff bedeuten mag: Meine Mutter war bei einer Spielzeugfabrik beschäftigt, die längst dichtgemacht wurde (jüdischer Inhaber). Holz gab es da. Die Spielzeugräder und andere Kleinteile dienen uns zur Verfeuerung im Notofen (fünfzehn Zentimeter Durchmesser, etwa zwanzig Zentimeter hoch: eine

Kochgelegenheit, so man etwas zum Kochen hat). Angelieferte, aber nicht mehr zur Produktion verwendete Balken, Latten, Bretter usw. dienen zum Tausch: Es gibt immer noch betuchte Amsterdamer, die sich Hamstervorräte angelegt haben, aber Heizstoffe brauchen. Die liefern Weizen und ein nicht raffiniertes Öl, sogar einiges an Kartoffeln, meine Mutter liefert Holz. Der Weizen wird in der Kaffeemühle gemahlen, das grobe Mehl mit Wasser vermischt, Öl (schwarzfarbig) kommt in die Bratpfanne, und fertig sind die Pfannkuchen. Es gibt Leute, denen es weitaus schlechter geht.

Fünfter Mai 1945 – Holland ist »befreit«. Nicht anders als eine Befreiung habe ich den Sieg über die verhaßten Deutschen empfunden. Die alliierten Sieger wurden in Amsterdam freudig begrüßt. Es waren Kanadier, die in einem wahren Triumphzug in »meine« Stadt kamen. Ich stand an der »Noorder-Amstellaan«, die kurz nach dem Krieg in »Rooseveltlaan« umgetauft wurde.

Was für eine Freude! Endlich keine Angst vor (diesen) Uniformierten. Ich bekam das erste Kaugummi meines Lebens und durfte mit auf einem »Duck«, einem Amphibienfahrzeug. Wir fuhren mitten durch eine Gracht und dann wieder über von Tausenden von Menschen gesäumte Straßen.

Es war ein Freudentag, ein Tag des wirklichen Glücksgefühls, der Befreiung von tausend Ängsten. Nach Hause rannte ich mehr, als daß ich ging. Ich weiß heute noch, daß ich mir immer wieder einhämmerte: »Jetzt ist Friede, du brauchst keine Angst mehr zu haben, deine Mutter ist zu Hause, sie ist nicht weggeholt, und sie wird auch nicht mehr weggeholt.« Ich dachte an nichts anderes, konnte an nichts anderes denken. Mindestens drei Jahre hatte ich als Kind fast nur Sorgen, Ängste, Gerüchte, Informationen über »gute« und »schlechte« KZs erlebt, erfahren, aufgeschnappt. Schon als Siebenjähriger wußte ich, was Dachau, Bergen-Belsen, Auschwitz, Mauthausen, Theresienstadt, natürlich Westerbork und Vught bedeutete.

Haben wir alles nicht gewußt? Das kann ich heute noch nicht glauben! Wir wußten! Wir mußten die Schnauze halten, weil die Informationen aus dem Untergrund kamen.

Gestapo, SS, »grüne Polizei«: Wir wußten!
Gaskammern, Experimente an lebenden Menschen, Folter:
Wir wußten!
Dieses Gefühl, daß das alles ein Ende hatte! Da konnten einem der Hunger und der Zustand der Unterernährung nichts
mehr anhaben.
Und dann kamen die ersten Lebensmittelzuteilungen. Armeekekse (ganz trockene, ungesüßte Dinger: eine Delikatesse),
Bluebandmargarine (aus Care-Paketen der Schweden), Brot!
Es kamen aber auch die Überlebenden des Holocaust. Die
Ausnahmen. Meine Tante aus Bergen-Belsen. Sie heulte und
heulte, und meine Mutter heulte mit. Ich konnte es nicht aushalten. Ich durfte mir ein Fahrrad mieten. Ich fuhr immer wieder um unseren Häuserblock. Zwei Stunden lang. Und schielte
zur Wohnung, ob meine Tante nicht endlich ging. Diese verdammte Heulerei.

Die Nachricht aus Deutschland: Mein Vater, Eisenbahnschlosser, als Nichtnazi im Kriege vom Eisenbahnausbesserungswerk zum Fahrdienst als Hilfslokheizer strafversetzt, war
auf einem der letzten Züge, die von Bremen nach Verden (Aller) fuhren, in Tieffliegerbeschuß geraten: sieben Schüsse in den
Rücken und das linke Bein ab. Meine Mutter erzählte mir nur,
daß er ein Holzbein bekommen würde. Ich konnte mir meinen
Vater ohnehin nicht vorstellen. Und jetzt sogar als Krüppel?
(Im Oktober 1948 lernte ich ihn kennen, als wir nach Deutschland zur Wiedervereinigung der Familie zurückkehrten. Da
heulte ich, denn Deutscher zu sein, das war so ungefähr das
Schlimmste, das ich mir vorstellen konnte. Obwohl ich immer
einer gewesen war! Aber ich fühlte mich als Niederländer.)
Amsterdam ist nicht meine Vaterstadt, sondern meine Mutterstadt. Gerade die Zeit der deutschen Besatzung und der Verfolgung war gleichzeitig die Zeit des Freiheitswillens und tausendfach erfahrener Solidarität. Helden habe ich kennengelernt: fast allesamt »kleine« Leute mit einem untrüglichen Sinn
für das Richtige.
Amsterdam am fünften Mai 1945: Das war »meine« Stadt,

das wird Symbol bleiben für Freiheit und Toleranz. »Mein«
Amsterdam befreit: Ein Zehnjähriger atmete freie Luft, hatte
keine Angst mehr. Nahm sich vor: Nie wieder darf so etwas
kommen, was Verfolgung und Massenmord bedeutete. Ja,
wirklich: Mein politisches Denken fing damals an, auch wenn
ich noch nicht alles begriff, ich hatte ein Ziel: eine bessere, eine
wirklich freie Welt! Und ich hatte Vorbilder: kleine Leute, die
ungeheuren Mut hatten, ohne berühmt zu werden. Die ihren
eigenen Kopf zum Denken benützten. Das habe ich gelernt,
und das tue ich heute noch. Auch wenn es für mich oder für
andere unbequem ist.

CARL WEISS
Mein Kapitulationstag

»Beug dich nicht raus!« sagte Tante Milada zum hundertsten-
mal. Das Fenster war im ersten Stock, zweites Haus in der Seitenstraße. Alles, was ich sehen konnte, eng an den Vorhang gepreßt, war ein schmales Tortenstück vom Ringplatz und an der
Ecke, da, wo unsere Straße in die Laubengänge des Platzes
mündete, ein Radiogeschäft. Es war geschlossen. Unser Radio
ging nicht mehr. Es zu klopfen und zu schütteln hatten wir seit
einer Woche aufgegeben.
  Wie lange lag ich schon auf dem Sofa, in einem seidenen
Schlafrock, einem roten mit gelben Streifen? Zwölf Tage oder
vierzehn? Tante behauptet, ich hätte nach der Ankunft drei
Tage und Nächte geschlafen. Als ich aufwachte, war die Uniform weg, Stiefel, Pistole, Papiere. Tante Milada hatte alles
Stück für Stück unter ihren Kleidern fortgetragen. Aber an Onkels ausgelagerte Sachen kam sie nicht ran. Alles, was es gab,
war ein seidener Schlafrock.
  An Führers Geburtstag waren wir noch einmal zum Einsatz
gerollt. Unter Blätterdächern in Schützenpanzerwagen. Von
Landshut in Bayern nach Osten. Dann wird die Erinnerung

verschwommen wegen Fliegerbomben-Ohrendröhnen und dauernder Schlaflosigkeit. Wo genau war das Barackenlager, in dem es so fürchterlich stank? Hieß es oder hieß es nicht: »Außenstelle Flossenbürg«? Und wie sind wir durch den Stacheldraht hineingeraten? Wieso blieb ich in Gestank und Dunkelheit zwischen dreistöckigen Holzpritschen sitzen, und zu wem gehörten die Stimmen dieser Nacht, die auf slawisch-wienerisch gänzlich unerhörte Metzgerphantasien über Menschenfleisch redeten? Zurückgelassene KZ-Insassen?

Kapos? Aus der Uniform schon ausgestiegene SS?

Jedenfalls habe ich des Morgens meine Kompanie nicht mehr gefunden. Angesichts der Schemenhaftigkeit dieses Lagereindrucks weiß ich bis heute nicht, ob ich sagen dürfte: Ich habe die Kompanie bewußt nicht gesucht. Die folgende Nacht bin ich mit einem der Wienerischen durch den Wald marschiert. Habe später, zackig meldend, Kragenknopf geschlossen, mehrmals die Feldgendarmerie passiert. Tags in Scheunen. Nachts ein Stück in einem Holzvergaser, dann in einem Kübelwagen, wo ein Hauptmann sich per du und ungeniert mit seinem Fahrer übers Abhauen unterhielt. Das wie oft noch? Weitere Gedächtnislücken bis zum Straßenschild České Budějovice. Da wieder präzise einsetzende Kindheitserinnerung an den Ringplatz. Dort nämlich erste Krawatte aus Onkels Wäschegeschäft. Die Wohnung in der Seitenstraße.

Tante Milada hat bloß »Karličku!« gesagt und: »Komm rein!« Schon vierzehn Tage oder zwölf im Schlafrock. Beug dich nicht raus! Durch das einsehbare Ringplatzsegment waren mehrfach feldgraue Einheiten gefahren. Im Radio war verkratzt von General Schörner die Rede gewesen. Dann nichts mehr als Rauschen. Nachts unterm Fenster Wehrmachtsstreife, Kettenhunde auf BMW. Angst.

In der Küche standen ein Sack Mehl und ein großes Glas Butterschmalz. Wir aßen abwechselnd geröstete Mehlknödel, salzig, und mehligen Butterschmarren, süß.

Dann – war es am vierten oder fünften Mai? – in aller Morgenfrühe Aufruhr, ein paar Schüsse draußen. Ein Lastwagen und drei Dutzend leichtbewaffnete Zivilisten durchqueren das Stück Außenwelt, das ich sehen kann. Auf dem Wagen eine blauweißrote Fahne. Sie halten vor dem Radiogeschäft und reißen vom Wagen aus über dem Torbogen das Schild Adolf-Hitler-Platz herunter. Es liegt auf dem Pflaster.

Tante ist Tschechin. Onkel ist Deutscher. Er wurde vor drei Monaten mit dem Volkssturm abtransportiert. Wir reden Verwandtschaft. Wir reden keine »Lage«. Wir wissen nicht, was passiert.

Nächsten – oder übernächsten? – Morgen wieder Lärm und Schüsse. Durch das Blickfeld zieht viel Wehrmacht. Ein Wagen rollt übers Adolf-Hitler-Platz-Blech und zerknüllt es. Nachts darauf ratternder Verkehr.

Nächsten Morgen erst mal Stille, dann kommen Zivilisten auf die Straße, sie tragen rote Armbinden, und aus dem Fenster gegenüber schiebt sich eine blauweißrote Zwickelfahne. Der Ringplatz, man kann es besser hören als sehen, füllt sich. Im Radiogeschäft geht der Rolladen hoch.

»Wart noch«, sagte die Tante Milada. »Ich schau' erst mal nach.«

CURT VON WITZENDORFF
Weichselniederung

Den Tag der bedingungslosen deutschen Kapitulation erlebte ich als Adjutant einer Infanteriedivision in der Weichselniederung, dem sogenannten »Danziger Werder«. Der Verband führte äußerlich noch die Bezeichnung Division, in Wahrheit entsprach die noch vorhandene Kampfkraft bestenfalls der von zwei verstärkten Bataillonen.

Während die Masse der deutschen Zweiten Armee auf die Halbinsel Hela abgedrängt war, sollten wir auf dem Westufer der Weichsel südlich Gottswalde einen etwa zehn bis fünfzehn Kilometer tiefen Brückenkopf halten. In ihm ballten sich zahlreiche Trecks zusammen. Sie kamen aus allen denkbaren Richtungen: aus Ostpommern, aus Danzig, aus West- und vor allem aus Ostpreußen. Da ihnen aufgrund der Lage ein Weiterkommen nach Westen verwehrt war, bemühte sich die Kriegsmarine, möglichst viele Flüchtlinge noch vor der Kapitulation auf dem Seewege in Sicherheit zu bringen.

Mit dem Auftrag, diese Menschen einzuschiffen, bekam »die Verteidigung bis zuletzt« für uns in dem sonst nutzlosen Geschehen noch einen Sinn. Das Aufreißen des Weichseldammes erleichterte den Endkampf. Feindwärts wurden die Ländereien so unter Wasser gesetzt, daß der Russe nur noch im Zuge weniger, höher gelegener Straßen angreifen konnte. Solche Versuche vermochten wir dann mit geringen Kräften abzuwehren.

Hinter diesem so gebildeten Schutzwall zogen damals Tausende von Zivilisten zunächst planlos in der Hoffnung hin und her, vielleicht doch noch irgendwo ein Loch zu finden, um der Einschließung und damit der Vernichtung zu entrinnen. Infolgedessen waren bis zur Küste alle Straßen und Wege hoffnungslos verstopft.

Für einen schnellen und möglichst reibungslosen Abtransport über See war aber erste Voraussetzung, daß es gelang, die Trecks zum Stehen zu bringen, das herrschende Durcheinander zu ordnen und die Menschen in Absprache mit der Marine erst dann zu den Einschiffungsplätzen abzurufen, wenn Schiffsraum zur Verfügung stand. Die Durchführung der hierzu erforderlichen Maßnahmen habe ich als schwierig, aufreibend und unerfreulich in Erinnerung. Sollten die Bemühungen Erfolg haben, mußten die Menschen geduldig bleiben und die gegebenen Anweisungen beachten.

Der Russe erschwerte zudem den Ablauf. Aufgrund alleiniger Luftherrschaft nahm er mit einzelnen Kampfflugzeugen aus niedrigen Höhen alles unter Feuer, was sich zeigte und bewegte, ohne daß wir das unterbinden konnten.

Die allgemein herrschende Angst um das nackte Leben, die im Verlauf der bisherigen Treckzeit gemachten Erfahrungen, die Sorge um das tägliche Brot, der noch nicht vorhandene

Wille, die letzte bewegliche Habe – meist Pferd und Wagen – stehenzulassen, sowie vor allem die Furcht, das Einschiffen zu verpassen, brachte die Flüchtlinge immer wieder dazu, sich selbständig in Bewegung zu setzen. So kam es häufig zu aufgeregten und daher unüberlegten, meist unliebsamen Auseinandersetzungen, sogar zu Tätlichkeiten.

Russische Kriegsgefangene, die bisher der deutschen kämpfenden Truppe treu und zuverlässig als »Hiwis« (Hilfswillige) gedient hatten, wurden hier gleichfalls zusammengezogen. Was sollte aus ihnen werden? Weder für sie noch für uns Soldaten stand Schiffsraum zum Abtransport zur Verfügung. Beiden Gruppen drohte die sichere Gefangenschaft.

Auch aus der Heimat hatten wir schon länger nichts mehr gehört. Es war gut, bis zuletzt genügend beschäftigt zu sein. So brauchte ich mir nicht mehr den Kopf zu zerbrechen über Fragen, auf die ich damals doch keine Antwort fand.

Die Nachricht von der beabsichtigten Kapitulation nahm ich mit Erleichterung auf. Das unsinnige Leiden und Sterben war damit zu Ende. Andererseits quälten die Ungewißheit über das Schicksal der eigenen Familie und die Unsicherheit gegenüber allem, was kommen sollte.

Zunächst wurden die eigenen Fahrzeuge verbrannt und noch vorhandenes, brauchbares Gerät zerstört. Die Truppe sollte am Tag der Kapitulation – nach Zusammenlegen der Waffen – einheitsweise antreten und vom Russen übernommen werden. Alles erfolgte in Ruhe und Ordnung.

Anschließend wurden die deutschen Generäle bei einem russischen Korpsstab nordwestlich Danzig versammelt. Ich sollte den Divisionskommandeur auf dessen Geheiß hin begleiten. Nur widerwillig tat ich das, denn damit wurde ich von den mir bekannten Menschen getrennt. Außerdem war mir der Mann seinem Wesen nach unsympathisch. Aufgrund seiner Gesinnung lehnte ich ihn innerlich als Vorgesetzten ab. Der Hund, von dem er sich auch jetzt noch nicht trennen wollte, war schon oft Stein des Anstoßes gewesen. Die Atmosphäre war gespannt.

Der russische Kommandierende General sprach von seiner

Herkunft – er war Sohn eines Fischers vom Kaspischen Meer – und mit Stolz von den großen Taten der Roten Armee, die nun auch das deutsche Volk vom Naziregime befreit hätte. Er erinnerte an die deutsch-russische Waffenbrüderschaft in den Freiheitskriegen gegen Napoleon und sprach vor allem von unserer baldigen Entlassung in die Heimat.

Einige der Anwesenden waren von dem Gehörten angetan. Etliche blieben skeptisch. In einer anschließenden Diskussion prallten die Meinungen hart aufeinander, und die Frage nach der Schuld am Krieg und dessen Ausgang spaltete die eigenen Reihen. Das sich zu Beginn der Gefangenschaft häufig wiederholende und vom Russen geschickt genutzte Spiel nahm seinen Anfang. Es fand sein vorläufiges Ende, als man uns Quartiere zuwies, die von Posten bewacht wurden. So teilte ich bald mit dem General und dem Fahrer einen kleineren Raum.

Nur noch gelegentlich fielen belanglose Worte. Die Ablehnung meines Vorschlages, die erste empfangene russische Verpflegung zu teilen: Fleisch und Kartoffeln für den General, Kartoffeln für mich und rohe Hirse auf die Hand für den Fahrer (!) sowie die Unmöglichkeit, für den Hund Fressen zu beschaffen, erhöhten die Mißstimmung.

Die Eindrücke des Tages, die Enttäuschung, daß Opfer und Hingabe vermeintlich umsonst waren, die Ungewißheit vor der Zukunft und ein Gefühl absoluter Hilflosigkeit ließen mich lange nicht einschlafen. Als ich an die Luft gehen und hierzu leise den Raum verlassen wollte, fuhr mich der russische Posten scharf an. Erst jetzt begriff ich, die persönliche Freiheit tatsächlich verloren zu haben.

RYSZARD WOJNA

Vivat!

Den nachstehenden Text habe ich vor Jahren aufgezeichnet, um die Erinnerung an jenen Tag festzuhalten.

Die Nachricht erreichte uns am frühen Nachmittag. Zwischen Mons und Charleroi blockierte eine große Gruppe von Menschen die Chaussee. Wir mußten anhalten. Es umgab uns angerauschte Freude: »La guerre est finie!« Jemand drückte mir ein Glas Weißwein in die Hand. Wir hörten die Rufe: »Vive la Pologne!«

Ich leerte das Glas bis auf den Grund. Stanislaw, obwohl Sergeant der Fallschirmtruppen, zierte sich. Mit Gesten erklärte er, daß er Fahrer sei und nüchtern sein müsse. Nach einer Weile aber erlag auch er der fesselnden Stimmung. Über fünf Jahre hatten wir auf diesen Augenblick gewartet und oft gezweifelt, ob wir ihn erleben würden.

Wir wurden in einen Tanz gerissen. Hände haltend, bildeten wir ineinander übergehende, sich bewegende Kreise. Ein in der Mitte stehender breitschultriger Mann spielte Ziehharmonika.

So sieht also das Ende des Krieges aus? Man singt und tanzt. Was würden diejenigen sagen, die es nicht erlebt hatten, wenn sie uns sehen könnten: die bei Kutno getöteten, die im Warschauer Aufstand Erschossenen, die im KZ Auschwitz zu Tode Gemarterten, die in den Gettos vor Entkräftung Gestorbenen? Warum wandten sich unsere Gedanken nicht ihnen zu, sondern blickten in die Zukunft, berauscht von einem irrealen Optimismus?

Es kamen weitere Autos. Eine kleine Verkehrsstockung hatte sich bereits gebildet. Die Menge der Tanzenden wurde immer dichter.

Nur Stanislaw und ich trugen Uniformen. Wir fuhren mit dem Fahrzeug der polnischen Panzerdivision von General Maczek. Ihr Emblem – der Husarenflügel, an den Seitenwänden des Fahrzeuges angebracht – war hier allgemein bekannt. Vor einem halben Jahr hatten die polnischen Soldaten diesem Land Freiheit gebracht. Daher auch wurden wir mit einer Herzlichkeit gefeiert, die das Maß des Verstandes überschritt.

Nach mehreren Gläsern Wein spürte ich, daß ich mehr getrunken hatte, als ich vertragen konnte. Wir sollten uns am Abend noch in Brüssel melden.

Nicht ohne Schwierigkeiten entriß ich Stanislaw den Armen

einer molligen Blondine und schob ihn ins Auto. Wir machten uns auf den Weg und hupten Vivat. Die tanzende Menge blieb hinter uns.

Es wurde still. Der Tag war heiter. Die Chaussee leer. Eine Zeitlang sprachen wir kein Wort. Der Rausch schwand. Erst jetzt begann sich in uns der Sinn für die Welt und für die bahnbrechende Nachricht zu regen. Grundlegendes würde sich von nun an in unserem Leben ändern.

Wir hatten es bereits seit Tagen erwartet, genau von dem Moment an, als auf der Reichstagskuppel die sowjetische Fahne angebracht wurde. Etwas früher hatten die polnischen Soldaten die weißrote Fahne an der Siegessäule im Tiergarten gehißt.

Ich sagte zu Stanislaw, der keine Lust verspürte, ins Gespräch zu kommen: »Vor den Augen habe ich jetzt das Dunajectal in der Nähe von Stary Sącz (Alt-Sandez). Dort begann für mich der Krieg. Es war Sonntag, der dritte September 1939, am Nachmittag. Ich ging mit einer Patrouille, und bei Ząck gerieten wir in deutsches Feuer. Mein Gott, haben wir uns seit dieser Zeit verändert . . . Nichts mehr wird so sein, wie es war.«

Stanislaw schwieg. »Freust du dich nicht, daß der Krieg zu Ende ist?« fragte ich.

»Es kommt drauf an, für wen!«

»Für alle ist er zu Ende!«

»Worüber soll ich mich denn freuen? Mein Polen, das aus der Vorkriegszeit, hat diesen Krieg verloren!«

Ich schwieg. Was sollte ich ihm entgegnen. Ich wollte so schnell wie möglich in mein heimatliches Zakopane zurückkehren, während er, ich wußte das, die Emigration wählte. Ich war mit der Polnischen Sozialistischen Partei verbunden, die zwar zerrissen war, hinsichtlich der Frage der Beziehungen zur Sowjetunion, die aber doch einen Teil des Lagers der polnischen Linken bildete, die in dem befreiten Land die Macht übernahm. Stanislaw hingegen, vor dem Krieg Berufssoldat, war im Antisowjetismus erzogen worden.

Stanislaw: »Wir haben den Krieg verloren, weil der Westen uns verraten und an die Sowjets verkauft hat.«

Ich versuchte, ihm klarzumachen, daß Polen bereits unter verschiedenen Systemen lebte und doch immer es selbst geblieben war. »Denn Polen«, sagte ich, »das ist vor allem das Volk. Überdies kann man die Nachkriegswelt nicht mit Vorkriegsaugen beurteilen.«

Stanislaw sarkastisch: »Ich sehe, du agitierst für das neue Polen. Herzlichen Glückwunsch!«

»Ich agitiere für eine andere Zukunft. Überleg mal, wir erlangen wieder die Freiheit, darüber zu entscheiden, was wir morgen machen werden. Die Menschen werden nicht mehr von Angst beherrscht. Menschliche Grundbegriffe wie Gerechtigkeit, Heim, Familie werden wieder Sinn bekommen.«

Stanislaw lächelte: »Und ich gründe in Frankreich einen Laden«.

Es dämmerte bereits, als wir in Brüssel ankamen. Wir parkten unser Auto am Nordbahnhof. Und wieder lockten unsere Uniformen mit dem Abzeichen »Poland« am Arm die feiernden Belgier. Und wieder wurden wir in Tänze hineingerissen.

Das Ende war nicht gerade fröhlich. Spät in der Nacht versuchte eine kanadische Patrouille, in irgendeinem Café unsere Dokumente zu prüfen. Die polnische Panzerdivision bildete einen Teil der kanadischen Korps. Stanislaw, der schon total betrunken war, weigerte sich, seinen Militärpaß vorzuzeigen. Er drohte den Militärpolizisten mit der Faust und stammelte: »Ihr habt uns verraten . . . Ihr seid alle Hurensöhne . . .«

Sie richteten ihn übel zu. Da ich mich für ihn einsetzen mußte, wachten wir am nächsten Tag früh, am ersten Tag des Friedens, im Militärarrest auf.

BRIGITTE WÜRTZ

Der Anfang

Vierzig Jahre ist es her. Aber nichts hat sich so in die Erinnerung eingegraben wie diese Tage, als der Krieg zu Ende ging.

Ich sitze auf den Eingangsstufen vor der Haustür, die zweijährige Maja im Arm. Sie ist eingeschlafen. Ich beobachte ihre Atemzüge. Die Nachmittagssonne scheint warm. Vor mir im Sand spielt ein kleiner Junge. Er mag ebenso wie Maja zwei Jahre alt sein. Immer wieder sieht er zu uns hin. Er hofft, daß Maja aufwacht und mit ihm im Sand spielt. Seine Mutter, eine Russin, steht in einiger Entfernung und wäscht in einem Waschzuber Kinderhemdchen und bunte Lappen. Zwischen den Bäumen sind Stricke gespannt. Dort hängen einige Kleidungsstücke. Hosen und Jacken mit typischen Streifen, wie sie in Zuchthäusern getragen werden. Diese hier stammen von befreiten KZ-Häftlingen.

Waschen ist jetzt eine mühsame Angelegenheit. Wasser holt man in Eimern vom Brunnen, und der ist hinten im Pferdestall. Man muß dabei über schlafende Russen steigen, die ihre ersten Tage in Freiheit hier verbringen. Weil es kaum Seife gibt, wird die Wäsche kräftig gerieben. Die Frau hängt ihre nassen Stücke auf die Leine. Alles ist fleckig, blutig. Vieles zerrissen. Niemand achtet darauf. Auch meine Wäsche ist voller Löcher. Sauber bekomme ich sie schon lange nicht mehr.

Maja räkelt sich. Als sie den Jungen bemerkt, ist sie hellwach und rutscht mir vom Schoß. Sie läuft zum Sandhaufen, fällt in fertige Sandkuchen. Der kleine Kerl ist nicht ärgerlich. Im Gegenteil, auch er läßt sich fallen, bewirft Maja mit Sand. Sie wirft zurück.

»Njet!« ruft scharf die Russin.

Das Spiel wird ruhig. Mit einer alten Konservendose formen die Kinder Sandkuchen.

Meine Mutter kommt aus dem Haus. »Möchtest du Kaffee?« Sie hat zwei Tassen in den Händen. An einer fehlt der Henkel, die andere hat einen Sprung, aber sie ist dicht. Vorsichtig setzt sie sich neben mich. Der Kaffee ist das, was wir Ersatzkaffee nennen.

»Moje, moje!« schreit der kleine Russe und nimmt Maja die Konservendose weg. »Moje, moje!« schreit Maja und holt sie sich zurück. Am achtzehnten Januar sind wir in Schlesien aufgebrochen. Heute ist der achte Mai, und der Krieg ist immer noch nicht zu Ende. Beim Kaufmann wollte eine Frau ihre

Zuckerration holen, doch die war bereits verfallen. Es gab
große Aufregung. Mehrfach deutete der Kaufmann auf den Kalender und sagte, heute wäre doch schon der achte Mai!
Der Zucker hat seine eigene Geschichte. Eine der ersten Anordnungen der Amerikaner betraf die Auflösung aller Vorratslager an die Bevölkerung. Im Nachbarort wurden Schlafanzüge
verteilt, fünf Stück pro Kopf. Bei uns gab es Zucker. Einen halben Zentner für jeden. Ein unverhofftes Geschenk.
»Die arme Frau«, sagte meine Mutter, »unvorstellbar, daß
sie es nicht gewußt hat!« Ich hole mein Nähzeug und ribbele
einen alten Socken auf. Das gibt Stopfgarn. Wir besitzen nur
eine Stopfnadel. Hüten sie wie eine Kostbarkeit. Mit den aufge-
ribbelten Fäden bessert meine Mutter einen Wollstrumpf aus.
Ich sehe hoch und blicke über den Hügel. Die Sonne steht
schräg. Genau wie vor drei Wochen, als wir dort die ersten
amerikanischen Panzer sahen. »Erst drei Wochen ist es her«,
sage ich, »was ist seither nicht alles passiert!«
Meine Mutter nickt. Sie weiß, woran ich denke. »Du kamst
in den Keller gerannt und warst schneeweiß im Gesicht.«
»Die Panzer sahen so unheimlich aus und kamen direkt auf
uns zu.«
»Ein Glück, daß es zu keinen Kampfhandlungen kam!«
»Unvergeßlich, wie die vielen Panzer die Dorfstraße langka-
men. Hunderte nagelneuer riesiger Panzer! Die Soldaten standen in den Luken, alle jung und wohlgenährt!«
Das Gegenteil von unseren Soldaten. Die waren entweder alt
oder noch Kinder und alle unterernährt. Und der Gauleiter
hatte gefordert, sie sollten mit kochendem Wasser und Reißnä-
geln die Panzer bekämpfen.
Ein älterer Mann kommt in Unterhosen und nimmt den gestreiften Anzug von der Leine. Er zieht sich die Hosen an und
hilft der Frau beim Aufhängen der Wäsche. Ein paar Stücke
sind runtergefallen. Wäscheklammern sind rar.
Auf dem Hof haben sich kleine Gruppen gebildet. Dort werden die neuesten Nachrichten ausgetauscht. Auch Elard, mein
Mann, hat sich dazugestellt. Seine schwere Kriegsverletzung ist

Glück im Unglück. Er wurde vom Wehrdienst entlassen und ist nun bei uns. Eigentlich sollte unsere Flucht aus Schlesien nur bis in die Nähe von Berlin gehen. Aber die Russen stießen im Mittelabschnitt immer weiter vor. So sind wir schließlich in der Magdeburger Börde gelandet. Verwandte haben uns ein Notquartier im Büro einer Baumschule eingerichtet. Wir wohnen zwischen kriegsverschleppten Russen und Polen.

Heute scheint es Neuigkeiten zu geben. Mehrere Männer stehen um einen Polen, der mit den Händen gestikuliert. Wir können nichts verstehen. Er spricht Polnisch. Elard wartet, bis ihm jemand das Wichtigste übersetzt.

»Vorige Woche soll sich Hitler das Leben genommen haben«, sage ich und lasse die Menschen drüben nicht aus den Augen, »glaubst du, daß das stimmt?«

Meine Mutter zuckt die Schultern. Wortlos. Sie fädelt einen neuen Faden in die Nadel.

»Es wäre gut, wenn man mal wieder eine Zeitung zu lesen bekäme. Ohne Zeitung und ohne Radio kommt man sich wie abgeschnitten vor, bekommt alles aus dritter Hand.«

»Trotzdem verbreiten sich die Nachrichten in Windeseile.«

»Ja, wie im Urwald.«

»Bin gespannt, was es heute gibt. Elard scheint was erfahren zu haben!«

Lächelnd kommt er auf uns zu. Unsere Spannung wächst.

»Die sind ja alle ganz aufgeregt, was ist denn passiert?« frage ich.

»Große Neuigkeit! Es ist Waffenstillstand!«

»Was?«

»Es soll vorhin durchs Radio gekommen sein!«

»Weißt du Näheres?«

»Bedingungslose Kapitulation. Jodl hat unterzeichnet. Morgen tritt der Waffenstillstand in Kraft!«

Meine Mutter umarmt uns mit Tränen in den Augen.

»Endlich ist der Krieg zu Ende! Endlich, endlich!«

Mein Vater tritt aus dem Haus und erfährt die freudige Botschaft. Wir alle stehen im Kreis. Jeder spürt die Erleichterung.

Ein unsagbarer Druck ist von uns gewichen. Maja kommt gelaufen. Sie fühlt unsere Freude und lacht auch. Mit einem Schlag scheint unsere Umgebung heller geworden zu sein. Stimmen schwirren durcheinander. Polen und Russen tanzen. Irgendwann sagt Elard:»Es werden sehr schwere Zeiten kommen!«
Mir fällt ein, gestern hat uns ein Amerikaner eine Tafel Schokolade geschenkt. Eine Kostbarkeit. Ich laufe ins Haus und hole sie. Gehe zu der Russin, will sie ihr schenken, aber sie dreht sich um, kehrt mir den Rücken.
Ich sage:»Schokolade, für Kind!« Halte ihr die Schokolade hin, gebe nicht auf.»Waffenstillstand heute!« Nach einer Weile nimmt sie die Tafel. Sagt nichts, kein Lächeln, nichts! Aber sie hat sie genommen. Ein Anfang.

PETER VON ZAHN

Alle Sinne waren gespannt

»Was mit Kurland geschieht, ist nicht klar.« So lautet der letzte Satz einer Eintragung in mein Tagebuch vom siebten Mai 1945. Ich muß das in einem Erdbunker im Wald von Renda geschrieben haben, nachdem ich spätnachts die Nachricht von der Kapitulation der deutschen Heere in meinem Rundfunkapparat gehört hatte. Ob die in Kurland eingeschlossenen deutschen Truppen weiterkämpfen oder sich ergeben sollten, war nicht klar. In Zweifelsfall mußte man damals immer den sinnloseren Befehl für wahrscheinlicher halten.
Tagebuch:»Achter Mai. Es ist klar, wie ich das Gesicht des LDN am frühen Morgen sehe. N. (der Ic der Armee) verabschiedet sich. Mein Entschluß steht im Augenblick fest. Niemals soviel Energie verspürt. R. (der Kompanieführer) wird überrannt. Zwei Stunden später fahren wir.«
Ich muß hier einschieben, daß der Oberleutnant R., obwohl Parteigenosse, ein räsonabler Mann war. Trotzdem ging ich mit entsicherter Pistole in der Hosentasche zu ihm. Es gab dann

noch den Nationalsozialistischen Führungsoffizier, auf den man ein Auge haben mußte. Er ließ sich aber nicht blicken, während wir telefonisch unsere Außenstellen alarmierten. Der Adjutant des Generals war mir wohlgesinnt. Er gab mir einen Marschbefehl »zwecks Auflösung der Außenstelle Windau«. Ohne ein solches Papier konnte man von jeder Streife der Feldgendarmerie angehalten und womöglich an die Wand gestellt werden. Dergleichen war unter Feldmarschall Schörner gang und gäbe gewesen. Wir hatten noch wenige Tage zuvor ein Verfahren erlebt, aufgrund dessen ein Angehöriger der Kompanie wegen Wehrkraftzersetzung zu fünf Jahren Zuchthaus verurteilt wurde. Ein mildes Urteil. Mein Tagebuch vom 30. April enthält dazu den Satz: »Keinerlei Terror – das nicht; die Maschine wurde von sanften, geübten Händen bedient.«

Soviel zur Erläuterung der kleinen Vorsichtsmaßregeln, die acht Tage nach Hitlers Tod im fernen Berlin noch immer angezeigt schienen, wenn man sich aus einem kurländischen Armeehauptquartier französisch empfehlen wollte.

Unterwegs hielt uns keiner an. Wir fuhren zwei Stunden durch Wälder, an deren Saum noch Schnee lag, und durch stille lettische Dörfer. Die Straße war leer – keine Truppen, die zur Küste hasteten. Ein solcher Befehl war nicht erteilt, und Benzin gab es auch nicht.

Mittags in Windau. Tagebuch: »Am Kai die Abwehr (= der Ic-Stab der Armee, der nicht in sowjetrussische Hände fallen sollte und deshalb ausgeflogen wurde). Im allgemeinen Disziplin. Kleine Plünderungsversuche schnell erstickt. So am Marineproviantamt. Luftangriffe. Überspringen auf KTK 03 (= ein zum Minensuchboot umgebauter Fischkutter). Nervensäge des Wartens. Explosionen. Um acht Uhr abends legen wir ab. Um neun Uhr aus Außenhafen, nachdem noch Marinesoldaten zurückgelandet. Übernachte mit Steiner im Backbordnock.«

Das Tagebuch hat mehr nicht zu sagen. Die Erinnerung erzählt mir noch, als ob es darauf ankäme, daß wir unseren Wagen über die Kaimauer ins Wasser plumpsen ließen. Sie erzählt, daß die Männer von zwei oder drei unserer Außenstellen auftauchten und ebenfalls mitkamen. Sie enthält nichts, was auf offene Gespräche, überraschende Gelöbnisse, was auf Jubel, Trauer oder Verzweiflung schließen läßt. Alle unsere Sinne waren gespannt. Es galt, das richtige Schiff zu erwischen. Was uns auf See geschehen konnte, schien harmlos, verglichen mit der Aussicht auf eine endlose Gefangenschaft in Rußland. Als die Stadt Windau im Schein von Bränden und Explosionen hinter unserem Schifflein versank, fühlte ich mich freier als an irgendeinem Tage seit dem Beginn des Krieges.

JÖRG ZINK
Das Ende der Schizophrenie

Es war eine Landschaft aus Draht, grundlosem Lehm und, so weit das Auge reichte, schwarzen Armeezelten. Hunderttausend oder mehr Menschen in den Käfigen.

Ich habe den Kriegsschluß nicht anders erlebt als Millionen anderer, die ihre jungen Jahre auf den Schauplätzen des Zweiten Weltkrieges zugebracht hatten. Ich hatte den Krieg satt bis über die Ohren und wollte nichts mehr als nach Hause, um zu sehen, wer von den Meinen noch lebte, ob das Haus meiner Kindheit noch stand und ob sich vielleicht irgendeine Chance bot, ein »normales Leben«, das man sich noch kaum vorstellen konnte, anzufangen.

Der Tag, an dem der Krieg endete, hatte aber seine Innenseite. Da wuchs etwas wieder zusammen, das sich rund sieben Jahre zuvor gespalten hatte. Ich sehe mich als Pennäler bei einer Abiturfeier in der Aula unseres Gymnasiums, während der Direktor, ein großer, aufrechter Mann mit kahlem Schädel, darüber redete, wozu ein Mensch heute noch, da Humanismus nicht gefragt sei, die griechische Sprache erlerne.

Man lernt Griechisch, so ähnlich höre ich ihn sagen, damit man an einem entscheidenden Punkt seines Lebens sagen kann, was die Griechen ihren Freiheitskämpfern an den Thermopylen in den Mund gelegt hatten: Wanderer, kommst du nach Sparta, verkündige dorten, du habest uns hier liegen gesehen, wie das Gesetz es befahl.

Das paßte nahtlos in die Vorkriegsatmosphäre dieser Zeit und in die vormilitärische Bewußtseinsbildung, von der die Schulen damals beherrscht waren. Aber ich ahnte, daß der Mann am Pult etwas anderes meinte. Wir wußten alle, daß er ein Gegner der Nazis war, und ich fühlte, hier sei ein anderes Gesetz gemeint, nach dem er selbst, dieser Mann, angetreten sei und dem gehorchend er vielleicht eines Tages daliegen werde.

Damals erfaßte mich – er sagte den Spruch natürlich griechisch – der Sprachklang allein so tief, daß ich ihn von da an unverlierbar im Kopf hatte. Aber er brachte keine Lösung für meine Schulfreunde und mich, sondern eine tiefgehende Spaltung des Bewußtseins zwischen Kriegsbegeisterung und Widerstand.

Ich habe mich im zweiten Kriegsjahr wie alle meine Kameraden freiwillig gemeldet und habe damals als einer der vielen »Helden« das Meine getan, um dem deutschen Vaterland und seinem »Gesetz« zu dienen. Ich habe aber schon im dritten Jahr Briefe nach Hause geschrieben, in denen stand: »Es ist unmöglich. Wir dürfen den Krieg nicht gewinnen. Es wäre ein Unglück für die ganze Menschheit.« Lose Verbindungen zu dem Freundeskreis der Weißen Rose vertieften die Spaltung. Welchem Gesetz, dem des Krieges oder dem des Gewissens, sollte der Gehorsam gelten?

Viele von uns haben so in zwei Welten gelebt. Wir flogen gegen den Feind, wir schossen und ließen uns abschießen und flogen erneut. Wir wußten, daß die Chance, zu überleben, in unserer Staffel wie eins zu hundert stand. An den Abenden aber las ich das Edelste der deutschen Literatur und Dichtung und wußte, daß dies der Krieg des Unmenschen war. Ich las in den Reden Jesu von Nazareth und wußte, daß es für das, was wir taten, so etwas wie einen Segen oder nur eine Erlaubnis Gottes nicht gab, und wünschte mir, dieser Krieg möge baldmöglichst sein verdientes Ende finden.

Der achte Mai war das Ende der Schizophrenie. Ich erlebte

ihn mit dem Entschluß, künftig aus einem Stück zu sein und zwischen dem, was politisch zu tun war, und dem eigenen inneren Maß nicht noch einmal zu trennen. Und so hat mancher in der Enge der Drahtkäfige die Einheit seiner Person wiedergefunden, wie auch sonst mancher seine Identität nur unter Druck entdeckt.

Aber dann kam eine Zeit neuer, unerträglicher Doppelstrukturen. Da verband man alsbald die Freiheit des Christen mit der Freiheit der Wirtschaft. Da verband man christlichen Glauben und militärische Potenzprotzerei so mühelos wie zuvor. Da verband man Gottesliebe und an rabenschwarzen Feindbildern orientierten Haß. Da gingen Kirchen und politische Interessengruppen ihre unheiligen Verbindungen ein, und der Mann, der als Heimkehrer noch geschworen hatte: »Der Arm soll abfallen, der je wieder eine Waffe trägt«, amtierte wenige Jahre später als Verteidigungsminister in Bonn.

Unter Christen bedeutete der achte Mai 1945 für die einen das endgültige Ende jener unseligen Zweireichelehre, mit der im Hinterkopf der bürgerliche Christ sich erlauben durfte, allenthalben mit zweierlei Maß zu messen, für die anderen ihre erneute Rechtfertigung mit der Folge einer allgemeinen »christlichen« Wischiwaschipolitik, als deren Maxime jene Ausgewogenheit gilt, die das gespaltene Bewußtsein zu verklammern hat.

Man war in den Jahren nach dem Krieg sehr rasch politisch einsam, wenn man aus den Lehren der Nazizeit versuchte, Konsequenzen zu ziehen, und es hat fast vierzig Jahre gedauert, bis eine öffentliche Kraft entstand, in der wenigstens einmal die Frage nach Krieg und Frieden in der Einheit von Glauben und politischer Verantwortung bedacht werden konnte. Die Friedensbewegung unserer Tage, die heute getragen wird vornehmlich von jungen Leuten, die so alt sind, wie ich am Ende des Krieges gewesen war, ist für mich die späte Frucht jenes achten Mai, jenes Tages, an dem, für mich jedenfalls, die Schizophrenie endete.

Die Autoren

WOLFGANG ABENDROTH
geb. 1906 in Wuppertal-Eberfeld, bis 1972 Professor für öffentliches Recht und politische Wissenschaft

HEINRICH ALBERTZ
geb. 1915 in Breslau, Pfarrer. Von 1963 bis 1966 Regierender Bürgermeister in Berlin

HELMUT ALLARDT
geb. 1907 in Königsberg. 1968 – 1972 Botschafter in Moskau.

JEHUDA BACON
geb. in Polen, Hochschullehrer an der Hebräischen Universität in Jerusalem.

ARNULF BARING
geb. 1932 in Dresden. Ordentlicher Professer für Zeitgeschichte an der Freien Universität Berlin.

JITZHAK BEN-ARI
geb. 1924 in Wien. Botschafter des Staates Israel in Bonn.

ERNST BENDA
geb. 1925 in Berlin. Bis 1983 Präsident des Bundesverfassungsgerichts.

TONY BENN
geb. 1925 in London. Britischer Politiker der Labour Party.

KURT BIEDENKOPF
geb. 1930 in Ludwigshafen. Jurist und Politiker (CDU). Leiter des Instituts für Wirtschaft- und Gesellschaftspolitik.

ERIK BLUMENFELD
geb. 1915 in Hamburg. Mitglied des Europäischen Parlaments (CDU).

WILLIAM BORN
geb. 1895 in Hamburg. Ehemaliger Ehrenvorsitzender der FDP.

SIGISMUD VON BRAUN
geb. 1911 in Berlin. Botschafter a. D.

LEO BRAWAND
geb. 1924 in Hannover. Journalist

MARTIN BROSZAT
geb. 1926 in Leipzig. Direktor des Instituts für Zeitgeschichte in München.

GÜNTHER DE BRUYN
geb. 1926 in Berlin. DDR-Schriftsteller.

MARGARETE BUBER-NEUMANN
geb. 1901 in Potsdam. Schriftstellerin.

GERD BUCERIUS
geb. 1906 in Hamm/Westf., »Zeit«-Verleger und Publizist.

HELLMUTH BUDDENBERG
geb. 1924 in Bünde/Westf., Vorstandsvorsitzender der Deutschen BP.

JAMES CALLAGHAN
geb. 1912 in Portsmouth. Britischer Politiker der Labour Party.

WALTER DIRKS
geb. 1901 in Dortmund. Mitbegründer der »Frankfurter Hefte«.

MARIANNE DIRKS
geb. 1913 in Stuttgart. Musiklehrerin.

GÜNTER DÖDING
geb. 1930 in Isenstedt. Vorsitzender der Gewerkschaft NGG.

ALFRED DREGGER
geb. 1920 in Münster/Westf. Vorsitzender der CDU/CSU-Bundestagsfraktion.

INGEBORG DREWITZ
geb. 1923 in Berlin. Schriftstellerin.

FREIMUT DUVE
geb. 1936 in Würzburg. Verlagslektor und Bundestagsabgeordneter (SPD).

LEO ETINGER
geb. in Polen. Vorstand des Psychiatrischen Instituts an der Universität Oslo.

BERNT ENGELMANN
geb. 1921 in Berlin. Journalist und Schriftsteller.

DIETER ERTEL
geb. 1927 in Hamburg. Fernsehdirektor Südwestfunk.

ERHARD EPPLER
geb. 1926 in Ulm. Mitglied des SPD-Bundesvorstandes.

WERNER FILMER
geb. 1934 in Iserlohn. Journalist/WDR.

MASCHA M. FISCH
geb. 1931 in Winterthur. Journalistin.

Ossip K. Flechtheim
geb. 1909 in Nikolajew/Rußland. Hochschullehrer für politische
Wissenschaften (bis 1974) und Publizist.

Rufus Flügge
geb. 1914 in Hamburg. Stadtsuperintendent i. R.

Jockel Fuchs
geb. 1919 in Hargesheim bei Bad Kreuznach. Oberbürgermeister
von Mainz.

Lisellotte Funcke
geb. 1918 in Hagen. Politikerin (FDP). Bundesbeauftragte für Au-
länderfragen.

Heinz Galinski
geb. 1912 in Marienburg/Westpreußen. Vorsitzender der Jüdischen Gemeinde zu Berlin.

Günter Gaus
geb. 1929 in Braunschweig. Staatssekretär a. D., Publizist.

Eugen Gerstenmaier
geb. 1906 in Kirchheim/Teck. Hochschullehrer und Politiker.
Bundestagspräsident a. D.

Jutta Giersch
Schriftstellerin.

Sophie Goll
geb. 1921 in Erfurt. Schauspielerin. Publizistin.

Johann Baptist Gradl
geb. 1904 in Berlin. Ehemaliger Bundestagsabgeordneter und Minister (CDU).

Martin Gregor-Dellin
geb. 1926 in Naumburg. Schriftsteller. Präsident des PEN-Klubs.

PIERRE GRÉGOIRE
geb. 1924 in Strassen. Ehemaliger Minister. Ehrenpräsident des
Luxemburger Parlaments.

ALFRED GROSSER
geb. 1925 in Frankfurt/Main. Politologie und Publizist.

MAX VON DER GRÜN
geb. 1926 in Bayreuth. Schriftsteller.

HILDEGARD HAMM-BRÜCHER
geb. 1921 in Essen. Staatsminister a. D., Bundestagsabgeordnete
(FDP).

LUDWIG FREIHERR VON HAMMERSTEIN
geb. 1919 in Berlin. Journalist. Rias-Intendant a. D.

ADELAIDE HAUTVAL
geb. 1925. Mitglied des »Comité International Des Camps«.

ELISABETH HEISENBERG
Witwe des Physiker Werner Heisenberg.

HELMUT HEISSENBÜTTEL
geb. 1921 in Wilhelmshaven. Schriftsteller.

WILHELM HENNIS
geb. 1923. Direktor des Seminars für wissenschaftliche Politik der
Universität Freiburg.

BURKHARD HIRSCH
geb. 1930 in Magdeburg. Bundestagsabgeordneter (FDP).

HANS-EGON HOLTHUSEN
geb. 1913 in Rendsburg/Schleswig. Schriftsteller.

HANS-GÜNTER HOPPE
geb. 1922. Bundestagsabgeordneter (FDP).

HEINZ WERNER HÜBNER
geb. 1921 in Potsdam. Programmdirektor WDR-Fernsehen.

KARL IBACH
geb. 1915 in Wuppertal-Elberfeld. Vorsitzender des Zentralverbandes demokratischer Widerstandkämpfer- und Verfolgtenorganisationen (ZDWV).

WERNER KIESSLING
Präsident des Verbandes der Heimkehrer, Kriegsgefangenen und Vermißtenangehörigen Deutschlands.

KARL KLASEN
geb. 1909 in Hamburg. Bundesbankpräsident a. D.

NORBERT KLOTEN
geb. 1926 in Sinzig. Präsident der Landeszentralbank Baden-Württembergs.

SHMUEL KRAKOWSKI
geb. in Polen. Archivdirektor des »Jad Vashem« in Jerusalem.

WERNER KRUSCHE
geb. 1917. Em. Bischof von Magdeburg (DDR).

HERMANN KUNST
geb. 1907 in Ottersberg. Em. Bischof von Bonn.

HERMANN LANGBEIN
geb. 1912 in Wien. Publizist und Sekretär der Arbeitsgemeinschaft zur Dokumentation »Nationalsozialistischer Massentötungen durch Giftgas«.

DIETER LATTMANN
geb. 1926 in Potsdam. Schriftsteller und BdM (SPD).

EUGEN LODERER
geb. 1920 in Heidenheim/Brenz. Ehem. Vorsitzender der IG Metall.

FRANZ D. LUCAS
geb. in Berlin. Generalkonsul a. D., London.

PETER LUDWIG
geb. 1925 in Koblenz. Unternehmer und Kunstmäzen.

Ulrich de Maizière
geb. 1912 in Stade. General a. D.

HANS MARSALEK
geb. in Wien. Vorstandsmitglied der österreichischen Lagergemeinschaft Mauthausen.

HANS MATTHÖVER
geb. 1925 in Bochum. Bundestagsabgeordneter (SPD).

YOHANAN MEROZ
geb. 1920 in Berlin. Botschafter Israels in der Schweiz.

JOHANN-BAPTISCH METZ
geb. 1928 in Welluck/Opf. Theologieprofessor in Münster.

EDMUND NEUDECK
geb. 1905 in Danzig. Oberstudienrat a. d.

GERTRUD NEUDECK
geb. 1913 in Danzig. Hausfrau.

RUPERT NEUDECK
geb. 1939 in Danzig.

LEONID OLSCHWANG
geb. 1905 in Plonge/Litauen. Oberrevisor i. R., Journalist.

ROSALINDE VON OSSIETZKY-PALM
geb. in Berlin. Sozialarbeiterin in Stockholm.

LEONIE OSSOWSKI
geb. 1925 in Ober-Röhrsdorf/Schlesien. Schriftstellerin.

CHARLOTTE PETERSEN
geb. 1904 in Niederschelden. Journalistin.

PIERRE PETIT
geb. in Luxemburg. Mitglied des »Comité International Des Camps«.

ANISE POSTEL-VINAY
Leitende Mitarbeiterin der Auncale des Anciènnes Dèportes de Ravensbrück«, Paris.

EDWARD PYS
geb. in Polen. Mitglied des »Comité International Des Camps«.

TRUTZ RENDTORFF
geb. 1931 in Schwerin. Theologie, Professor der Univ. München.

ANNEMARIE RENGER
geb. 1919 in Leipzig. Bundestagsvizepräsidentin (SPD).

HELMUT RIDDER
geb. 1919. Jurist, Hochschullehrer der Universität Gießen.

LUISE RINSER
geb. 1911 in Pitzling (Obb.), Schriftstellerin.

KURT ROSSA
geb. 1930 in Gelsenkirchen. Oberstadtdirektor von Köln.

EUGEN SEIBOLD
geb. 1918 in Stuttgart. Präsident der Deutschen Forschungsgemeinschaft.

OTA SIK
geb. 1919 in Plzen. Tschechischer Politiker und Wirtschaftswissenschaftler.

SHMUEL SPEKTOR
geb. in Polen. Mitarbeiter von »Jad Vashem«, Jerusalem.

MARGARETE SCHÖPKE
geb. 1907 in Lüneburg. Apothekerin.

KARL STEINBRUCH
geb. 1917 in Bad Cannstatt. Prof. für Nachrichtenverarb. (i. R.).

CAROLA STERN
geb. 1925 in Ahlbeck/Seebad. Journalistin.

JOSEF STINGL
geb. 1919 in Maria-Kulm/Böhmen. Ehem. Präsident der Bundesanstalt für Arbeit.

MICHAEL THOMAS
geb. 1915 in Berlin. Schriftsteller.

GASTON THORN
geb. 1928 in Luxemburg. Politiker, ehem. Präsident der EG-Kommission.

GEORG STEFAN TROLLER
geb. 1921 in Wien. Journalist.

HERMANN ULRICHS
geb. 1917 in Danzig. Landwirt.

SIEGFRIED UNSELD
geb. 1924 in Ulm. Verleger.

HANS-JOCHEN VOGEL
geb. 1926 in Göttingen. Vorsitzender der SPD-Bundestgasfraktion.

ERNST WALTEMATHE
geb. 1935 in Bremen. Bundestagsabgeordneter der SPD.

CARL WEISS
geb. 1925 in Zuckmantel/Schlesien. Journalist, ARD-Korrespondent in Büssel.

CURT VON WITZENDORFF
geb. 1916 in Erfurt. Berufssoldat.

RYSZARD WOJNA
geb. 1920 in Polen. Journalist und Mitglied des polnischen Parlaments.

BRIGITTE WÜRTZ
Hausfrau.

PETER VON ZAHN
geb. 1913 in Chemnitz. Journalist.

JÖRG ZINK
geb. 1922 in Elm. Pfarrer und Publizist.